K線王者

縱橫台股45年月K線側錄

吳汝貞——著

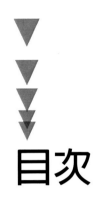

CONTENT

目次

表目次

前言

K線是利用每月之開盤價、最高價、最低價與收盤價等四種價格，來描繪該月多空雙方力量的消長情形。同時，持續地記錄、觀察K線形態、組合情形、長短變化等現象，據以判斷該股未來的走勢。

K線的分類 { A.總體K線（以加權股價指數來顯示走勢）
B.個股K線（僅表現個別股的股價走勢）

K線圖的基本類型，可分成紅體線4種，黑體線4種，平盤線4種，總共12種。

影線和實體構成的棒線種類，初步可以分為4種：只有實體的部份、有上影線的實體、有下影線的實體、有上下影線的實體。

實體和影線

1. 在陰陽線中，比較寬粗的部份稱為「實體」（real body），它的上、下兩端代表交易時段的開盤價與收盤價。

2. 實體若為黑色，上端代表開盤價，下端代表收盤價；收盤價低於開盤價。實體若為白色，上端代表收盤價，下端代表開盤價；收盤價高於開盤價。實體上方與下方的細線稱為影線（shadows）。這些影線分別代表交易時段中的最高價與最低價。實體上方的影線稱為上影線（upper shadow），下方的影線稱為下影線（lower shadow）上影線的上端代表盤中最高價，下影線的下端代表盤中最低價。如果再

將以上的實體加上顏色，而有陽線和陰線的分別，就可進一步分為8種。

1.紅體線

紅體線可細分成紅體實體線、紅體上影線、紅體下影線、紅體上下影線。

1-1-1 長紅實體線	1-1-2 短紅實體線				
1-2-1 長紅短上影線	1-2-2 紅體等上影線	1-2-3 短紅長上影線			
1-3-1 長紅短下影線	1-3-2 紅體等下影線	1-3-3 短紅長下影線			
1-4-1 長紅等短影線	1-4-2 短紅等長影線	1-4-3 短紅上長下短	1-4-4 長紅上長下短	1-4-5 短紅下長上短	1-4-6 長紅下長上短

2.黑體線

黑體線可細分成黑體實體線、黑體上影線、黑體下影線、黑體上下影線。

2-1-1 長黑實體線	2-1-2 短黑實體線				
▮	▪				
2-2-1 長黑短上影線	2-2-2 黑體等上影線	2-2-3 短黑長上影線			
2-3-1 長黑短下影線	2-3-2 黑體等下影線	2-3-3 短黑長下影線			
2-4-1 長黑等短影線	2-4-2 短黑等長影線	2-4-3 短黑上長下短	2-4-4 長黑上長下短	2-4-5 短黑上長上短	2-4-6 長黑下長上短

3.平盤線

　　有一種開收盤是在同一價位的「地平線」，也稱為「開收同價線」。再分為平盤上影線的上丁線，平盤下影線的下丁線，十字線4種。

3-1 地平線			
─			
3-2 上丁線			
⊥			
3-3 下丁線			
⊤			
3-4-1 短十字線	**3-4-2 長十字線**	**3-4-3 上長下短十字線**	**3-4-4 下長上短十字線**
＋	┼	┼	✝

K線圖的基本圖形有三種：陰線、陽線、十字線。所以K線圖又稱為「陰陽線」，K線圖中，因為實體和上、下影線的長短不同，所以可以列出多種的圖形，而且每一種圖形都代表著不同的訊息。

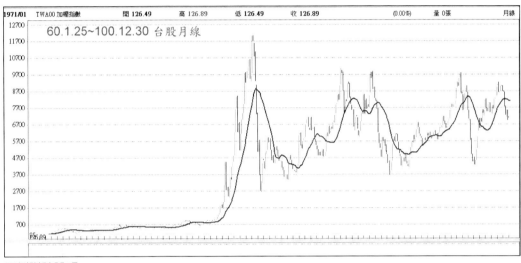

圖例附註說明：

1. 台灣加權指數以當月收盤價來表示。（資料來源：CMoney）
2. 參考網站：臺灣證券交易所／加權指數歷史資料。（http://www.tse.com.tw）
3. 如果收盤價高於開盤價，就以紅色長方形表示，這種長方形簡稱為陽線、白色陽線或紅體線。
4. 如果收盤價低於開盤價，就以黑色長方形表示，這種長方形簡稱為陰線、黑色陰線或黑體線。
5. 如果收盤價等於開盤價，就用一條橫線表示，稱為平盤價。在平盤價中再分為平盤上影線的上丁線，平盤下影線的下丁線，及十字線。

　　就月線而言，是每月開盤後第一個決定的價位做為開盤價；每月最終的價位做為收盤價；一個月內所出現的最高點為最高價，所出現的最低點為最低價，由一個月來的開盤價、最高價、最低價及最高價瞭解多空力量轉強轉弱，投資人可以依K線解密三十五法的作法，正確預測股價未來的動向。股價漲跌的波動，有其規律的軌跡可尋，月K線是多空雙方戰鬥的結果，它是一種研判的多空力量的分析工具，技術分析者一定要有多空雙方的「陣地」概念，摸清楚市場趨勢到底處於多方的陣地，或是空方的陣地，那一方力量大，就是主力所在，基本上而言，主力就是一種趨勢力道的動向，技術分析者只要加入力量大的一方，就可掌握致勝的先機。分別說明如下。

　　K線圖的基本類型，可分成紅體線4種，黑體線4種，平盤線4種，總共12種。

如果再將以上的實體加上顏色，而有陽線和陰線的分別，就可進一步分為8種。

0、陰陽線

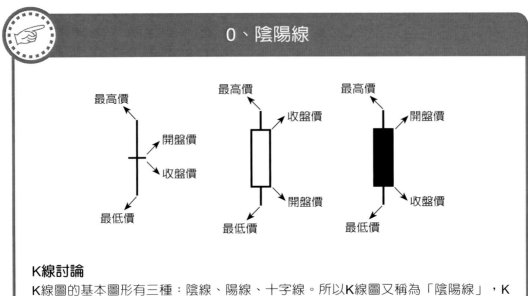

K線討論

K線圖的基本圖形有三種：陰線、陽線、十字線。所以K線圖又稱為「陰陽線」，K線圖中，因為實體和上下影線的長短不同，所以可以列出多種的圖形，而且每一種圖形都代表著不同的訊息。

1、陽線

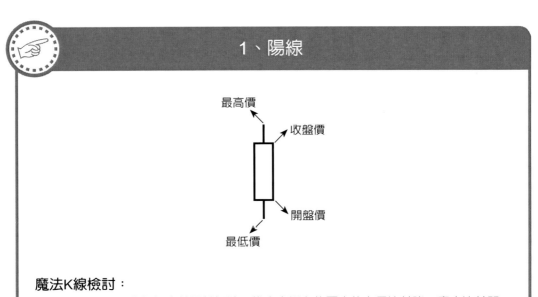

魔法K線檢討：

（1）陽線出現在收盤價高於開盤價時，代表市場上的買方的力量比較強，賣方比較弱。

（2）陽線如果出現在盤檔或股價下跌趨勢的末期時，代表股價可能會開始向上。

（3）陽線實體愈長，代表換手的程度愈佳，後市表現應有較佳的表現。

2、陰線

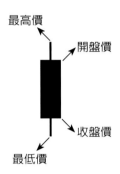

最高價
開盤價
收盤價
最低價

魔法K線檢討：

（1）陰線出現在收盤價低於開盤價時，代表市場上的賣方的力量比較強，買方比較弱。

（2）陰線如果出現在盤檔或股價上漲趨勢的末期時，代表股價可能會開始下跌。

（3）陰線實體愈長，代表賣壓仍重，後市仍有向下盤整探底的可能。

3、十字線

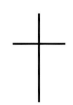

開盤價與收盤價相同

魔法K線檢討：

（1）十字線是出現在收盤價與開盤價相同時，表示買賣雙方的力道是勢均力敵。

（2）十字線的出現，通常代表的是上下大幅震盪，多空交戰，就要有變盤的可能。

（3）十字線常被看成是一種反轉的訊號。

4、有上、下影線陰陽線

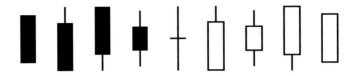

弱 ——————————————————————————————— 強

魔法K線檢討：

（1）陰陽線中，如果有上、下影線，上影線愈長，是表示賣方力量愈強。下影線愈長，表示低價位買氣濃厚。

（2）當K線圖帶有很長的下影線時，這類趨勢是表示買方低檔支撐力量甚強，即使賣方一再打也無法得逞。

（3）當K線圖帶有很長的上影線時，這類趨勢是表示回檔賣壓很大，一時之間可能難以突破。

紅線體

PART 1

1-1 紅體實體線

1-1-1 長紅實體線	1-1-2 短紅實體線
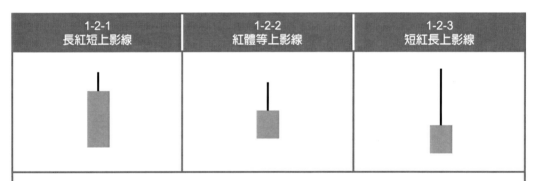	

1.陽線圖形，代表上漲。
2.陽線圖形可以分成紅體實體線、紅體上影線、紅體下影線、紅體上下影線。
3.紅體實體線，分成：（1）長紅實體線（2）短紅實體線。
4.紅體實體線的這種基本型態是因為最高價與收盤價相同，而最低價與開盤價一樣。

1-2 紅體上影線

1-2-1 長紅短上影線	1-2-2 紅體等上影線	1-2-3 短紅長上影線

1.陽線圖形，代表上漲。
2.陽線圖形可以分成紅體實體線、紅體上影線、紅體下影線、紅體上下影線。
3.紅體上影線，分成：（1）長紅短上影線（2）紅體等上影線（3）短紅長上影線。
4.紅體上影線（Red upper shadow）的這種基本型態是因為最高價高於收盤價，而最低價低於開盤價。這種基本型態代表上升抵抗的型態。
5.線形顯示：股市受到賣方的壓力，股價的上升面臨抗拒阻力。

1-3 紅體下影線

1-3-1 長紅短下影線	1-3-2 紅體等下影線	1-3-3 短紅長下影線
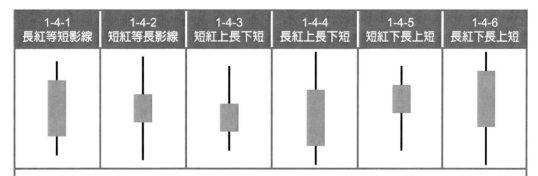		

1.陽線圖形，代表上漲。
2.陽線圖形可以分成紅體實體線、紅體上影線、紅體下影線、紅體上下影線。
3.紅體下影線，分成：（1）長紅短下影線（2）紅體等下影線（3）短紅長下影線。
4.紅體下影線（Red Closing bozu）的這種基本型態是因為最高價與收盤價相同，而最低價低於開盤價，股價是先跌後漲。
5.開盤後，因為賣壓強盛，價格下跌快速，可是最後收盤時，仍然是以最高價坐收。
6.線形顯示：市場買盤仍極其強烈，後市仍將看漲。

1-4 紅體上下影線

1-4-1 長紅等短影線	1-4-2 短紅等長影線	1-4-3 短紅上長下短	1-4-4 長紅上長下短	1-4-5 短紅下長上短	1-4-6 長紅下長上短

1.陽線圖形，代表上漲。
2.陽線圖形可以分成紅體實體線、紅體上影線、紅體下影線、紅體上下影線。
3.紅體下影線，分成：（1）長紅短下影線（2）紅體等下影線（3）短紅長下影線。
4.紅體下影線（Red Closing bozu）的這種基本型態是因為最高價與收盤價相同，而最低價低於開盤價，股價是先跌後漲。
5.開盤後，因為賣壓強盛，價格下跌快速，可是最後收盤時，仍然是以最高價坐收。
6.線形顯示：市場買盤仍極其強烈，後市仍將看漲。

1-1-1　長紅實體線

1-1-1　長紅實體線

魔法K線檢討：
（1）表示最高價與收盤價相同，而最低價與開盤價一樣；股價具有上漲的趨勢。
（2）紅色實體越長，表示上漲氣勢較強。

61年第4月　61/04/01～61/04/29	單K（月線）－上升趨勢

149.12/+13.19/34.28億元

白色實線
1. 白色實線是一個長形的白色實體，其兩端均無影線。
2. 是極為強勁的線形。
3. 通常是多頭持續或空頭反轉陰陽線型態的第一個構成部份。
4. 有時稱為「主陽線」或「陽實線」。（強力陰陽線）

檢討

1-1-1長紅實體線（Red Marubozu）
1. 表示最高價與收盤價相同，而最低價與開盤價一樣；股價具有上漲的趨勢。
2. 紅色實體比上影線長，表示上漲氣勢較強。
3. 俗稱「光頭陽線」或「和尚頭」，代表市場買氣強，多空已分出勝負，具有強烈的漲勢。
4. 線形顯示：紅色實體愈長，股票漲勢愈強。

61年第6月　61/06/01～61/06/30	單K（月線）－上升趨勢

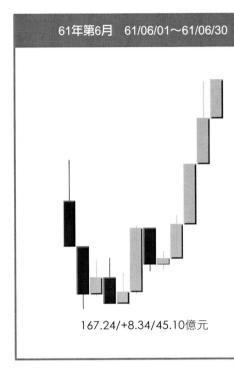

167.24/+8.34/45.10億元

白色實線

1. 白色實線是一個長形的白色實體，其兩端均無影線。
2. 是極為強勁的線形。
3. 通常是多頭持續或空頭反轉陰陽線型態的第一個構成部份。
4. 有時稱為「主陽線」或「陽實線」。（強力陰陽線）

檢討

1-1-1長紅實體線（Red Marubozu）

1. 表示最高價與收盤價相同，而最低價與開盤價一樣；股價具有上漲的趨勢。
2. 紅色實體比上影線長，表示上漲氣勢較強。
3. 俗稱「光頭陽線」或「和尚頭」，代表市場買氣強，多空已分出勝負，具有強烈的漲勢。
4. 線形顯示：紅色實體愈長，股票漲勢愈強。

62年第3月　62/03/01～62/03/31	單K（月線）－上升趨勢

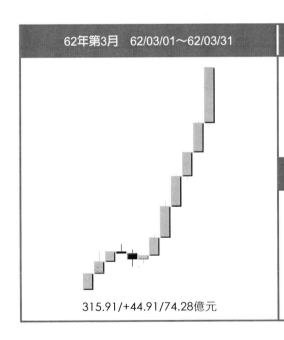

315.91/+44.91/74.28億元

長日

1. 「長日」代表當天價格走勢出現巨幅波動。
2. 開盤價與收盤價差距非常大。
3. 「長日」應該反應多頭趨勢。
4. 在上升趨勢長日應為白色。（強力陰陽線）

檢討

1-1-1長紅實體線（Red Marubozu）

1. 表示最高價與收盤價相同，而最低價與開盤價一樣；股價具有上漲的趨勢。
2. 紅色實體比上影線長，表示上漲氣勢較強。
3. 俗稱「光頭陽線」或「和尚頭」，代表市場買氣強，多空已分出勝負，具有強烈的漲勢。
4. 線形顯示：紅色實體愈長，股票漲勢愈強。

62年第11月　62/11/01～62/11/30	單K（月線）－上升趨勢
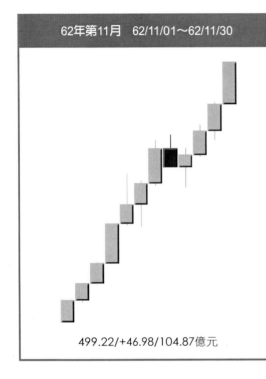 499.22/+46.98/104.87億元	**沒有上下影線的長紅線** 1.在陰陽線中，比較寬粗的部份稱為「實體」（real body），它的上下兩端代表交易時段的開盤價與收盤價。 2.實體若為白色，上端代表收盤價，下端代表開盤價；收盤價高於開盤價。 3.價格開低收高，紅色代表多頭意涵。（陰線陽線） **檢討** 1-1-1長紅實體線（Red Marubozu） 1.表示最高價與收盤價相同，而最低價與開盤價一樣；股價具有上漲的趨勢。 2.紅色實體比上影線長，表示上漲氣勢較強。 3.俗稱「光頭陽線」或「和尚頭」，代表市場買氣強，多空已分出勝負，具有強烈的漲勢。 4.線形顯示：紅色實體愈長，股票漲勢愈強。

64年第4月　64/04/01～64/04/30	單K（月線）－上升趨勢
284.36/+40.44/80.74億元	**低價區的長白線** 1.單根陰陽線，可能是趨勢發生變動的早期徵兆。 2.一根長白線出現在低價區，可能是底部即將形成的訊號。 3.長白線代表該交易時段的價格上漲幾乎沒有受到空頭的打壓，收盤價愈接近高價，實體的長度愈長，線形所代表的意義愈重要。（股票K線戰法） **檢討** 1-1-1長紅實體線（Red Marubozu） 1.表示最高價與收盤價相同，而最低價與開盤價一樣；股價具有上漲的趨勢。 2.紅色實體比上影線長，表示上漲氣勢較強。 3.俗稱「光頭陽線」或「和尚頭」，代表市場買氣強，多空已分出勝負，具有強烈的漲勢。 4.線形顯示：紅色實體愈長，股票漲勢愈強。

65年第1月　65/01/01～65/01/25	單K（月線）－盤整趨勢

388/+57.92/104.87億元

以長白線確認下檔的支撐

1.一根長白線由支撐區向上反彈，代表多頭轉守為攻。
2.如果長白線反彈的位置是趨勢線、移動平均或折返水準等重要支撐，即可確認支撐的有效性。
（股票K線戰法）

	檢討

1-1-1長紅實體線（Red Marubozu）

1.表示最高價與收盤價相同，而最低價與開盤價一樣；股價具有上漲的趨勢。
2.紅色實體比上影線長，表示上漲氣勢較強。
3.俗稱「光頭陽線」或「和尚頭」，代表市場買氣強，多空已分出勝負，具有強烈的漲勢。
4.線形顯示：紅色實體愈長，股票漲勢愈強。

66年第9月　66/09/01～66/09/30	單K（月線）－上升趨勢

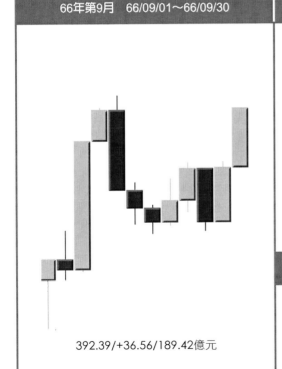

392.39/+36.56/189.42億元

長白線

1.單根陰陽線，可能是趨勢發生變動的早期徵兆。
2.一根長白線出現在低價區，可能是底部即將形成的訊號。
3.長白線代表該交易時段的價格上漲幾乎沒有受到空頭的打壓，收盤價愈接近高價，實體的長度愈長，線形所代表的意義愈重要。
4.市場可透過一根強勁的長白線穿越壓力區。
5.這根線形的開盤在最低價附近，實體的長度很長，可以確認突破的有效性。
6.這根長白線之前所形成的缺口，成為後續走勢的重要支撐。
（股票K線戰法）

	檢討

1-1-1長紅實體線（Red Marubozu）

1.表示最高價與收盤價相同，而最低價與開盤價一樣；股價具有上漲的趨勢。
2.紅色實體比上影線長，表示上漲氣勢較強。
3.俗稱「光頭陽線」或「和尚頭」，代表市場買氣強，多空已分出勝負，具有強烈的漲勢。
4. 線形顯示：紅色實體愈長，股票漲勢愈強。

66年第11月　66/11/01～66/11/30	單K（月線）－上升趨勢

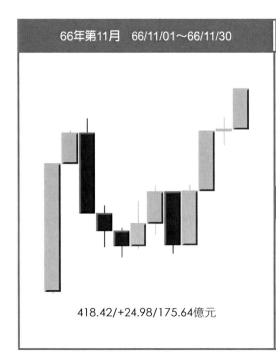

418.42/+24.98/175.64億元

長紅線

1. 所謂「長紅」指實體部份很長而言，代表一個多頭的交易時段。
2. 價格的交易區間很大，在最低價附近開盤，而幾乎在最高價收盤。
3. 長紅線具有多頭意涵。
（強力陰陽線）

檢討

1-1-1長紅實體線（Red Marubozu）

1. 表示最高價與收盤價相同，而最低價與開盤價一樣；股價具有上漲的趨勢。
2. 紅色實體比上影線長，表示上漲氣勢較強。
3. 俗稱「光頭陽線」或「和尚頭」，代表市場買氣強，多空已分出勝負，具有強烈的漲勢。
4. 線形顯示：紅色實體愈長，股票漲勢愈強。

67年第4月　67/04/01～67/04/30	單K（月線）－上升趨勢

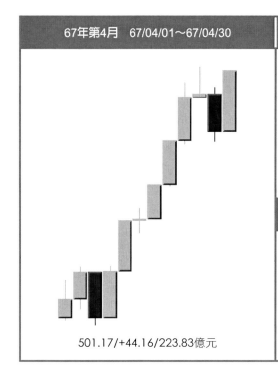

501.17/+44.16/223.83億元

長日

1. 「長日」代表當天價格走勢出現巨幅波動。
2. 開盤價與收盤價差距非常大。
3. 「長日」應該反應多頭趨勢，這是屬於極強的走勢。
4. 收盤價大於開盤價時稱為「長紅」，最終由多取得壓倒性的勝利。
（強力陰陽線）

檢討

1-1-1長紅實體線（Red Marubozu）

1. 表示最高價與收盤價相同，而最低價與開盤價一樣；股價具有上漲的趨勢。
2. 紅色實體比上影線長，表示上漲氣勢較強。
3. 俗稱「光頭陽線」或「和尚頭」，代表市場買氣強，多空已分出勝負，具有強烈的漲勢。
4. 線形顯示：紅色實體愈長，股票漲勢愈強。

68年第3月　68/03/01～68/03/31	單K（月線）－盤整趨勢

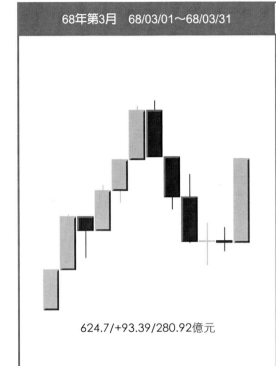

624.7/+93.39/280.92億元

低價區的長白線

1. 單根陰陽線，可能是趨勢發生變動的早期徵兆。
2. 一根長白線出現在低價區，可能是底部即將形成的訊號。
3. 長白線代表該交易時段的價格上漲幾乎沒有受到空頭的打壓，收盤價愈接近高價，實體的長度愈長，線形所代表的意義愈重要。
4. 若出現在跌勢剛反轉上漲時，代表空方失守，多方將獲勝。

（股票K線戰法）

檢討

1-1-1長紅實體線（Red Marubozu）

1. 表示最高價與收盤價相同，而最低價與開盤價一樣；股價具有上漲的趨勢。
2. 紅色實體比上影線長，表示上漲氣勢較強。
3. 俗稱「光頭陽線」或「和尚頭」，代表市場買氣強，多空已分出勝負，具有強烈的漲勢。
4. 線形顯示：紅色實體愈長，股票漲勢愈強。

73年第1月　73/01/01～73/01/25	單K（月線）－上升趨勢

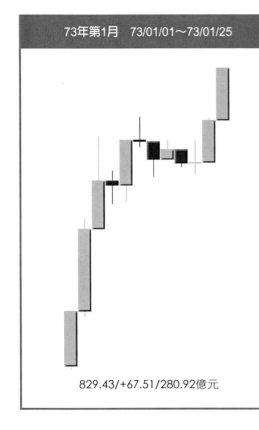

829.43/+67.51/280.92億元

長紅線向上突破

1. 「如果紅線實體很長，代表多頭意圖很強」，或是「如果紅線實體短，意味著空頭意圖很強」。
2. 趨勢線遭到長線形貫穿，則有效突破的可能性較高。
3. 長紅線可以增添突破走勢的可靠性。
4. 如果價格走勢透過長線形穿越支撐或壓力、完成某價格型態，或是穿越移動平均，訊號的可靠性都較高。
（陰陽線詳解）

檢討

1-1-1長紅實體線（Red Marubozu）

1. 表示最高價與收盤價相同，而最低價與開盤價一樣；股價具有上漲的趨勢。
2. 紅色實體比上影線長，表示上漲氣勢較強。
3. 俗稱「光頭陽線」或「和尚頭」，代表市場買氣強，多空已分出勝負，具有強烈的漲勢。
4. 線形顯示：紅色實體愈長，股票漲勢愈強。

74年第10月　74/10/01～74/10/30	單K（月線）－上升趨勢

781.66/+71.64/236.78億元

以長白線突破上檔的壓力

1. 市場可透過一根強勁的長白線穿越壓力區。
2. 這根線形的開盤在最低價附近，實體的長度很長，可以確認突破的有效性。
3. 這根長白線之前所形成的缺口，成為後續走勢的重要支撐。
（股票K線戰法）

檢討

1-1-1長紅實體線（Red Marubozu）

1. 表示最高價與收盤價相同，而最低價與開盤價一樣；股價具有上漲的趨勢。
2. 紅色實體比上影線長，表示上漲氣勢較強。
3. 俗稱「光頭陽線」或「和尚頭」，代表市場買氣強，多空已分出勝負，具有強烈的漲勢。
4. 線形顯示：紅色實體愈長，股票漲勢愈強。

75年第9月　75/09/01～75/09/30	單K（月線）－盤整趨勢

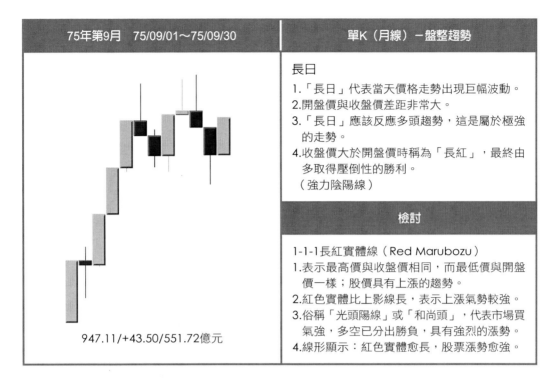

947.11/+43.50/551.72億元

長日

1.「長日」代表當天價格走勢出現巨幅波動。
2.開盤價與收盤價差距非常大。
3.「長日」應該反應多頭趨勢，這是屬於極強的走勢。
4.收盤價大於開盤價時稱為「長紅」，最終由多取得壓倒性的勝利。
（強力陰陽線）

檢討

1-1-1長紅實體線（Red Marubozu）

1.表示最高價與收盤價相同，而最低價與開盤價一樣；股價具有上漲的趨勢。
2.紅色實體比上影線長，表示上漲氣勢較強。
3.俗稱「光頭陽線」或「和尚頭」，代表市場買氣強，多空已分出勝負，具有強烈的漲勢。
4.線形顯示：紅色實體愈長，股票漲勢愈強。

76年第1月　76/01/01～76/01/25	單K（月線）－上升趨勢

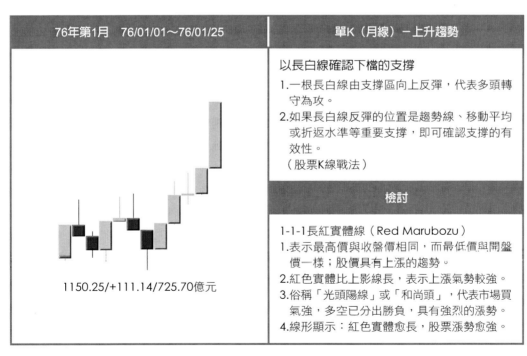

1150.25/+111.14/725.70億元

以長白線確認下檔的支撐

1.一根長白線由支撐區向上反彈，代表多頭轉守為攻。
2.如果長白線反彈的位置是趨勢線、移動平均或折返水準等重要支撐，即可確認支撐的有效性。
（股票K線戰法）

檢討

1-1-1長紅實體線（Red Marubozu）

1.表示最高價與收盤價相同，而最低價與開盤價一樣；股價具有上漲的趨勢。
2.紅色實體比上影線長，表示上漲氣勢較強。
3.俗稱「光頭陽線」或「和尚頭」，代表市場買氣強，多空已分出勝負，具有強烈的漲勢。
4.線形顯示：紅色實體愈長，股票漲勢愈強。

76年第2月　76/02/01～76/02/27	單K（月線）－上升趨勢

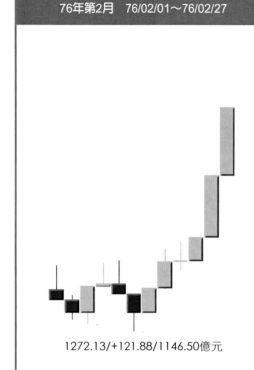

1272.13/+121.88/1146.50億元

長白線

1. 單根陰陽線，可能是趨勢發生變動的早期徵兆。
2. 一根長白線出現在低價區，可能是底部即將形成的訊號。
3. 長白線代表該交易時段的價格上漲幾乎沒有受到空頭的打壓，收盤價愈接近高價，實體的長度愈長，線形所代表的意義愈重要。
4. 市場可透過一根強勁的長白線穿越壓力區。
5. 這根線形的開盤在最低價附近，實體的長度很長，可以確認突破的有效性。
6. 這根長白線之前所形成的缺口，成為後續走勢的重要支撐。
（股票K線戰法）

檢討

1-1-1長紅實體線（Red Marubozu）
1. 表示最高價與收盤價相同，而最低價與開盤價一樣；股價具有上漲的趨勢。
2. 紅色實體比上影線長，表示上漲氣勢較強。
3. 俗稱「光頭陽線」或「和尚頭」，代表市場買氣強，多空已分出勝負，具有強烈的漲勢。
4. 線形顯示：紅色實體愈長，股票漲勢愈強。

76年第4月　76/04/01～76/04/30	單K（月線）－上升趨勢

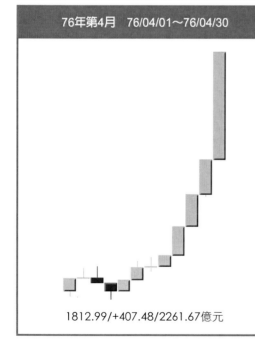

1812.99/+407.48/2261.67億元

長紅線

1. 所謂「長紅」指實體部份很長而言，代表一個多頭的交易時段。
2. 價格的交易區間很大，在最低價附近開盤，而幾乎在最高價收盤。
3. 長紅線具有多頭意涵。
（強力陰陽線）

檢討

1-1-1長紅實體線（Red Marubozu）
1. 表示最高價與收盤價相同，而最低價與開盤價一樣；股價具有上漲的趨勢。
2. 紅色實體比上影線長，表示上漲氣勢較強。
3. 俗稱「光頭陽線」或「和尚頭」，代表市場買氣強，多空已分出勝負，具有強烈的漲勢。
4. 線形顯示：紅色實體愈長，股票漲勢愈強。

76年第8月　76/08/01～76/08/31	單K（月線）－上升趨勢

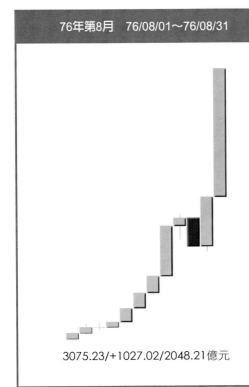

3075.23/+1027.02/2048.21億元

長紅線

1.當天開盤價非常接近最高價，收盤價非常接近最高價，而且兩個價格拉得很開。

2.長紅線具有多頭意涵。

3.一根長白線由支撐區向上反彈，代表多頭轉守為攻。

4.如果長白線反彈的位置是趨勢線、移動平均或折返水準等重要支撐，即可確認支撐的有效性。

（股票K線戰法）

檢討

1-1-1長紅實體線（Red Marubozu）

1.表示最高價與收盤價相同，而最低價與開盤價一樣；股價具有上漲的趨勢。

2.紅色實體比上影線長，表示上漲氣勢較強。

3.俗稱「光頭陽線」或「和尚頭」，代表市場買氣強，多空已分出勝負，具有強烈的漲勢。

4.線形顯示：紅色實體愈長，股票漲勢愈強。

78年第2月　78/02/01～78/02/28	單K（月線）－上升趨勢

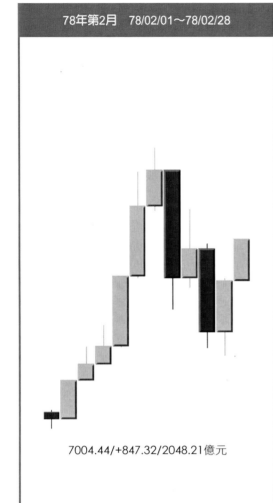

7004.44/+847.32/2048.21億元

沒有上下影線的長白線

1. 在上升趨勢中，拉回走勢可以在先前長白線的實體或線形底部（即下影線的下端）獲得支撐。
2. 在下跌趨勢中，在一根長白線之後，價格很容易出現拉回的走勢，因為市場可能處於短期超買的狀況，也就是說，價格在短期間內上漲過速，在這種情形下，價格可能需要稍微拉回整理，以紓解超買的狀況。
3. 在長白線之後，市場往往是處於超買狀況，所以很容易拉回。因此將長白線視為支撐，並在隨後拉回走勢中買進。
4. 一根長白線由支撐區向上反彈，代表多頭轉守為攻。
5. 如果長白線反彈的位置是趨勢線、移動平均或折返水準等重要支撐，即可確認支撐的有效性。
6. 長紅線或大陽線，表示強烈漲升，氣勢如虹。
7. 若出現在跌勢剛反轉上漲時，代表空方失守，多方將獲勝。
（股票K線戰法）

檢討

1-1-1長紅實體線（Red Marubozu）

1. 表示最高價與收盤價相同，而最低價與開盤價一樣；股價具有上漲的趨勢。
2. 紅色實體比上影線長，表示上漲氣勢較強。
3. 俗稱「光頭陽線」或「和尚頭」，代表市場買氣強，多空已分出勝負，具有強烈的漲勢。
4. 線形顯示：紅色實體愈長，股票漲勢愈強。

表1-1-1　長紅實體線　　　　　　　　　　　　　準確度　　準=100%　不準=0%

日期	趨勢	加權指數收盤價	漲跌	準確度	
				準	不準
61/04/01～61/04/29	上升趨勢	149.12	13.19	V	
61/06/01～61/06/30	上升趨勢	167.24	8.34	V	
62/03/01～62/03/31	上升趨勢	315.91	44.91	V	
62/11/01～62/11/30	上升趨勢	499.22	46.98	V	
64/04/01～64/04/30	上升趨勢	284.36	40.44	V	
65/01/01～65/01/25	盤整趨勢	388	57.92	V	
66/09/01～66/09/30	上升趨勢	392.39	36.56	V	
66/11/01～66/11/30	上升趨勢	418.42	24.98	V	
67/04/01～67/04/30	上升趨勢	501.17	44.16	V	
68/03/01～68/03/31	盤整趨勢	624.7	93.39	V	
73/01/01～73/01/25	上升趨勢	829.43	67.51	V	
74/10/01～74/10/30	上升趨勢	781.66	71.64	V	
75/09/01～75/09/30	盤整趨勢	947.11	43.5	V	
76/01/01～76/01/25	上升趨勢	1150.25	111.14	V	
76/02/01～76/02/27	上升趨勢	1272.13	121.88	V	
76/04/01～76/04/30	上升趨勢	1812.99	407.48	V	
76/08/01～76/08/31	上升趨勢	3075.23	1027.02	V	
78/02/01～78/02/28	上升趨勢	7004.44	847.32	V	

結論

　　長紅實體線在上升趨勢下，代表市場買氣強，多方力道猛烈，持股續抱，多空已分出勝負，具強烈的漲勢。在盤整趨勢下，紅色實體線長，則波段漲勢開始，加碼訊號強烈，表示買盤的強度高。自56年1月至100年12月有540個月，以本書月K線去檢討，長紅實體線出現18次，正確次數為18次，不正確次數為零，正確度達100%；月K線「正確」與「不正確」仍然有誤差，投資人可以自行調整判別的尺度，修正「正確」與「不正確」的百分比，如此可以達到更高的操作價值。

1-1-2　短紅實體線

1-1-2　短紅實體線

魔法K線檢討：
（1）表示最高價等於收盤價，而最低價與開盤價一樣；中間的紅體線長短，表示買盤的強弱程度。
（2）這是屬於狹幅整理的K線之一，價格在狹窄的區間內上下來回震盪整理，終場上揚。
（3）線形顯示：中間的紅體線較短，表示買盤的強度不高，上漲力道較弱。

69年第2月　69/02/01～69/02/27	單K（月線）－下降趨勢
	短日
	1.「短日」也可以利用與「長日」相同的方式來界定，並有類似的結果。
	2.開盤價與收盤價差距小。
	3.收盤價高於開盤價實體為紅色。
	（強力陰陽線）
	檢討
564.40/+17.38/107.39億元	1-1-2短紅實體線 1.表示最高價等於收盤價，而最低價與開盤價一樣；中間的紅體線長短，表示買盤的強弱程度；如果紅色實體愈長，那是表示賣盤較弱，買盤較強。 2.這是屬於狹幅整理的K線（Short K chart）之一，價格在狹窄的區間內上下來回震盪整理，終場上揚。 3.線形顯示：中間的紅體線較短，表示買盤的強度不高，上漲力道較弱。

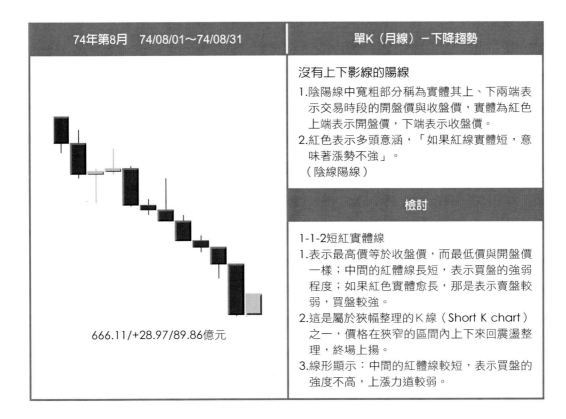

74年第8月　74/08/01～74/08/31	單K（月線）－下降趨勢
	沒有上下影線的陽線 1.陰陽線中寬粗部分稱為實體其上、下兩端表示交易時段的開盤價與收盤價，實體為紅色上端表示開盤價，下端表示收盤價。 2.紅色表示多頭意涵，「如果紅線實體短，意味著漲勢不強」。 （陰線陽線）
	檢討
666.11/+28.97/89.86億元	1-1-2短紅實體線 1.表示最高價等於收盤價，而最低價與開盤價一樣；中間的紅體線長短，表示買盤的強弱程度；如果紅色實體愈長，那是表示賣盤較弱，買盤較強。 2.這是屬於狹幅整理的K線（Short K chart）之一，價格在狹窄的區間內上下來回震盪整理，終場上揚。 3.線形顯示：中間的紅體線較短，表示買盤的強度不高，上漲力道較弱。

表1-1-2　短紅實體線　　　　　　　　　　　準確度　　　準=100%　　不準=0%

日期	趨勢	加權指數收盤價	漲跌	準確度	
				準	不準
69/02/01～69/02/27	下降趨勢	564.4	17.38	V	
74/08/01～74/08/31	下降趨勢	666.11	28.97	V	

結論

　　短紅實體線在盤整或下降趨勢下，代表市場買氣不強，漲勢較弱。自56年1月至100年12月有540個月，以本書月K線去檢討，長紅實體線出現2次，正確次數為2次，不正確次數為零，正確度達100%；月K線「正確」與「不正確」仍然有誤差，投資人可以自行調整判別的尺度，修正「正確」與「不正確」的百分比，如此可以達到更高的操作價值。

1-2-1　長紅短上影線

1-2-1　長紅短上影線

魔法K線檢討：
（1）表示最高價大於收盤價，最低價為開盤價。股價上升之後卻受到賣方的壓力，使上升受阻。
（2）紅色實體比上影線長，表示上漲氣勢較強。
（3）上影線越長，表示股市受到賣方的壓力，股價的上升面臨抗拒阻力。

56年第11月　56/11/01～56/11/30	單K（月線）－盤整趨勢
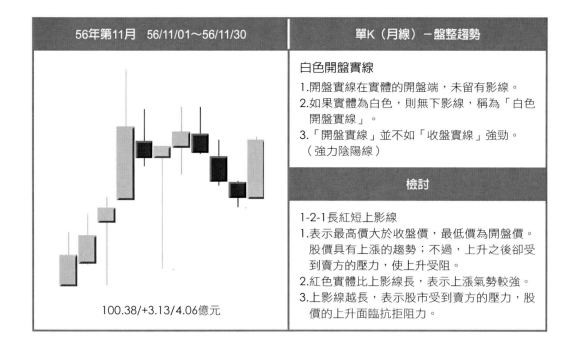　　100.38/+3.13/4.06億元	白色開盤實線 1.開盤實線在實體的開盤端，未留有影線。 2.如果實體為白色，則無下影線，稱為「白色開盤實線」。 3.「開盤實線」並不如「收盤實線」強勁。（強力陰陽線）
	檢討
	1-2-1長紅短上影線 1.表示最高價大於收盤價，最低價為開盤價。股價具有上漲的趨勢；不過，上升之後卻受到賣方的壓力，使上升受阻。 2.紅色實體比上影線長，表示上漲氣勢較強。 3.上影線越長，表示股市受到賣方的壓力，股價的上升面臨抗拒阻力。

57年第11月　57/11/01～57/11/30	單K（月線）－盤整趨勢

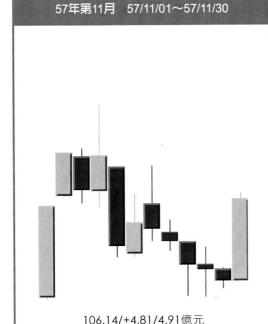

106.14/+4.81/4.91億元

低價區的長白線

1. 單根陰陽線，可能是趨勢發生變動的早期徵兆。
2. 一根長白線出現在低價區，可能是底部即將形成的訊號。
3. 長白線代表該交易時段的價格上漲幾乎沒有受到空頭的打壓，收盤價愈接近高價，實體的長度愈長，線形所代表的意義愈重要。
4. 市場可透過一根強勁的長白線穿越壓力區。
5. 這根線形的開盤在最低價附近，實體的長度很長，可以確認突破的有效性。
（股票K線戰法）

檢討

1-2-1長紅短上影線

1. 表示最高價大於收盤價，最低價為開盤價。股價具有上漲的趨勢；不過，上升之後卻受到賣方的壓力，使上升受阻。
2. 紅色實體比上影線長，表示上漲氣勢較強。
3. 上影線越長，表示股市受到賣方的壓力，股價的上升面臨抗拒阻力。

58年第7月　58/07/03～58/07/31	單K（月線）－盤整趨勢

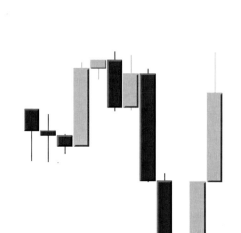

104.64/+5.51/4.08億元

以長白線確認下檔支撐

1. 在上升趨勢中，拉回走勢可以在先前長白線的實體或線形底部（即下影線的下端）獲得支撐。
2. 在下跌趨勢中，在一根長白線之後，價格很容易出現拉回的走勢，因為市場可能處於短期超買的狀況，也就是說，價格在短期間內上漲過速，在這種情形下，價格可能需要稍微拉回整理，以紓解超買的狀況。
3. 在長白線之後，市場往往是處於超買狀況，所以很容易拉回。因此將長白線視為支撐，並在隨後拉回走勢中買進。
4. 一根長白線由支撐區向上反彈，代表多頭轉守為攻。
5. 如果長白線反彈的位置是趨勢線、移動平均或折返水準等重要支撐，即可確認支撐的有效性。

（股票K線戰法）

檢討

1-2-1長紅短上影線

1. 表示最高價大於收盤價，最低價為開盤價。股價具有上漲的趨勢；不過，上升之後卻受到賣方的壓力，使上升受阻。
2. 紅色實體比上影線長，表示上漲氣勢較強。
3. 上影線越長，表示股市受到賣方的壓力，股價的上升面臨抗拒阻力。

59年第2月　59/02/02～59/02/27	單K（月線）－上升趨勢

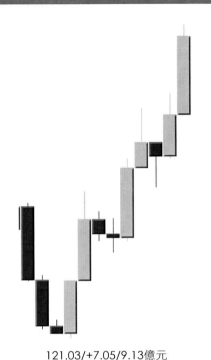

121.03/+7.05/9.13億元

長紅線
1. 陰陽線的矩形部份，稱為實體，矩形上、下兩端分別代表開盤價與收盤價。
2. 矩形上端代表兩個價格的較高者，矩形下端則代表兩者的較低者。
3. 如果實體為紅色，矩形下端為開盤價，上端為收盤價（價格開低收高，紅色代表多頭意涵）。
4. 多頭格局，但上漲賣壓沉重，未來可能下跌。
5. 若在上漲末波段出現，宜注意是否留了一根長長的「上影線」，是準備要反轉的信號。
（陰陽線詳解）

檢討

1-2-1長紅短上影線
1. 表示最高價大於收盤價，最低價為開盤價。股價具有上漲的趨勢；不過，上升之後卻受到賣方的壓力，使上升受阻。
2. 紅色實體比上影線長，表示上漲氣勢較強。
3. 上影線越長，表示股市受到賣方的壓力，股價的上升面臨抗拒阻力。

59年第12月　59/12/01～59/12/31	單K（月線）－盤整趨勢

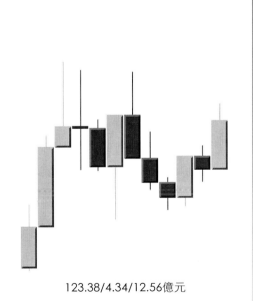

123.38/4.34/12.56億元

長紅線向上突破
1. 趨勢線遭到長線形貫穿，則有效突破的可能性較高。
2. 長紅線可以增添突破走勢的可靠性。
3. 如果價格走勢透過長線形穿越支撐或壓力、完成某價格型態，或是穿越移動平均，訊號的可靠性都較高。
4. 「如果紅線實體很長，代表多頭意圖很強」，或是「如果紅線實體短，意味著空頭意圖很強」。
（陰陽線詳解）

檢討

1-2-1長紅短上影線
1. 表示最高價大於收盤價，最低價為開盤價。股價具有上漲的趨勢；不過，上升之後卻受到賣方的壓力，使上升受阻。
2. 紅色實體比上影線長，表示上漲氣勢較強。
3. 上影線越長，表示股市受到賣方的壓力，股價的上升面臨抗拒阻力。

60年第6月　60/06/01～60/06/30	單K（月線）－上升趨勢

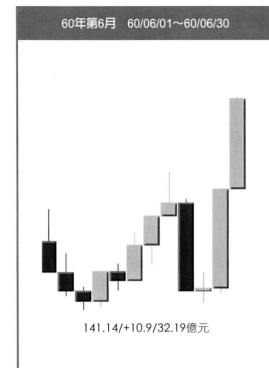

141.14/+10.9/32.19億元

長紅線

1.當天開盤價非常接近最高價，收盤價非常接近最高價，而且兩個價格拉得很開。
2.長紅線具有多頭意涵。
3.一根長白線由支撐區向上反彈，代表多頭轉守為攻。
4.如果長白線反彈的位置是趨勢線、移動平均或折返水準等重要支撐，即可確認支撐的有效性。
（股票K線戰法）

檢討

1-2-1長紅短上影線
1.表示最高價大於收盤價，最低價為開盤價。股價具有上漲的趨勢；不過，上升之後卻受到賣方的壓力，使上升受阻。
2.紅色實體比上影線長，表示上漲氣勢較強。
3.上影線越長，表示股市受到賣方的壓力，股價的上升面臨抗拒阻力。

61年第3月　61/03/01～61/03/31	單K（月線）－盤整趨勢

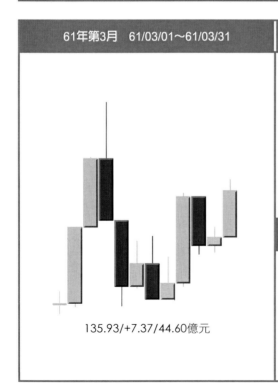

135.93/+7.37/44.60億元

平底

1.每種方法都運用特定時段內的相同四種價格資料:開盤價、最高價、最低價與收盤價。
2.主要是因為陰陽線表達價格資料的方式。
3.陰陽線基本上都採用「天」的時段。
4.由於日線圖的陰陽線形態只有短期意涵，比較適用於短線交易。
5.陰陽線沒有下影線，則稱為平底。
（陰陽線詳解）

檢討

1-2-1長紅短上影線
1.表示最高價大於收盤價，最低價為開盤價。股價具有上漲的趨勢；不過，上升之後卻受到賣方的壓力，使上升受阻。
2.紅色實體比上影線長，表示上漲氣勢較強。
3.上影線越長，表示股市受到賣方的壓力，股價的上升面臨抗拒阻力。

61年第10月　61/10/02～61/10/31	單K（月線）－上升趨勢

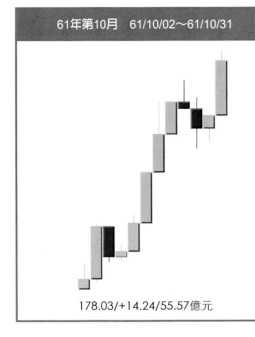

178.03/+14.24/55.57億元

白色開盤實線

1. 開盤實線在實體的開盤端，未留有影線。
2. 如果實體為白色，則無下影線，稱為「白色開盤實線」。
3. 實體相對越長，上漲信號越可靠。
（強力陰陽線）

檢討

1-2-1長紅短上影線

1. 表示最高價大於收盤價，最低價為開盤價。股價具有上漲的趨勢；不過，上升之後卻受到賣方的壓力，使上升受阻。
2. 紅色實體比上影線長，表示上漲氣勢較強。
3. 上影線越長，表示股市受到賣方的壓力，股價的上升面臨抗拒阻力。

61年第11月　61/11/01～61/11/30	單K（月線）－上升趨勢

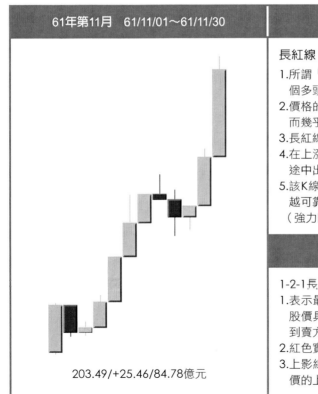

203.49/+25.46/84.78億元

長紅線

1. 所謂「長紅」指實體部份很長而言，代表一個多頭的交易時段。
2. 價格的交易區間很大，在最低價附近開盤，而幾乎在最高價收盤。
3. 長紅線具有多頭意涵。
4. 在上漲趨勢末端出現，是見頂訊號，在上漲途中出現，繼續看漲。
5. 該K線的上影線相對越長，力量越大，信號越可靠。
（強力陰陽線）

檢討

1-2-1長紅短上影線

1. 表示最高價大於收盤價，最低價為開盤價。股價具有上漲的趨勢；不過，上升之後卻受到賣方的壓力，使上升受阻。
2. 紅色實體比上影線長，表示上漲氣勢較強。
3. 上影線越長，表示股市受到賣方的壓力，股價的上升面臨抗拒阻力。

62年第2月　62/02/07～62/02/28	單K（月線）－上升趨勢

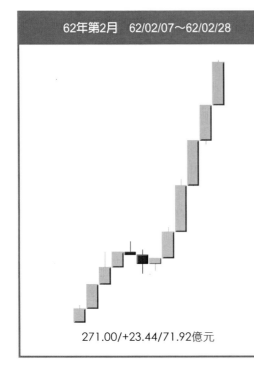

271.00/+23.44/71.92億元

長白線

1. 長白線代表該交易時段的價格上漲幾乎沒有受到空頭的打壓，收盤價愈接近高價，實體的長度愈長，線形所代表的意義愈重要。
2. 市場可透過一根強勁的長白線穿越壓力區。
3. 這根線形的開盤在最低價附近，實體的長度很長，可以確認突破的有效性。
（股票K線戰法）

檢討

1-2-1長紅短上影線

1. 表示最高價大於收盤價，最低價為開盤價。股價具有上漲的趨勢；不過，上升之後卻受到賣方的壓力，使上升受阻。
2. 紅色實體比上影線長，表示上漲氣勢較強。
3. 上影線越長，表示股市受到賣方的壓力，股價的上升面臨抗拒阻力。

63年第6月　63/06/01～63/06/29	單K（月線）－下降趨勢

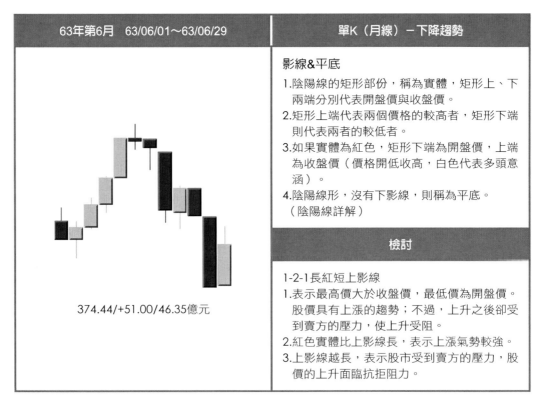

374.44/+51.00/46.35億元

影線&平底

1. 陰陽線的矩形部份，稱為實體，矩形上、下兩端分別代表開盤價與收盤價。
2. 矩形上端代表兩個價格的較高者，矩形下端則代表兩者的較低者。
3. 如果實體為紅色，矩形下端為開盤價，上端為收盤價（價格開低收高，白色代表多頭意涵）。
4. 陰陽線形，沒有下影線，則稱為平底。
（陰陽線詳解）

檢討

1-2-1長紅短上影線

1. 表示最高價大於收盤價，最低價為開盤價。股價具有上漲的趨勢；不過，上升之後卻受到賣方的壓力，使上升受阻。
2. 紅色實體比上影線長，表示上漲氣勢較強。
3. 上影線越長，表示股市受到賣方的壓力，股價的上升面臨抗拒阻力。

66年第8月　66/08/01～66/08/31	單K（月線）－盤整趨勢

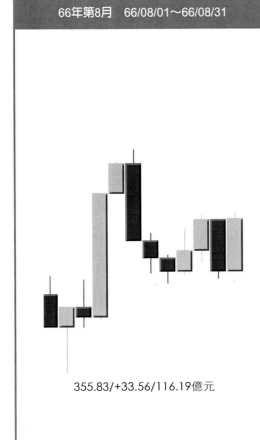

355.83/+33.56/116.19億元

以長白線確認下檔支撐

1. 在上升趨勢中，拉回走勢可以在先前長白線的實體或線形底部（即下影線的下端）獲得支撐。
2. 在下跌趨勢中，在一根長白線之後，價格很容易出現拉回的走勢，因為市場可能處於短期超買的狀況，也就是說，價格在短期間內上漲過速，在這種情形下，價格可能需要稍微拉回整理，以紓解超買的狀況。
3. 在長白線之後，市場往往是處於超買狀況，所以很容易拉回。因此將長白線視為支撐，並在隨後拉回走勢中買進。
4. 一根長白線由支撐區向上反彈，代表多頭轉守為攻。
5. 如果長白線反彈的位置是趨勢線、移動平均或折返水準等重要支撐，即可確認支撐的有效性。

（股票K線戰法）

檢討

1-2-1長紅短上影線

1. 表示最高價大於收盤價，最低價為開盤價。股價具有上漲的趨勢；不過，上升之後卻受到賣方的壓力，使上升受阻。
2. 紅色實體比上影線長，表示上漲氣勢較強。
3. 上影線越長，表示股市受到賣方的壓力，股價的上升面臨抗拒阻力。

67年第5月　67/05/01～67/05/31	單K（月線）－上升趨勢

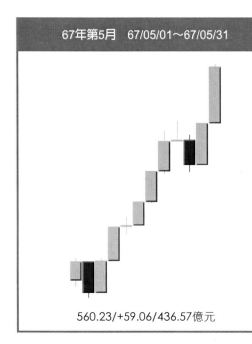

560.23/+59.06/436.57億元

白色開盤實線

1. 開盤實線在實體的開盤端，未留有影線。
2. 如果實體為白色，則無下影線，稱為「白色開盤實線」。
3. 多頭格局，但上漲賣壓沉重，未來可能下跌。（強力陰陽線）

檢討

1-2-1長紅短上影線
1. 表示最高價大於收盤價，最低價為開盤價。股價具有上漲的趨勢；不過，上升之後卻受到賣方的壓力，使上升受阻。
2. 紅色實體比上影線長，表示上漲氣勢較強。
3. 上影線越長，表示股市受到賣方的壓力，股價的上升面臨抗拒阻力。

67年第7月　67/07/01～67/07/31	單K（月線）－上升趨勢

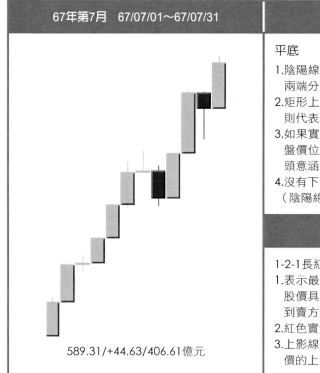

589.31/+44.63/406.61億元

平底

1. 陰陽線的矩形部份，稱為實體，矩形上、下兩端分別代表開盤價與收盤價。
2. 矩形上端代表兩個價格的較高者，矩形下端則代表兩者的較低者。
3. 如果實體為紅色，開盤價位在矩形下端，收盤價位在上端，價格開低走高，紅色代表多頭意涵。
4. 沒有下影線，則稱為平底。（陰陽線詳解）

檢討

1-2-1長紅短上影線
1. 表示最高價大於收盤價，最低價為開盤價。股價具有上漲的趨勢；不過，上升之後卻受到賣方的壓力，使上升受阻。
2. 紅色實體比上影線長，表示上漲氣勢較強。
3. 上影線越長，表示股市受到賣方的壓力，股價的上升面臨抗拒阻力。

67年第9月　67/09/01～67/09/30	單K（月線）－上升趨勢

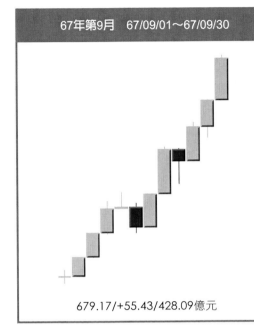

679.17/+55.43/428.09億元

長日

1.「長日」代表當天價格走勢出現巨幅波動。
2.開盤價與收盤價差距非常大。
3.「長日」應該反應多頭趨勢。
4.在上升趨勢長日應為白色。
（強力陰陽線）

檢討

1-2-1長紅短上影線
1.表示最高價大於收盤價，最低價為開盤價。
　股價具有上漲的趨勢；不過，上升之後卻受
　到賣方的壓力，使上升受阻。
2.紅色實體比上影線長，表示上漲氣勢較強。
3.上影線越長，表示股市受到賣方的壓力，股
　價的上升面臨抗拒阻力。

69年第7月　69/07/01～69/07/31	單K（月線）－盤整趨勢

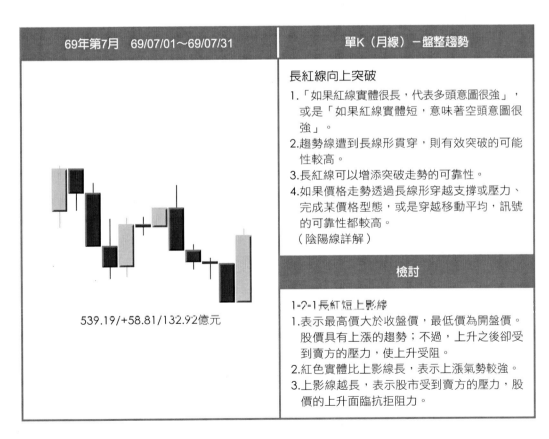

539.19/+58.81/132.92億元

長紅線向上突破

1.「如果紅線實體很長，代表多頭意圖很強」，
　或是「如果紅線實體短，意味著空頭意圖很
　強」。
2.趨勢線遭到長線形貫穿，則有效突破的可能
　性較高。
3.長紅線可以增添突破走勢的可靠性。
4.如果價格走勢透過長線形穿越支撐或壓力、
　完成某價格型態，或是穿越移動平均，訊號
　的可靠性都較高。
（陰陽線詳解）

檢討

1-2-1長紅短上影線
1.表示最高價大於收盤價，最低價為開盤價。
　股價具有上漲的趨勢；不過，上升之後卻受
　到賣方的壓力，使上升受阻。
2.紅色實體比上影線長，表示上漲氣勢較強。
3.上影線越長，表示股市受到賣方的壓力，股
　價的上升面臨抗拒阻力。

74年第9月　74/09/01～74/09/30	單K（月線）－上升趨勢

低價區的長白線

1. 單根陰陽線，可能是趨勢發生變動的早期徵兆。
2. 一根長白線出現在低價區，可能是底部即將形成的訊號。
3. 長白線代表該交易時段的價格上漲幾乎沒有受到空頭的打壓，收盤價愈接近高價，實體的長度愈長，線形所代表的意義愈重要（股票K線戰法）

檢討

1-2-1長紅短上影線

1. 表示最高價大於收盤價，最低價為開盤價。股價具有上漲的趨勢；不過，上升之後卻受到賣方的壓力，使上升受阻。
2. 紅色實體比上影線長，表示上漲氣勢較強。
3. 上影線越長，表示股市受到賣方的壓力，股價的上升面臨抗拒阻力。

710.02/+43.91/167.75億元

75年第1月　75/01/01～75/01/25	單K（月線）－上升趨勢

長紅線

1. 「如果紅線實體很長，代表多頭意圖很強」。
2. 趨勢線遭到長線形貫穿，則有效突破的可能性較高。
3. 長紅線可以增添突破走勢的可靠性。
4. 如果價格走勢透過長線形穿越支撐或壓力、完成某價格型態，或是穿越移動平均，訊號的可靠性都較高。（陰陽線詳解）

檢討

1-2-1長紅短上影線

1. 表示最高價大於收盤價，最低價為開盤價。股價具有上漲的趨勢；不過，上升之後卻受到賣方的壓力，使上升受阻。
2. 紅色實體比上影線長，表示上漲氣勢較強。
3. 上影線越長，表示股市受到賣方的壓力，股價的上升面臨抗拒阻力。

882.95/+47.83/432.87億元

78年第5月　78/05/02～78/05/31	單K（月線）－上升趨勢
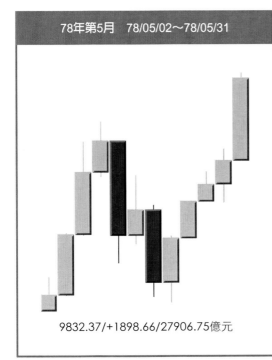9832.37/+1898.66/27906.75億元	**長日** 1.「長日」代表當天價格走勢出現巨幅波動。 2.開盤價與收盤價差距非常大。 3.「長日」應該反應多頭趨勢，這是屬於極強的走勢。 4.收盤價大於開盤價時稱為「長紅」，最終由多取得壓倒性的勝利。 （強力陰陽線）
	檢討
	1-2-1長紅短上影線 1.表示最高價大於收盤價，最低價為開盤價。股價具有上漲的趨勢；不過，上升之後卻受到賣方的壓力，使上升受阻。 2.紅色實體比上影線長，表示上漲氣勢較強。 3.上影線越長，表示股市受到賣方的壓力，股價的上升面臨抗拒阻力。

82年第2月　82/02/01～82/02/27	單K（月線）－上升趨勢
4384.6//+1010.11/8898.90億元	**低價區的長白線** 1.單根陰陽線，可能是趨勢發生變動的早期徵兆。 2.一根長白線出現在低價區，可能是底部即將形成的訊號。 3.長白線代表該交易時段的價格上漲幾乎沒有受到空頭的打壓，收盤價愈接近高價，實體的長度愈長，線形所代表的意義愈重要。 4.市場可透過一根強勁的長白線穿越壓力區。 5.這根線形的開盤在最低價附近，實體的長度很長，可以確認突破的有效性。 （股票K線戰法）
	檢討
	1-2-1長紅短上影線 1.表示最高價大於收盤價，最低價為開盤價。股價具有上漲的趨勢；不過，上升之後卻受到賣方的壓力，使上升受阻。 2.紅色實體比上影線長，表示上漲氣勢較強。 3.上影線越長，表示股市受到賣方的壓力，股價的上升面臨抗拒阻力。

83年第4月　83/04/01～83/04/30	單K（月線）－上升趨勢

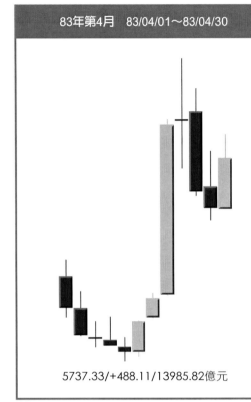

5737.33/+488.11/13985.82億元

平底

1. 陰陽線的矩形部份，稱為實體，矩形上、下兩端分別代表開盤價與收盤價。
2. 矩形上端代表兩個價格的較高者，矩形下端則代表兩者的較低者。
3. 如果實體為紅色，開盤價位在矩形下端，收盤價位在上端，價格開低走高，紅色代表多頭意涵。
4. 沒有下影線，則稱為平底。
5. 多頭格局，但上漲賣壓沉重，未來可能下跌。
（陰陽線詳解）

檢討

1-2-1長紅短上影線

1. 表示最高價大於收盤價，最低價為開盤價。股價具有上漲的趨勢；不過，上升之後卻受到賣方的壓力，使上升受阻。
2. 紅色實體比上影線長，表示上漲氣勢較強。
3. 上影線越長，表示股市受到賣方的壓力，股價的上升面臨抗拒阻力。

83年第12月　83/12/01～83/12/31	單K（月線）－盤整趨勢

7124.66/+760.94/21112.72億元

長紅線向上突破

1. 趨勢線遭到長線形貫穿，則有效突破的可能性較高。
2. 長紅線可以增添突破走勢的可靠性。
3. 如果價格走勢透過長線形穿越支撐或壓力、完成某價格型態，或是穿越移動平均，訊號的可靠性都較高。
4. 在延伸性上升趨勢中，突然出現一之長黑線，經常代表既有趨勢不久之後將反轉。可是，這類陰陽線型態的解釋，必須得到後續價格發展確認。
（陰陽線詳解）

檢討

1-2-1長紅短上影線

1. 表示最高價大於收盤價，最低價為開盤價。股價具有上漲的趨勢；不過，上升之後卻受到賣方的壓力，使上升受阻。
2. 紅色實體比上影線長，表示上漲氣勢較強。
3. 上影線越長，表示股市受到賣方的壓力，股價的上升面臨抗拒阻力。

90年第12月　90/12/03～90/12/31	單K（月線）－盤整趨勢

5551.24/+1110.12/30251.04億元

長紅線

1. 所謂「長紅」指實體部份很長而言，代表一個多頭的交易時段。
2. 價格的交易區間很大，在最低價附近開盤，而幾乎在最高價收盤。
3. 長紅線具有多頭意涵。
（強力陰陽線）

檢討

1-2-1長紅短上影線

1. 表示最高價大於收盤價，最低價為開盤價。股價具有上漲的趨勢；不過，上升之後卻受到賣方的壓力，使上升受阻。
2. 紅色實體比上影線長，表示上漲氣勢較強。
3. 上影線越長，表示股市受到賣方的壓力，股價的上升面臨抗拒阻力。

92年第7月　92/07/01～92/07/31	單K（月線）－上升趨勢

平底

1. 陰陽線的矩形部份，稱為實體，矩形上、下兩端分別代表開盤價與收盤價。
2. 矩形上端代表兩個價格的較高者，矩形下端則代表兩者的較低者。
3. 如果實體為紅色，矩形下端為開盤價，上端為收盤價（價格開低收高，白色代表多頭意涵）。
4. 陰陽線形，沒有下影線，則稱為平底。
（陰陽線詳解）

檢討

1-2-1長紅短上影線

1. 表示最高價大於收盤價，最低價為開盤價。股價具有上漲的趨勢；不過，上升之後卻受到賣方的壓力，使上升受阻。
2. 紅色實體比上影線長，表示上漲氣勢較強。
3. 上影線越長，表示股市受到賣方的壓力，股價的上升面臨抗拒阻力。

5318.34/+446.19/29463.51億元

93年第1月　93/01/02～93/01/30	單K（月線）－上升趨勢

長紅線

1. 所謂「長紅」指實體部份很長而言，代表一個多頭的交易時段。
2. 價格的交易區間很大，在最低價附近開盤，而幾乎在最高價收盤。
3. 長紅線具有多頭意涵。
4. 上漲末波段出現，宜注意留了一根長的「上影線」，是準備要反轉的信號。
（強力陰陽線）

檢討

1-2-1長紅短上影線

1. 表示最高價大於收盤價，最低價為開盤價。股價具有上漲的趨勢；不過，上升之後卻受到賣方的壓力，使上升受阻。
2. 紅色實體比上影線長，表示上漲氣勢較強。
3. 上影線越長，表示股市受到賣方的壓力，股價的上升面臨抗拒阻力。

6375.38/+484.69/18403.88億元

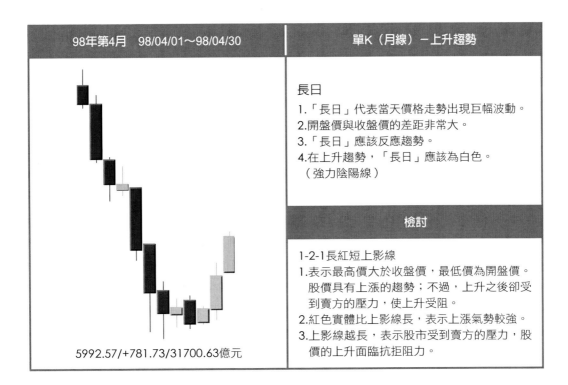

98年第4月　98/04/01〜98/04/30	單K（月線）－上升趨勢
5992.57/+781.73/31700.63億元	長日 1.「長日」代表當天價格走勢出現巨幅波動。 2.開盤價與收盤價的差距非常大。 3.「長日」應該反應趨勢。 4.在上升趨勢，「長日」應該為白色。 　（強力陰陽線） **檢討** 1-2-1長紅短上影線 1.表示最高價大於收盤價，最低價為開盤價。 　股價具有上漲的趨勢；不過，上升之後卻受 　到賣方的壓力，使上升受阻。 2.紅色實體比上影線長，表示上漲氣勢較強。 3.上影線越長，表示股市受到賣方的壓力，股 　價的上升面臨抗拒阻力。

表1-2-1　長紅短上影線　　　　　　　　　準確度　　準=96%　不準=4%

日期	趨勢	加權指數收盤價	漲跌	準確度	
				正確	不正確
56/11/01〜56/11/30	盤整趨勢	100.38	3.13	V	
57/11/01〜57/11/30	盤整趨勢	106.14	4.81	V	
58/07/03〜58/07/31	盤整趨勢	104.64	5.51	V	
59/02/02〜59/02/27	上升趨勢	121.03	7.05	V	
59/12/01〜59/12/31	盤整趨勢	123.38	4.34	V	
60/06/01〜60/06/30	上升趨勢	141.14	10.9	V	
61/03/01〜61/03/31	盤整趨勢	135.93	7.37	V	
61/10/02〜61/10/31	上升趨勢	178.03	14.24	V	
61/11/01〜61/11/30	上升趨勢	203.49	25.46	V	
62/02/07〜62/02/28	上升趨勢	271	23.44	V	
63/06/01〜63/06/29	下降趨勢	374.44	51	V	
66/08/01〜66/08/31	盤整趨勢	355.83	33.56	V	
67/05/01〜67/05/31	上升趨勢	560.23	59.06	V	
67/07/01〜67/07/31	上升趨勢	589.31	44.63	V	
67/09/01〜67/09/30	上升趨勢	679.17	55.43	V	

69/07/01～69/07/31	盤整趨勢	539.19	58.81	V	
74/09/01～74/09/30	上升趨勢	710.02	43.91	V	
75/01/01～75/01/25	上升趨勢	882.95	47.83	V	
78/05/02～78/05/31	上升趨勢	9832.37	1898.66	V	
82/02/01～82/02/27	上升趨勢	4384.67	1010.11	V	
83/04/01～83/04/30	上升趨勢	5737.33	488.11	V	
83/12/01～83/12/31	盤整趨勢	7124.66	760.94		V
90/12/03～90/12/31	盤整趨勢	5551.24	1110.12	V	
92/07/01～92/07/31	上升趨勢	5318.34	446.19	V	
93/01/02～93/01/30	上升趨勢	6375.38	484.69	V	
98/04/01～98/04/30	上升趨勢	5992.57	781.73	V	

結論

處上升趨勢的長紅短上影線，上升力道很強，此線支持股價的上攻，所以持股續留！不論處下降或盤整趨勢的長紅短上影線，上影線越長，表示股市受到賣方的壓力，股價的上升面臨抗拒阻力。自56年1月至100年12月有540個月，以本書月K線去檢討，長紅短上影線出現26次，正確次數為25次，不正確次數為1次，正確度達96%；月K線「正確」與「不正確」仍然有誤差，投資人可以自行調整判別的尺度，修正「正確」與「不正確」的百分比，如此可以達到更高的操作價值。

1-2-2　紅體等上影線

1-2-2　紅體等上影線

魔法K線檢討：
（1）表示最高價大於收盤價，最低價為開盤價，股價具有上漲趨勢。
（2）代表買方向上挺進，但賣方壓力也急速擴大，使上漲受阻。紅色實體越長，表示上漲氣勢愈強。
（3）上影線越長，表示股市受到的壓力，股價的上升面臨抵抗阻力。

56年第1月　56/01/05～56/01/31	單K（月線）－無法判斷
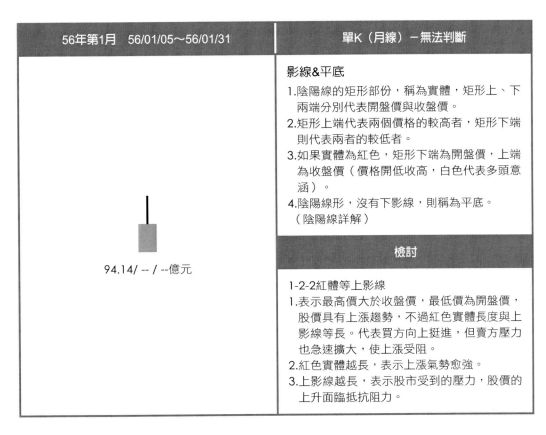 94.14/ -- / --億元	**影線&平底** 1.陰陽線的矩形部份，稱為實體，矩形上、下兩端分別代表開盤價與收盤價。 2.矩形上端代表兩個價格的較高者，矩形下端則代表兩者的較低者。 3.如果實體為紅色，矩形下端為開盤價，上端為收盤價（價格開低收高，白色代表多頭意涵）。 4.陰陽線形，沒有下影線，則稱為平底。 （陰陽線詳解）
	檢討
	1-2-2紅體等上影線 1.表示最高價大於收盤價，最低價為開盤價，股價具有上漲趨勢，不過紅色實體長度與上影線等長。代表買方向上挺進，但賣方壓力也急速擴大，使上漲受阻。 2.紅色實體越長，表示上漲氣勢愈強。 3.上影線越長，表示股市受到的壓力，股價的上升面臨抵抗阻力。

56年第4月　56/04/01～56/04/29	單K（月線）－上升趨勢
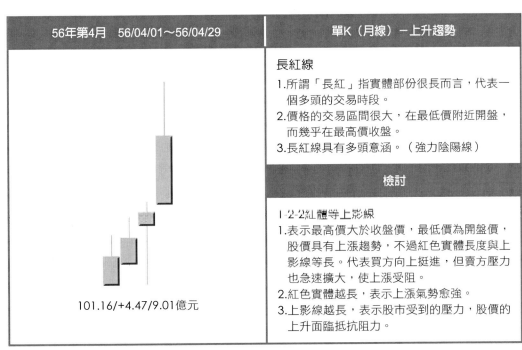 101.16/+4.47/9.01億元	**長紅線** 1.所謂「長紅」指實體部份很長而言，代表一個多頭的交易時段。 2.價格的交易區間很大，在最低價附近開盤，而幾乎在最高價收盤。 3.長紅線具有多頭意涵。（強力陰陽線）
	檢討
	1-2-2紅體等上影線 1.表示最高價大於收盤價，最低價為開盤價，股價具有上漲趨勢，不過紅色實體長度與上影線等長。代表買方向上挺進，但賣方壓力也急速擴大，使上漲受阻。 2.紅色實體越長，表示上漲氣勢愈強。 3.上影線越長，表示股市受到的壓力，股價的上升面臨抵抗阻力。

61年第5月　61/05/01～61/05/31	單K（月線）－上升趨勢
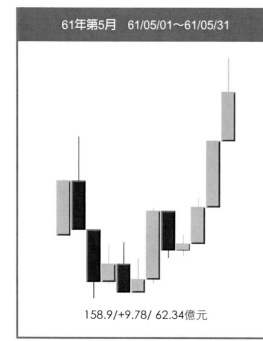　158.9/+9.78/ 62.34億元	**長紅線** 1.所謂「長紅」指實體部份很長而言，代表一個多頭的交易時段。 2.價格的交易區間很大，在最低價附近開盤，而幾乎在最高價收盤。 3.長紅線具有多頭意涵。（強力陰陽線） **檢討** 1-2-2紅體等上影線 1.表示最高價大於收盤價，最低價為開盤價，股價具有上漲趨勢，不過紅色實體長度與上影線等長。代表買方向上挺進，但賣方壓力也急速擴大，使上漲受阻。 2.紅色實體越長，表示上漲氣勢愈強。 3.上影線越長，表示股市受到的壓力，股價的上升面臨抵抗阻力。

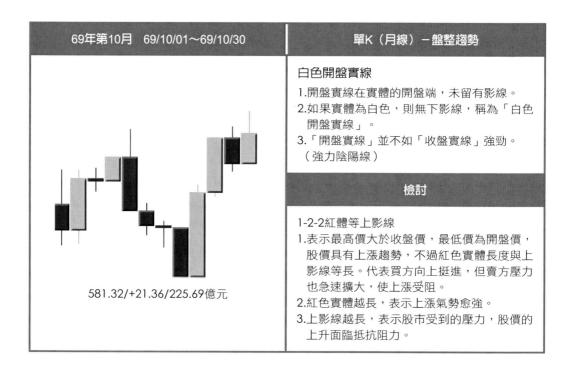

69年第10月　69/10/01～69/10/30	單K（月線）－盤整趨勢
581.32/+21.36/225.69億元	**白色開盤實線** 1.開盤實線在實體的開盤端，未留有影線。 2.如果實體為白色，則無下影線，稱為「白色開盤實線」。 3.「開盤實線」並不如「收盤實線」強勁。（強力陰陽線） **檢討** 1-2-2紅體等上影線 1.表示最高價大於收盤價，最低價為開盤價，股價具有上漲趨勢，不過紅色實體長度與上影線等長。代表買方向上挺進，但賣方壓力也急速擴大，使上漲受阻。 2.紅色實體越長，表示上漲氣勢愈強。 3.上影線越長，表示股市受到的壓力，股價的上升面臨抵抗阻力。

70年第2月　70/02/01～70/02/27	單K（月線）－盤整趨勢

582.36/+17.96/163.10億元

影線&平底

1. 陰陽線的矩形部份，稱為實體，矩形上、下兩端分別代表開盤價與收盤價。
2. 矩形上端代表兩個價格的較高者，矩形下端則代表兩者的較低者。
3. 如果實體為紅色，矩形下端為開盤價，上端為收盤價（價格開低收高，白色代表多頭意涵）。
4. 陰陽線形，沒有下影線，則稱為平底。
（陰陽線詳解）

檢討

1-2-2紅體等上影線

1. 表示最高價大於收盤價，最低價為開盤價，股價具有上漲趨勢，不過紅色實體長度與上影線等長。代表買方向上挺進，但賣方壓力也急速擴大，使上漲受阻。
2. 紅色實體越長，表示上漲氣勢愈強。
3. 上影線越長，表示股市受到的壓力，股價的上升面臨抵抗阻力。

70年第5月　70/05/01～70/05/31	單K（月線）－盤整趨勢

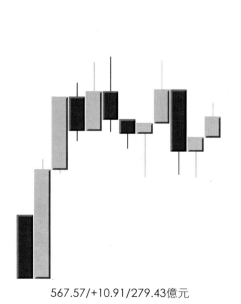

567.57/+10.91/279.43億元

短日

1. 在陰陽線中，比較寬粗的部份稱為「實體」（real body），它的上下兩端代表交易時段的開盤價與收盤價。
2. 實體若為白色，上端代表收盤價，下端代表開盤價；收盤價高於開盤價。
3. 實體上方的細線稱為影線（shadows）。這些影線分別代表交易時段中的最高價。實體上方的影線稱為上影線（upper shadow），上影線的上端代表盤中最高價。
4. 「短日」也可以利用與「長日」相同的方式來界定，並有類似的結果。

檢討

1-2-2紅體等上影線

1. 表示最高價大於收盤價，最低價為開盤價，股價具有上漲趨勢，不過紅色實體長度與上影線等長。代表買方向上挺進，但賣方壓力也急速擴大，使上漲受阻。
2. 紅色實體越長，表示上漲氣勢愈強。
3. 上影線越長，表示股市受到的壓力，股價的上升面臨抵抗阻力。

70年第9月　70/09/01～70/09/30	單K（月線）－盤整趨勢

521.77/+13.98/143.94億元

平底

1. 每種方法都運用特定時段內的相同四種價格資料：開盤價、最高價、最低價與收盤價。
2. 主要是因為陰陽線表達價格資料的方式。
3. 陰陽線基本上都採用「天」的時段。
4. 由於日線圖的陰陽線形態只有短期意涵，比較適用於短線交易。
5. 陰陽線沒有下影線，則稱為平底。
（陰陽線詳解）

檢討

1-2-2紅體等上影線

1. 表示最高價大於收盤價，最低價為開盤價，股價具有上漲趨勢，不過紅色實體長度與上影線等長。代表買方向上挺進，但賣方壓力也急速擴大，使上漲受阻。
2. 紅色實體越長，表示上漲氣勢愈強。
3. 上影線越長，表示股市受到的壓力，股價的上升面臨抵抗阻力。

72年第4月　72/04/01～72/04/30	單K（月線）－上升趨勢

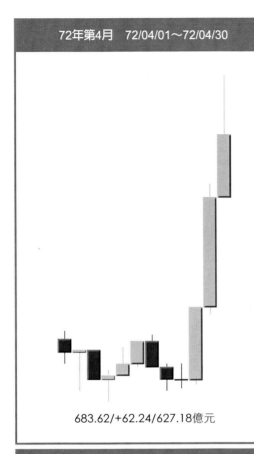

683.62/+62.24/627.18億元

長白線

1. 單根陰陽線，可能是趨勢發生變動的早期徵兆。
2. 長白線代表該交易時段的價格上漲幾乎沒有受到空頭的打壓，收盤價愈接近高價，實體的長度愈長，線形所代表的意義愈重要。
3. 市場可透過一根強勁的長白線穿越壓力區。
4. 這根線形的開盤在最低價附近，實體的長度很長，可以確認突破的有效性。
5. 若在上漲末波段出現，宜注意留了一根長長的「上影線」，準備要反轉的信號。
（股票K線戰法）

檢討

1-2-2紅體等上影線
1. 表示最高價大於收盤價，最低價為開盤價，股價具有上漲趨勢，不過紅色實體長度與上影線等長。代表買方向上挺進，但賣方壓力也急速擴大，使上漲受阻。
2. 紅色實體越長，表示上漲氣勢愈強。
3. 上影線越長，表示股市受到的壓力，股價的上升面臨抵抗阻力。

72年第9月　72/09/01～72/09/30	單K（月線）－上升趨勢

724.28/+12.79/291.40億元

具上影線的陽線

1. 實體為白色，矩形下端為開盤價，上端為收盤價。
2. 價格開低收高，白色代表多頭意涵。
3. 細線稱為影線，實體上方的影線，稱為上影線，表示本月最高價。
（陰陽線詳解）

檢討

1-2-2紅體等上影線
1. 表示最高價大於收盤價，最低價為開盤價，股價具有上漲趨勢，不過紅色實體長度與上影線等長。代表買方向上挺進，但賣方壓力也急速擴大，使上漲受阻。
2. 紅色實體越長，表示上漲氣勢愈強。
3. 上影線越長，表示股市受到的壓力，股價的上升面臨抵抗阻力。

73年第2月　73/02/01～73/02/27	單K（月線）－上升趨勢

具上影線的陽線

1. 實體為白色，矩形下端為開盤價，上端為收盤價。
2. 價格開低收高，白色代表多頭意涵。
3. 細線稱為影線，實體上方的影線，稱為上影線，代表本月價格最高價。
4. 「如果白色實體很長，代表多頭意圖很強」，或是「如果白色實體短，意味著空頭意圖很強」。
（陰陽線詳解）

檢討

1-2-2紅體等上影線

1. 表示最高價大於收盤價，最低價為開盤價，股價具有上漲趨勢，不過紅色實體長度與上影線等長。代表買方向上挺進，但賣方壓力也急速擴大，使上漲受阻。
2. 紅色實體越長，表示上漲氣勢愈強。
3. 上影線越長，表示股市受到的壓力，股價的上升面臨抵抗阻力。

868.4/+38.97/495.45億元

73年第6月　73/06/01～73/06/30	單K（月線）－盤整趨勢

平底

1. 陰陽線的矩形部份，稱為實體，矩形上、下兩端分別代表開盤價與收盤價。
2. 矩形上端代表兩個價格的較高者，矩形下端則代表兩者的較低者。
3. 如果實體為紅色，開盤價位在矩形下端，收盤價位在上端，價格開低走高，紅色代表多頭意涵。
4. 沒有下影線，則稱為平底。
5. 「如果白色實體短，意味著空頭意圖很強」。
（陰陽線詳解）

檢討

1-2-2紅體等上影線

1. 表示最高價大於收盤價，最低價為開盤價，股價具有上漲趨勢，不過紅色實體長度與上影線等長。代表買方向上挺進，但賣方壓力也急速擴大，使上漲受阻。
2. 紅色實體越長，表示上漲氣勢愈強。
3. 上影線越長，表示股市受到的壓力，股價的上升面臨抵抗阻力。

898.89/+29.12/272.14億元

77年第6月　77/06/01～77/06/30	單K（月線）－上升趨勢

白色開盤實線

1. 開盤實線在實體的開盤端，未留有影線。
2. 如果實體為白色，則無下影線，稱為「白色開盤實線」。
3. 「開盤實線」並不如「收盤實線」強勁。（強力陰陽線）

檢討

1-2-2紅體等上影線

1. 表示最高價大於收盤價，最低價為開盤價，股價具有上漲趨勢，不過紅色實體長度與上影線等長。代表買方向上挺進，但賣方壓力也急速擴大，使上漲受阻。
2. 紅色實體越長，表示上漲氣勢愈強。
3. 上影線越長，表示股市受到的壓力，股價的上升面臨抵抗阻力。

4846.03/+369.77/6775.92億元

77年第6月　77/06/01～77/06/30	單K（月線）－上升趨勢

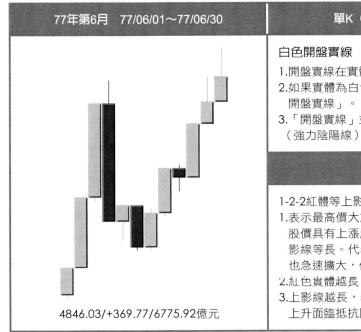

白色開盤實線

1. 開盤實線在實體的開盤端，未留有影線。
2. 如果實體為白色，則無下影線，稱為「白色開盤實線」。
3. 「開盤實線」並不如「收盤實線」強勁。（強力陰陽線）

檢討

1-2-2紅體等上影線

1. 表示最高價大於收盤價，最低價為開盤價，股價具有上漲趨勢，不過紅色實體長度與上影線等長。代表買方向上挺進，但賣方壓力也急速擴大，使上漲受阻。
2. 紅色實體越長，表示上漲氣勢愈強。
3. 上影線越長，表示股市受到的壓力，股價的上升面臨抵抗阻力。

4846.03/+369.77/6775.92億元

78年第3月　78/03/01～78/03/31	單K（月線）－上升趨勢
	平底
	1.陰陽線的矩形部份，稱為實體，矩形上、下兩端分別代表開盤價與收盤價。
	2.矩形上端代表兩個價格的較高者，矩形下端則代表兩者的較低者。
	3.如果實體為紅色，開盤價位在矩形下端，收盤價位在上端，價格開低走高，紅色代表多頭意涵。
	4.沒有下影線，則稱為平底。
	（陰陽線詳解）
	檢討
7390.1/+385.66/15185.75億元	**1-2-2紅體等上影線**
	1.表示最高價大於收盤價，最低價為開盤價，股價具有上漲趨勢，不過紅色實體長度與上影線等長。代表買方向上挺進，但賣方壓力也急速擴大，使上漲受阻。
	2.紅色實體越長，表示上漲氣勢愈強。
	3.上影線越長，表示股市受到的壓力，股價的上升面臨抵抗阻力。

88年第4月　88/04/01～88/04/30	單K（月線）－上升趨勢
	影線&平底
	1.陰陽線的矩形部份，稱為實體，矩形上、下兩端分別代表開盤價與收盤價。
	2.矩形上端代表兩個價格的較高者，矩形下端則代表兩者的較低者。
	3.如果實體為紅色，矩形下端為開盤價，上端為收盤價（價格開低收高，白色代表多頭意涵）。
	4.陰陽線形，沒有下影線，則稱為平底。
	（陰陽線詳解）
	檢討
7371.17/+489.45/29393.33億元	**1-2-2紅體等上影線**
	1.表示最高價大於收盤價，最低價為開盤價，股價具有上漲趨勢，不過紅色實體長度與上影線等長。代表買方向上挺進，但賣方壓力也急速擴大，使上漲受阻。
	2.紅色實體越長，表示上漲氣勢愈強。
	3.上影線越長，表示股市受到的壓力，股價的上升面臨抵抗阻力。

92年第6月　92/06/02～92/06/30	單K（月線）－盤整趨勢
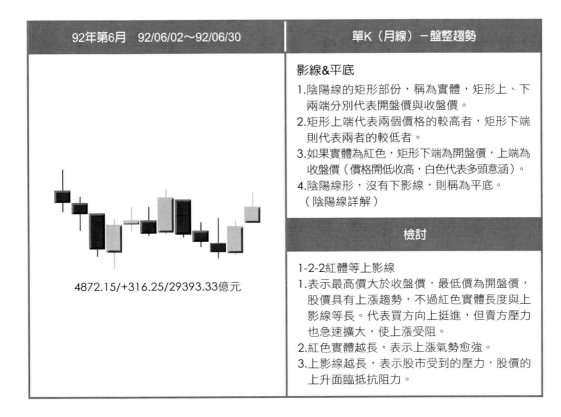 4872.15/+316.25/29393.33億元	**影線&平底** 1.陰陽線的矩形部份，稱為實體，矩形上、下兩端分別代表開盤價與收盤價。 2.矩形上端代表兩個價格的較高者，矩形下端則代表兩者的較低者。 3.如果實體為紅色，矩形下端為開盤價，上端為收盤價（價格開低收高，白色代表多頭意涵）。 4.陰陽線形，沒有下影線，則稱為平底。 （陰陽線詳解）
	檢討
	1-2-2紅體等上影線 1.表示最高價大於收盤價，最低價為開盤價，股價具有上漲趨勢，不過紅色實體長度與上影線等長。代表買方向上挺進，但賣方壓力也急速擴大，使上漲受阻。 2.紅色實體越長，表示上漲氣勢愈強。 3.上影線越長，表示股市受到的壓力，股價的上升面臨抵抗阻力。

表1-2-2　紅體等上影線　　　　　　　準確度　　準=100%　不準=0%

日期	趨勢	加權指數收盤價	漲跌	準確度	
				正確	不正確
56/01/05～56/01/31	無法判斷	94.14	--	--	
56/04/01～56/04/29	上升趨勢	101.16	+4.47	V	
61/05/01～61/05/31	上升趨勢	158.9	9.78	V	
69/10/01～69/10/30	盤整趨勢	581.32	21.36	V	
70/02/01～70/02/27	盤整趨勢	582.36	17.96	V	
70/05/01～70/05/31	盤整趨勢	567.57	10.91	V	
70/09/01～70/09/30	盤整趨勢	521.77	13.98	V	
72/04/01～72/04/30	上升趨勢	683.62	62.24	V	
72/09/01～72/09/30	上升趨勢	724.28	12.79	V	
73/02/01～73/02/27	上升趨勢	868.4	38.97	V	
73/06/01～73/06/30	盤整趨勢	898.89	29.12	V	
77/06/01～77/06/30	上升趨勢	4846.03	369.77	V	
78/03/01～78/03/31	上升趨勢	7390.1	385.66	V	
88/04/01～88/04/30	上升趨勢	7371.17	489.45	V	
92/06/02～92/06/30	盤整趨勢	4872.15	316.25	V	

結論

　　不論處上升或盤整趨勢的紅體等上影線，多頭格局，但上漲賣壓沉重；上影線越長，表示股市受到賣方的壓力，股價的上升面臨抗拒阻力。自56年1月至100年12月有540個月，以本書月K線去檢討，紅體等上影線出現15次，正確次數為14次，1次無法判斷趨勢，正確度達100%；月K線「正確」與「不正確」仍然有誤差，投資人可以自行調整判別的尺度，修正「正確」與「不正確」的百分比，如此可以達到更高的操作價值。

1-2-3　短紅長上影線

1-2-3　短紅長上影線

魔法K線檢討：

（1）表示最高價大於收盤價，最低價為開盤價，股價具有上漲趨勢。

（2）長的上影線像是價格被空頭從高點 強力拉下，所以被看成是高檔反轉的空頭訊號！

（3）如果股價已上揚一波段位在高價區，形成短紅長上影線，這是趨勢即將反轉向下的信號。

58年第11月　58/11/01～58/11/29	單K（月線）－下降趨勢

平底

1. 每種方法都運用特定時段內的相同四種價格資料：開盤價、最高價、最低價與收盤價。
2. 主要是因為陰陽線表達價格資料的方式。
3. 陰陽線基本上都採用「天」的時段。
4. 由於日線圖的陰陽線形態只有短期意涵，比較適用於短線交易。
5. 陰陽線沒有下影線，則稱為平底。
（陰陽線詳解）

檢討

1-2-3短紅長上影線

1. 表示最高價大於收盤價，最低價為開盤價，股價具有上漲趨勢。
2. 短紅長上影線，又稱為閃星（shooting star），通常上影線是實體的兩倍長以上。
3. 長的上影線像是價格被空頭從高點強力拉下，所以閃星被看成是高檔反轉的空頭訊號！
4. 如果股價已上揚一波段位在高價區，開盤之後，價格一路走高，收盤之時，股價跌回開盤價高處不遠，形成短紅長上影線，這是趨勢即將反轉向下的可信號。
5. 不論實體的黑白，特別是處在高價區的股價水平，如果出現一根長的上影線，隱含著市場價格觸及了壓力區，或者是市場已經超買了；長的上影線意味著上頭有非常沉重的賣壓，接下來可能是往空頭的走勢發展。
6. 如果出現在低價區的跳空缺口附近。在開盤之後，價格無法創新高價，終場時K線形成下影線部份是實體的三倍以上；這種線形是強力震盪整理的線形，這種線形是屬於買進信號的一種。

111.56/+2.28/4.59億元

59年第3月 59/03/02～59/03/31	單K（月線）－上升趨勢
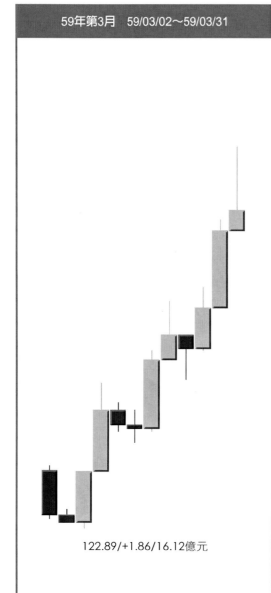 122.89/+1.86/16.12億元	**流星** 1.開盤價與收盤價，都位在當天相對低檔。 2.流星是發生在延伸性漲勢末端的短期頭部型態，由兩支線形構成，第二支線形的實體必須向上跳空，實體部分很小，上影線很長，下影線（幾乎）不存在。 3.就星形部分（第二支線形）來說，形狀有點而類似顛倒狀的吊人線。 4.星形本身的顏色不重要，但跳空缺口越明確越好。 5.第二支線形的實體必須很小，上影線很長，顏色則不很重要。 （陰陽線詳解）

<table>
<tr><th colspan="2">檢討</th></tr>
</table>

1-2-3短紅長上影線
1.表示最高價大於收盤價，最低價為開盤價，股價具有上漲趨勢。
2.短紅長上影線，又稱為閃星（shooting star），通常上影線是實體的兩倍長以上。
3.長的上影線像是價格被空頭從高點強力拉下，所以閃星被看成是高檔反轉的空頭訊號！
4.如果股價已上揚一波段位在高價區，開盤之後，價格一路走高，收盤之時，股價跌回開盤價高處不遠，形成短紅長上影線，這是趨勢即將反轉向下的可信號。
5.不論實體的黑白，特別是處在高價區的股價水平，如果出現一根長的上影線，隱含著市場價格觸及了壓力區，或者是市場已經超買了；長的上影線意味著上頭有非常沉重的賣壓，接下來可能是往空頭的走勢發展。
6.如果出現在低價區的跳空缺口附近。在開盤之後，價格無法創新高價，終場時K線形成下影線部份是實體的三倍以上；這種線形是強力震盪整理的線形，這種線形是屬於買進信號的一種。

60年第2月　60/02/01〜60/02/27	單K（月線）－上升趨勢
	影線&平底 1.陰陽線的矩形部份，稱為實體，矩形上、下兩端分別代表開盤價與收盤價。 2.矩形上端代表兩個價格的較高者，矩形下端則代表兩者的較低者。 3.如果實體為紅色，矩形下端為開盤價，上端為收盤價（價格開低收高，白色代表多頭意涵）。 4.陰陽線形，沒有下影線，則稱為平底。 （陰陽線詳解）

128.48/+1.59/15.52億元

檢討
1-2-3短紅長上影線 1.表示最高價大於收盤價，最低價為開盤價，股價具有上漲趨勢。 2.短紅長上影線，又稱為閃星（shooting star），通常上影線是實體的兩倍長以上。 3.長的上影線像是價格被空頭從高點強力拉下，所以閃星被看成是高檔反轉的空頭訊號！ 4.如果股價已上揚一波段位在高價區，開盤之後，價格一路走高，收盤之時，股價跌回開盤價高處不遠，形成短紅長上影線，這是趨勢即將反轉向下的可信號。 5.不論實體的黑白，特別是處在高價區的股價水平，如果出現一根長的上影線，隱含著市場價格觸及了壓力區，或者是市場已經超買了；長的上影線意味著上頭有非常沉重的賣壓，接下來可能是往空頭的走勢發展。 6.如果出現在低價區的跳空缺口附近。在開盤之後，價格無法創新高價，終場時K線形成下影線部份是實體的三倍以上；這種線形是強力震盪整理的線形，這種線形是屬於買進信號的一種。

60年第11月　60/11/01～60/11/30	單K（月線）－盤整趨勢

平底

1. 陰陽線的矩形部份，稱為實體，矩形上、下兩端分別代表開盤價與收盤價。
2. 矩形上端代表兩個價格的較高者，矩形下端則代表兩者的較低者。
3. 如果實體為紅色，開盤價位在矩形下端，收盤價位在上端，價格開低走高，紅色代表多頭意涵。
4. 沒有下影線，則稱為平底。

（陰陽線詳解）

檢討

1-2-3短紅長上影線

1. 表示最高價大於收盤價，最低價為開盤價，股價具有上漲趨勢。
2. 短紅長上影線，又稱為閃星（shooting star），通常上影線是實體的兩倍長以上。
3. 長的上影線像是價格被空頭從高點強力拉下，所以閃星被看成是高檔反轉的空頭訊號！
4. 如果股價已上揚一波段位在高價區，開盤之後，價格一路走高，收盤之時，股價跌回開盤價高處不遠，形成短紅長上影線，這是趨勢即將反轉向下的可信號。
5. 不論實體的黑白，特別是處在高價區的股價水平，如果出現一根長的上影線，隱含著市場價格觸及了壓力區，或者是市場已經超買了；長的上影線意味著上頭有非常沉重的賣壓，接下來可能是往空頭的走勢發展。
6. 如果出現在低價區的跳空缺口附近。在開盤之後，價格無法創新高價，終場時K線形成下影線部份是實體的三倍以上；這種線形是強力震盪整理的線形，這種線形是屬於買進信號的一種。

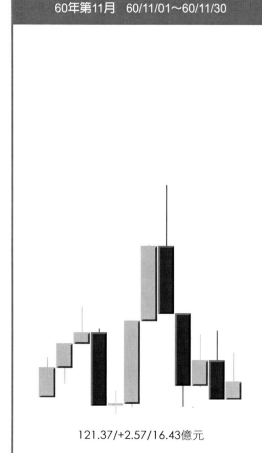

121.37/+2.57/16.43億元

66年第1月　66/01/01～66/01/25	單K（月線）－盤整趨勢

白色開盤實線

1.開盤實線在實體的開盤端，未留有影線。

2.如果實體為白色，則無下影線，稱為「白色開盤實線」。

3.「開盤實線」並不如「收盤實線」強勁。（強力陰陽線）

檢討

1-2-3短紅長上影線

1.表示最高價大於收盤價，最低價為開盤價，股價具有上漲趨勢。

2.短紅長上影線，又稱為閃星（shooting star），通常上影線是實體的兩倍長以上。

3.長的上影線像是價格被空頭從高點強力拉下，所以閃星被看成是高檔反轉的空頭訊號！

4.如果股價已上揚一波段位在高價區，開盤之後，價格一路走高，收盤之時，股價跌回開盤價高處不遠，形成短紅長上影線，這是趨勢即將反轉向下的可信號。

5.不論實體的黑白，特別是處在高價區的股價水平，如果出現一根長的上影線，隱含著市場價格觸及了壓力區，或者是市場已經超買了；長的上影線意味著上頭有非常沉重的賣壓，接下來可能是往空頭的走勢發展。

6.如果出現在低價區的跳空缺口附近。在開盤之後，價格無法創新高價，終場時K線形成下影線部份是實體的三倍以上；這種線形是強力震盪整理的線形，這種線形是屬於買進信號的一種。

391.15/+18.95/210.26億元

	平底

平底
1. 陰陽線的矩形部份，稱為實體，矩形上、下兩端分別代表開盤價與收盤價。
2. 矩形上端代表兩個價格的較高者，矩形下端則代表兩者的較低者。
3. 如果實體為紅色，矩形下端為開盤價，上端為收盤價（價格開低收高，紅色代表多頭意涵）。
4. 細線稱為影線，實體上方的影線，稱為上影線。
5. 由陰陽線的角度觀察，實體部分代表決定性的價格走勢，影線則代表表面的價格波動。
6. 陰陽線形沒有下影線，則稱為平底。。
（陰陽線詳解）

檢討

458.54/+11.08/153.87億元

1-2-3短紅長上影線
1. 表示最高價大於收盤價，最低價為開盤價，股價具有上漲趨勢。
2. 短紅長上影線，又稱為閃星（shooting star），通常上影線是實體的兩倍長以上。
3. 長的上影線像是價格被空頭從高點強力拉下，所以閃星被看成是高檔反轉的空頭訊號！
4. 如果股價已上揚一波段位在高價區，開盤之後，價格一路走高，收盤之時，股價跌回開盤價高處不遠，形成短紅長上影線，這是趨勢即將反轉向下的可信號。
5. 不論實體的黑白，特別是處在高價區的股價水平，如果出現一根長的上影線，隱含著市場價格觸及了壓力區，或者是市場已經超買了；長的上影線意味著上頭有非常沉重的賣壓，接下來可能是往空頭的走勢發展。
6. 如果出現在低價區的跳空缺口附近。在開盤之後，價格無法創新高價，終場時K線形成下影線部份是實體的三倍以上；這種線形是強力震盪整理的線形，這種線形是屬於買進信號的一種。

表1-2-3 短紅長上影線　　　　　　　　　　　　　準確度　　　準=100%　不準=0%

日期	趨勢	加權指數收盤價	漲跌 (+/-)	準確度	
				準	不準
58/11/01～58/11/29	上升趨勢	111.56	+2.28	V	
59/03/02～59/03/31	上升趨勢	122.89	+1.86	V	
60/02/01～60/02/27	上升趨勢	128.48	+1.59	V	
60/11/01～60/11/30	盤整趨勢	121.37	+2.57	V	
66/01/01～66/01/25	盤整趨勢	391.15	+18.95	V	
71/09/01～71/09/30	下降趨勢	458.54	+11.08	V	

結論

　　不論處上升或盤整趨勢的短紅長上影線，隱含著市場價格觸及了壓力區，或者是市場已經超買了；長的上影線意味著上頭有非常沉重的賣壓，會給多方產生疑慮。 自56年1月至100年12月有540個月，以本書月K線去檢討，短紅長上影線，出現6次，正確次數為6次，不正確次數為零，正確度達100%；月K線「正確」與「不正確」仍然有誤差，投資人可以自行調整判別的尺度，修正「正確」與「不正確」的百分比，如此可以達到更高的操作價值。

1-3-1　長紅短下影線

1-3-1　長紅短下影線

魔法K線檢討：
（1）表示最高價就是收盤價，最低價低於開盤價，股價是先跌後漲。當日買方的力道較強。
（2）股價具有上升的趨勢，盤中有賣壓，但後來買方搶進，使股價收盤在當日的最高點。
（3）紅色實體比影線長，上漲氣勢較強，線形上顯示：市場買盤仍極其強烈，後市仍將看漲。

56年第12月　56/12/01〜56/12/30	單K（月線）－上升趨勢

白色收盤實線

1. 陰陽線的矩形部份，稱為實體，矩形上、下兩端分別代表開盤價與收盤價。
2. 矩形上端代表兩個價格的較高者，矩形下端則代表兩者的較低者。
3. 陰陽線形沒有上影線，則稱為平頭。
4. 收盤實線在實體的收盤端未留有影線。
（強力陰陽線）

檢討

105.76/+5.38/--億元

1-3-1長紅短下影線

1. 表示最高價就是收盤價，最低價低於開盤價，股價是先跌後漲。當日買方的力道較強。
2. 股價具有上升的趨勢，盤中有賣壓，但後來買方搶進，使股價收盤在當日的最高點。
3. 紅色實體比影線長，上漲氣勢較強。
4. 線形顯示：市場買盤仍極其強烈，後市仍將看漲。

57年第1月　57/01/04〜57/01/31	單K（月線）－上升趨勢

平頭

1. 陰陽線的矩形部份，稱為實體，矩形上、下兩端分別代表開盤價與收盤價。
2. 矩形上端代表兩個價格的較高者，矩形下端則代表兩者的較低者。
3. 如果實體為白色，矩形下端為開盤價，上端為收盤價，價格開低收高，白色代表多頭意涵。
4. 這條細線稱為影線，下方的影線，則稱為下影線，則稱為平頭。
5. 由陰陽線的角度觀察，實體部分代表決定性的價格走勢，影線則代表表面的價格波動。
（陰陽線詳解）

檢討

108.87/+3.11/--億元

1-3-1長紅短下影線

1. 表示最高價就是收盤價，最低價低於開盤價，股價是先跌後漲。當日買方的力道較強。
2. 股價具有上升的趨勢，盤中有賣壓，但後來買方搶進，使股價收盤在當日的最高點。
3. 紅色實體比影線長，上漲氣勢較強。
4. 線形顯示：市場買盤仍極其強烈，後市仍將看漲。

58年第6月　58/06/02～58/06/30	單K（月線）－盤整趨勢

長白線

1.單根陰陽線，可能是趨勢發生變動的早期徵兆。
2.一根長白線出現在低價區，可能是底部即將形成的訊號。
3.長白線代表該交易時段的價格上漲幾乎沒有受到空頭的打壓，收盤價愈接近高價，實體的長度愈長，線形所代表的意義愈重要。
4.市場可透過一根強勁的長白線穿越壓力區。
5.這根線形的開盤在最低價附近，實體的長度很長，可以確認突破的有效性。
6.這根長白線之前所形成的缺口，成為後續走勢的重要支撐。
（股票K線戰法）

檢討

1-3-1長紅短下影線
1.表示最高價就是收盤價，最低價低於開盤價，股價是先跌後漲。當日買方的力道較強。
2.股價具有上升的趨勢，盤中有賣壓，但後來買方搶進，使股價收盤在當日的最高點。
3.紅色實體比影線長，上漲氣勢較強。
4.線形顯示：市場買盤仍極其強烈，後市仍將看漲。

99.13/+4.73/3.04億元

59年第10月　59/10/01～59/10/31	單K（月線）－盤整趨勢

盤整趨勢

1.白色收盤實線在實體的收盤端未留有影線。
2.如果實體為白色，收盤端在實體的上方，所以沒有上影線。
（強力陰陽線）

檢討

1-3-1長紅短下影線
1.表示最高價就是收盤價，最低價低於開盤價，股價是先跌後漲。當日買方的力道較強。
2.股價具有上升的趨勢，盤中有賣壓，但後來買方搶進，使股價收盤在當日的最高點。
3.紅色實體比影線長，上漲氣勢較強。
4.線形顯示：市場買盤仍極其強烈，後市仍將看漲。

120.23/+3.64/6.45億元

60年第5月　60/05/01～60/05/31	單K（月線）－盤整趨勢

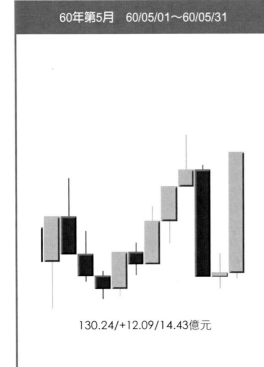

130.24/+12.09/14.43億元

低價區的長白線

1.單根陰陽線，可能是趨勢發生變動的早期徵兆。

2.一根長白線出現在低價區，可能是底部即將形成的訊號。

3.長白線代表該交易時段的價格上漲幾乎沒有受到空頭的打壓，收盤價愈接近高價，實體的長度愈長，線形所代表的意義愈重要。

4.市場可透過一根強勁的長白線穿越壓力區。

5.這根線形的開盤在最低價附近，實體的長度很長，可以確認突破的有效性。

（股票K線戰法）

檢討

1-3-1長紅短下影線

1.表示最高價就是收盤價，最低價低於開盤價，股價是先跌後漲。當日買方的力道較強。

2.股價具有上升的趨勢，盤中有賣壓，但後來買方搶進，使股價收盤在當日的最高點。

3.紅色實體比影線長，上漲氣勢較強。

4.線形顯示：市場買盤仍極其強烈，後市仍將看漲。

61年第12月　61/12/01～61/12/29	單K（月線）－上升趨勢

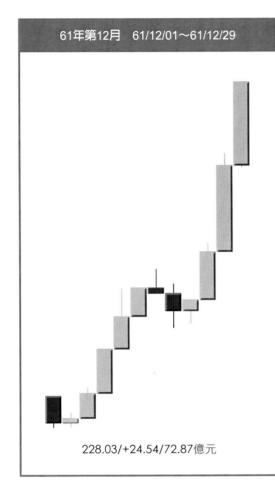

228.03/+24.54/72.87億元

平頭

1. 陰陽線的矩形部份，稱為實體，矩形上、下兩端分別代表開盤價與收盤價。
2. 矩形上端代表兩個價格的較高者，矩形下端則代表兩者的較低者。
3. 如果實體為白色，矩形下端為開盤價，上端為收盤價，價格開低收高，白色代表多頭意涵。
4. 這條細線稱為影線，下方的影線，則稱為下影線。
5. 由陰陽線的角度觀察，實體部分代表決定性的價格走勢，影線則代表表面的價格波動。
6. 陰陽線沒有上影線，則稱為平頭。
（陰陽線詳解）

檢討

1-3-1長紅短下影線

1. 表示最高價就是收盤價，最低價低於開盤價，股價是先跌後漲。當日買方的力道較強。
2. 股價具有上升的趨勢，盤中有賣壓，但後來買方搶進，使股價收盤在當日的最高點。
3. 紅色實體比影線長，上漲氣勢較強。
4. 線形顯示：市場買盤仍極其強烈，後市仍將看漲。

62年第1月　62/01/04～62/01/31	單K（月線）－上升趨勢

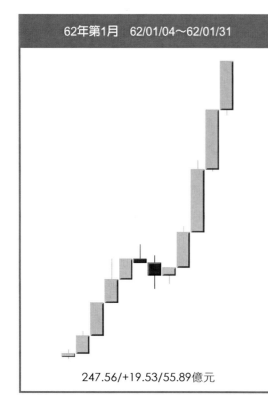

247.56/+19.53/55.89億元

長紅線向上突破

1. 趨勢線遭到長線形貫穿，則有效突破的可能性較高。
2. 長紅線可以增添突破走勢的可靠性。
3. 如果價格走勢透過長線形穿越支撐或壓力、完成某價格型態，或是穿越移動平均，訊號的可靠性都較高。
4. 「如果紅線實體很長，代表多頭意圖很強」。（陰陽線詳解）

檢討

1-3-1長紅短下影線

1. 表示最高價就是收盤價，最低價低於開盤價，股價是先跌後漲。當日買方的力道較強。
2. 股價具有上升的趨勢，盤中有賣壓，但後來買方搶進，使股價收盤在當日的最高點。
3. 紅色實體比影線長，上漲氣勢較強。
4. 線形顯示：市場買盤仍極其強烈，後市仍將看漲。

64年第5月　64/05/01～64/05/31	單K（月線）－上升趨勢

長紅線向上突破

1.「如果紅線實體很長，代表多頭意圖很強」。
2.趨勢線遭到長線形貫穿，則有效突破的可能性較高。
3.長紅線可以增添突破走勢的可靠性。
4.如果價格走勢透過長線形穿越支撐或壓力、完成某價格型態，或是穿越移動平均，訊號的可靠性都較高。
5.在延伸性上升趨勢中，突然出現一之長黑線，經常代表既有趨勢不久之後將反轉。可是，這類陰陽線型態的解釋，必須得到後續價格發展確認。
（陰陽線詳解）

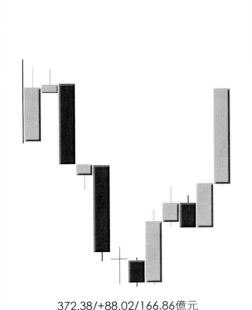

372.38/+88.02/166.86億元

檢討

1-3-1長紅短下影線
1.表示最高價就是收盤價，最低價低於開盤價，股價是先跌後漲。當日買方的力道較強。
2.股價具有上升的趨勢，盤中有賣壓，但後來買方搶進，使股價收盤在當日的最高點。
3.紅色實體比影線長，上漲氣勢較強。
4.線形顯示：市場買盤仍極其強烈，後市仍將看漲。

65年第3月　65/03/01～65/03/31	單K（月線）－上升趨勢

以長白線確認下檔支撐

1. 在上升趨勢中，拉回走勢可以在先前長白線的實體或線形底部（即下影線的下端）獲得支撐。
2. 在下跌趨勢中，在一根長白線之後，價格很容易出現拉回的走勢，因為市場可能處於短期超買的狀況，也就是說，價格在短期間內上漲過速，在這種情形下，價格可能需要稍微拉回整理，以紓解超買的狀況。
3. 在長白線之後，市場往往是處於超買狀況，所以很容易拉回。因此將長白線視為支撐，並在隨後拉回走勢中買進。

（股票K線戰法）

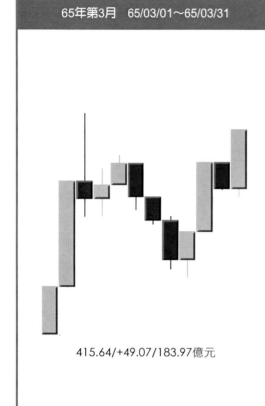

415.64/+49.07/183.97億元

檢討

1-3-1長紅短下影線

1. 表示最高價就是收盤價，最低價低於開盤價，股價是先跌後漲。當日買方的力道較強。
2. 股價具有上升的趨勢，盤中有賣壓，但後來買方搶進，使股價收盤在當日的最高點。
3. 紅色實體比影線長，上漲氣勢較強。
4. 線形顯示：市場買盤仍極其強烈，後市仍將看漲。

65年第12月　65/12/01～65/12/30	單K（月線）－盤整趨勢

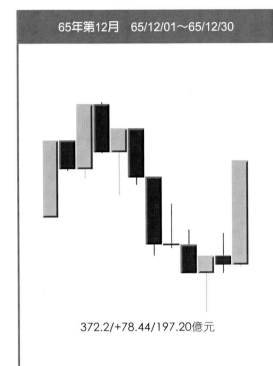

372.2/+78.44/197.20億元

低價區的長白線

1. 單根陰陽線，可能是趨勢發生變動的早期徵兆。
2. 一根長白線出現在低價區，可能是底部即將形成的訊號。
3. 長白線代表該交易時段的價格上漲幾乎沒有受到空頭的打壓，收盤價愈接近高價，實體的長度愈長，線形所代表的意義愈重要。
（股票K線戰法）

檢討

1-3-1長紅短下影線

1. 表示最高價就是收盤價，最低價低於開盤價，股價是先跌後漲。當日買方的力道較強。
2. 股價具有上升的趨勢，盤中有賣壓，但後來買方搶進，使股價收盤在當日的最高點。
3. 紅色實體比影線長，上漲氣勢較強。
4. 線形顯示：市場買盤仍極其強烈，後市仍將看漲。

66年第12月　66/12/01～66/12/30	單K（月線）－上升趨勢

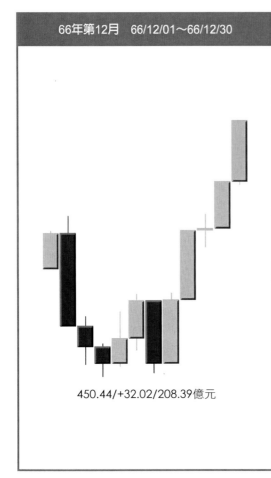

450.44/+32.02/208.39億元

平頭

1. 陰陽線的矩形部份，稱為實體，矩形上、下兩端分別代表開盤價與收盤價。
2. 矩形上端代表兩個價格的較高者，矩形下端則代表兩者的較低者。
3. 如果實體為白色，矩形下端為開盤價，上端為收盤價，價格開低收高，白色代表多頭意涵。
4. 這條細線稱為影線，下方的影線，則稱為下影線。
5. 由陰陽線的角度觀察，實體部分代表決定性的價格走勢，影線則代表表面的價格波動。
6. 陰陽線沒有上影線，則稱為平頭。
（陰陽線詳解）

檢討

1-3-1長紅短下影線

1. 表示最高價就是收盤價，最低價低於開盤價，股價是先跌後漲。當日買方的力道較強。
2. 股價具有上升的趨勢，盤中有賣壓，但後來買方搶進，使股價收盤在當日的最高點。
3. 紅色實體比影線長，上漲氣勢較強。
4. 線形顯示：市場買盤仍極其強烈，後市仍將看漲。

68年第4月　68/04/01～68/04/30	單K（月線）－盤整趨勢

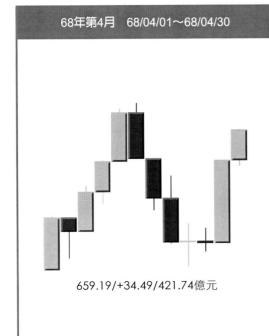

659.19/+34.49/421.74億元

具下影線的陽線
1. 實體為白色，矩形下端為開盤價，上端為收盤價。
2. 價格開低收高，白色代表多頭意涵。
3. 兩條細線稱為影線，實體下方的影線，則稱為下影線。
（陰陽線詳解）

檢討

1-3-1長紅短下影線（變形）
1. 表示最高價就是收盤價，最低價低於開盤價，股價是先跌後漲。當日買方的力道較強。
2. 股價具有上升的趨勢，盤中有賣壓，但後來買方搶進，使股價收盤在當日的最高點。
3. 紅色實體比影線長，上漲氣勢較強。
4. 線形顯示：市場買盤仍極其強烈，後市仍將看漲。

69年第8月　69/08/01～69/08/31	單K（月線）－盤整趨勢

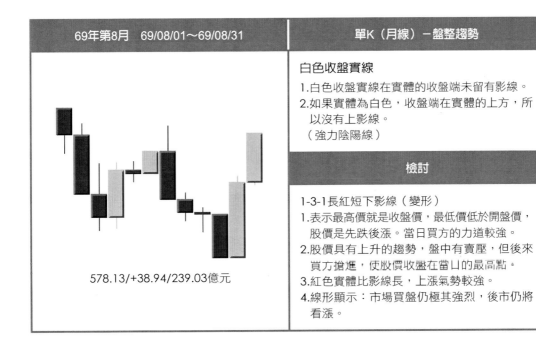

578.13/+38.94/239.03億元

白色收盤實線
1. 白色收盤實線在實體的收盤端未留有影線。
2. 如果實體為白色，收盤端在實體的上方，所以沒有上影線。
（強力陰陽線）

檢討

1-3-1長紅短下影線（變形）
1. 表示最高價就是收盤價，最低價低於開盤價，股價是先跌後漲。當日買方的力道較強。
2. 股價具有上升的趨勢，盤中有賣壓，但後來買方搶進，使股價收盤在當日的最高點。
3. 紅色實體比影線長，上漲氣勢較強。
4. 線形顯示：市場買盤仍極其強烈，後市仍將看漲。

71年第10月　71/10/01～71/10/30	單K（月線）－盤整趨勢

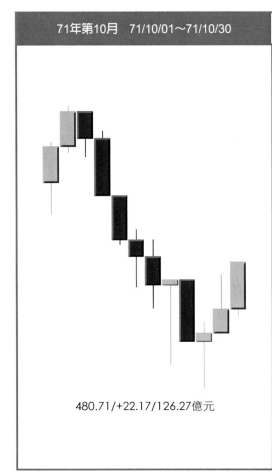

480.71/+22.17/126.27億元

長白線

1. 單根陰陽線，可能是趨勢發生變動的早期徵兆。
2. 一根長白線出現在低價區，可能是底部即將形成的訊號。
3. 長白線代表該交易時段的價格上漲幾乎沒有受到空頭的打壓，收盤價愈接近高價，實體的長度愈長，線形所代表的意義愈重要。
4. 市場可透過一根強勁的長白線穿越壓力區。
5. 這根線形的開盤在最低價附近，實體的長度很長，可以確認突破的有效性。
6. 這根長白線之前所形成的缺口，成為後續走勢的重要支撐。

（股票K線戰法）

檢討

1-3-1長紅短下影線（變形）

1. 表示最高價就是收盤價，最低價低於開盤價，股價是先跌後漲。當日買方的力道較強。
2. 股價具有上升的趨勢，盤中有賣壓，但後來買方搶進，使股價收盤在當日的最高點。
3. 紅色實體比影線長，上漲氣勢較強。
4. 線形顯示：市場買盤仍極其強烈，後市仍將看漲。

72年第2月　72/02/01～72/02/27	單K（月線）－上升趨勢

514.11/+71.38/138.12億元

以長白線確認下檔支撐

1.在上升趨勢中，拉回走勢可以在先前長白線的實體或線形底部（即下影線的下端）獲得支撐。

2.在長白線之後，市場往往是處於超買狀況，所以很容易拉回。因此將長白線視為支撐，並在隨後拉回走勢中買進。

3.一根長白線由支撐區向上反彈，代表多頭轉守為攻。

4.如果長白線反彈的位置是趨勢線、移動平均或折返水準等重要支撐，即可確認支撐的有效性。

（股票K線戰法）

檢討

1-3-1長紅短下影線（變形）

1.表示最高價就是收盤價，最低價低於開盤價，股價是先跌後漲。當日買方的力道較強。

2.股價具有上升的趨勢，盤中有賣壓，但後來買方搶進，使股價收盤在當日的最高點。

3.紅色實體比影線長，上漲氣勢較強。

4.線形顯示：市場買盤仍極其強烈，後市仍將看漲。

72年第6月　72/06/01～72/06/30	單K（月線）－上升趨勢

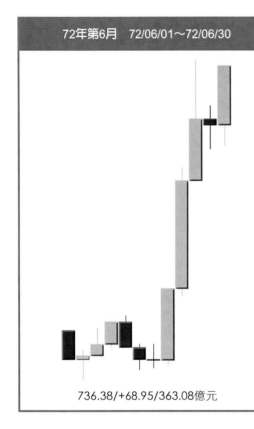

736.38/+68.95/363.08億元

長紅線

1. 當天開盤價非常接近最高價，收盤價非常接近最高價，而且兩個價格拉得很開。
2. 長紅線具有多頭意涵。
3. 一根長白線由支撐區向上反彈，代表多頭轉守為攻。
4. 如果長白線反彈的位置是趨勢線、移動平均或折返水準等重要支撐，即可確認支撐的有效性。
（股票K線戰法）

檢討

1-3-1長紅短下影線（變形）
1. 表示最高價就是收盤價，最低價低於開盤價，股價是先跌後漲。當日買方的力道較強。
2. 股價具有上升的趨勢，盤中有賣壓，但後來買方搶進，使股價收盤在當日的最高點。
3. 紅色實體比影線長，上漲氣勢較強。
4. 線形顯示：市場買盤仍極其強烈，後市仍將看漲。

73年第4月　73/04/01～73/04/30	單K（月線）－上升趨勢

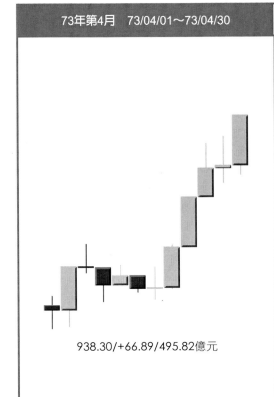

938.30/+66.89/495.82億元

長紅線向上突破

1.趨勢線遭到長線形貫穿，則有效突破的可能性較高。

2.長紅線可以增添突破走勢的可靠性。

3.如果價格走勢透過長線形穿越支撐或壓力、完成某價格型態，或是穿越移動平均，訊號的可靠性都較高。

4.在延伸性上升趨勢中，突然出現一之長黑線，經常代表既有趨勢不久之後將反轉。可是，這類陰陽線型態的解釋，必須得到後續價格發展確認。

（陰陽線詳解）

檢討

1-3-1長紅短下影線（變形）

1.表示最高價就是收盤價，最低價低於開盤價，股價是先跌後漲。當日買方的力道較強。

2.股價具有上升的趨勢，盤中有賣壓，但後來買方搶進，使股價收盤在當日的最高點。

3.紅色實體比影線長，上漲氣勢較強。

4.線形顯示：市場買盤仍極其強烈，後市仍將看漲。

74年第12月　74/12/01～74/12/30	單K（月線）－上升趨勢

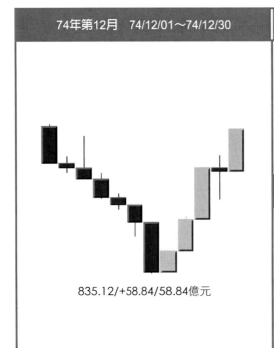

835.12/+58.84/58.84億元

長紅線

1. 所謂「長紅」指實體部份很長而言，代表一個多頭的交易時段。
2. 價格的交易區間很大，在最低價附近開盤，而幾乎在最高價收盤。
3. 長紅線具有多頭意涵。
（強力陰陽線）

檢討

1-3-1長紅短下影線（變形）
1. 表示最高價就是收盤價，最低價低於開盤價，股價是先跌後漲。當日買方的力道較強。
2. 股價具有上升的趨勢，盤中有賣壓，但後來買方搶進，使股價收盤在當日的最高點。
3. 紅色實體比影線長，上漲氣勢較強。
4. 線形顯示：市場買盤仍極其強烈，後市仍將看漲。

75年第2月　75/02/01～75/02/27	單K（月線）－上升趨勢

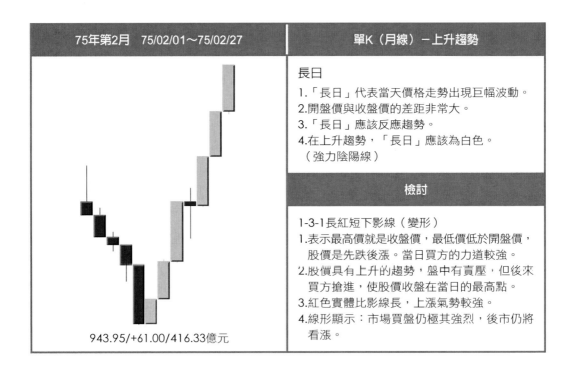

943.95/+61.00/416.33億元

長日

1. 「長日」代表當天價格走勢出現巨幅波動。
2. 開盤價與收盤價的差距非常大。
3. 「長日」應該反應趨勢。
4. 在上升趨勢，「長日」應該為白色。
（強力陰陽線）

檢討

1-3-1長紅短下影線（變形）
1. 表示最高價就是收盤價，最低價低於開盤價，股價是先跌後漲。當日買方的力道較強。
2. 股價具有上升的趨勢，盤中有賣壓，但後來買方搶進，使股價收盤在當日的最高點。
3. 紅色實體比影線長，上漲氣勢較強。
4. 線形顯示：市場買盤仍極其強烈，後市仍將看漲。

75年第5月　75/05/01～75/05/31	單K（月線）－上升趨勢

長紅線

1. 當天開盤價非常接近最高價，收盤價非常接近最高價，而且兩個價格拉得很開。
2. 長紅線具有多頭意涵。
3. 一根長白線由支撐區向上反彈，代表多頭轉守為攻。
4. 如果長白線反彈的位置是趨勢線、移動平均或折返水準等重要支撐，即可確認支撐的有效性。
（股票K線戰法）

檢討

1-3-1長紅短下影線（變形）

1. 表示最高價就是收盤價，最低價低於開盤價，股價是先跌後漲。當日買方的力道較強。
2. 股價具有上升的趨勢，盤中有賣壓，但後來買方搶進，使股價收盤在當日的最高點。
3. 紅色實體比影線長，上漲氣勢較強。
4. 線形顯示：市場買盤仍極其強烈，後市仍將看漲。

950.80/+47.93/442.24億元

75年第12月　75/12/01～75/12/30	單K（月線）－上升趨勢

長日

1. 「長日」代表當天價格走勢出現巨幅波動。
2. 開盤價與收盤價差距非常大。
3. 「長日」應該反應多頭趨勢，這是屬於極強的走勢。
4. 收盤價大於開盤價時稱為「長紅」，最終由多取得壓倒性的勝利。
（強力陰陽線）

檢討

1-3-1長紅短下影線（變形）

1. 表示最高價就是收盤價，最低價低於開盤價，股價是先跌後漲。當日買方的力道較強。
2. 股價具有上升的趨勢，盤中有賣壓，但後來買方搶進，使股價收盤在當日的最高點。
3. 紅色實體比影線長，上漲氣勢較強。
4. 線形顯示：市場買盤仍極其強烈，後市仍將看漲。

1039.11/+42.87/637.35億元

76年第3月　76/03/01～76/03/31	單K（月線）－上升趨勢

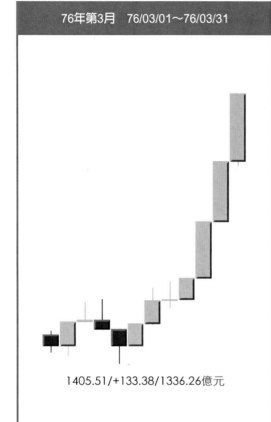

1405.51/+133.38/1336.26億元

有下影線的長白線

1. 在上升趨勢中，拉回走勢可以在先前長白線的實體或線形底部（即下影線的下端）獲得支撐。
2. 在長白線之後，市場往往是處於超買狀況，所以很容易拉回。因此將長白線視為支撐，並在隨後拉回走勢中買進。
3. 一根長白線由支撐區向上反彈，代表多頭轉守為攻。
4. 如果長白線反彈的位置是趨勢線、移動平均或折返水準等重要支撐，即可確認支撐的有效性。
5. 長紅線，表示強烈漲升，氣勢如虹。

檢討

1-3-1長紅短下影線（變形）
1. 表示最高價就是收盤價，最低價低於開盤價，股價是先跌後漲。當日買方的力道較強。
2. 股價具有上升的趨勢，盤中有賣壓，但後來買方搶進，使股價收盤在當日的最高點。
3. 紅色實體比影線長，上漲氣勢較強。
4. 線形顯示：市場買盤仍極其強烈，後市仍將看漲。

77年第4月　77/04/01～77/04/30	單K（月線）－上升趨勢

以長白線確認下檔的支撐

1.一根長白線由支撐區向上反彈，代表多頭轉守為攻。

2.如果長白線反彈的位置是趨勢線、移動平均或折返水準等重要支撐，即可確認支撐的有效性。

3.長白線代表該交易時段的價格上漲幾乎沒有受到空頭的打壓，收盤價愈接近高價，實體的長度愈長，線形所代表的意義愈重要。
（股票K線戰法）

檢討

1-3-1長紅短下影線（變形）

1.表示最高價就是收盤價，最低價低於開盤價，股價是先跌後漲。當日買方的力道較強。

2.股價具有上升的趨勢，盤中有賣壓，但後來買方搶進，使股價收盤在當日的最高點。

3.紅色實體比影線長，上漲氣勢較強。

4.線形顯示：市場買盤仍極其強烈，後市仍將看漲。

4158.44/+784.58/4873.23億元

89年第1月　89/01/04～89/01/31	單K（月線）－上升趨勢

長紅線

1.所謂「長紅」指實體部份很長而言，代表一個多頭的交易時段。

2.價格的交易區間很大，在最低價附近開盤，而幾乎在最高價收盤。

3.長紅線具有多頭意涵。
（強力陰陽線）

檢討

1-3-1長紅短下影線（變形）

1.表示最高價就是收盤價，最低價低於開盤價，股價是先跌後漲。當日買方的力道較強。

2.股價具有上升的趨勢，盤中有賣壓，但後來買方搶進，使股價收盤在當日的最高點。

3.紅色實體比影線長，上漲氣勢較強。

4.線形顯示：市場買盤仍極其強烈，後市仍將看漲。

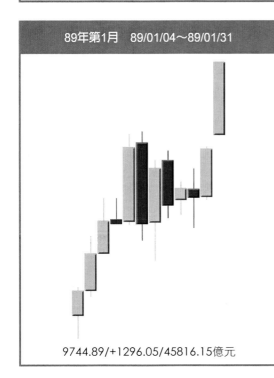

9744.89/+1296.05/45816.15億元

95/11/1~11/30　（月線）	單K（月線）－上升趨勢
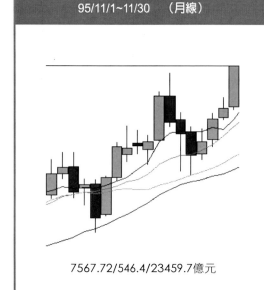 7567.72/546.4/23459.7億元	**白色收盤實線** 1.收盤實體線在實體的收盤，未留有影線。 2.如果實體為白色，收盤端在實體的上端，實體的下端為收盤價。 3.沒有上影線，稱為平頭。 **檢討** 1-3-1長紅短下影線（變形） 1.表示最高價就是收盤價，最低價低於開盤價，股價是先跌後漲。當日買方的力道較強。 2.股價具有上升的趨勢，盤中有賣壓，但後來買方搶進，使股價收盤在當日的最高點。 3.紅色實體比影線長，上漲氣勢較強。 4.線形顯示：市場買盤仍極其強烈，後市仍將看漲。

98/12/1~12/31　（月線）	單K（月線）－上升趨勢
  8188.11/605.9/29863.29億元	**白色收盤實線** 1.收盤實體線在實體的收盤，未留有影線。 2.如果實體為白色，收盤端在實體的上端，實體的下端為收盤價。 3.沒有上影線，稱為平頭。 **檢討** 1-3-1長紅短下影線（變形） 1.表示最高價就是收盤價，最低價低於開盤價，股價是先跌後漲。當日買方的力道較強。 2.股價具有上升的趨勢，盤中有賣壓，但後來買方搶進，使股價收盤在當日的最高點。 3.紅色實體比影線長，上漲氣勢較強。 4.線形顯示：市場買盤仍極其強烈，後市仍將看漲。

表1-3-1　長紅短下影線　　　　　　　　　　　準確度　　準=96%　不準=4%

日期	趨勢	加權指數收盤價	漲跌 (+/-)	準確度	
				準	不準
56/12/01～56/12/30	上升趨勢	105.76	+5.38	V	
57/01/04～57/01/31	上升趨勢	108.87	+3.11	V	
58/06/02～58/06/30	盤整趨勢	99.13	+4.73	V	
59/10/01～59/10/31	盤整趨勢	120.23	+3.64	V	
60/05/01～60/05/31	盤整趨勢	130.24	+12.09	V	
61/12/01～61/12/29	上升趨勢	228.03	+24.54	V	
62/01/04～62/01/31	上升趨勢	247.56	+19.53	V	
64/05/01～64/05/31	上升趨勢	372.38	+88.02	V	
65/03/01～65/03/31	上升趨勢	415.64	+49.07	V	
65/12/01～65/12/30	盤整趨勢	372.2	+78.44	V	
66/12/01～66/12/30	上升趨勢	450.44	+32.02	V	
68/04/01～68/04/30	盤整趨勢	659.19	+34.49	V	
69/08/01～69/08/31	盤整趨勢	578.13	+38.94	V	
71/10/01～71/10/30	盤整趨勢	480.71	+22.17		V
72/02/01～72/02/27	上升趨勢	514.11	+71.38	V	
72/06/01～72/06/30	上升趨勢	736.38	+68.95	V	
73/04/01～73/04/30	上升趨勢	938.3	+66.89	V	
74/12/01～74/12/30	上升趨勢	835.12	+58.84	V	
75/02/01～75/02/27	上升趨勢	943.95	+61	V	
75/05/01～75/05/31	上升趨勢	950.8	+47.93	V	
75/12/01～75/12/30	上升趨勢	1039.11	+42.87	V	
76/03/01～76/03/31	上升趨勢	1405.51	+133.38	V	
77/04/01～77/04/30	上升趨勢	4158.44	+784.58	V	
89/01/04～89/01/31	上升趨勢	9744.89	+1296.05	V	
95/11/1 ～95/11/30	上升趨勢	7567.72	+546.4	V	
98/12/1 ～98/12/31	上升趨勢	8188.11	+605.9	V	

結論

　　不論處上升或盤整趨勢的長紅短下影線，紅色實體比影線長，這是一個強烈的買進訊號。　自56年1月至100年12月有540個月，以本書月K線去檢討，長紅短下影線，出現26次，正確次數為25次，不正確次數為1次，正確度達96%；月K線「正確」與「不正確」仍然有誤差，投資人可以自行調整判別的尺度，修正「正確」與「不正確」的百分比，如此可以達到更高的操作價值。

1-3-2 紅體等下影線

1-3-2 紅體等下影線

魔法K線檢討：
（1）表示最高價就是收盤價，最低價低於開盤價，當日股價中度滑落然後拉回上漲。
（2）股價具有上升的趨勢，紅色實體愈長上漲的氣勢愈強。
（3）下影線表示低檔有買氣承接意味較濃，線形顯示：市場買盤仍強，後市將看漲。

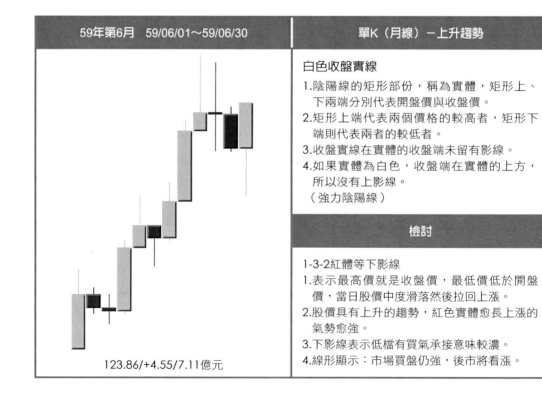

59年第6月　59/06/01～59/06/30	單K（月線）－上升趨勢
	白色收盤實線
	1.陰陽線的矩形部份，稱為實體，矩形上、下兩端分別代表開盤價與收盤價。
	2.矩形上端代表兩個價格的較高者，矩形下端則代表兩者的較低者。
	3.收盤實線在實體的收盤端未留有影線。
	4.如果實體為白色，收盤端在實體的上方，所以沒有上影線。
	（強力陰陽線）
	檢討
123.86/+4.55/7.11億元	1-3-2紅體等下影線 1.表示最高價就是收盤價，最低價低於開盤價，當日股價中度滑落然後拉回上漲。 2.股價具有上升的趨勢，紅色實體愈長上漲的氣勢愈強。 3.下影線表示低檔有買氣承接意味較濃。 4.線形顯示：市場買盤仍強，後市將看漲。

60年第1月　60/01/05～60/01/25	單K（月線）－上升趨勢

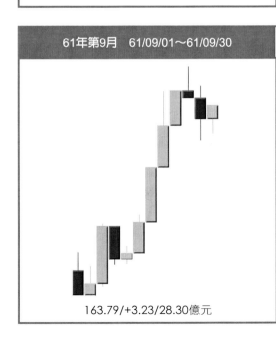

126.89/+3.51/5.62億元

平頭

1. 陰陽線的矩形部份，稱為實體，矩形上下兩端分別代表開盤價與收盤價。
2. 矩形上端代表兩個價格的較高者，矩形下端則代表兩者的較低者。
3. 如果實體為白色，矩形下端為開盤價，上端為收盤價，價格開低收高，白色代表多頭意涵。
4. 這條細線稱為影線，下方的影線，則稱為下影線。
5. 由陰陽線的角度觀察，實體部分代表決定性的價格走勢，影線則代表表面的價格波動。
6. 陰陽線沒有上影線，則稱為平頭。
（陰陽線詳解）

檢討

1-3-2紅體等下影線
1. 表示最高價就是收盤價，最低價低於開盤價，當日股價中度滑落然後拉回上漲。
2. 股價具有上升的趨勢，紅色實體愈長上漲的氣勢愈強。
3. 下影線表示低檔有買氣承接意味較濃。
4. 線形顯示：市場買盤仍強，後市將看漲。

61年第9月　61/09/01～61/09/30	單K（月線）－上升趨勢

163.79/+3.23/28.30億元

白色收盤實線

1. 白色收盤實線在實體的收盤端未留有影線。
2. 如果實體為白色，收盤端在實體的上方，所以沒有上影線。
（強力陰陽線）

檢討

1-3-2紅體等下影線
1. 表示最高價就是收盤價，最低價低於開盤價，當日股價中度滑落然後拉回上漲。
2. 股價具有上升的趨勢，紅色實體愈長上漲的氣勢愈強。
3. 下影線表示低檔有買氣承接意味較濃。
4. 線形顯示：市場買盤仍強，後市將看漲。

64年第12月　64/12/01～64/12/30	單K（月線）－盤整趨勢
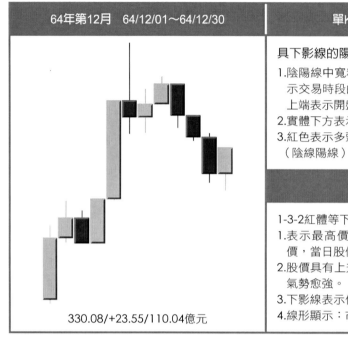 330.08/+23.55/110.04億元	**具下影線的陽線** 1.陰陽線中寬粗部分稱為實體其上、下兩端表示交易時段的開盤價與收盤價，實體為紅色上端表示開盤價，下端表示收盤價。 2.實體下方表示下影線，表示最低價。 3.紅色表示多頭意涵。 （陰線陽線） **檢討** 1-3-2紅體等下影線 1.表示最高價就是收盤價，最低價低於開盤價，當日股價中度滑落然後拉回上漲。 2.股價具有上升的趨勢，紅色實體愈長上漲的氣勢愈強。 3.下影線表示低檔有買氣承接意味較濃。 4.線形顯示：市場買盤仍強，後市將看漲。

80年第12月　80/12/02～80/12/28	單K（月線）－盤整趨勢
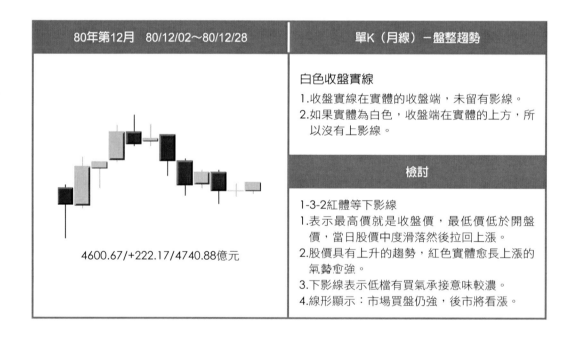 4600.67/+222.17/4740.88億元	**白色收盤實線** 1.收盤實線在實體的收盤端，未留有影線。 2.如果實體為白色，收盤端在實體的上方，所以沒有上影線。 **檢討** 1-3-2紅體等下影線 1.表示最高價就是收盤價，最低價低於開盤價，當日股價中度滑落然後拉回上漲。 2.股價具有上升的趨勢，紅色實體愈長上漲的氣勢愈強。 3.下影線表示低檔有買氣承接意味較濃。 4.線形顯示：市場買盤仍強，後市將看漲。

95/12/1～12/29　（月線）	單K（月線）－上升趨勢

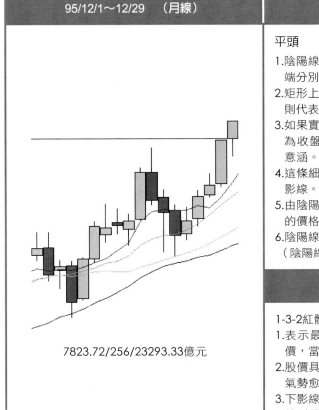

7823.72/256/23293.33億元

平頭

1. 陰陽線的矩形部份，稱為實體，矩形上下兩端分別代表開盤價與收盤價。
2. 矩形上端代表兩個價格的較高者，矩形下端則代表兩者的較低者。
3. 如果實體為白色，矩形下端為開盤價，上端為收盤價，價格開低收高，白色代表多頭意涵。
4. 這條細線稱為影線，下方的影線，則稱為下影線。
5. 由陰陽線的角度觀察，實體部分代表決定性的價格走勢，影線則代表表面的價格波動。
6. 陰陽線沒有上影線，則稱為平頭。
（陰陽線詳解）

檢討

1-3-2紅體等下影線
1. 表示最高價就是收盤價，最低價低於開盤價，當日股價中度滑落然後拉回上漲。
2. 股價具有上升的趨勢，紅色實體愈長上漲的氣勢愈強。
3. 下影線表示低檔有買氣承接意味較濃。
4. 線形顯示：市場買盤仍強，後市將看漲。

表1-3-2　紅體等下影線　　　　　　準確度　　準=83%　不準=17%

日期	趨勢	加權指數收盤價	漲跌(+/-)	準確度	
				準	不準
59/06/01～59/06/30	上升趨勢	123.86	+4.55		V
60/01/05～60/01/25	上升趨勢	126.89	+3.51	V	
61/09/01～61/09/30	上升趨勢	163.79	+3.23	V	
64/12/01～64/12/30	盤整趨勢	330.08	+23.55	V	
80/12/02～80/12/28	盤整趨勢	4600.67	+222.17	V	
95/12/1～95/12/29	上升趨勢	7823.72	+256	V	

結論

不論處上升或盤整趨勢的紅體等下影線，股價具有上升的趨勢，紅色實體愈長，上漲的氣勢愈強。下影線愈長，表示低檔有買氣承接意味較濃。這是一個買進的訊號。 自56年1月至100年12月有540個月，以本書月K線去檢討，紅體等下影線，出現6次，正確次數為5次，不正確次數為1次，正確度達83%；月K線「正確」與「不正確」仍然有誤差，投資人可以自行調整判別的尺度，修正「正確」與「不正確」的百分比，如此可以達到更高的操作價值。

1-3-3　短紅長下影線

1-3-3　短紅長下影線

魔法K線檢討：
（1）表示最高價就是收盤價，最低價低於開盤價，股價先大跌然後拉回小漲。
（2）紅色實體短，下影線相對的長，漲勢較弱。
（3）下影線越長，表示低檔有大量買氣承接的意味愈濃

56年第6月　56/06/01～56/06/30	單K（月線）－上升趨勢

紙傘線

1. 紙傘線形，線形的實體部分位在最高價附近。
2. 延伸性價格跌勢（漲勢）中，如果出現紙傘線形，通常代表多頭（空頭）意涵。
3. 這類線形如果發生在橫向盤整或沒有明顯趨勢的行情中，就沒有太大意義。
（陰陽線詳解）

檢討

1-3-3 短紅長下影線（Red Lower shadow）

1. 表示最高價就是收盤價，最低價低於開盤價，股價先大跌然後拉回小漲。
2. 紅色實體短，下影線相對的長，漲勢較弱。
3. 下影線越長，表示低檔有大量買氣承接的意味愈濃。
4. 不論實體的黑白，特別是處在低價區的股價水平，如果出現一根長的下影線，隱含著市場價格碰到了支撐區，或者是市場已經超賣了，接下來可能是往多頭的走勢發展。
5. 實體在交易區的上端，下影線至少是實體長度的兩倍，並發生在延伸性價格漲勢之後的紙傘線形，稱為「吊人」，表空頭意涵隔日紅線，吊人線的空頭意涵被抵銷；隔日黑線，吊人線的空頭意涵就得到確認。
6. 實體在交易區的上端，下影線至少是實體長度的兩倍，並發生延伸性價格跌勢之後的紙傘線形，稱為「鎚子」，隔日價格隨後就很快向上彈升，即向上反轉訊號被確認。若隔日又發生另一支鎚子，代表空頭仍然不死心。

100.06/+0.58/3.20億元

57年第12月　57/12/01〜57/12/31	單K（月線）－盤整趨勢

平頭

1. 陰陽線的矩形部份，稱為實體，矩形上、下兩端分別代表開盤價與收盤價。
2. 矩形上端代表兩個價格的較高者，矩形下端則代表兩者的較低者。
3. 如果實體為紅色，矩形下端為開盤價，上端為收盤價（價格開低收高，紅色代表多頭意涵）。
4. 實體下方的影線，則稱為下影線。沒有上影線，則稱為平頭。
5. 由陰陽線的角度觀察，實體部分代表決定性的價格走勢，影線則代表表面的價格波動。（陰陽線詳解）

106.63／+0.49／5.15億元

檢討

1-3-3 短紅長下影線（Red Lower shadow）

1. 表示最高價就是收盤價，最低價低於開盤價，股價先大跌然後拉回小漲。
2. 紅色實體短，下影線相對的長，漲勢較弱。
3. 下影線越長，表示低檔有大量買氣承接的意味愈濃。
4. 不論實體的黑白，特別是處在低價區的股價水平，如果出現一根長的下影線，隱含著市場價格碰到了支撐區，或者是市場已經超賣了，接下來可能是往多頭的走勢發展。
5. 實體在交易區的上端，下影線至少是實體長度的兩倍，並發生在延伸性價格漲勢之後的紙傘線形，稱為「吊人」，表空頭意涵隔日紅線，吊人線的空頭意涵被抵銷；隔日黑線，吊人線的空頭意涵就得到確認。
6. 實體在交易區的上端，下影線至少是實體長度的兩倍，並發生延伸性價格跌勢之後的紙傘線形，稱為「鎚子」，隔日價格隨後就很快向上彈升，即向上反轉訊號被確認。若隔日又發生另一支鎚子，代表空頭仍然不死心。

65年第5月　65/05/01～65/05/31	單K（月線）－上升趨勢
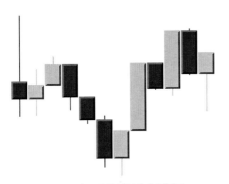 396.81/+17.76/119.29億元	**白色收盤實線** 1.白色收盤實線在實體的收盤端未留有影線。 2.如果實體為白色，收盤端在實體的上方，所以沒有上影線。 （強力陰陽線） **檢討**

1-3-3 短紅長下影線（Red Lower shadow）

1.表示最高價就是收盤價，最低價低於開盤價，股價先大跌然後拉回小漲。

2.紅色實體短，下影線相對的長，漲勢較弱。

3.下影線越長，表示低檔有大量買氣承接的意味愈濃。

4.不論實體的黑白，特別是處在低價區的股價水平，如果出現一根長的下影線，隱含著市場價格碰到了支撐區，或者是市場已經超賣了，接下來可能是往多頭的走勢發展。

5.實體在交易區的上端，下影線至少是實體長度的兩倍，並發生在延伸性價格漲勢之後的紙傘線形，稱為「吊人」，表空頭意涵隔日紅線，吊人線的空頭意涵被抵銷；隔日黑線，吊人線的空頭意涵就得到確認。

6.實體在交易區的上端，下影線至少是實體長度的兩倍，並發生延伸性價格跌勢之後的紙傘線形，稱為「鎚子」，隔日價格隨後就很快向上彈升，即向上反轉訊號被確認。若隔日又發生另一支鎚子，代表空頭仍然不死心。

65年第10月　65/10/01～65/10/30	單K（月線）－盤整趨勢

紙傘線

1. 鎚子屬於單日反轉型態。
2. 鎚子是發生在延伸性價格跌勢之後的紙傘線形，頗有「鎚出底部」的意味。
3. 在持續性價格跌勢中，槌子線形出現當天，開盤之後的價格繼續下跌，但稍後開始回升，收盤價非常接近當天最高價；下影線的長度至少應該是實體長度的兩倍。
4. 三項必要條件：第一，實體必須位在交易區間的上端；第二，下影線有長，至少是實體長度的兩倍；第三，沒有上影線，即使有，上影線也應該很短。
5. 白色（紅線）槌子的反轉徵兆通常勝過黑色，因為這代表開盤之後，賣壓仍然沉重，價格創低點，然後開始回升，向上穿越開盤價，最後收在最高價附近。
（陰陽線詳解）

299.85/+12.68/64.44億元

檢討

1-3-3 短紅長下影線（Red Lower shadow）

1. 表示最高價就是收盤價，最低價低於開盤價，股價先大跌然後拉回小漲。
2. 紅色實體短，下影線相對的長，漲勢較弱。
3. 下影線越長，表示低檔有大量買氣承接的意味愈濃。
4. 不論實體的黑白，特別是處在低價區的股價水平，如果出現一根長的下影線，隱含著市場價格碰到了支撐區，或者是市場已經超賣了，接下來可能是往多頭的走勢發展。
5. 實體在交易區的上端，下影線至少是實體長度的兩倍，並發生在延伸性價格漲勢之後的紙傘線形，稱為「吊人」，表空頭意涵隔日紅線，吊人線的空頭意涵被抵銷；隔日黑線，吊人線的空頭意涵就得到確認。
6. 實體在交易區的上端，下影線至少是實體長度的兩倍，並發生延伸性價格跌勢之後的紙傘線形，稱為「鎚子」，隔日價格隨後就很快向上彈升，即向上反轉訊號被確認。若隔日又發生另一支鎚子，代表空頭仍然不死心。

70年第1月　70/01/01～70/01/25	單K（月線）－盤整趨勢

紙傘線－吊人

1. 吊人，是發生在延伸性價格漲勢之後的紙傘線形。
2. 吊人線形的實體很小，有些像人頭，下影線很長，有些像吊人晃盪的腳。下影線的長度至少應該是實體長度的兩倍。
3. 如果吊人線發生在延伸性價格漲勢之後，就必須特別尊重其反轉訊號。
4. 吊人線完全位在前一天線形之上，兩支線形的交易區間毫無重疊。
5. 三項必要條件：第一實體必須在交易區間的上端；第二下影線很長，至少是實體長度的兩倍；第三，沒有上影線，即使有，上影線也應該很短。
6. 如果吊人線隔天的價格走高，那麼吊人型態的空頭意函就被驅散了一部份。
（陰陽線詳解）

564.40/+5.95/107.90億元

檢討

1-3-3 短紅長下影線（Red Lower shadow）

1. 表示最高價就是收盤價，最低價低於開盤價，股價先大跌然後拉回小漲。
2. 紅色實體短，下影線相對的長，漲勢較弱。
3. 下影線越長，表示低檔有大量買氣承接的意味愈濃。
4. 不論實體的黑白，特別是處在低價區的股價水平，如果出現一根長的下影線，隱含著市場價格碰到了支撐區，或者是市場已經超賣了，接下來可能是往多頭的走勢發展。
5. 實體在交易區的上端，下影線至少是實體長度的兩倍，並發生在延伸性價格漲勢之後的紙傘線形，稱為「吊人」，表空頭意涵隔日紅線，吊人線的空頭意涵被抵銷；隔日黑線，吊人線的空頭意涵就得到確認。
6. 實體在交易區的上端，下影線至少是實體長度的兩倍，並發生延伸性價格跌勢之後的紙傘線形，稱為「鎚子」，隔日價格隨後就很快向上彈升，即向上反轉訊號被確認。若隔日又發生另一支鎚子，代表空頭仍然不死心。

70年第4月　70/04/01～70/04/30	單K（月線）－盤整趨勢

平頭

1. 陰陽線的矩形部份，稱為實體，矩形上、下兩端分別代表開盤價與收盤價。
2. 矩形上端代表兩個價格的較高者，矩形下端則代表兩者的較低者。
3. 如果實體為白色，矩形下端為開盤價，上端為收盤價，價格開低收高，白色代表多頭意涵。
4. 這條細線稱為影線，下方的影線，則稱為下影線。
5. 由陰陽線的角度觀察，實體部分代表決定性的價格走勢，影線則代表表面的價格波動。
6. 陰陽線沒有上影線，則稱為平頭。
（陰陽線詳解）

檢討

1-3-3 短紅長下影線（Red Lower shadow）

1. 表示最高價就是收盤價，最低價低於開盤價，股價先大跌然後拉回小漲。
2. 紅色實體短，下影線相對的長，漲勢較弱。
3. 下影線越長，表示低檔有大量買氣承接的意味愈濃。
4. 不論實體的黑白，特別是處在低價區的股價水平，如果出現一根長的下影線，隱含著市場價格碰到了支撐區，或者是市場已經超賣了，接下來可能是往多頭的走勢發展。
5. 實體在交易區的上端，下影線至少是實體長度的兩倍，並發生在延伸性價格漲勢之後的紙傘線形，稱為「吊人」，表空頭意涵隔日紅線，吊人線的空頭意涵被抵銷；隔日黑線，吊人線的空頭意涵就得到確認。
6. 實體在交易區的上端，下影線至少是實體長度的兩倍，並發生延伸性價格跌勢之後的紙傘線形，稱為「鎚子」，隔日價格隨後就很快向上彈升，即向上反轉訊號被確認。若隔日又發生另一支鎚子，代表空頭仍然不死心。

556.66/+7.26/197.08億元

80年第3月　80/03/01～80/03/28	單K（月線）－上升趨勢

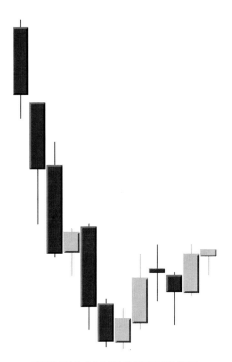

5139.94/+106.57/11530.72億元

短日

1. 在陰陽線中，比較寬粗的部份稱為「實體」（real body），它的上、下兩端代表交易時段的開盤價與收盤價。
2. 實體若為白色，上端代表收盤價，下端代表開盤價；收盤價高於開盤價。
3. 實體上方與下方的細線稱為影線（shadows）。這些影線分別代表交易時段中的最高價與最低價。實體上方的影線稱為上影線（upper shadow），下方的影線稱為下影線（lower shadow）上影線的上端代表盤中最高價，下影線的下端代表盤中最低價。
4. 「短日」也可以利用與「長日」相同的方式來界定，並有類似的結果。
（強力陰陽線）

檢討

1-3-3 短紅長下影線（Red Lower shadow）

1. 表示最高價就是收盤價，最低價低於開盤價，股價先大跌然後拉回小漲。
2. 紅色實體短，下影線相對的長，漲勢較弱。
3. 下影線越長，表示低檔有大量買氣承接的意味愈濃。
4. 不論實體的黑白，特別是處在低價區的股價水平，如果出現一根長的下影線，隱含著市場價格碰到了支撐區，或者是市場已經超賣了，接下來可能是往多頭的走勢發展。
5. 實體在交易區的上端，下影線至少是實體長度的兩倍，並發生在延伸性價格漲勢之後的紙傘線形，稱為「吊人」，表空頭意涵隔日紅線，吊人線的空頭意涵被抵銷；隔日黑線，吊人線的空頭意涵就得到確認。
6. 實體在交易區的上端，下影線至少是實體長度的兩倍，並發生延伸性價格跌勢之後的紙傘線形，稱為「鎚子」，隔日價格隨後就很快向上彈升，即向上反轉訊號被確認。若隔日又發生另一支鎚子，代表空頭仍然不死心。

表1-3-3　短紅長下影線　　　　　　　　　　　　準確度　　　準=100%　　不準=0%

日期	趨勢	加權指數收盤價	漲跌 (+/-)	準確度	
				準	不準
56/06/01～56/06/30	上升趨勢	100.06	+0.58	V	
57/12/01～57/12/31	盤整趨勢	106.63	+0.49	V	
65/05/01～65/05/31	上升趨勢	396.81	+17.76	V	
65/10/01～65/10/30	盤整趨勢	299.85	+12.68	V	
70/01/01～70/01/25	盤整趨勢	564.4	+5.95	V	
70/04/01～70/04/30	盤整趨勢	556.66	+7.26	V	
80/03/01～80/03/28	上升趨勢	5139.94	+106.57	V	

結論

　　不論處上升或盤整趨勢的短紅長下影線，實體愈短，漲勢愈弱；下影線愈長，表示支撐力道強勁。但是實體在交易區的上端，並發生在延伸性價格漲勢之後的紙傘線形，這可能是一個反轉的訊號。 自56年1月至100年12月有540個月，以本書月K線去檢討，短紅長下影線，出現7次，正確次數為7次，不正確次數為零，正確度達100%；月K線「正確」與「不正確」仍然有誤差，投資人可以自行調整判別的尺度，修正「正確」與「不正確」的百分比，如此可以達到更高的操作價值。

1-4-1　長紅等短影線

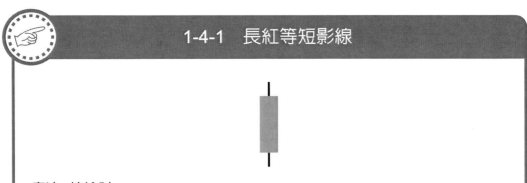

1-4-1　長紅等短影線

魔法K線檢討：
（1）表示紅體等短影線的最高價高於收盤價，最低價又低於開盤價。盤中買賣雙方都有表現；當天買方的力道較強。
（2）紅色實體愈長，代表股價上漲氣勢愈強。

60年第12月　60/12/01〜60/12/30	單K（月線）－盤整趨勢

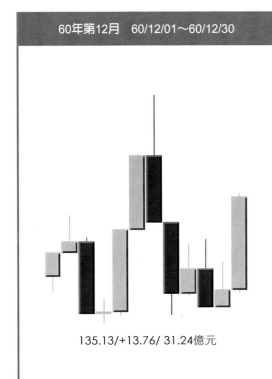

135.13/+13.76/ 31.24億元

低價區的長白線

1. 單根陰陽線，可能是趨勢發生變動的早期徵兆。
2. 一根長白線出現在低價區，可能是底部即將形成的訊號。
3. 長白線代表該交易時段的價格上漲幾乎沒有受到空頭的打壓，收盤價愈接近高價，實體的長度愈長，線形所代表的意義愈重要。
4. 市場可透過一根強勁的長白線穿越壓力區。
5. 這根線形的開盤在最低價附近，實體的長度很長，可以確認突破的有效性。
（股票K線戰法）

檢討

1-4-1長紅等短影線

1. 表示紅體等短影線的最高價高於收盤價，最低價又低於開盤價。盤中買賣雙方都有表現；當天買方的力道較強。
2. 紅色實體愈長，代表股價上漲氣勢愈強。

76年第9月　76/09/01〜76/09/30	單K（月線）－上升趨勢
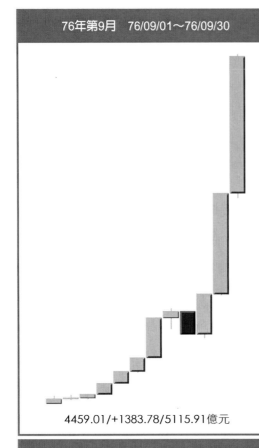 4459.01/+1383.78/5115.91億元	**長紅線向上突破** 1.「如果紅線實體很長，代表多頭意圖很強」，或是「如果紅線實體短，意味著空頭意圖很強」。 2.趨勢線遭到長線形貫穿，則有效突破的可能性較高。 3.長紅線可以增添突破走勢的可靠性。 4.如果價格走勢透過長線形穿越支撐或壓力、完成某價格型態，或是穿越移動平均，訊號的可靠性都較高。 5.在延伸性上升趨勢中，突然出現一之長黑線，經常代表既有趨勢不久之後將反轉。可是，這類陰陽線型態的解釋，必須得到後續價格發展確認。 （陰陽線詳解）
	檢討
	1-4-1長紅等短影線 1.表示紅體等短影線的最高價高於收盤價，最低價又低於開盤價。盤中買賣雙方都有表現；當天買方的力道較強。 2.紅色實體愈長，代表股價上漲氣勢愈強。

77年第7月　77/07/02〜77/07/30	單K（月線）－上升趨勢
6248.02/+1401.99/ 5932.23億元	**長紅線** 1.當天開盤價非常接近最高價，收盤價非常接近最高價，而且兩個價格拉得很開。 2.長紅線具有多頭意涵。 3.一根長白線由支撐區向上反彈，代表多頭轉守為攻。 4.如果長白線反彈的位置是趨勢線、移動平均或折返水準等重要支撐，即可確認支撐的有效性。 （股票K線戰法）
	檢討
	1-4-1長紅等短影線 1.表示紅體等短影線的最高價高於收盤價，最低價又低於開盤價。盤中買賣雙方都有表現；當天買方的力道較強。 2.紅色實體愈長，代表股價上漲氣勢愈強。

79年第1月　79/01/02～79/01/31	單K（月線）－上升趨勢

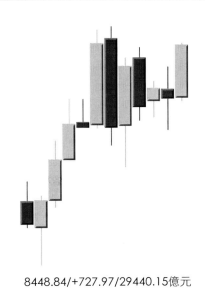

12054.35/+2430.17/23433.90億元

長白線
1. 單根陰陽線，可能是趨勢發生變動的早期徵兆。
2. 一根長白線出現在低價區，可能是底部即將形成的訊號。
3. 長白線代表該交易時段的價格上漲幾乎沒有受到空頭的打壓，收盤價愈接近高價，實體的長度愈長，線形所代表的意義愈重要。
4. 市場可透過一根強勁的長白線穿越壓力區。
5. 這根線形的開盤在最低價附近，實體的長度很長，可以確認突破的有效性。
6. 這根長白線之前所形成的缺口，成為後續走勢的重要支撐。
（股票K線戰法）

檢討

1-4-1長紅等短影線
1. 表示紅體等短影線的最高價高於收盤價，最低價又低於開盤價。盤中買賣雙方都有表現；當天買方的力道較強。
2. 紅色實體愈長，代表股價上漲氣勢愈強。

88年第12月　88/12/01～88/12/28	單K（月線）－盤整趨勢

8448.84/+727.97/29440.15億元

長紅線
1. 當天開盤價非常接近最高價，收盤價非常接近最高價，而且兩個價格拉得很開。
2. 長紅線具有多頭意涵。
3. 一根長白線由支撐區向上反彈，代表多頭轉守為攻。
4. 如果長白線反彈的位置是趨勢線、移動平均或折返水準等重要支撐，即可確認支撐的有效性。
（股票K線戰法）

檢討

1-4-1長紅等短影線
1. 表示紅體等短影線的最高價高於收盤價，最低價又低於開盤價。盤中買賣雙方都有表現；當天買方的力道較強。
2. 紅色實體愈長，代表股價上漲氣勢愈強。

90年第1月　90/01/02～90/01/31	單K（月線）－盤整趨勢

低價區的長白線

1. 單根陰陽線，可能是趨勢發生變動的早期徵兆。
2. 一根長白線出現在低價區，可能是底部即將形成的訊號。
3. 長白線代表該交易時段的價格上漲幾乎沒有受到空頭的打壓，收盤價愈接近高價，實體的長度愈長，線形所代表的意義愈重要。
4. 市場可透過一根強勁的長白線穿越壓力區。
5. 這根線形的開盤在最低價附近，實體的長度很長，可以確認突破的有效性。
（股票K線戰法）

檢討

1-4-1長紅等短影線

1. 表示紅體等短影線的最高價高於收盤價，最低價又低於開盤價。盤中買賣雙方都有表現；當天買方的力道較強。
2. 紅色實體愈長，代表股價上漲氣勢愈強。

5936.20/+1197.11/18166.51億元

93年第12月　93/12/01～93/12/31	單K（月線）－盤整趨勢

長紅線

1. 當天開盤價非常接近最高價，收盤價非常接近最高價，而且兩個價格拉得很開。
2. 長紅線具有多頭意涵。
3. 一根長白線由支撐區向上反彈，代表多頭轉守為攻。
4. 如果長白線反彈的位置是趨勢線、移動平均或折返水準等重要支撐，即可確認支撐的有效性。
（股票K線戰法）

檢討

1-4-1長紅等短影線

1. 表示紅體等短影線的最高價高於收盤價，最低價又低於開盤價。盤中買賣雙方都有表現；當天買方的力道較強。
2. 紅色實體愈長，代表股價上漲氣勢愈強。

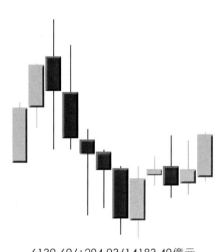

6139.69/+294.93/14183.49億元

94年第11月　94/11/01～94/11/30	單K（月線）－盤整趨勢

6203.47/+439.17/17511.84億元

長白線

1. 單根陰陽線，可能是趨勢發生變動的早期徵兆。
2. 一根長白線出現在低價區，可能是底部即將形成的訊號。
3. 長白線代表該交易時段的價格上漲幾乎沒有受到空頭的打壓，收盤價愈接近高價，實體的長度愈長，線形所代表的意義愈重要。
4. 市場可透過一根強勁的長白線穿越壓力區。
5. 這根線形的開盤在最低價附近，實體的長度很長，可以確認突破的有效性。
6. 這根長白線之前所形成的缺口，成為後續走勢的重要支撐。
（股票K線戰法）

檢討

1-4-1長紅等短影線
1. 表示紅體等短影線的最高價高於收盤價，最低價又低於開盤價。盤中買賣雙方都有表現；當天買方的力道較強。
2. 紅色實體愈長，代表股價上漲氣勢愈強。

95/9/1～9/29　（月線）	單K（月線）－上升趨勢

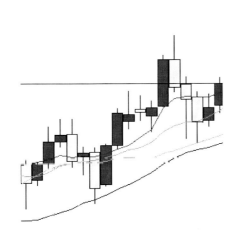

6883.05/271.28/15782.88億元

長白線

1. 一根長白線出現在低價區，可能是底部即將形成的訊號。
2. 長白線代表該交易時段的價格上漲幾乎沒有受到空頭的打壓，收盤價愈接近高價，實體的長度愈長，線形所代表的意義愈重要。
3. 市場可透過一根強勁的長白線穿越壓力。
4. 這根線形的開盤在最低價附近，實體的長度很長，可以確認突破的有效性。

檢討

1-4-1長紅等短影線
1. 表示紅體等短影線的最高價高於收盤價，最低價又低於開盤價。盤中買賣雙方都有表現；當天買方的力道較強。
2. 紅色實體愈長，代表股價上漲氣勢愈強。

97年第2月　97/02/01～97/02/29	單K（月線）－盤整趨勢
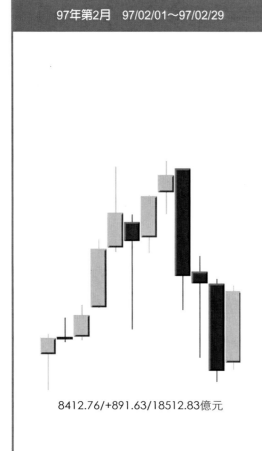　8412.76/+891.63/18512.83億元	**長紅線** 1.一根陰陽線是由一個矩形部分與其上、下兩側的細線所構成。 2.陰陽線的矩形部分稱為實體（real body），實體的上、下兩端分別代表交易時段的開盤與收盤價。 3.當收盤價高於開盤價，實體繪為白色（陽線）。（譯按：根據台灣本地習慣，收盤價上漲稱為收紅，應畫紅線。為忠於原文，仍稱白線。） 4.實體上、下兩側的細線，稱為影線，影線代表交易時段的極端價格。 5.實體上側的影線稱為「上影線」代表最高時段的最高價，實體下側影線稱為「下影線」代表交易時段的最低價。 6.一根長白線出現在低價區，可能是底部即將形成的訊號。 7.長白線代表該交易時段的價格上漲幾乎沒有受到空頭的打壓，收盤價愈接近高價，實體的長度愈長，線形所代表的意義愈重要。 8.低價區的長白線，可能是趨勢發生變動的早期徵兆。 （股票K線戰法）
	檢討
	1-4-1長紅等短影線 1.表示紅體等短影線的最高價高於收盤價，最低價又低於開盤價。盤中買賣雙方都有表現；當天買方的力道較強。 2.紅色實體愈長，代表股價上漲氣勢愈強。

98年第5月　98/05/04～98/05/27	單K（月線）－上升趨勢

長紅線

1. 陰陽線的矩形部份，稱為實體，矩形上、下兩端分別代表開盤價與收盤價。
2. 矩形上端代表兩個價格的較高者，矩形下端則代表兩者的較低者。
3. 如果實體為紅色，矩形下端為開盤價，上端為收盤價，價格開低收高，紅色代表多頭意涵。
4. 當天開盤價非常接近最高價，收盤價非常接近最高價，而且兩個價格拉得很開。
5. 長紅線具有多頭意涵。
6. 一般來說，所謂的長線形，其實體部分的長度至少必須是前一天實體的三倍。
7. 「如果紅線實體很長，代表多頭意圖很強」。（陰陽線詳解）

檢討

1-4-1長紅等短影線

1. 表示紅體等短影線的最高價高於收盤價，最低價又低於開盤價。盤中買賣雙方都有表現；當天買方的力道較強。
2. 紅色實體愈長，代表股價上漲氣勢愈強。

6890.44/+897.87/35070.17億元

98/9/1～9/30　（月線）	單K（月線）－上升趨勢

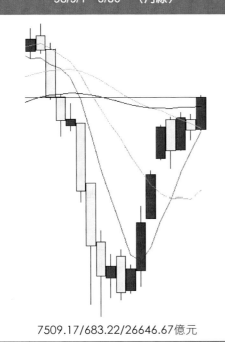

長白線

1. 一根長白線出現在低價區，可能是底部即將形成的訊號。
2. 長白線代表該交易時段的價格上漲幾乎沒有受到空頭的打壓，收盤價愈接近高價，實體的長度愈長，線形所代表的意義愈重要。
3. 市場可透過一根強勁的長白線穿越壓力。
4. 這根線形的開盤在最低價附近，實體的長度很長，可以確認突破的有效性。
5. 這根長白線之前所形成的缺口，成為後續走勢的重要支撐。

檢討

1-4-1長紅等短影線

1. 表示紅體等短影線的最高價高於收盤價，最低價又低於開盤價。盤中買賣雙方都有表現；當天買方的力道較強。
2. 紅色實體愈長，代表股價上漲氣勢愈強。

7509.17/683.22/26646.67億元

99/09/1〜09/30　（月線）	單K（月線）－盤整趨勢

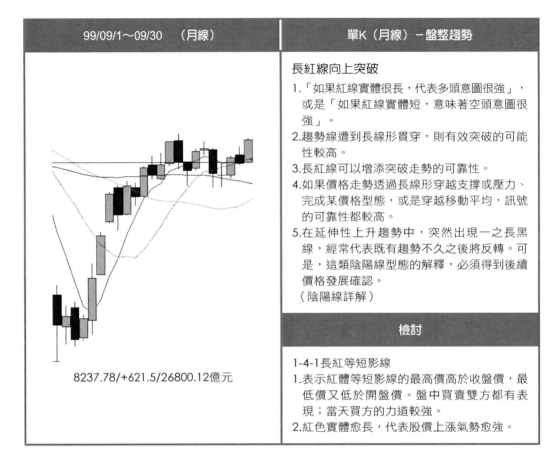

8237.78/+621.5/26800.12億元

長紅線向上突破

1. 「如果紅線實體很長，代表多頭意圖很強」，或是「如果紅線實體短，意味著空頭意圖很強」。
2. 趨勢線遭到長線形貫穿，則有效突破的可能性較高。
3. 長紅線可以增添突破走勢的可靠性。
4. 如果價格走勢透過長線形穿越支撐或壓力、完成某價格型態，或是穿越移動平均，訊號的可靠性都較高。
5. 在延伸性上升趨勢中，突然出現一之長黑線，經常代表既有趨勢不久之後將反轉。可是，這類陰陽線型態的解釋，必須得到後續價格發展確認。
（陰陽線詳解）

檢討

1-4-1長紅等短影線
1. 表示紅體等短影線的最高價高於收盤價，最低價又低於開盤價。盤中買賣雙方都有表現；當天買方的力道較強。
2. 紅色實體愈長，代表股價上漲氣勢愈強。

99/12/1〜12/31　（月線）	單K（月線）－上升趨勢

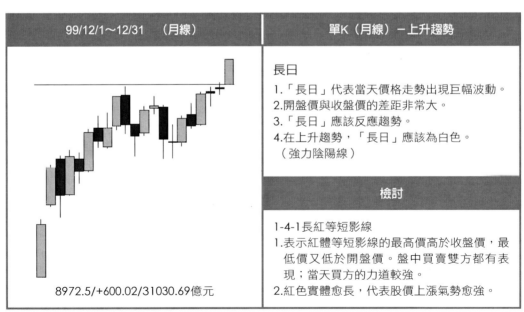

8972.5/+600.02/31030.69億元

長日

1. 「長日」代表當天價格走勢出現巨幅波動。
2. 開盤價與收盤價的差距非常大。
3. 「長日」應該反應趨勢。
4. 在上升趨勢，「長日」應該為白色。
（強力陰陽線）

檢討

1-4-1長紅等短影線
1. 表示紅體等短影線的最高價高於收盤價，最低價又低於開盤價。盤中買賣雙方都有表現；當天買方的力道較強。
2. 紅色實體愈長，代表股價上漲氣勢愈強。

表1-4-1　長紅等短影線　　　　　　　　　　　準確度　　準=93%　不準=7%

日期	趨勢	加權指數收盤價	漲跌 (+/-)	準確度	
				準	不準
60/12/01～60/12/30	盤整趨勢	135.13	+13.76	V	
76/09/01～76/09/30	上升趨勢	4459.01	+1383.78	V	
77/07/02～77/07/30	上升趨勢	6248.02	+1401.99	V	
79/01/02～79/01/31	上升趨勢	12054.35	+2430.17	V	
88/12/01～88/12/28	盤整趨勢	8448.84	+727.97	V	
90/01/02～90/01/31	盤整趨勢	5936.2	+1197.11		V
93/12/01～93/12/31	盤整趨勢	6139.69	+294.93	V	
94/11/01～94/11/30	盤整趨勢	6203.47	+439.17	V	
95/09/01～95/9/29	上升趨勢	6883.05	+271.28	V	
97/02/01～97/2/29	盤整趨勢	8412.76	+891.63	V	
98/05/01～98/5/27	上升趨勢	6890.44	+897.87	V	
98/09/01～98/9/30	上升趨勢	7509.17	+683.22	V	
99/09/01～99/9/30	盤整趨勢	8237.78	+621.5	V	
99/12/01～99/12/31	上升趨勢	8972.5	+600.02	V	

結論

　　不論處上升或盤整趨勢的長紅等短影線，多方勝於空方，股價上升力道強。 自56年1月至100年12月有540個月，以本書月K線去檢討，長紅等短影線，出現14次，正確次數為13次，不正確次數為1次，正確度達93%；月K線「正確」與「不正確」仍然有誤差，投資人可以自行調整判別的尺度，修正「正確」與「不正確」的百分比，如此可以達到更高的操作價值。

1-4-2 短紅等長影線

1-4-2　短紅等長影線

魔法K線檢討：

（1）表示紅體等影線的最高價高於收盤價，最低價又低於開盤價。紅色實體短，
　　　影線相對的長，漲勢較弱。

（2）短紅等長影線，內含多空雙方的拉鋸戰，形成僵持的態勢，市場的動能不足。

（3）如果市場是正處在接近一個新的高點，代表多頭上漲已經遇到了麻煩！

56年第7月　56/07/04〜56/07/31	單K（月線）－盤整趨勢

紡錘線

1. 陰陽線的矩形部份，稱為實體，矩形上、下兩端分別代表開盤價與收盤價。
2. 矩形上端代表兩個價格的較高者，矩形下端則代表兩者的較低者。
3. 這兩條細線稱為影線，實體上方的影線，稱為上影線，下方的影線，則稱為下影線。
4. 紡錘線的特色在於實體部分很小，影線則可以很長或很短。當天的交易區間可能很小。
5. 紡錘線如果出現在橫向走勢或沒有明確趨勢的行情中，就沒有太大意義
6. 如果出現在價格型態內，則意味著多空之間的拉鋸與勢力消長。

（陰陽線詳解）

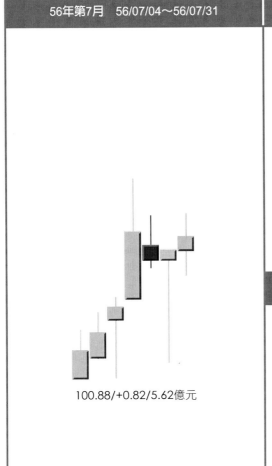

100.88/+0.82/5.62億元

檢討

1-4-2短紅等長影線

1. 表示短紅等長影線的最高價高於收盤價，最低價又低於開盤價。紅色實體短，影線相對的長，漲勢較弱。
2. 短紅等長影線，內含多空雙方的拉鋸戰，往上衝、或往下降的力量的欠缺，形成僵持的態勢，市場的動能不足。
3. 短紅等長影線又稱為暈眩頭部 （spinning tops），告訴我們往上衝、或往下降的力量的欠缺，形成僵持的態勢。暈眩頭部所衍生的涵意是市場的動能不足。
4. 如果市場是正處在接近一個新的高點，那麼暈眩頭部產生，代表多頭上漲已經遇到了麻煩！

64年第7月　64/07/01～64/07/31	單K（月線）－上升趨勢
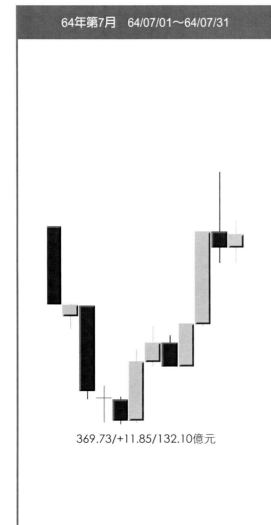 369.73/+11.85/132.10億元	**紡錘線** 1.在陰陽線中，比較寬粗的部份稱為「實體」（real body），它的上、下兩端代表交易時段的開盤價與收盤價。 2.實體若為白色，上端代表收盤價，下端代表開盤價；收盤價高於開盤價。 3.實體上方與下方的細線稱為影線（shadows）。這些影線分別代表交易時段中的最高價與最低價。實體上方的影線稱為上影線（upper shadow），下方的影線稱為下影線（lower shadow）上影線的上端代表盤中最高價，下影線的下端代表盤中最低價。 4.紡錘的實體部份很小，代表 多、空交戰。 5.它們稱為紡錘（spinning tops），顯是多、空拉鋸的中性狀態。（陰線陽線）
	檢討
	1-4-2短紅等長影線 1.表示短紅等長影線的最高價高於收盤價，最低價又低於開盤價。紅色實體短，影線相對的長，漲勢較弱。 2.短紅等長影線，內含多空雙方的拉鋸戰，往上衝、或往下降的力量的欠缺，形成僵持的態勢，市場的動能不足。 3.短紅等長影線又稱為暈眩頭部（spinning tops），告訴我們往上衝、或往下降的力量的欠缺，形成僵持的態勢。暈眩頭部所衍生的涵意是市場的動能不足。 4.如果市場是正處在接近一個新的高點，那麼暈眩頭部產生，代表多頭上漲已經遇到了麻煩！

78年第8月　78/08/02～78/08/31	單K（月線）－上升趨勢

延伸性漲勢之後的紡錘線

1. 顯示實體部分仍然很小，但影線很長。這支線形可以稱為紡錘線，因為實體很小。
2. 紡錘線的特色是當天的交易區間可能很小。
3. 紡錘線如果出現在橫向走勢或沒有明確趨勢的行情中，就沒有太大意義，如果出現在價格型態內，則意味著多空之間的拉鋸與勢力消長。

（股票K線戰法）

檢討

1-4-2短紅等長影線

1. 表示短紅等長影線的最高價高於收盤價，最低價又低於開盤價。紅色實體短，影線相對的長，漲勢較弱。
2. 短紅等長影線，內含多空雙方的拉鋸戰，往上衝、或往下降的力量的欠缺，形成僵持的態勢，市場的動能不足。
3. 短紅等長影線又稱為暈眩頭部（spinning tops），告訴我們往上衝、或往下降的力量的欠缺，形成僵持的態勢。暈眩頭部所衍生的涵意是市場的動能不足。
4. 如果市場是正處在接近一個新的高點，那麼暈眩頭部產生，代表多頭上漲已經遇到了麻煩！

9924.3/+420.1/33159.33億元

84年第3月　84/03/01～84/03/31	單K（月線）－盤整趨勢

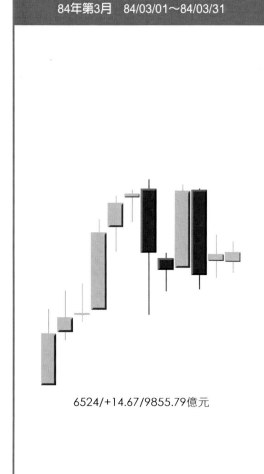

6524/+14.67/9855.79億元

短日

1. 在陰陽線中，比較寬粗的部份稱為「實體」（real body），它的上下兩端代表交易時段的開盤價與收盤價。
2. 實體若為白色，上端代表收盤價，下端代表開盤價；收盤價高於開盤價。
3. 實體上方與下方的細線稱為影線（shadows）。這些影線分別代表交易時段中的最高價與最低價。實體上方的影線稱為上影線（upper shadow），下方的影線稱為下影線（lower shadow）上影線的上端代表盤中最高價，下影線的下端代表盤中最低價。
4. 「短日」也可以利用與「長日」相同的方式來界定，並有類似的結果。
（強力陰陽線）

檢討

1-4-2短紅等長影線

1. 表示短紅等長影線的最高價高於收盤價，最低價又低於開盤價。紅色實體短，影線相對的長，漲勢較弱。
2. 短紅等長影線，內含多空雙方的拉鋸戰，往上衝、或往下降的力量的欠缺，形成僵持的態勢，市場的動能不足。
3. 短紅等長影線又稱為暈眩頭部（spinning tops），告訴我們往上衝、或往下降的力量的欠缺，形成僵持的態勢。暈眩頭部所衍生的涵意是市場的動能不足。
4. 如果市場是正處在接近一個新的高點，那麼暈眩頭部產生，代表多頭上漲已經遇到了麻煩！

85年第3月　85/03/01～85/03/28	單K（月線）－盤整趨勢

5032.35/+234.68/6656.54億元

具上、下影線的陽線

1. 陰陽線的矩形部份，稱為實體，矩形上、下兩端分別代表開盤價與收盤價。
2. 矩形上端代表兩個價格的較高者，矩形下端則代表兩者的較低者。
3. 如果實體為紅色，矩形下端為開盤價，上端為收盤價（價格開低收高，紅色代表多頭意涵）。
4. 如果實體為黑色，開盤價位在矩形上端，收盤價位在下端（價格開高收低，黑色代表空頭意涵）。
5. 這兩條細線稱為影線，實體上方的影線，稱為上影線，下方的影線，則稱為下影線。
6. 由陰陽線的角度觀察，實體部分代表決定性的價格走勢，影線則代表表面的價格波動。（陰陽線詳解）

檢討

1-4-2短紅等長影線

1. 表示短紅等長影線的最高價高於收盤價，最低價又低於開盤價。紅色實體短，影線相對的長，漲勢較弱。
2. 短紅等長影線，內含多空雙方的拉鋸戰，往上衝、或往下降的力量的欠缺，形成僵持的態勢，市場的動能不足。
3. 短紅等長影線又稱為暈眩頭部（spinning tops），告訴我們往上衝、或往下降的力量的欠缺，形成僵持的態勢。暈眩頭部所衍生的涵意是市場的動能不足。
4. 如果市場是正處在接近一個新的高點，那麼暈眩頭部產生，代表多頭上漲已經遇到了麻煩！

90年第10月　90/10/01～90/10/31	單K（月線）－盤整趨勢

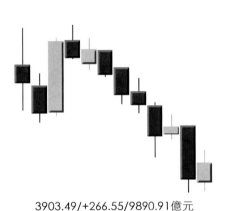

3903.49/+266.55/9890.91億元

延伸性跌勢之後的紡錘線

1. 紡錘線發生在底部。
2. 紡錘線代表情況不確定，市場參與者對於價格究竟應該上漲或下跌，顯然不能取得共識。
3. 如果紡錘線發生在延伸性漲勢或跌勢之後，通常代表價格繼續向上或向下的動能已經喪失。
4. 紡錘線經常是趨勢即將反轉的第一個徵兆。（股票K線戰法）

檢討

1-4-2短紅等長影線
1. 表示短紅等長影線的最高價高於收盤價，最低價又低於開盤價。紅色實體短，影線相對的長，漲勢較弱。
2. 短紅等長影線，內含多空雙方的拉鋸戰，往上衝、或往下降的力量的欠缺，形成僵持的態勢，市場的動能不足。
3. 短紅等長影線又稱為暈眩頭部 （spinning tops），告訴我們往上衝、或往下降的力量的欠缺，形成僵持的態勢。暈眩頭部所衍生的涵意是市場的動能不足。
4. 如果市場是正處在接近一個新的高點，那麼暈眩頭部產生，代表多頭上漲已經遇到了麻煩！

91年第1月　91/01/02～91/01/31	單K（月線）－盤整趨勢

5872.14/+320.9/33542.62億元

紡錘線

1. 在陰陽線中，比較寬粗的部份稱為「實體」（real body），它的上、下兩端代表交易時段的開盤價與收盤價。
2. 實體若為黑色（換言之，實體填滿黑色），上端代表開盤價，下端代表收盤價；收盤價低於開盤價。實體若為白色，上端代表收盤價，下端代表開盤價；收盤價高於開盤價。
3. 實體上方與下方的細線稱為影線（shadows）。這些影線分別代表交易時段中的最高價與最低價。實體上方的影線稱為上影線（upper shadow），下方的影線稱為下影線（lower shadow）上影線的上端代表盤中最高價，下影線的下端代表盤中最低價。
4. 紡錘的實體部份很小，代表多、空交戰。
5. 它們稱為紡錘（spinning tops），顯是多、空拉鋸的中性狀態。（陰線陽線）

檢討

1-4-2短紅等長影線

1. 表示短紅等長影線的最高價高於收盤價，最低價又低於開盤價。紅色實體短，影線相對的長，漲勢較弱。
2. 短紅等長影線，內含多空雙方的拉鋸戰，往上衝、或往下降的力量的欠缺，形成僵持的態勢，市場的動能不足。
3. 短紅等長影線又稱為暈眩頭部（spinning tops），告訴我們往上衝、或往下降的力量的欠缺，形成僵持的態勢。暈眩頭部所衍生的涵意是市場的動能不足。
4. 如果市場是正處在接近一個新的高點，那麼暈眩頭部產生，代表多頭上漲已經遇到了麻煩！

92年第5月　92/05/02～92/05/30	單K（月線）－盤整趨勢

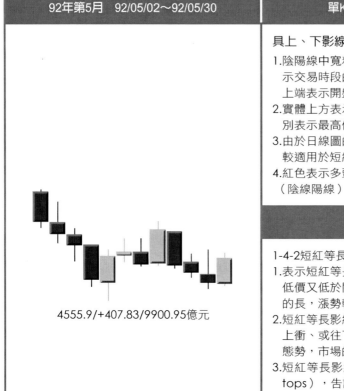

4555.9/+407.83/9900.95億元

具上、下影線的陽線

1. 陰陽線中寬粗部分稱為實體其上、下兩端表示交易時段的開盤價與收盤價，實體為紅色上端表示開盤價，下端表示收盤價。
2. 實體上方表示上影線，下方表示下影線，分別表示最高價與最低價。
3. 由於日線圖的陰陽線形態只有短期意涵，比較適用於短線交易。
4. 紅色表示多頭意涵。
（陰線陽線）

檢討

1-4-2短紅等長影線

1. 表示短紅等長影線的最高價高於收盤價，最低價又低於開盤價。紅色實體短，影線相對的長，漲勢較弱。
2. 短紅等長影線，內含多空雙方的拉鋸戰，往上衝、或往下降的力量的欠缺，形成僵持的態勢，市場的動能不足。
3. 短紅等長影線又稱為暈眩頭部（spinning tops），告訴我們往上衝、或往下降的力量的欠缺，形成僵持的態勢。暈眩頭部所衍生的涵意是市場的動能不足。
4. 如果市場是正處在接近一個新的高點，那麼暈眩頭部產生，代表多頭上漲已經遇到了麻煩！

92年第12月　92/12/01～92/12/31	單K（月線）－上升趨勢

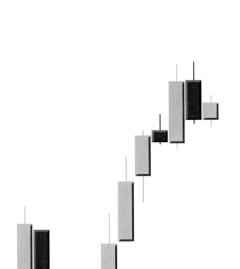

5890.69/+118.92/14411.48億元

紡錘線

1. 陰陽線的矩形部份，稱為實體，矩形上、下兩端分別代表開盤價與收盤價。
2. 矩形上端代表兩個價格的較高者，矩形下端則代表兩者的較低者。
3. 這兩條細線稱為影線，實體上方的影線，稱為上影線，下方的影線，則稱為下影線。
4. 紡錘線的特色在於實體部分很小，影線則可以很長或很短。當天的交易區間可能很小。
5. 紡錘線如果出現在橫向走勢或沒有明確趨勢的行情中，就沒有太大意義。
6. 如果出現在價格型態內，則意味著多空之間的拉鋸與勢力消長。

（陰陽線詳解）

檢討

1-4-2短紅等長影線

1. 表示短紅等長影線的最高價高於收盤價，最低價又低於開盤價。紅色實體短，影線相對的長，漲勢較弱。
2. 短紅等長影線，內含多空雙方的拉鋸戰，往上衝、或往下降的力量的欠缺，形成僵持的態勢，市場的動能不足。
3. 短紅等長影線又稱為量眩頭部（spinning tops），告訴我們往上衝、或往下降的力量的欠缺，形成僵持的態勢。量眩頭部所衍生的涵意是市場的動能不足。
4. 如果市場是正處在接近一個新的高點，那麼量眩頭部產生，代表多頭上漲已經遇到了麻煩！

99/3/1～3/31　（月線）	單K（月線）－盤整趨勢
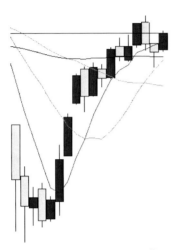 7920.06/483.96/23426.76億元	**具上、下影線的陽線** 1.實體為白色，矩形下端為開盤價，上端為收盤價。 2.價格開低收高，白色代表多頭意涵。 3.兩條細線稱為影線，實體上方的影線，稱為上影線，下方的影線，則稱為下影線。
	檢討
	1-4-2短紅等長影線 1.表示短紅等長影線的最高價高於收盤價，最低價又低於開盤價。紅色實體短，影線相對的長，漲勢較弱。 2.短紅等長影線，內含多空雙方的拉鋸戰，往上衝、或往下降的力量的欠缺，形成僵持的態勢，市場的動能不足。 3.短紅等長影線又稱為暈眩頭部（spinning tops），告訴我們往上衝、或往下降的力量的欠缺，形成僵持的態勢。暈眩頭部所衍生的涵意是市場的動能不足。 4.如果市場是正處在接近一個新的高點，那麼暈眩頭部產生，代表多頭上漲已經遇到了麻煩！

99/07/1~07/30　（月線）	單K（月線）－盤整趨勢

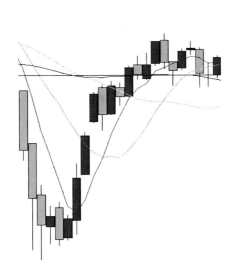

7760.63/+431.26/22756.25億元

延伸性漲勢之後的紡錘線

1. 顯示實體部分仍然很小，但影線很長。這支線形可以稱為紡錘線，因為實體很小。
2. 紡錘線的特色是當天的交易區間可能很小。
3. 紡錘線如果出現在橫向走勢或沒有明確趨勢的行情中，就沒有太大意義，如果出現在價格型態內，則意味著多空之間的拉鋸與勢力消長。

（股票K線戰法）

檢討

1-4-2短紅等長影線

1. 表示短紅等長影線的最高價高於收盤價，最低價又低於開盤價。紅色實體短，影線相對的長，漲勢較弱。
2. 短紅等長影線，內含多空雙方的拉鋸戰，往上衝、或往下降的力量的欠缺，形成僵持的態勢，市場的動能不足。
3. 短紅等長影線又稱為暈眩頭部（spinning tops），告訴我們往上衝、或往下降的力量的欠缺，形成僵持的態勢。暈眩頭部所衍生的涵意是市場的動能不足。
4. 如果市場是正處在接近一個新的高點，那麼暈眩頭部產生，代表多頭上漲已經遇到了麻煩！

100/04/1～04/29　（月線）	單K（月線）－盤整趨勢

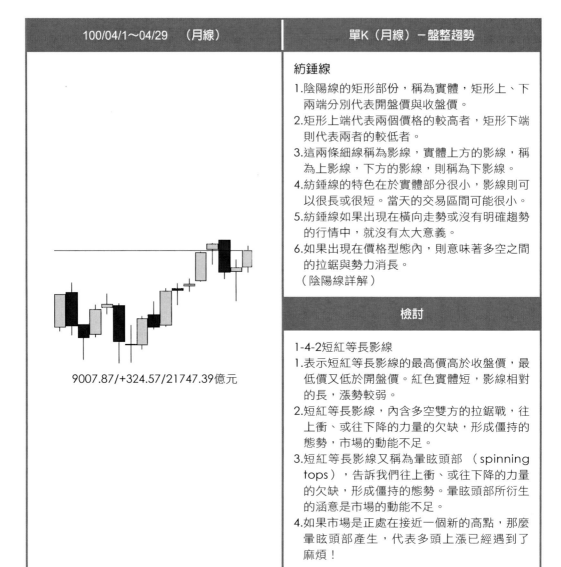

9007.87/+324.57/21747.39億元

紡錘線

1. 陰陽線的矩形部份，稱為實體，矩形上、下兩端分別代表開盤價與收盤價。
2. 矩形上端代表兩個價格的較高者，矩形下端則代表兩者的較低者。
3. 這兩條細線稱為影線，實體上方的影線，稱為上影線，下方的影線，則稱為下影線。
4. 紡錘線的特色在於實體部分很小，影線則可以很長或很短。當天的交易區間可能很小。
5. 紡錘線如果出現在橫向走勢或沒有明確趨勢的行情中，就沒有太大意義。
6. 如果出現在價格型態內，則意味著多空之間的拉鋸與勢力消長。
（陰陽線詳解）

檢討

1-4-2短紅等長影線

1. 表示短紅等長影線的最高價高於收盤價，最低價又低於開盤價。紅色實體短，影線相對的長，漲勢較弱。
2. 短紅等長影線，內含多空雙方的拉鋸戰，往上衝、或往下降的力量的欠缺，形成僵持的態勢，市場的動能不足。
3. 短紅等長影線又稱為暈眩頭部（spinning tops），告訴我們往上衝、或往下降的力量的欠缺，形成僵持的態勢。暈眩頭部所衍生的涵意是市場的動能不足。
4. 如果市場是正處在接近一個新的高點，那麼暈眩頭部產生，代表多頭上漲已經遇到了麻煩！

表1-4-2　短紅等長影線　　　　　　　　　準確度　　準=91%　不準=9%

日期	趨勢	加權指數收盤價	漲跌 (+/-)	準確度	
				準	不準
56/07/04～56/07/31	盤整趨勢	100.88	+0.82	V	
64/07/01～64/07/31	上升趨勢	369.73	+11.85	V	
78/08/02～78/08/31	上升趨勢	9924.3	+420.1	V	
84/03/01～84/03/31	盤整趨勢	6524	+14.67	V	
85/03/01～85/03/28	盤整趨勢	5032.35	+234.68	V	
90/10/01～90/10/31	盤整趨勢	3903.49	+266.55	V	
91/01/02～91/01/31	盤整趨勢	5872.14	+320.9	V	
92/05/02～92/05/30	盤整趨勢	4555.9	+407.83	V	
92/12/01～92/12/31	上升趨勢	5890.69	+118.92		V
99/03/01～99/03/31	盤整趨勢	7920.06	+483.96	V	
99/07/01～99/07/30	盤整趨勢	7760.63	+431.26	V	
100/04/01～100/04/29	盤整趨勢	9007.87	+324.57	V	

結論

　　不論處上升或盤整趨勢的短紅等長影線，表示多空方向不定，告訴我們往上衝、或往下降的力量的欠缺，形成僵持的態勢。 自56年1月至100年12月有540個月，以本書月K線去檢討，短紅等長影線，出現12次，正確次數為11次，不正確次數為1次，正確度達91%；月K線「正確」與「不正確」仍然有誤差，投資人可以自行調整判別的尺度，修正「正確」與「不正確」的百分比，如此可以達到更高的操作價值。

1-4-3　短紅上長下短

1-4-3　短紅上長下短

魔法K線檢討：

（1）表示最高價高於收盤價，最低價又低於開盤價，當天買方的力道較強。

（2）紅色實體短，上影線相對的長，漲勢較弱。上漲遭遇抵抗，下跌小試拉回；盤中波動較大。

（3）上影線越長，表示賣方力量愈強。

56年第2月　56/02/01～56/02/27	單K（月線）－無法判斷
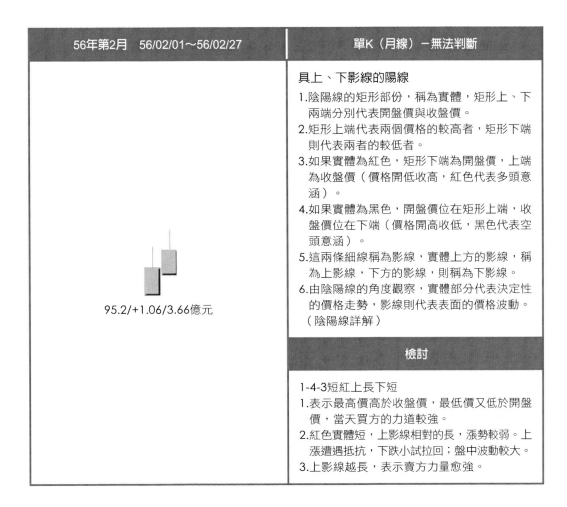 95.2/+1.06/3.66億元	具上、下影線的陽線 1.陰陽線的矩形部份，稱為實體，矩形上、下兩端分別代表開盤價與收盤價。 2.矩形上端代表兩個價格的較高者，矩形下端則代表兩者的較低者。 3.如果實體為紅色，矩形下端為開盤價，上端為收盤價（價格開低收高，紅色代表多頭意涵）。 4.如果實體為黑色，開盤價位在矩形上端，收盤價位在下端（價格開高收低，黑色代表空頭意涵）。 5.這兩條細線稱為影線，實體上方的影線，稱為上影線，下方的影線，則稱為下影線。 6.由陰陽線的角度觀察，實體部分代表決定性的價格走勢，影線則代表表面的價格波動。（陰陽線詳解）
	檢討
	1-4-3短紅上長下短 1.表示最高價高於收盤價，最低價又低於開盤價，當天買方的力道較強。 2.紅色實體短，上影線相對的長，漲勢較弱。上漲遭遇抵抗，下跌小試拉回；盤中波動較大。 3.上影線越長，表示賣方力量愈強。

57年第5月　57/05/01～57/05/31	單K（月線）－盤整趨勢

具上、下影線的陽線

1.陰陽線的矩形部份，稱為實體，矩形上、下兩端分別代表開盤價與收盤價。
2.矩形上端代表兩個價格的較高者，矩形下端則代表兩者的較低者。
3.如果實體為紅色，矩形下端為開盤價，上端為收盤價（價格開低收高，紅色代表多頭意涵）。
4.如果實體為黑色，開盤價位在矩形上端，收盤價位在下端（價格開高收低，黑色代表空頭意涵）。
5.這兩條細線稱為影線，實體上方的影線，稱為上影線，下方的影線，則稱為下影線。
6.由陰陽線的角度觀察，實體部分代表決定性的價格走勢，影線則代表表面的價格波動。（陰陽線詳解）

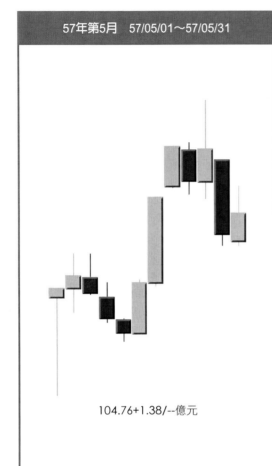

104.76+1.38/--億元

檢討

1-4-3短紅上長下短

1.表示最高價高於收盤價，最低價又低於開盤價，當天買方的力道較強。
2.紅色實體短，上影線相對的長，漲勢較弱。上漲遭遇抵抗，下跌小試拉回；盤中波動較大。
3.上影線越長，表示賣方力量愈強。

60年第9月　60/09/01～60/09/30	單K（月線）－盤整趨勢

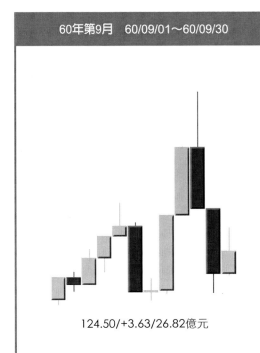

124.50/+3.63/26.82億元

具上、下影線的陽線

1. 陰陽線中寬粗部分稱為實體其上、下兩端表示交易時段的開盤價與收盤價，實體為紅色上端表示開盤價，下端表示收盤價。
2. 實體上方表示上影線，下方表示下影線，分別表示最高價與最低價。
3. 由於日線圖的陰陽線形態只有短期意涵，比較適用於短線交易。
4. 紅色表示多頭意涵。
（陰線陽線）

檢討

1-4-3短紅上長下短
1. 表示最高價高於收盤價，最低價又低於開盤價，當天買方的力道較強。
2. 紅色實體短，上影線相對的長，漲勢較弱。上漲遭遇抵抗，下跌小試拉回；盤中波動較大。
3. 上影線越長，表示賣方力量愈強。

61年第2月　61/02/01～61/02/29	單K（月線）－盤整趨勢

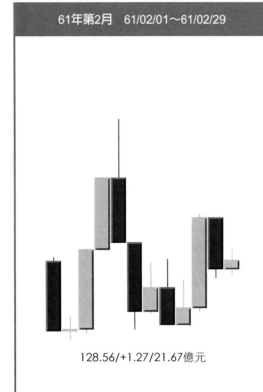

128.56/+1.27/21.67億元

短日
1. 在陰陽線中，比較寬粗的部份稱為「實體」（real body），它的上、下兩端代表交易時段的開盤價與收盤價。
2. 實體若為白色，上端代表收盤價，下端代表開盤價；收盤價高於開盤價。
3. 實體上方與下方的細線稱為影線(shadows)。這些影線分別代表交易時段中的最高價與最低價。實體上方的影線稱為上影線（upper shadow），下方的影線稱為下影線（lower shadow）上影線的上端代表盤中最高價，下影線的下端代表盤中最低價。
4. 「短日」也可以利用與「長日」相同的方式來界定，並有類似的結果。
（強力陰陽線）

檢討

1-4-3短紅上長下短
1. 表示最高價高於收盤價，最低價又低於開盤價，當天買方的力道較強。
2. 紅色實體短，上影線相對的長，漲勢較弱。上漲遭遇抵抗，下跌小試拉回；盤中波動較大。
3. 上影線越長，表示賣方力量愈強。

64年第2月　64/02/01〜64/02/28	單K（月線）－上升趨勢
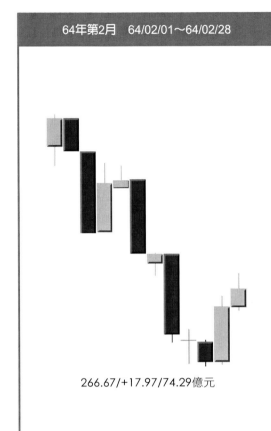 266.67/+17.97/74.29億元	短日 1.在陰陽線中，比較寬粗的部份稱為「實體」（real body），它的上下兩端代表交易時段的開盤價與收盤價。 2.實體若為白色，上端代表收盤價，下端代表開盤價；收盤價高於開盤價。 3.實體上方與下方的細線稱為影線(shadows)。這些影線分別代表交易時段中的最高價與最低價。實體上方的影線稱為上影線（upper shadow），下方的影線稱為下影線（lower shadow）上影線的上端代表盤中最高價，下影線的下端代表盤中最低價。 4.「短日」也可以利用與「長日」相同的方式來界定，並有類似的結果。 （強力陰陽線）
	檢討
	1-4-3短紅上長下短 1.表示最高價高於收盤價，最低價又低於開盤價，當天買方的力道較強。 2.紅色實體短，上影線相對的長，漲勢較弱。上漲遭遇抵抗，下跌小試拉回；盤中波動較大。 3.上影線越長，表示賣方力量愈強。

64年第8月　64/08/01～64/08/30	單K（月線）－上升趨勢

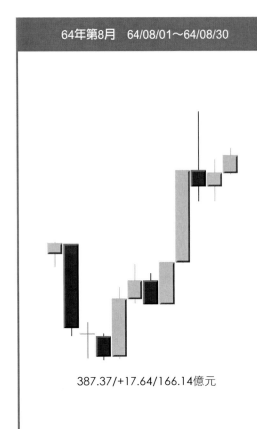

387.37/+17.64/166.14億元

紡錘線

1. 陰陽線的矩形部份，稱為實體，矩形上、下兩端分別代表開盤價與收盤價。
2. 矩形上端代表兩個價格的較高者，矩形下端則代表兩者的較低者。
3. 這兩條細線稱為影線，實體上方的影線，稱為上影線，下方的影線，則稱為下影線。
4. 紡錘線的特色在於實體部分很小，影線則可以很長或很短。當天的交易區間可能很小。
5. 紡錘線如果出現在橫向走勢或沒有明確趨勢的行情中，就沒有太大意義。
6. 如果出現在價格型態內，則意味著多空之間的拉鋸與勢力消長。

（陰陽線詳解）

檢討

1-4-3短紅上長下短
1. 表示最高價高於收盤價，最低價又低於開盤價，當天買方的力道較強。
2. 紅色實體短，上影線相對的長，漲勢較弱。上漲遭遇抵抗，下跌小試拉回；盤中波動較大。
3. 上影線越長，表示賣方力量愈強。

| 66年第5月　66/05/01〜66/05/31 | 單K（月線）－盤整趨勢 |

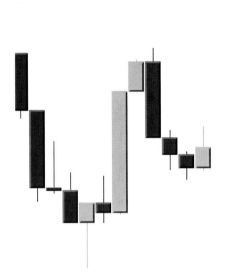

335.57/+13.37/129.49億元

紡錘線

1. 這種實體很小的線形稱為「紡錘」，代表盤勢缺乏上升與下降的力量，「市場正在喘息」。
2. 紡錘是一種警訊，代表市場正在喪失動能。
3. 如果紡錘發生在波段高點附近尤其是在急漲的走勢之後代表多頭已經後繼乏力，先前的漲勢可能因此停頓。
4. 實體很短代表多空之間的拉鋸戰。
5. 承接是發生在低價區，或變量放大而價格停滯代表空頭全有搶攻，停滯的價格顯示空頭無法壓低價格，空頭所投入的籌碼，都被多頭承接。
6. 出貨是發生在高價區，成交量放大，而價格停滯不動，由於賣方所供給的等碼足以應付買盤的而求，所以價格無法挺進。因此出貨應視為頭部的訊號。（股票K線戰法）

檢討

1-4-3短紅上長下短

1. 表示最高價高於收盤價，最低價又低於開盤價，當天買方的力道較強。
2. 紅色實體短，上影線相對的長，漲勢較弱。上漲遭遇抵抗，下跌小試拉回；盤中波動較大。
3. 上影線越長，表示賣方力量愈強。

73年第8月　73/08/01〜73/08/31	單K（月線）－盤整趨勢

紡錘線

1. 顯示實體部分仍然很小，但影線很長。這支線形可以稱為紡錘線，因為實體很小。
2. 紡錘線的特色是當天的交易區間可能很小。
3. 紡錘線如果出現在橫向走勢或沒有明確趨勢的行情中，就沒有太大意義，如果出現在價格型態內，則意味著多空之間的拉鋸與勢力消長。

（股票K線戰法）

檢討

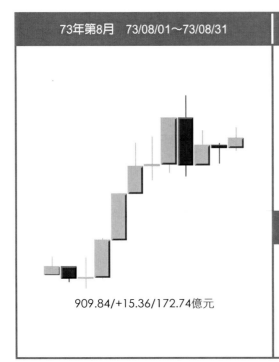

909.84/+15.36/172.74億元

1-4-3短紅上長下短

1. 表示最高價高於收盤價，最低價又低於開盤價，當天買方的力道較強。
2. 紅色實體短，上影線相對的長，漲勢較弱。上漲遭遇抵抗，下跌小試拉回；盤中波動較大。
3. 上影線越長，表示賣方力量愈強。

77年第9月　77/09/01〜77/09/30	單K（月線）－上升趨勢

具上、下影線的陽線

1. 陰陽線中寬粗部分稱為實體其上、下兩端表示交易時段的開盤價與收盤價，實體為黑色上端表示開盤價，下端表示收盤價。
2. 實體上方表示上影線，下方表示下影線，分別表示最高價與最低價。
3. 由於日線圖的陰陽線形態只有短期意涵，比較適用於短線交易。
4. 紅色表示多頭意涵。

（陰線陽線）

檢討

8402.93/+722.45/10597.43億元

1-4-3短紅上長下短

1. 表示最高價高於收盤價，最低價又低於開盤價，當天買方的力道較強。
2. 紅色實體短，上影線相對的長，漲勢較弱。上漲遭遇抵抗，下跌小試拉回；盤中波動較大。
3. 上影線越長，表示賣方力量愈強。

77年第11月　77/11/01〜77/11/30	單K（月線）－盤整趨勢

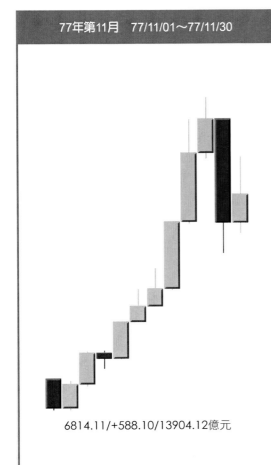

6814.11/+588.10/13904.12億元

紡錘線

1. 在陰陽線中，比較寬粗的部份稱為「實體」（real body），它的上、下兩端代表交易時段的開盤價與收盤價。
2. 實體若為黑色（換言之，實體填滿黑色），上端代表開盤價，下端代表收盤價；收盤價低於開盤價。實體若為白色，上端代表收盤價，下端代表開盤價；收盤價高於開盤價。
3. 實體上方與下方的細線稱為影線（shadows）。這些影線分別代表交易時段中的最高價與最低價。實體上方的影線稱為上影線（upper shadow），下方的影線稱為下影線（lower shadow）上影線的上端代表盤中最高價，下影線的下端代表盤中最低價。
4. 紡錘的實體部份很小，代表多、空交戰。
5. 它們稱為紡錘（spinning tops），顯是多、空拉鋸的中性狀態。（陰線陽線）

檢討

1-4-3短紅上長下短
1. 表示最高價高於收盤價，最低價又低於開盤價，當天買方的力道較強。
2. 紅色實體短，上影線相對的長，漲勢較弱。上漲遭遇抵抗，下跌小試拉回；盤中波動較大。
3. 上影線越長，表示賣方力量愈強。

78年第9月　78/09/01～78/09/30	單K（月線）－上升趨勢

流星

1. 開盤價與收盤價，都位在當天相對低檔。
2. 流星是發生在延伸性漲勢末端的短期頭部型態，由兩支線形構成，第二支線形的實體必須向上跳空，實體部分很小，上影線很長，下影線（幾乎）不存在。
3. 就星形部分（第二支線形）來說，形狀有點而類似顛倒狀的吊人線。
4. 星形本身的顏色不重要，但跳空缺口越明確越好。
5. 第二支線形的實體必須很小，上影線很長，顏色則不很重要。
（陰陽線詳解）

檢討

1-4-3短紅上長下短

1. 表示最高價高於收盤價，最低價又低於開盤價，當天買方的力道較強。
2. 紅色實體短，上影線相對的長，漲勢較弱。上漲遭遇抵抗，下跌小試拉回；盤中波動較大。
3. 上影線越長，表示賣方力量愈強。

10180.84/+256.54/28987.10億元

79年第10月　79/10/01～79/10/30	單K（月線）－下降趨勢

3318.53/+613.52/6248.34億元

紙傘

1.「紙傘」具有強烈的反轉涵意。

2.有兩種「紙傘」根據其處於市場趨勢之位置，而分別被稱為「鎚子」與「吊人」。

3.吊人線形是發生在延伸性價格漲勢之後的紙傘線形。

4.吊人線形的實體很小，有些像人頭，下影線很長，有些像吊人晃盪的腳。下影線的長度至少應該是實體長度的兩倍。

5.如果吊人線發生在延伸性價格漲勢之後，就必須特別尊重其反轉訊號。

6.吊人線完全位在前一天線形之上，兩支線形的交易區間毫無重疊。

7.三項必要條件：第一實體必須在交易區間的上端；第二下影線很長，至少是實體長度的兩倍；第三，沒有上影線，即使有，上影線也應該很短。

8.如果吊人線隔天的價格走高，那麼吊人型態的空頭意函就被驅散了一部份。

（強力陰陽線）

檢討

1-4-3短紅上長下短

1.表示最高價高於收盤價，最低價又低於開盤價，當天買方的力道較強。

2.紅色實體短，上影線相對的長，漲勢較弱。上漲遭遇抵抗，下跌小試拉回；盤中波動較大。

3.上影線越長，表示賣方力量愈強。

82年第11月　82/11/01～82/11/30	單K（月線）－上升趨勢

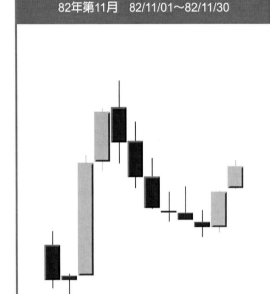

4353.9/+222.22/7626.95億元

具上、下影線的陽線

1. 陰陽線的矩形部份，稱為實體，矩形上、下兩端分別代表開盤價與收盤價。
2. 矩形上端代表兩個價格的較高者，矩形下端則代表兩者的如果實體為紅色，矩形下端為開盤價，上端為收盤價（價格開低收高，紅色代表多頭意涵）。
3. 這兩條細線稱為影線，實體上方的影線，稱為上影線，下方的影線，則稱為下影線。
4. 由陰陽線的角度觀察，實體部分代表決定性的價格走勢，影線則代表表面的價格波動。（陰陽線詳解）

檢討

1-4-3短紅上長下短

1. 表示最高價高於收盤價，最低價又低於開盤價，當天買方的力道較強。
2. 紅色實體短，上影線相對的長，漲勢較弱。上漲遭遇抵抗，下跌小試拉回；盤中波動較大。
3. 上影線越長，表示賣方力量愈強。

83年第5月　83/05/02～83/05/31	單K（月線）－上升趨勢

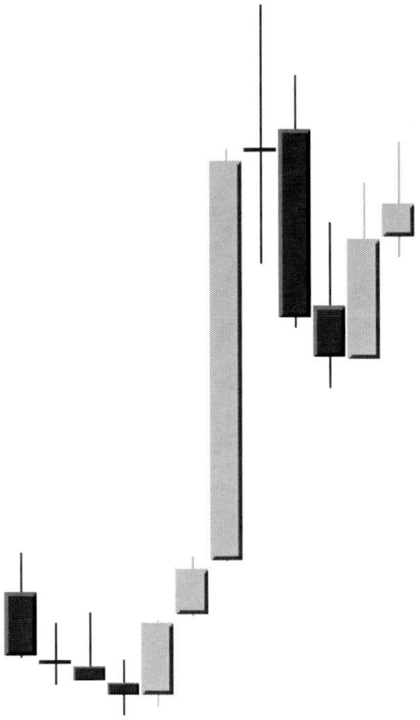

5891.56/+154.23/14797.92億元

紡錘線

1. 陰陽線的矩形部份，稱為實體，矩形上、下兩端分別代表開盤價與收盤價。
2. 矩形上端代表兩個價格的較高者，矩形下端則代表兩者的較低者。
3. 這兩條細線稱為影線，實體上方的影線，稱為上影線，下方的影線，則稱為下影線。
4. 紡錘線的特色在於實體部分很小，影線則可以很長或很短。當天的交易區間可能很小。
5. 紡錘線如果出現在橫向走勢或沒有明確趨勢的行情中，就沒有太大意義。
6. 如果出現在價格型態內，則意味著多空之間的拉鋸與勢力消長。

（陰陽線詳解）

檢討

1-4-3短紅上長下短

1. 表示最高價高於收盤價，最低價又低於開盤價，當天買方的力道較強。
2. 紅色實體短，上影線相對的長，漲勢較弱。上漲遭遇抵抗，下跌小試拉回；盤中波動較大。
3. 上影線越長，表示賣方力量愈強。

84年第9月　84/09/01～84/09/30	單K（月線）－下降趨勢

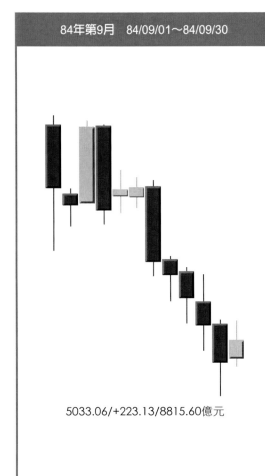

5033.06/+223.13/8815.60億元

紡錘線

1. 在陰陽線中，比較寬粗的部份稱為「實體」（real body），它的上、下兩端代表交易時段的開盤價與收盤價。
2. 實體若為黑色（換言之，實體填滿黑色），上端代表開盤價，下端代表收盤價；收盤價低於開盤價。實體若為白色，上端代表收盤價，下端代表開盤價；收盤價高於開盤價。
3. 實體上方與下方的細線稱為影線(shadows)。這些影線分別代表交易時段中的最高價與最低價。實體上方的影線稱為上影線（upper shadow），下方的影線稱為下影線（lower shadow）上影線的上端代表盤中最高價，下影線的下端代表盤中最低價。
4. 紡錘的實體部份很小，代表多、空交戰。
5. 它們稱為紡錘（spinning tops），顯是多、空拉鋸的中性狀態。（陰線陽線）

檢討

1-4-3短紅上長下短
1. 表示最高價高於收盤價，最低價又低於開盤價，當天買方的力道較強。
2. 紅色實體短，上影線相對的長，漲勢較弱。上漲遭遇抵抗，下跌小試拉回；盤中波動較大。
3. 上影線越長，表示賣方力量愈強。

85年第12月　85/12/02～85/12/31	單K（月線）－上升趨勢

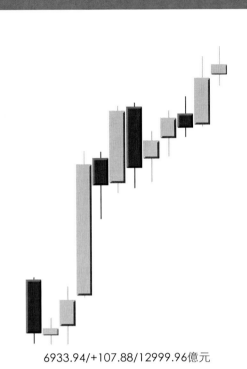

6933.94/+107.88/12999.96億元

紡錘線

1. 陰陽線的矩形部份，稱為實體，矩形上、下兩端分別代表開盤價與收盤價。
2. 矩形上端代表兩個價格的較高者，矩形下端則代表兩者的較低者。
3. 這兩條細線稱為影線，實體上方的影線，稱為上影線，下方的影線，則稱為下影線。
4. 紡錘線的特色在於實體部分很小，影線則可以很長或很短。當天的交易區間可能很小。
5. 紡錘線如果出現在橫向走勢或沒有明確趨勢的行情中，就沒有太大意義。
6. 如果出現在價格型態內，則意味著多空之間的拉鋸與勢力消長。

（陰陽線詳解）

檢討

1-4-3短紅上長下短

1. 表示最高價高於收盤價，最低價又低於開盤價，當天買方的力道較強。
2. 紅色實體短，上影線相對的長，漲勢較弱。上漲遭遇抵抗，下跌小試拉回；盤中波動較大。
3. 上影線越長，表示賣方力量愈強。

86年第11月　86/11/03～86/11/28	單K（月線）－下降趨勢

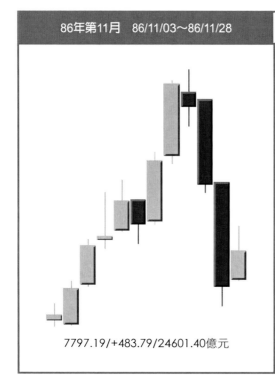

7797.19/+483.79/24601.40億元

具上、下影線的陽線

1. 陰陽線中寬粗部分稱為實體其上、下兩端表示交易時段的開盤價與收盤價，實體為黑色上端表示開盤價，下端表示收盤價。
2. 實體上方表示上影線，下方表示下影線，分別表示最高價與最低價。
3. 由於日線圖的陰陽線形態只有短期意涵，比較適用於短線交易。
4. 紅色表示多頭意涵。
（陰線陽線）

檢討

1-4-3短紅上長下短
1. 表示最高價高於收盤價，最低價又低於開盤價，當天買方的力道較強。
2. 紅色實體短，上影線相對的長，漲勢較弱。上漲遭遇抵抗，下跌小試拉回；盤中波動較大。
3. 上影線越長，表示賣方力量愈強。

87年第9月　87/09/01～87/09/30	單K（月線）－下降趨勢

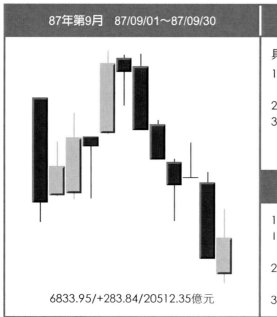

6833.95/+283.84/20512.35億元

具上、下影線的陽線

1. 實體為白色，矩形下端為開盤價，上端為收盤價。
2. 價格開低收高，白色代表多頭意涵。
3. 兩條細線稱為影線，實體上方的影線，稱為上影線，下方的影線，則稱為下影線。
（陰陽線詳解）

檢討

1-4-3短紅上長下短
1. 表示最高價高於收盤價，最低價又低於開盤價，當天買方的力道較強。
2. 紅色實體短，上影線相對的長，漲勢較弱。上漲遭遇抵抗，下跌小試拉回；盤中波動較大。
3. 上影線越長，表示賣方力量愈強。

90年第3月　90/03/01～90/03/30	單K（月線）－下降趨勢

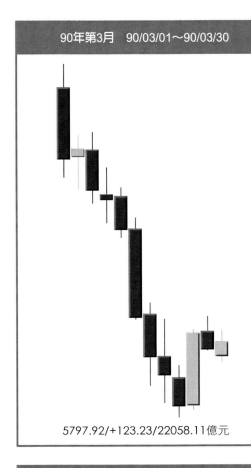

5797.92/+123.23/22058.11億元

紡錘線

1. 陰陽線的矩形部份，稱為實體，矩形上、下兩端分別代表開盤價與收盤價。
2. 矩形上端代表兩個價格的較高者，矩形下端則代表兩者的較低者。
3. 這兩條細線稱為影線，實體上方的影線，稱為上影線，下方的影線，則稱為下影線。
4. 紡錘線的特色在於實體部分很小，影線則可以很長或很短。當天的交易區間可能很小。
5. 紡錘線如果出現在橫向走勢或沒有明確趨勢的行情中，就沒有太大意義。
6. 如果出現在價格型態內，則意味著多空之間的拉鋸與勢力消長。

（陰陽線詳解）

檢討

1-4-3短紅上長下短

1. 表示最高價高於收盤價，最低價又低於開盤價，當天買方的力道較強。
2. 紅色實體短，上影線相對的長，漲勢較弱。上漲遭遇抵抗，下跌小試拉回；盤中波動較大。
3. 上影線越長，表示賣方力量愈強。

90年第8月　90/08/01～90/08/31	單K（月線）－下降趨勢

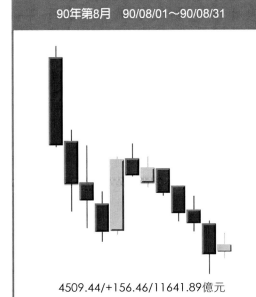

4509.44/+156.46/11641.89億元

具上、下影線的陽線

1. 實體為白色，矩形下端為開盤價，上端為收盤價。
2. 價格開低收高，白色代表多頭意涵。
3. 兩條細線稱為影線，實體上方的影線，稱為上影線，下方的影線，則稱為下影線。

（陰陽線詳解）

檢討

1-4-3短紅上長下短

1. 表示最高價高於收盤價，最低價又低於開盤價，當天買方的力道較強。
2. 紅色實體短，上影線相對的長，漲勢較弱。上漲遭遇抵抗，下跌小試拉回；盤中波動較大。
3. 上影線越長，表示賣方力量愈強。

91年第3月　91/03/01～91/03/29	單K（月線）－盤整趨勢

6167.47/+471.36/27881.77億元

具上、下影線的陽線

1. 陰陽線中寬粗部分稱為實體其上、下兩端表示交易時段的開盤價與收盤價，實體為黑色上端表示開盤價，下端表示收盤價。
2. 實體上方表示上影線，下方表示下影線，分別表示最高價與最低價。
3. 由於日線圖的陰陽線形態只有短期意涵，比較適用於短線交易。
4. 紅色表示多頭意涵。
（陰線陽線）

檢討

1-4-3短紅上長下短
1. 表示最高價高於收盤價，最低價又低於開盤價，當天買方的力道較強。
2. 紅色實體短，上影線相對的長，漲勢較弱。上漲遭遇抵抗，下跌小試拉回；盤中波動較大。
3. 上影線越長，表示賣方力量愈強。

93年第9月　93/09/01～93/09/30	單K（月線）－下降趨勢

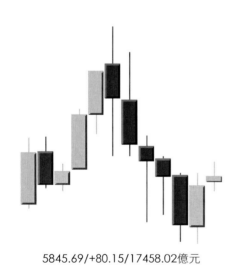

5845.69/+80.15/17458.02億元

延伸性跌勢之後的紡錘線

1. 紡錘線發生在底部。
2. 紡錘線代表情況不確定，市場參與者對於價格究竟應該上漲或下跌，顯然不能取得共識。
3. 如果紡錘線發生在延伸性漲勢或跌勢之後，通常代表價格繼續向上或向下的動能已經喪失。
4. 紡錘線經常是趨勢即將反轉的第一個徵兆。
（股票K線戰法）

檢討

1-4-3短紅上長下短
1. 表示最高價高於收盤價，最低價又低於開盤價，當天買方的力道較強。
2. 紅色實體短，上影線相對的長，漲勢較弱。上漲遭遇抵抗，下跌小試拉回；盤中波動較大。
3. 上影線越長，表示賣方力量愈強。

93年第11月　93/11/01～93/11/30	單K（月線）－盤整趨勢

紡錘線

1. 陰陽線的矩形部份，稱為實體，矩形上、下兩端分別代表開盤價與收盤價。
2. 矩形上端代表兩個價格的較高者，矩形下端則代表兩者的較低者。
3. 這兩條細線稱為影線，實體上方的影線，稱為上影線，下方的影線，則稱為下影線。
4. 紡錘線的特色在於實體部分很小，影線則可以很長或很短。當天的交易區間可能很小。
5. 紡錘線如果出現在橫向走勢或沒有明確趨勢的行情中，就沒有太大意義。
6. 如果出現在價格型態內，則意味著多空之間的拉鋸與勢力消長。
（陰陽線詳解）

檢討

1-4-3短紅上長下短
1. 表示最高價高於收盤價，最低價又低於開盤價，當天買方的力道較強。
2. 紅色實體短，上影線相對的長，漲勢較弱。上漲遭遇抵抗，下跌小試拉回；盤中波動較大。
3. 上影線越長，表示賣方力量愈強。

5844.76/+138.83/15440.84億元

94年第7月　94/07/01～94/07/29	單K（月線）－盤整趨勢

延伸性漲勢之後的紡錘線

1. 顯示實體部分仍然很小，但影線很長。這支線形可以稱為紡錘線，因為實體很小。
2. 紡錘線的特色是當天的交易區間可能很小。
3. 紡錘線如果出現在橫向走勢或沒有明確趨勢的行情中，就沒有太大意義，如果出現在價格型態內，則意味著多空之間的拉鋸與勢力消長。
（股票K線戰法）

檢討

1-4-3短紅上長下短
1. 表示最高價高於收盤價，最低價又低於開盤價，當天買方的力道較強。
2. 紅色實體短，上影線相對的長，漲勢較弱。上漲遭遇抵抗，下跌小試拉回；盤中波動較大。
3. 上影線越長，表示賣方力量愈強。

6311.98/+70.04/19083.90億元

95/1/1～1/25 （月線）	單K（月線）－上升趨勢
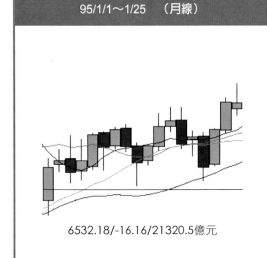　6532.18/-16.16/21320.5億元	**紡錘線** 1.收盤價高於開盤價。 2.紡錘是一種警訊，代表市場正在喪失動能。 3.紡錘的實體部份很小，代表多、空交戰。它們稱為紡錘，顯示鋸的中性狀態。 （股票K線戰法）
	檢討
	1-4-3短紅上長下短 1.表示最高價高於收盤價，最低價又低於開盤價，當天買方的力道較強。 2.紅色實體短，上影線相對的長，漲勢較弱。上漲遭遇抵抗，下跌小試拉回；盤中波動較大。 3.上影線越長，表示賣方力量愈強。

95/8/1～8/31 （月線）	單K（月線）－上升趨勢
6611.77/157.19/17295.86億元	**具上、下影線的陽線** 1.陰陽線的矩形部分，稱為實體，矩形上、下兩端分別代表開盤價與收盤價。 2.矩形上端代表兩個價格的較高者，矩形下端則代表兩者的較低者。 3.如果實體為黑色，開盤價位在矩形上端，收盤價為在下端，價格開高收低，黑色代表空頭意涵。 4.這兩條細線稱為影線，實體上方的影線，稱為上影線，下方的影線，則稱為下影線。 5.由陰陽線的角度觀察，實體部分代表決定性的價格走勢，影線則代表表面的價格波動。
	檢討
	1-4-3短紅上長下短 1.表示最高價高於收盤價，最低價又低於開盤價，當天買方的力道較強。 2.紅色實體短，上影線相對的長，漲勢較弱。上漲遭遇抵抗，下跌小試拉回；盤中波動較大。 3.上影線越長，表示賣方力量愈強。

95/10/1～10/31 （月線）	單K（月線）－上升趨勢

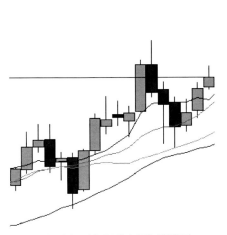

7021.32/138.27/16650.25億元

紡錘線

1. 這種實體很小的線形稱為「紡錘」，代表盤勢缺乏上升與下降的力量，「市場正在喘息」。
2. 紡錘是一種警訊，代表市場正在喪失動能。
3. 如果紡錘發生在波段高點附近，尤其是在急漲的走勢之後代表多頭已經後繼乏力，先前的漲勢可能因此停頓。
4. 實體很短代表多空之間的拉鋸戰。
5. 承接是發生在低價區，或變量放大而價格代表空頭全有搶攻，停滯的價格顯示空頭無法壓低價格，空頭所投入的籌碼，都被多頭承接。
（陰陽線詳解）

檢討

1-4-3短紅上長下短

1. 表示最高價高於收盤價，最低價又低於開盤價，當天買方的力道較強。
2. 紅色實體短，上影線相對的長，漲勢較弱。上漲遭遇抵抗，下跌小試拉回；盤中波動較大。
3. 上影線越長，表示賣方力量愈強。

96/5/1～5/31　（月線）	單K（月線）－上升趨勢

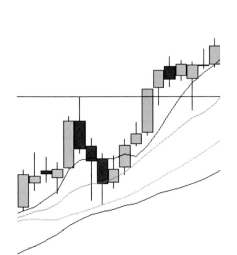

8144.95/269.53/21164.22億元

具上、下影線的陽線

1. 陰陽線的矩形部分，稱為實體，矩形上、下兩端分別代表開盤價與收盤價。
2. 矩形上端代表兩個價格的較高者，矩形下端則代表兩者的較低者。
3. 如果實體為黑色，開盤價位在矩形上端，收盤價為在下端，價格開高收低，黑色代表空頭意涵。
4. 這兩條細線稱為影線，實體上方的影線，稱為上影線，下方的影線，則稱為下影線。
5. 由陰陽線的角度觀察，實體部分代表決定性的價格走勢，影線則代表表面的價格波動。（陰線陽線）

檢討

1-4-3短紅上長下短
1. 表示最高價高於收盤價，最低價又低於開盤價，當天買方的力道較強。
2. 紅色實體短，上影線相對的長，漲勢較弱。上漲遭遇抵抗，下跌小試拉回；盤中波動較大。
3. 上影線越長，表示賣方力量愈強。

96/7/1～7/31　（月線）	單K（月線）－上升趨勢

<table>
<tr><td rowspan="2">

9287.25/404.04/50193.73億元
</td><td>

紡錘線

1.「紡錘」之陰陽線，其實體部份很小，而上、下影線之長度超過實體之長度。這代表多、空雙方的勢力未有定論。

2.紡錘線的特色在於實體部分很小，影線則可以很長或很短。當天的交易區間可能很小。

3.紡錘線如果出現在橫向走勢或沒有明確趨勢的行情中，就沒有太大意義，如果出現在價格型態內，則意味著多空之間的拉鋸與勢力消長。
</td></tr>
<tr><td>

檢討

1-4-3短紅上長下短

1.表示最高價高於收盤價，最低價又低於開盤價，當天買方的力道較強。

2.紅色實體短，上影線相對的長，漲勢較弱。上漲遭遇抵抗，下跌小試拉回；盤中波動較大。

3.上影線越長，表示賣方力量愈強。
</td></tr>
</table>

97年第8月　97/08/01～97/08/29	單K（月線）－下降趨勢

<table>
<tr><td rowspan="2">

7046.11/+22.05/19983.54億元
</td><td>

紡錘線

1.紡錘線的特色在於實體部分很小，影線則可以很長或很短。當天的交易區間可能很小。

2.紡錘線如果出現在橫向走勢或沒有明確趨勢的行情中，就沒有太大意義。

3.如果出現在價格型態內，則意味著多空之間的拉鋸與勢力消長。

4.紡錘線如果出現在底部，代表情況不確定，市場參與者對於價格究竟應該上漲或下跌，顯然不能取得共識。

5.如果紡錘線發生在延伸性漲勢或跌勢之後，通常代表價格繼續向上或向下的動能已經喪失。因此，紡錘線經常是趨勢即將反轉的第一個徵兆。

（陰陽線詳解）
</td></tr>
<tr><td>

檢討

1-4-3短紅上長下短

1.表示最高價高於收盤價，最低價又低於開盤價，當天買方的力道較強。

2.紅色實體短，上影線相對的長，漲勢較弱。上漲遭遇抵抗，下跌小試拉回；盤中波動較大。

3.上影線越長，表示賣方力量愈強。
</td></tr>
</table>

98年第2月　98/02/02～98/02/27	單K（月線）－下降趨勢

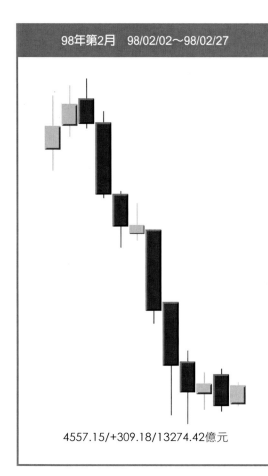

4557.15/+309.18/13274.42億元

短日

1. 在陰陽線中，比較寬粗的部份稱為「實體」（real body），它的上、下兩端代表交易時段的開盤價與收盤價。
2. 實體若為白色，上端代表收盤價，下端代表開盤價；收盤價高於開盤價。
3. 實體上方與下方的細線稱為影線（shadows）。這些影線分別代表交易時段中的最高價與最低價。實體上方的影線稱為上影線（upper shadow），下方的影線稱為下影線（lower shadow）上影線的上端代表盤中最高價，下影線的下端代表盤中最低價。
4. 「短日」也可以利用與「長日」相同的方式來界定，並有類似的結果。
（強力陰陽線）

檢討

1-4-3短紅上長下短
1. 表示最高價高於收盤價，最低價又低於開盤價，當天買方的力道較強。
2. 紅色實體短，上影線相對的長，漲勢較弱。上漲遭遇抵抗，下跌小試拉回；盤中波動較大。
3. 上影線越長，表示賣方力量愈強。

表1-4-3　短紅上長下短　　　　　　　　準確度　　準=97%　　不準=3%

日期	趨勢	加權指數收盤價	漲跌(+/-)	準確度 準	準確度 不準
56/02/01～56/02/27	無法判斷	95.2	+1.06	--	
57/05/01～57/05/31	盤整趨勢	104.76	+1.38	V	
60/09/01～60/09/30	盤整趨勢	124.5	+3.63	V	
61/02/01～61/02/29	盤整趨勢	128.56	+1.27	V	
64/02/01～64/02/28	上升趨勢	266.67	+17.97	V	
64/08/01～64/08/30	上升趨勢	387.37	+17.64	V	
66/05/01～66/05/31	盤整趨勢	335.57	+13.37	V	
73/08/01～73/08/31	盤整趨勢	909.84	+15.36	V	
77/09/01～77/09/30	上升趨勢	8402.93	+722.45	V	
77/11/01～77/11/30	盤整趨勢	6814.11	+588.1	V	

78/09/01～78/09/30	上升趨勢	10180.84	+256.54	V	
79/10/01～79/10/30	下降趨勢	3318.53	+613.52	V	
82/11/01～82/11/30	上升趨勢	4353.9	+222.22	V	
83/05/02～83/05/31	上升趨勢	5891.56	+154.23	V	
84/09/01～84/09/30	下降趨勢	5033.06	+223.13	V	
85/12/02～85/12/31	上升趨勢	6933.94	+107.88	V	
86/11/03～86/11/28	下降趨勢	7797.19	+483.79	V	
87/09/01～87/09/30	下降趨勢	6833.95	+283.84		V
90/03/01～90/03/30	下降趨勢	5797.92	+123.23	V	
90/08/01～90/08/31	下降趨勢	4509.44	+156.46	V	
91/03/01～91/03/29	盤整趨勢	6167.47	+471.36	V	
93/09/01～93/09/30	下降趨勢	5845.69	+80.15	V	
93/11/01～93/11/30	盤整趨勢	5844.76	+138.83	V	
94/07/01～94/07/29	盤整趨勢	6311.98	+70.04	V	
95/01/01～95/01/25	上升趨勢	6532.18	-16.16	V	
95/08/01～95/08/31	上升趨勢	6611.77	+157.19	V	
95/10/01～95/10/31	上升趨勢	7021.32	+138.27	V	
96/05/01～96/05/31	上升趨勢	8144.95	+269.53	V	
96/07/01～96/07/31	上升趨勢	9287.25	+404.04	V	
97/08/01～97/08/29	下降趨勢	7046.11	+22.05	V	
98/02/01～98/02/27	下降趨勢	4557.15	+309.18	V	
98/11/01～98/11/30	上升趨勢	7582.21	+242.13	V	

結論

　　不論處上升或盤整趨勢的短紅上長下短，紅色實體短，漲勢較弱，。上影線越長，表示賣方力量愈強。處下降趨勢的短紅上長下短，發生在延伸性跌勢之後，通常代表價格繼續向下動能已經喪失。因此，短紅上長下短，經常是趨勢即將反轉向上的第一個徵兆。自56年1月至100年12月有540個月，以本書月K線去檢討，短紅上長下短，出現32次，正確次數為30次，不正確次數為1次，1次無法判斷趨勢，正確度達97%；月K線「正確」與「不正確」仍然有誤差，投資人可以自行調整判別的尺度，修正「正確」與「不正確」的百分比，如此可以達到更高的操作價值。

1-4-4　長紅上長下短

1-4-4　長紅上長下短

魔法K線檢討：

（1）表示最高價高於收盤價，最低價又低於開盤價，盤中買賣雙方都有表現；當天買方的力道較強。

（2）紅色實體長，上漲遭遇抵抗，下跌小試拉回，影線相對的短，漲勢較強。

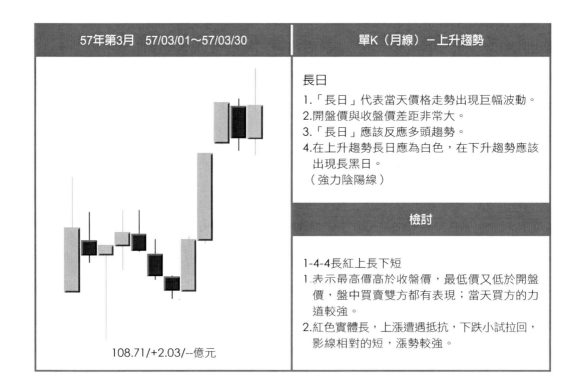

57年第3月　57/03/01～57/03/30	單K（月線）－上升趨勢
108.71/+2.03/--億元	**長日** 1.「長日」代表當天價格走勢出現巨幅波動。 2.開盤價與收盤價差距非常大。 3.「長日」應該反應多頭趨勢。 4.在上升趨勢長日應為白色，在下升趨勢應該出現長黑日。 （強力陰陽線） **檢討** 1-4-4長紅上長下短 1.表示最高價高於收盤價，最低價又低於開盤價，盤中買賣雙方都有表現；當天買方的力道較強。 2.紅色實體長，上漲遭遇抵抗，下跌小試拉回，影線相對的短，漲勢較強。

58年第2月　58/02/01～58/02/27	單K（月線）－盤整趨勢
105.80/+2.05/2.20億元	**具上、下影線的陽線** 1.陰陽線中寬粗部分稱為實體其上、下兩端表示交易時段的開盤價與收盤價，實體為紅色上端表示開盤價，下端表示收盤價。 2.實體上方表示上影線，下方表示下影，分別表示最高價與最低價。 3.紅色表示多頭意涵。 （陰線陽線）
	檢討
	1-4-4長紅上長下短 1.表示最高價高於收盤價，最低價又低於開盤價，盤中買賣雙方都有表現；當天買方的力道較強。 2.紅色實體長，上漲遭遇抵抗，下跌小試拉回，影線相對的短，漲勢較強。

58年第10月　58/10/01～58/10/31	單K（月線）－上升趨勢
109.28/+6.26/4.18億元	**以長白線確認下檔的支撐** 1.一根長白線由支撐區向上反彈，代表多頭轉守為攻。 2.如果長白線反彈的位置是趨勢線、移動平均或折返水準等重要支撐，即可確認支撐的有效性。 3.長白線代表該交易時段的價格上漲幾乎沒有受到空頭的打壓，收盤價愈接近高價，實體的長度愈長，線形所代表的意義愈重要。 （股票K線戰法）
	檢討
	1-4-4長紅上長下短 1.表示最高價高於收盤價，最低價又低於開盤價，盤中買賣雙方都有表現；當天買方的力道較強。 2.紅色實體長，上漲遭遇抵抗，下跌小試拉回，影線相對的短，漲勢較強。

<table>
<tr><td>

</td><td>

單K（月線）－上升趨勢

</td></tr>
<tr><td rowspan="2">

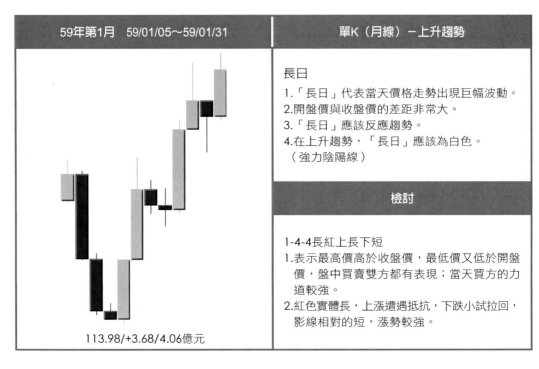

113.98/+3.68/4.06億元

</td><td>

長日
1.「長日」代表當天價格走勢出現巨幅波動。
2.開盤價與收盤價的差距非常大。
3.「長日」應該反應趨勢。
4.在上升趨勢，「長日」應該為白色。
（強力陰陽線）

</td></tr>
<tr><td>

檢討

1-4-4長紅上長下短
1.表示最高價高於收盤價，最低價又低於開盤
　價，盤中買賣雙方都有表現；當天買方的力
　道較強。
2.紅色實體長，上漲遭遇抵抗，下跌小試拉回，
　影線相對的短，漲勢較強。

</td></tr>
</table>

<table>
<tr><td>

</td><td>

單K（月線）－上升趨勢

</td></tr>
<tr><td rowspan="2">

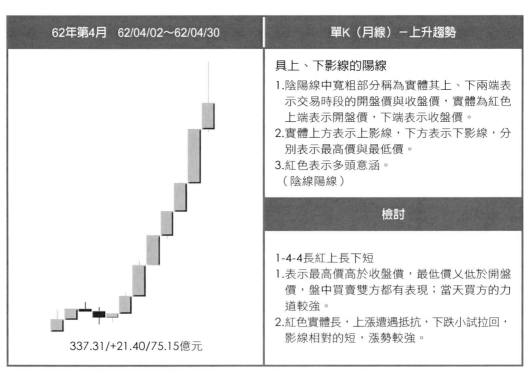

337.31/+21.40/75.15億元

</td><td>

具上、下影線的陽線
1.陰陽線中寬粗部分稱為實體其上、下兩端表
　示交易時段的開盤價與收盤價，實體為紅色
　上端表示開盤價，下端表示收盤價。
2.實體上方表示上影線，下方表示下影線，分
　別表示最高價與最低價。
3.紅色表示多頭意涵。
（陰線陽線）

</td></tr>
<tr><td>

檢討

1-4-4長紅上長下短
1.表示最高價高於收盤價，最低價又低於開盤
　價，盤中買賣雙方都有表現；當天買方的力
　道較強。
2.紅色實體長，上漲遭遇抵抗，下跌小試拉回，
　影線相對的短，漲勢較強。

</td></tr>
</table>

62年第6月　62/06/01～62/06/30	單K（月線）－上升趨勢

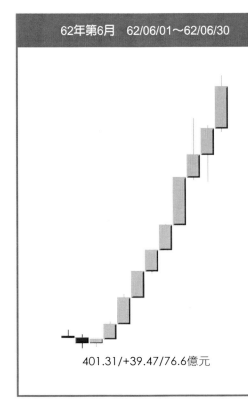

401.31/+39.47/76.6億元

長紅線

1. 當天開盤價非常接近最高價，收盤價非常接近最高價，而且兩個價格拉得很開。
2. 長紅線具有多頭意涵。
3. 一根長白線由支撐區向上反彈，代表多頭轉守為攻。
4. 如果長白線反彈的位置是趨勢線、移動平均或折返水準等重要支撐，即可確認支撐的有效性。

（股票K線戰法）

檢討

1-4-4長紅上長下短

1. 表示最高價高於收盤價，最低價又低於開盤價，盤中買賣雙方都有表現；當天買方的力道較強。
2. 紅色實體長，上漲遭遇抵抗，下跌小試拉回，影線相對的短，漲勢較強。

62年第9月　62/09/01～62/09/29	單K（月線）－上升趨勢

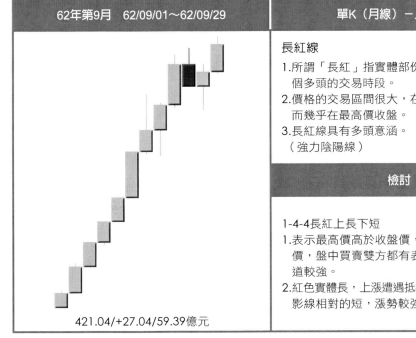

421.04/+27.04/59.39億元

長紅線

1. 所謂「長紅」指實體部份很長而言，代表一個多頭的交易時段。
2. 價格的交易區間很大，在最低價附近開盤，而幾乎在最高價收盤。
3. 長紅線具有多頭意涵。

（強力陰陽線）

檢討

1-4-4長紅上長下短

1. 表示最高價高於收盤價，最低價又低於開盤價，盤中買賣雙方都有表現；當天買方的力道較強。
2. 紅色實體長，上漲遭遇抵抗，下跌小試拉回，影線相對的短，漲勢較強。

64年第1月　64/01/01〜64/01/31	單K（月線）－下降趨勢
 248.7/+55.64/59.66億元	**低價區的長白線** 1.單根陰陽線，可能是趨勢發生變動的早期徵兆。 2.一根長白線出現在低價區，可能是底部即將形成的訊號。 3.長白線代表該交易時段的價格上漲幾乎沒有受到空頭的打壓，收盤價愈接近高價，實體的長度愈長，線形所代表的意義愈重要。 4.市場可透過一根強勁的長白線穿越壓力區。 5.這根線形的開盤在最低價附近，實體的長度很長，可以確認突破的有效性。 （股票K線戰法）
	檢討
	1-4-4長紅上長下短 1.表示最高價高於收盤價，最低價又低於開盤價，盤中買賣雙方都有表現；當天買方的力道較強。 2.紅色實體長，上漲遭遇抵抗，下跌小試拉回，影線相對的短，漲勢較強。

67年第1月　67/01/01〜67/01/25	單K（月線）－上升趨勢
 481.88/+31.44/267.67億元	**長紅線** 1.當天開盤價非常接近最高價，收盤價非常接近最高價，而且兩個價格拉得很開。 2.長紅線具有多頭意涵。 3.一根長白線由支撐區向上反彈，代表多頭轉守為攻。 4.如果長白線反彈的位置是趨勢線、移動平均或折返水準等重要支撐，即可確認支撐的有效性。 （股票K線戰法）
	檢討
	1-4-4長紅上長下短 1.表示最高價高於收盤價，最低價又低於開盤價，盤中買賣雙方都有表現；當天買方的力道較強。 2.紅色實體長，上漲遭遇抵抗，下跌小試拉回，影線相對的短，漲勢較強。

72年第3月　72/03/01～72/03/31	單K（月線）－上升趨勢

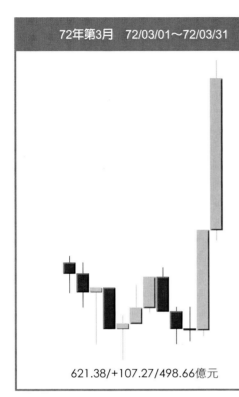

621.38/+107.27/498.66億元

長紅線向上突破

1.「如果紅線實體很長，代表多頭意圖很強」。
2.趨勢線遭到長線形貫穿，則有效突破的可能性較高。
3.長紅線可以增添突破走勢的可靠性。
4.如果價格走勢透過長線形穿越支撐或壓力、完成某價格型態，或是穿越移動平均，訊號的可靠性都較高。
（陰陽線詳解）

檢討

1-4-4長紅上長下短

1.表示最高價高於收盤價，最低價又低於開盤價，盤中買賣雙方都有表現；當天買方的力道較強。
2.紅色實體長，上漲遭遇抵抗，下跌小試拉回，影線相對的短，漲勢較強。

72年第12月　72/12/01～72/12/30	單K（月線）－上升趨勢

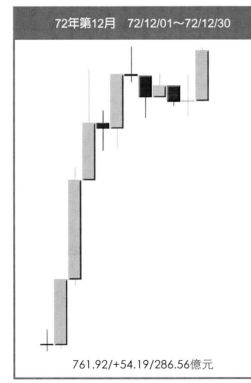

761.92/+54.19/286.56億元

以長白線確認下檔的支撐

1.一根長白線由支撐區向上反彈，代表多頭轉守為攻。
2.如果長白線反彈的位置是趨勢線、移動平均或折返水準等重要支撐，即可確認支撐的有效性。
3.長白線代表該交易時段的價格上漲幾乎沒有受到空頭的打壓，收盤價愈接近高價，實體的長度愈長，線形所代表的意義愈重要。
（股票K線戰法）

檢討

1-4-4長紅上長下短

1.表示最高價高於收盤價，最低價又低於開盤價，盤中買賣雙方都有表現；當天買方的力道較強。
2.紅色實體長，上漲遭遇抵抗，下跌小試拉回，影線相對的短，漲勢較強。

75年第10月　75/10/01～75/10/30	單K（月線）－上升趨勢

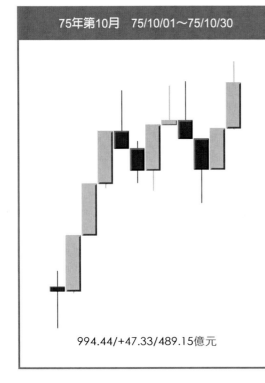

994.44/+47.33/489.15億元

以長白線確認下檔的支撐

1. 一根長白線由支撐區向上反彈，代表多頭轉守為攻。
2. 如果長白線反彈的位置是趨勢線、移動平均或折返水準等重要支撐，即可確認支撐的有效性。
3. 長白線代表該交易時段的價格上漲幾乎沒有受到空頭的打壓，收盤價愈接近高價，實體的長度愈長，線形所代表的意義愈重要。
（股票K線戰法）

檢討

1-4-4長紅上長下短
1. 表示最高價高於收盤價，最低價又低於開盤價，盤中買賣雙方都有表現；當天買方的力道較強。
2. 紅色實體長，上漲遭遇抵抗，下跌小試拉回，影線相對的短，漲勢較強。

77年第1月　77/01/04～77/01/29	單K（月線）－盤整趨勢

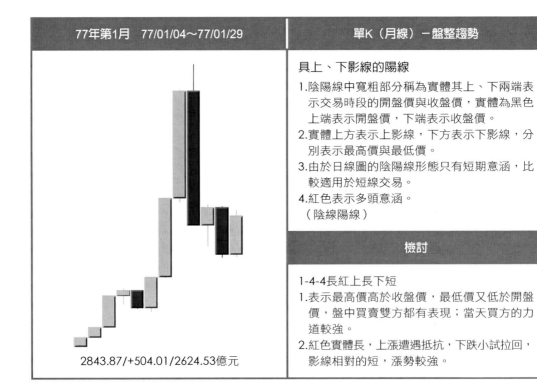

2843.87/+504.01/2624.53億元

具上、下影線的陽線

1. 陰陽線中寬粗部分稱為實體其上、下兩端表示交易時段的開盤價與收盤價，實體為黑色上端表示開盤價，下端表示收盤價。
2. 實體上方表示上影線，下方表示下影線，分別表示最高價與最低價。
3. 由於日線圖的陰陽線形態只有短期意涵，比較適用於短線交易。
4. 紅色表示多頭意涵。
（陰線陽線）

檢討

1-4-4長紅上長下短
1. 表示最高價高於收盤價，最低價又低於開盤價，盤中買賣雙方都有表現；當天買方的力道較強。
2. 紅色實體長，上漲遭遇抵抗，下跌小試拉回，影線相對的短，漲勢較強。

77年第5月 77/05/02～77/05/31	單K（月線）－上升趨勢

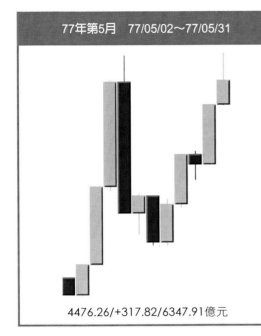

4476.26/+317.82/6347.91億元

具上、下影線的陽線
1. 實體為白色，矩形下端為開盤價，上端為收盤價。
2. 價格開低收高，白色代表多頭意涵。
3. 兩條細線稱為影線，實體上方的影線，稱為上影線，下方的影線，則稱為下影線。（陰陽線詳解）

檢討

1-4-4長紅上長下短
1. 表示最高價高於收盤價，最低價又低於開盤價，盤中買賣雙方都有表現；當天買方的力道較強。
2. 紅色實體長，上漲遭遇抵抗，下跌小試拉回，影線相對的短，漲勢較強。

77年第8月 77/08/02～77/08/31	單K（月線）－上升趨勢

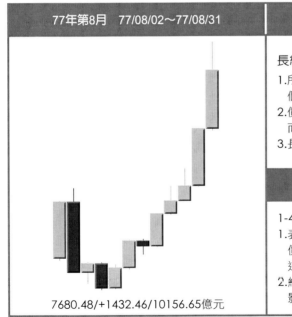

7680.48/+1432.46/10156.65億元

長紅線
1. 所謂「長紅」指實體部份很長而言，代表一個多頭的交易時段。
2. 價格的交易區間很大，在最低價附近開盤，而幾乎在最高價收盤。
3. 長紅線具有多頭意涵。（強力陰陽線）

檢討

1-4-4長紅上長下短
1. 表示最高價高於收盤價，最低價又低於開盤價，盤中買賣雙方都有表現；當天買方的力道較強。
2. 紅色實體長，上漲遭遇抵抗，下跌小試拉回，影線相對的短，漲勢較強。

79年第11月　79/11/01～79/11/30	單K（月線）－盤整趨勢
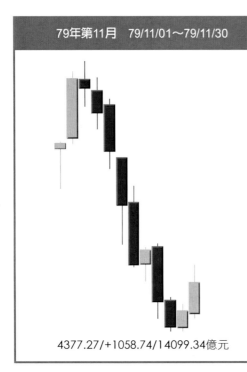 4377.27/+1058.74/14099.34億元	**低價區的長白線** 1.單根陰陽線，可能是趨勢發生變動的早期徵兆。 2.一根長白線出現在低價區，可能是底部即將形成的訊號。 3.長白線代表該交易時段的價格上漲幾乎沒有受到空頭的打壓，收盤價愈接近高價，實體的長度愈長，線形所代表的意義愈重要。 （股票K線戰法） **檢討** 1-4-4長紅上長下短 1.表示最高價高於收盤價，最低價又低於開盤價，盤中買賣雙方都有表現；當天買方的力道較強。 2.紅色實體長，上漲遭遇抵抗，下跌小試拉回，影線相對的短，漲勢較強。

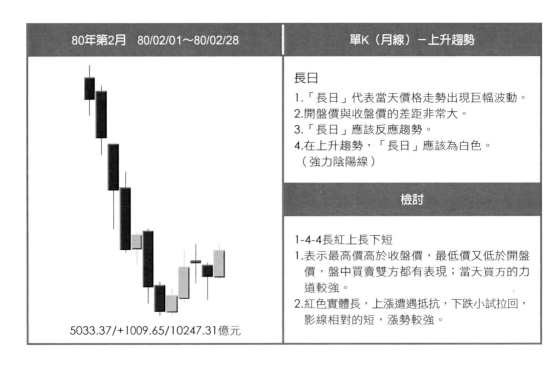

80年第2月　80/02/01～80/02/28	單K（月線）－上升趨勢
5033.37/+1009.65/10247.31億元	**長日** 1.「長日」代表當天價格走勢出現巨幅波動。 2.開盤價與收盤價的差距非常大。 3.「長日」應該反應趨勢。 4.在上升趨勢，「長日」應該為白色。 （強力陰陽線） **檢討** 1-4-4長紅上長下短 1.表示最高價高於收盤價，最低價又低於開盤價，盤中買賣雙方都有表現；當天貰方的力道較強。 2.紅色實體長，上漲遭遇抵抗，下跌小試拉回，影線相對的短，漲勢較強。

80年第4月　80/04/01～80/04/30	單K（月線）－上升趨勢

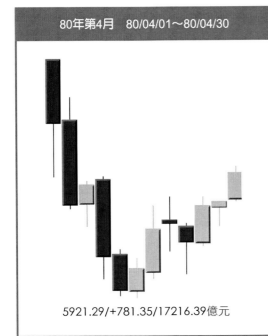

5921.29/+781.35/17216.39億元

長日
1.「長日」代表當天價格走勢出現巨幅波動。
2.開盤價與收盤價差距非常大。
3.「長日」應該反應多頭趨勢，這是屬於極強的走勢。
4.收盤價大於開盤價時稱為「長紅」，最終由多取得壓倒性的勝利。
（強力陰陽線）

檢討

1-4-4長紅上長下短
1.表示最高價高於收盤價，最低價又低於開盤價，盤中買賣雙方都有表現；當天買方的力道較強。
2.紅色實體長，上漲遭遇抵抗，下跌小試拉回，影線相對的短，漲勢較強。

81年第1月　81/01/02～81/01/30	單K（月線）－盤整趨勢

5391.63/+790.96/10997.88億元

以長白線確認下檔的支撐
1.一根長白線由支撐區向上反彈，代表多頭轉守為攻。
2.如果長白線反彈的位置是趨勢線、移動平均或折返水準等重要支撐，即可確認支撐的有效性。
3.長白線代表該交易時段的價格上漲幾乎沒有受到空頭的打壓，收盤價愈接近高價，實體的長度愈長，線形所代表的意義愈重要。
（股票K線戰法）

檢討

1-4-4長紅上長下短
1.表示最高價高於收盤價，最低價又低於開盤價，盤中買賣雙方都有表現；當天買方的力道較強。
2.紅色實體長，上漲遭遇抵抗，下跌小試拉回，影線相對的短，漲勢較強。

<table>
<tr>
<td>

82年第12月　82/12/01～82/12/31

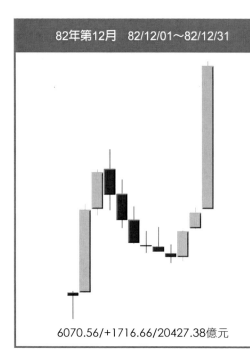

6070.56/+1716.66/20427.38億元

</td>
<td>

單K（月線）－上升趨勢

以長白線確認下檔的支撐

1. 一根長白線由支撐區向上反彈，代表多頭轉守為攻。
2. 如果長白線反彈的位置是趨勢線、移動平均或折返水準等重要支撐，即可確認支撐的有效性。

（股票K線戰法）

檢討

1-4-4長紅上長下短
1. 表示最高價高於收盤價，最低價又低於開盤價，盤中買賣雙方都有表現；當天買方的力道較強。
2. 紅色實體長，上漲遭遇抵抗，下跌小試拉回，影線相對的短，漲勢較強。

</td>
</tr>
</table>

<table>
<tr>
<td>

83年第7月　83/07/01～83/07/31

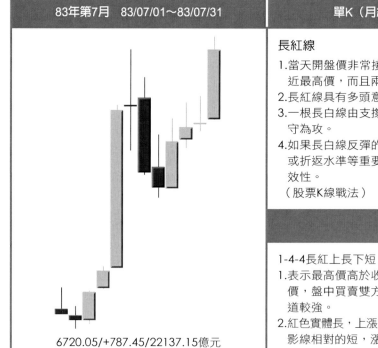

6720.05/+787.45/22137.15億元

</td>
<td>

單K（月線）－上升趨勢

長紅線

1. 當天開盤價非常接近最高價，收盤價非常接近最高價，而且兩個價格拉得很開。
2. 長紅線具有多頭意涵。
3. 一根長白線由支撐區向上反彈，代表多頭轉守為攻。
4. 如果長白線反彈的位置是趨勢線、移動平均或折返水準等重要支撐，即可確認支撐的有效性。

（股票K線戰法）

檢討

1-4-4長紅上長下短
1. 表示最高價高於收盤價，最低價又低於開盤價，盤中買賣雙方都有表現；當天買方的力道較強。
2. 紅色實體長，上漲遭遇抵抗，下跌小試拉回，影線相對的短，漲勢較強。

</td>
</tr>
</table>

85年第4月　85/04/01〜85/04/30	單K（月線）－上升趨勢

6134.28/+1101.93/19966.21億元

低價區的長白線

1. 單根陰陽線，可能是趨勢發生變動的早期徵兆。
2. 一根長白線出現在低價區，可能是底部即將形成的訊號。
3. 長白線代表該交易時段的價格上漲幾乎沒有受到空頭的打壓，收盤價愈接近高價，實體的長度愈長，線形所代表的意義愈重要。
4. 市場可透過一根強勁的長白線穿越壓力區。
5. 這根線形的開盤在最低價附近，實體的長度很長，可以確認突破的有效性。
（股票K線戰法）

1-4-4長紅上長下短

1. 表示最高價高於收盤價，最低價又低於開盤價，盤中買賣雙方都有表現；當天買方的力道較強。
2. 紅色實體長，上漲遭遇抵抗，下跌小試拉回，影線相對的短，漲勢較強。

85年第11月　85/11/01〜85/11/30	單K（月線）－上升趨勢

6826.06/+399.97/16595.43億元

長紅線向上突破

1. 趨勢線遭到長線形貫穿，則有效突破的可能性較高。
2. 長紅線可以增添突破走勢的可靠性。
3. 如果價格走勢透過長線形穿越支撐或壓力、完成某價格型態，或是穿越移動平均，訊號的可靠性都較高。
4. 「如果紅線實體很長，代表多頭意圖很強」。
（陰陽線詳解）

檢討

1-4-4長紅上長下短

1. 表示最高價高於收盤價，最低價又低於開盤價，盤中買賣雙方都有表現；當天買方的力道較強。
2. 紅色實體長，上漲遭遇抵抗，下跌小試拉回，影線相對的短，漲勢較強。

86年第1月　86/01/04～86/01/31	單K（月線）－上升趨勢

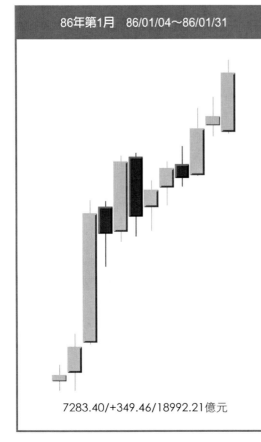

7283.40/+349.46/18992.21億元

長白線

1. 單根陰陽線，可能是趨勢發生變動的早期徵兆。
2. 一根長白線出現在低價區，可能是底部即將形成的訊號。
3. 長白線代表該交易時段的價格上漲幾乎沒有受到空頭的打壓，收盤價愈接近高價，實體的長度愈長，線形所代表的意義愈重要。
4. 市場可透過一根強勁的長白線穿越壓力區。
5. 這根線形的開盤在最低價附近，實體的長度很長，可以確認突破的有效性。
6. 這根長白線之前所形成的缺口，成為後續走勢的重要支撐。

（股票K線戰法）

檢討

1-4-4長紅上長下短
1. 表示最高價高於收盤價，最低價又低於開盤價，盤中買賣雙方都有表現；當天買方的力道較強。
2. 紅色實體長，上漲遭遇抵抗，下跌小試拉回，影線相對的短，漲勢較強。

86年第2月　86/02/03～86/02/28	單K（月線）－上升趨勢

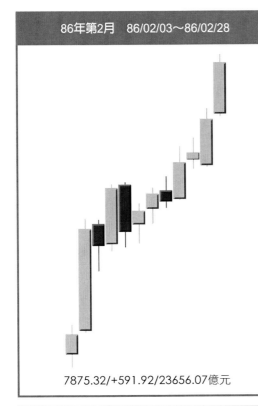

7875.32/+591.92/23656.07億元

長日
1.「長日」代表當天價格走勢出現巨幅波動。
2.開盤價與收盤價差距非常大。
3.「長日」應該反應多頭趨勢。
4.在上升趨勢長日應為白色。
（強力陰陽線）

檢討

1-4-4長紅上長下短
1.表示最高價高於收盤價，最低價又低於開盤
　價，盤中買賣雙方都有表現；當天買方的力
　道較強。
2.紅色實體長，上漲遭遇抵抗，下跌小試拉回，
　影線相對的短，漲勢較強。

86年第4月　86/04/01～86/04/30	單K（月線）－上升趨勢

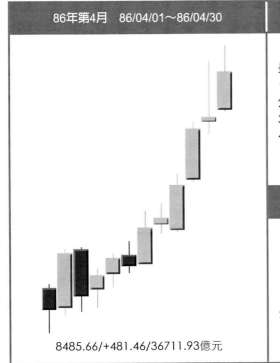

8485.66/+481.46/36711.93億元

長日
1.「長日」代表當天價格走勢出現巨幅波動。
2.開盤價與收盤價差距非常大。
3.「長日」應該反應多頭趨勢。
4.在上升趨勢長日應為白色。
（強力陰陽線）

檢討

1-4-4長紅上長下短
1.表示最高價高於收盤價，最低價又低於開盤
　價，盤中買賣雙方都有表現；當天買方的力
　道較強。
2.紅色實體長，上漲遭遇抵抗，下跌小試拉回，
　影線相對的短，漲勢較強。

86年第6月　86/06/01〜86/06/30	單K（月線）－上升趨勢
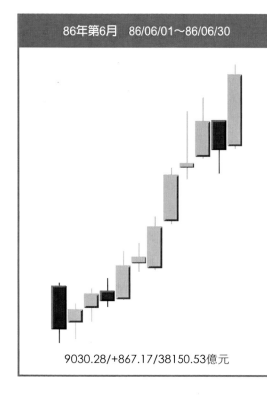	**長紅線** 1.當天開盤價非常接近最高價，收盤價非常接近最高價，而且兩個價格拉得很開。 2.長紅線具有多頭意涵。 3.一根長白線由支撐區向上反彈，代表多頭轉守為攻。 4.如果長白線反彈的位置是趨勢線、移動平均或折返水準等重要支撐，即可確認支撐的有效性。 （股票K線戰法）
	檢討
9030.28/+867.17/38150.53億元	1-4-4長紅上長下短 1.表示最高價高於收盤價，最低價又低於開盤價，盤中買賣雙方都有表現；當天買方的力道較強。 2.紅色實體長，上漲遭遇抵抗，下跌小試拉回，影線相對的短，漲勢較強。

86年第12月　86/12/01〜86/12/31	單K（月線）－盤整趨勢
	以長白線確認下檔的支撐 1.一根長白線由支撐區向上反彈，代表多頭轉守為攻。 2.如果長白線反彈的位置是趨勢線、移動平均或折返水準等重要支撐，即可確認支撐的有效性。 3.長白線代表該交易時段的價格上漲幾乎沒有受到空頭的打壓，收盤價愈接近高價，實體的長度愈長，線形所代表的意義愈重要。 （股票K線戰法）
	檢討
8187.27/+390.08/33058.64億元	1-4-4長紅上長下短 1.表示最高價高於收盤價，最低價又低於開盤價，盤中買賣雙方都有表現；當天買方的力道較強。 2.紅色實體長，上漲遭遇抵抗，下跌小試拉回，影線相對的短，漲勢較強。

87年第2月　87/02/02～87/02/27	單K（月線）－上升趨勢

9202.56/+1117.09/45749.09億元

長白線

1. 單根陰陽線，可能是趨勢發生變動的早期徵兆。
2. 一根長白線出現在低價區，可能是底部即將形成的訊號。
3. 長白線代表該交易時段的價格上漲幾乎沒有受到空頭的打壓，收盤價愈接近高價，實體的長度愈長，線形所代表的意義愈重要。
4. 市場可透過一根強勁的長白線穿越壓力區。
5. 這根線形的開盤在最低價附近，實體的長度很長，可以確認突破的有效性。

（股票K線戰法）

檢討

1-4-4長紅上長下短

1. 表示最高價高於收盤價，最低價又低於開盤價，盤中買賣雙方都有表現；當天買方的力道較強。
2. 紅色實體長，上漲遭遇抵抗，下跌小試拉回，影線相對的短，漲勢較強。

88年第3月　88/03/01～88/03/31	單K（月線）－下降趨勢

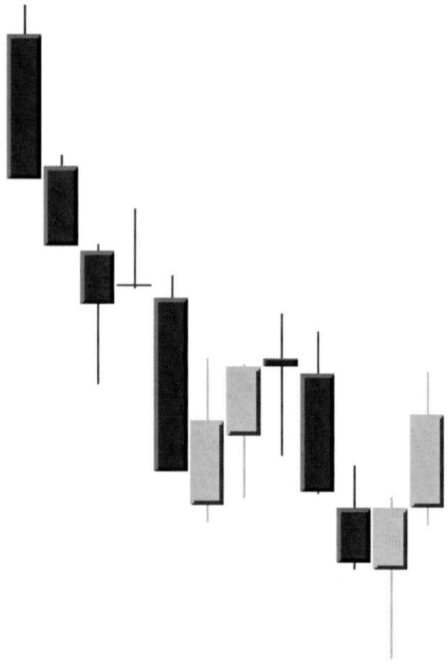

以長白線確認下檔支撐

1. 在上升趨勢中，拉回走勢可以在先前長白線的實體或線形底部（即下影線的下端）獲得支撐。
2. 在下跌趨勢中，在一根長白線之後，價格很容易出現拉回的走勢，因為市場可能處於短期超買的狀況，也就是說，價格在短期間內上漲過速，在這種情形下，價格可能需要稍微拉回整理，以紓解超買的狀況。
3. 在長白線之後，市場往往是處於超買狀況，所以很容易拉回。因此將長白線視為支撐，並在隨後拉回走勢中買進。
4. 一根長白線由支撐區向上反彈，代表多頭轉守為攻。
5. 如果長白線反彈的位置是趨勢線、移動平均或折返水準等重要支撐，即可確認支撐的有效性。

（股票K線戰法）

檢討

1-4-4長紅上長下短

1. 表示最高價高於收盤價，最低價又低於開盤價，盤中買賣雙方都有表現；當天買方的力道較強。
2. 紅色實體長，上漲遭遇抵抗，下跌小試拉回，影線相對的短，漲勢較強。

6881.72/+563.2/24096.53億元

88年第6月　88/06/01～88/06/30	單K（月線）－上升趨勢

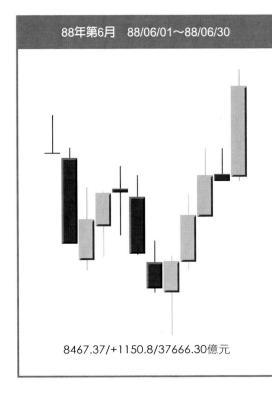

8467.37/+1150.8/37666.30億元

以長白線確認下檔的支撐

1. 一根長白線由支撐區向上反彈，代表多頭轉守為攻。
2. 如果長白線反彈的位置是趨勢線、移動平均或折返水準等重要支撐，即可確認支撐的有效性。
3. 長白線代表該交易時段的價格上漲幾乎沒有受到空頭的打壓，收盤價愈接近高價，實體的長度愈長，線形所代表的意義愈重要。
（股票K線戰法）

檢討

1-4-4長紅上長下短

1. 表示最高價高於收盤價，最低價又低於開盤價，盤中買賣雙方都有表現；當天買方的力道較強。
2. 紅色實體長，上漲遭遇抵抗，下跌小試拉回，影線相對的短，漲勢較強。

90年第11月　90/11/01～90/11/30	單K（月線）－盤整趨勢

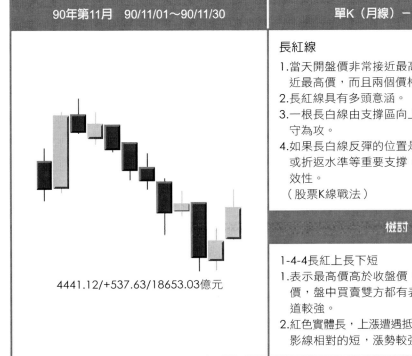

4441.12/+537.63/18653.03億元

長紅線

1. 當天開盤價非常接近最高價，收盤價非常接近最高價，而且兩個價格拉得很開。
2. 長紅線具有多頭意涵。
3. 一根長白線由支撐區向上反彈，代表多頭轉守為攻。
4. 如果長白線反彈的位置是趨勢線、移動平均或折返水準等重要支撐，即可確認支撐的有效性。
（股票K線戰法）

檢討

1-4-4長紅上長下短

1. 表示最高價高於收盤價，最低價又低於開盤價，盤中買賣雙方都有表現；當天買方的力道較強。
2. 紅色實體長，上漲遭遇抵抗，下跌小試拉回，影線相對的短，漲勢較強。

92年第1月　92/01/02～92/01/28	單K（月線）－盤整趨勢

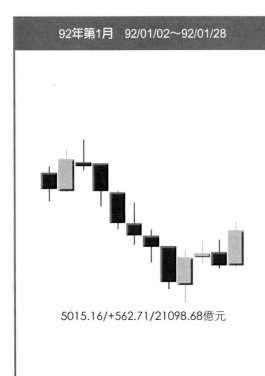

5015.16/+562.71/21098.68億元

低價區的長白線

1. 單根陰陽線，可能是趨勢發生變動的早期徵兆。
2. 一根長白線出現在低價區，可能是底部即將形成的訊號。
3. 長白線代表該交易時段的價格上漲幾乎沒有受到空頭的打壓，收盤價愈接近高價，實體的長度愈長，線形所代表的意義愈重要。
4. 市場可透過一根強勁的長白線穿越壓力區。
5. 這根線形的開盤在最低價附近，實體的長度很長，可以確認突破的有效性。

（股票K線戰法）

檢討

1-4-4長紅上長下短

1. 表示最高價高於收盤價，最低價又低於開盤價，盤中買賣雙方都有表現；當天買方的力道較強。
2. 紅色實體長，上漲遭遇抵抗，下跌小試拉回，影線相對的短，漲勢較強。

92年第10月　92/10/01〜92/10/31	單K（月線）－上升趨勢
  6045.12/+433.71/22942.52億元	**長紅線向上突破** 1.「如果紅線實體很長，代表多頭意圖很強」，或是「如果紅線實體短，意味著空頭意圖很強」。 2.趨勢線遭到長線形貫穿，則有效突破的可能性較高。 3.長紅線可以增添突破走勢的可靠性。 4.如果價格走勢透過長線形穿越支撐或壓力、完成某價格型態，或是穿越移動平均，訊號的可靠性都較高。 5.在延伸性上升趨勢中，突然出現一之長黑線，經常代表既有趨勢不久之後將反轉。可是，這類陰陽線型態的解釋，必須得到後續價格發展確認。 （陰陽線詳解） **檢討** 1-4-4長紅上長下短 1.表示最高價高於收盤價，最低價又低於開盤價，盤中買賣雙方都有表現；當天買方的力道較強。 2.紅色實體長，上漲遭遇抵抗，下跌小試拉回，影線相對的短，漲勢較強。

94年第6月　94/06/01～94/06/30	單K（月線）－盤整趨勢

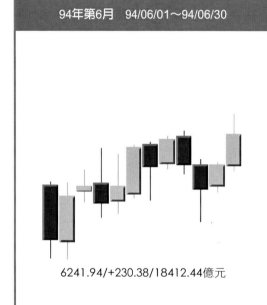

6241.94/+230.38/18412.44億元

以長白線確認下檔的支撐

1. 一根長白線由支撐區向上反彈，代表多頭轉守為攻。
2. 如果長白線反彈的位置是趨勢線、移動平均或折返水準等重要支撐，即可確認支撐的有效性。
3. 長白線代表該交易時段的價格上漲幾乎沒有受到空頭的打壓，收盤價愈接近高價，實體的長度愈長，線形所代表的意義愈重要。
（股票K線戰法）

檢討

1-4-4長紅上長下短

1. 表示最高價高於收盤價，最低價又低於開盤價，盤中買賣雙方都有表現；當天買方的力道較強。
2. 紅色實體長，上漲遭遇抵抗，下跌小試拉回，影線相對的短，漲勢較強。

94年第12月　94/12/01～94/12/30	單K（月線）－上升趨勢

6548.34/+344.87/24609.41億元

上升趨勢

1. 趨勢線遭到長線形貫穿，則有效突破的可能性較高。
2. 長紅線可以增添突破走勢的可靠性。
3. 如果價格走勢透過長線形穿越支撐或壓力、完成某價格型態，或是穿越移動平均，訊號的可靠性都較高。
4. 如果紅線實體很長，代表多頭意圖很強」，或是「如果紅線實體短，意味著空頭意圖很強」。
（陰陽線詳解）

檢討

1-4-4長紅上長下短

1. 表示最高價高於收盤價，最低價又低於開盤價，盤中買賣雙方都有表現；當天買方的力道較強。
2. 紅色實體長，上漲遭遇抵抗，下跌小試拉回，影線相對的短，漲勢較強。

95/4/1～4/28　（月線）	單K（月線）－上升趨勢
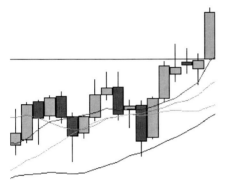　7171.77/+557.8/21320.5億元	長白線 1.在上升趨勢中，拉回走勢可以在先前長白線的實體或線形底部（即下影線的下端）獲得支撐。 2.在下跌趨勢中，在一根長白線之後，價格很容易出現拉回的走勢，因為市場可能處於短期超買的狀況，也就是說，價格在短期間內上漲過速，在這種情形下，價格可能需要稍微拉回整理，以紓解超買的狀況。 3.在長白線之後，市場往往是處於超買狀況，所以很容易拉回，因此將長白線視為支撐，並在隨後拉回走勢中買進。 4.一根長白線由支撐區向上反彈，代表多頭轉守圍攻。 5.如果長白線反彈的位置是趨勢線、移動平均或折返水準等重要支撐，即可確認支撐的有效性。

	檢討
	1-4-4長紅上長下短 1.表示最高價高於收盤價，最低價又低於開盤價，盤中買賣雙方都有表現；當天買方的力道較強。 2.紅色實體長，上漲遭遇抵抗，下跌小試拉回，影線相對的短，漲勢較強。

96/6/1～6/29　（月線）	單K（月線）－上升趨勢
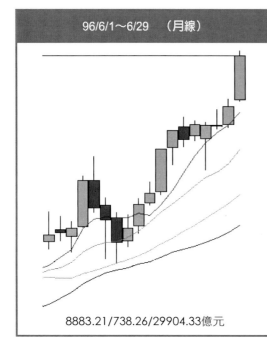 8883.21/738.26/29904.33億元	**具上、下影線的陽線** 1.實體為白色，矩形下端為開盤價，上端為收盤價。 2.價格開低收高，白色代表多頭意涵。 3.兩條細線稱為影線，實體上方的影線，稱為上影線，下方的影線，則稱為下影線。 （陰陽線詳解） **檢討** 1-4-4長紅上長下短 1.表示最高價高於收盤價，最低價又低於開盤價，盤中買賣雙方都有表現；當天買方的力道較強。 2.紅色實體長，上漲遭遇抵抗，下跌小試拉回，影線相對的短，漲勢較強。

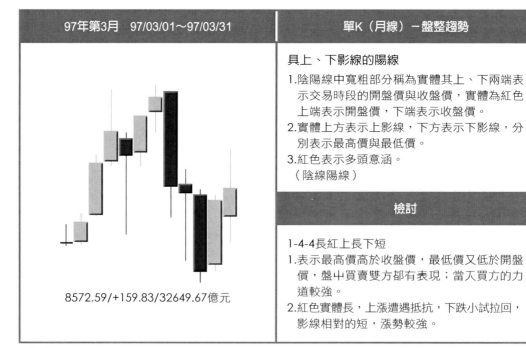

97年第3月　97/03/01～97/03/31	單K（月線）－盤整趨勢
8572.59/+159.83/32649.67億元	**具上、下影線的陽線** 1.陰陽線中寬粗部分稱為實體其上、下兩端表示交易時段的開盤價與收盤價，實體為紅色上端表示開盤價，下端表示收盤價。 2.實體上方表示上影線，下方表示下影線，分別表示最高價與最低價。 3.紅色表示多頭意涵。 （陰線陽線） **檢討** 1-4-4長紅上長下短 1.表示最高價高於收盤價，最低價又低於開盤價，盤中買賣雙方都有表現；當天買方的力道較強。 2.紅色實體長，上漲遭遇抵抗，下跌小試拉回，影線相對的短，漲勢較強。

97年第4月　97/04/01～97/04/30	單K（月線）－盤整趨勢
 8919.92/+347.33/33651.75億元	**長紅線** 1.當天開盤價非常接近最高價，收盤價非常接近最高價，而且兩個價格拉得很開。 2.長紅線具有多頭意涵。 3.一根長白線由支撐區向上反彈，代表多頭轉守為攻。 4.如果長白線反彈的位置是趨勢線、移動平均或折返水準等重要支撐，即可確認支撐的有效性。 （股票K線戰法）

檢討
1-4-4長紅上長下短 1.表示最高價高於收盤價，最低價又低於開盤價，盤中買賣雙方都有表現；當天買方的力道較強。 2.紅色實體長，上漲遭遇抵抗，下跌小試拉回，影線相對的短，漲勢較強。

98年第3月　98/03/02～98/03/31	單K（月線）－下降趨勢

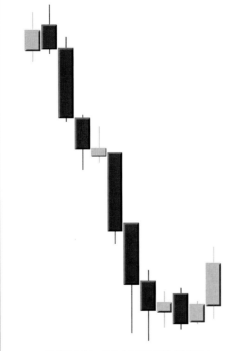

5210.84/+653.69/23432.10億元

長紅線

1. 在陰陽線中，比較寬粗的部份稱為「實體」（real body），它的上下兩端代表交易時段的開盤價與收盤價。
2. 實體若為白色，上端代表收盤價，下端代表開盤價；收盤價高於開盤價。實體上方與下方的細線稱為影線(shadows)。這些影線分別代表交易時段中的最高價與最低價。
3. 實體上方的影線稱為上影線（upper shadow），下方的影線稱為下影線(lower shadow)上影線的上端代表盤中最高價，下影線的下端代表盤中最低價。
4. 是一根長白線（譯按：台灣稱為長紅線。請留意，我們所謂「長紅」，代表一個多頭的交易時段。價格的交易區間很大，在最低價附近開盤，而幾乎在最高價收盤。
（陰線陽線）

檢討

1-4-4長紅上長下短
1. 表示最高價高於收盤價，最低價又低於開盤價，盤中買賣雙方都有表現；當天買方的力道較強。
2. 紅色實體長，上漲遭遇抵抗，下跌小試拉回，影線相對的短，漲勢較強。

98/7/1～7/31　（月線）	單K（月線）－上升趨勢
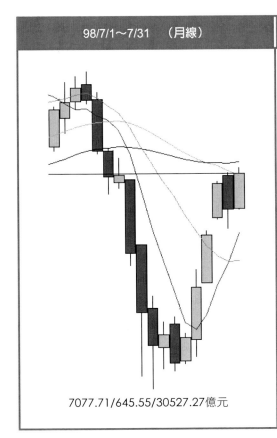 7077.71/645.55/30527.27億元	**長紅線** 1.在上升趨勢中，拉回走勢可以在先前長白線的實體或線形底部（即下影線的下端）獲得支撐。 2.在長白線之後，市場往往是處於超買狀況，所以很容易拉回，因此將長白線視為支撐，並在隨後拉回走勢中買進。 3.一根長白線由支撐區向上反彈，代表多頭轉守圍攻。 4.如果長白線反彈的位置是趨勢線，移動平均或折返水準等重要支撐，即可確認支撐的有效性。 （股票K線戰法）
	檢討
	1-4-4長紅上長下短 1.表示最高價高於收盤價，最低價又低於開盤價，盤中買賣雙方都有表現；當天買方的力道較強。 2.紅色實體長，上漲遭遇抵抗，下跌小試拉回，影線相對的短，漲勢較強。

表1-4-4　長紅上長下短　　　　　　準確度　　準=100%　不準=0%

日期	趨勢	加權指數收盤價	漲跌 (+/-)	準確度	
				準	不準
57/03/01～57/03/30	上升趨勢	108.71	+2.03	V	
58/02/01～58/02/27	盤整趨勢	105.8	+2.05	V	
58/10/01～58/10/31	上升趨勢	109.28	+6.26	V	
59/01/05～59/01/31	上升趨勢	113.98	+3.68	V	
62/04/02～62/04/30	上升趨勢	337.31	+21.4	V	
62/06/01～62/06/30	上升趨勢	401.31	+39.47	V	
62/09/01～62/09/29	上升趨勢	421.04	+27.04	V	
64/01/01～64/01/31	下降趨勢	248.7	+55.64	V	
67/01/01～67/01/25	上升趨勢	481.88	+31.44	V	
72/03/01～72/03/31	上升趨勢	621.38	+107.27	V	
72/12/01～72/12/30	上升趨勢	761.92	+54.19	V	
75/10/01～75/10/30	上升趨勢	994.44	+47.33	V	

77/01/04～77/01/29	盤整趨勢	2843.87	+504.01	V	
77/05/02～77/05/31	上升趨勢	4476.26	+317.82	V	
77/08/02～77/08/31	上升趨勢	7680.48	+1432.46	V	
79/11/01～79/11/30	盤整趨勢	4377.27	+1058.74	V	
80/02/01～80/02/28	上升趨勢	5033.37	+1009.65	V	
80/04/01～80/04/30	上升趨勢	5921.29	+781.35	V	
81/01/02～81/01/30	盤整趨勢	5391.63	+790.96	V	
82/12/01～82/12/31	上升趨勢	6070.56	+1716.66	V	
83/07/01～83/07/31	上升趨勢	6720.05	+787.45	V	
85/04/01～85/04/30	上升趨勢	6134.28	+1101.93	V	
85/11/01～85/11/30	上升趨勢	6826.06	+399.97	V	
86/01/04～86/01/31	上升趨勢	7283.4	+349.46	V	
86/02/03～86/02/28	上升趨勢	7875.32	+591.92	V	
86/04/01～86/04/30	上升趨勢	8485.66	+481.46	V	
86/06/01～86/06/30	上升趨勢	9030.28	+867.17	V	
86/12/01～86/12/31	盤整趨勢	8187.27	+390.08	V	
87/02/02～87/02/27	上升趨勢	9202.56	+1117.09	V	
88/03/01～88/03/31	下降趨勢	6881.72	+563.2	V	
88/06/01～88/06/30	上升趨勢	8467.37	+1150.8	V	
90/11/01～90/11/30	盤整趨勢	4441.12	+537.63	V	
92/01/02～92/01/28	盤整趨勢	5015.16	+562.71	V	
92/10/01～92/10/31	上升趨勢	6045.12	+433.71	V	
94/06/01～94/06/30	盤整趨勢	6241.94	+230.38	V	
94/12/01～94/12/30	上升趨勢	6548.34	+344.87	V	
95/04/01～95/04/28	上升趨勢	7171.77	+557.8	V	
96/06/01～96/06/29	上升趨勢	8883.21	+738.26	V	
97/03/01～97/03/31	盤整趨勢	8572.59	+159.83	V	
97/04/01～97/04/30	盤整趨勢	8919.92	+347.33	V	
98/03/02～98/03/31	下降趨勢	5210.84	+653.69	V	
98/07/01～98/07/31	上升趨勢	7077.71	+645.55	V	

結論

　　不論處上升、下降或盤整趨勢的長紅上長下短，股價上升力道強，自56年1月至100年12月有540個月，以本書月K線去檢討，長紅上長下短出現42次，正確次數為42次，不正確次數為零，正確度達100%；月K線「正確」與「不正確」仍然有誤差，投資人可以自行調整判別的尺度，修正「正確」與「不正確」的百分比，如此可以達到更高的操作價值。

1-4-5　短紅下長上短

1-4-5　短紅下長上短

魔法K線檢討：
（1）表示最高價高於收盤價，最低價低於開盤價，當天買方的力道較強。
（2）紅色實體短，下影線相對的長，漲勢較弱。下跌遭遇抵抗，小漲然後拉回。
（3）下影線愈長，表示市場回落承接力量越強。

56年第3月　56/03/01～56/03/31	單K（月線）－上升趨勢

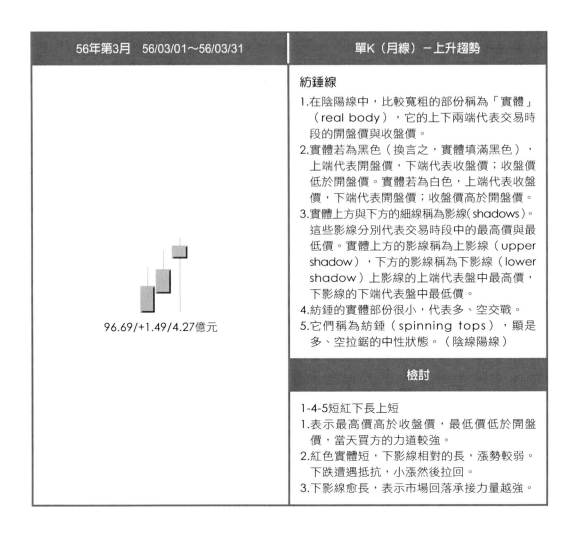

96.69/+1.49/4.27億元

紡錘線

1. 在陰陽線中，比較寬粗的部份稱為「實體」（real body），它的上下兩端代表交易時段的開盤價與收盤價。
2. 實體若為黑色（換言之，實體填滿黑色），上端代表開盤價，下端代表收盤價；收盤價低於開盤價。實體若為白色，上端代表收盤價，下端代表開盤價；收盤價高於開盤價。
3. 實體上方與下方的細線稱為影線(shadows)。這些影線分別代表交易時段中的最高價與最低價。實體上方的影線稱為上影線（upper shadow），下方的影線稱為下影線（lower shadow）上影線的上端代表盤中最高價，下影線的下端代表盤中最低價。
4. 紡錘的實體部份很小，代表多、空交戰。
5. 它們稱為紡錘（spinning tops），顯是多、空拉鋸的中性狀態。（陰線陽線）

檢討

1-4-5短紅下長上短

1. 表示最高價高於收盤價，最低價低於開盤價，當天買方的力道較強。
2. 紅色實體短，下影線相對的長，漲勢較弱。下跌遭遇抵抗，小漲然後拉回。
3. 下影線愈長，表示市場回落承接力量越強。

62年第8月　62/08/01～62/08/31	單K（月線）－上升趨勢

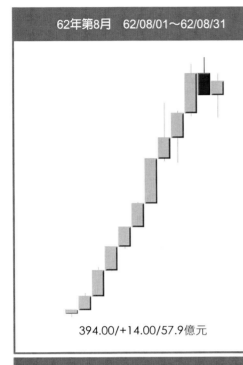

394.00/+14.00/57.9億元

延伸性漲勢之後的紡錘線
1. 顯示實體部分仍然很小，但影線很長。這支線形可以稱為紡錘線，因為實體很小。
2. 紡錘線的特色是當天的交易區間可能很小。
3. 紡錘線如果出現在橫向走勢或沒有明確趨勢的行情中，就沒有太大意義，如果出現在價格型態內，則意味著多空之間的拉鋸與勢力消長。
（股票K線戰法）

檢討

1-4-5短紅下長上短
1. 表示最高價高於收盤價，最低價低於開盤價，當天買方的力道較強。
2. 紅色實體短，下影線相對的長，漲勢較弱。下跌遭遇抵抗，小漲然後拉回。
3. 下影線愈長，表示市場回落承接力量越強。

63年第9月　63/09/02～63/09/27	單K（月線）－下降趨勢

302.53/-0.75/ 51.04億元

紡錘線
1. 陰陽線的矩形部份，稱為實體，矩形上下兩端分別代表開盤價與收盤價。
2. 矩形上端代表兩個價格的較高者，矩形下端則代表兩者的較低者。
3. 這兩條細線稱為影線，實體上方的影線，稱為上影線，下方的影線，則稱為下影線。
4. 紡錘線的特色在於實體部分很小，影線則可以很長或很短。當天的交易區間可能很小。
5. 紡錘線如果出現在橫向走勢或沒有明確趨勢的行情中，就沒有太大意義。
6. 如果出現在價格型態內，則意味著多空之間的拉鋸與勢力消長。
（陰陽線詳解）

檢討

1-4-5短紅下長上短
1. 表示最高價高於收盤價，最低價低於開盤價，當天買方的力道較強。
2. 紅色實體短，下影線相對的長，漲勢較弱。下跌遭遇抵抗，小漲然後拉回。
3. 下影線愈長，表示市場回落承接力量越強。

71年第8月　71/08/01～71/08/31	單K（月線）－下降趨勢

紡綞線

1. 這種實體很小的線形稱為「紡綞」，代表盤勢缺乏上升與下降的力量，「市場正在喘息」。
2. 紡綞是一種警訊，代表市場正在喪失動能。
3. 如果紡錘發生在波段高點附近尤其是在急漲的走勢之後代表多頭已經後繼乏力，先前的漲勢可能因此停頓。
4. 實體很短代表多空之間的拉鋸戰。
5. 承接是發生在低價區，或變量放大而價格停滯代表空頭全有搶攻，停滯的價格顯示空頭無法壓低價格，空頭所投入的籌碼，都被多頭承接。
6. 出貨是發生在高價區，成交量放大，而價格停滯不動，由於賣方所供給的等碼足以應付買盤的而求，所以價格無法挺進。因此出貨應視為頭部的訊號。（股票K線戰法）

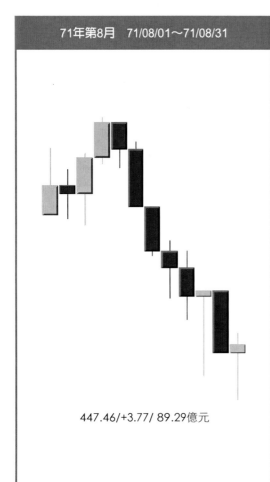

447.46/+3.77/ 89.29億元

檢討

1-4-5短紅下長上短
1. 表示最高價高於收盤價，最低價低於開盤價，當天買方的力道較強。
2. 紅色實體短，下影線相對的長，漲勢較弱。下跌遭遇抵抗，小漲然後拉回。
3. 下影線愈長，表示市場回落承接力量越強。

76年第5月　76/05/01～76/05/31	單K（月線）－上升趨勢

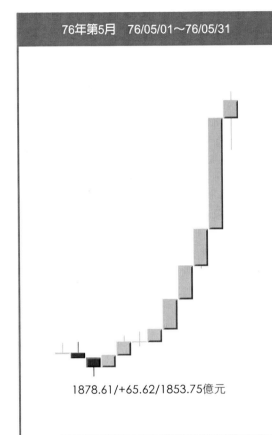

1878.61/+65.62/1853.75億元

紡錘線

1. 陰陽線的矩形部份，稱為實體，矩形上下兩端分別代表開盤價與收盤價。
2. 矩形上端代表兩個價格的較高者，矩形下端則代表兩者的較低者。
3. 這兩條細線稱為影線，實體上方的影線，稱為上影線，下方的影線，則稱為下影線。
4. 紡錘線的特色在於實體部分很小，影線則可以很長或很短。當天的交易區間可能很小。
5. 紡錘線如果出現在橫向走勢或沒有明確趨勢的行情中，就沒有太大意義。
6. 如果出現在價格型態內，則意味著多空之間的拉鋸與勢力消長。
（陰陽線詳解）

檢討

1-4-5短紅下長上短
1. 表示最高價高於收盤價，最低價低於開盤價，當天買方的力道較強。
2. 紅色實體短，下影線相對的長，漲勢較弱。下跌遭遇抵抗，小漲然後拉回。
3. 下影線愈長，表示市場回落承接力量越強。

76年第11月　76/11/01〜76/11/30	單K（月線）－下降趨勢

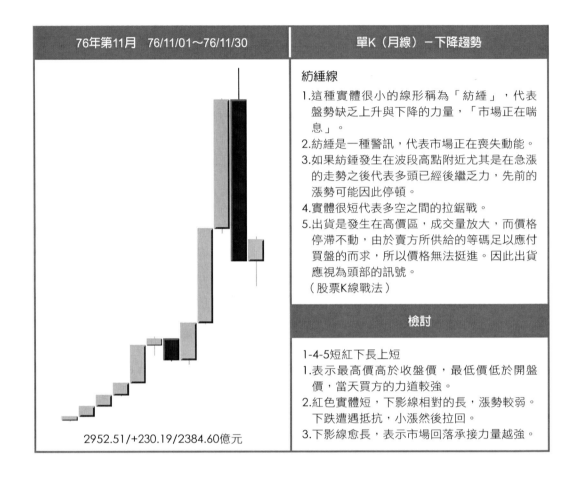

2952.51/+230.19/2384.60億元

紡縋線

1. 這種實體很小的線形稱為「紡縋」，代表盤勢缺乏上升與下降的力量，「市場正在喘息」。
2. 紡縋是一種警訊，代表市場正在喪失動能。
3. 如果紡錘發生在波段高點附近尤其是在急漲的走勢之後代表多頭已經後繼乏力，先前的漲勢可能因此停頓。
4. 實體很短代表多空之間的拉鋸戰。
5. 出貨是發生在高價區，成交量放大，而價格停滯不動，由於賣方所供給的等碼足以應付買盤的而求，所以價格無法挺進。因此出貨應視為頭部的訊號。

（股票K線戰法）

檢討

1-4-5短紅下長上短

1. 表示最高價高於收盤價，最低價低於開盤價，當天買方的力道較強。
2. 紅色實體短，下影線相對的長，漲勢較弱。下跌遭遇抵抗，小漲然後拉回。
3. 下影線愈長，表示市場回落承接力量越強。

78年第4月　78/04/03～78/04/29	單K（月線）－上升趨勢

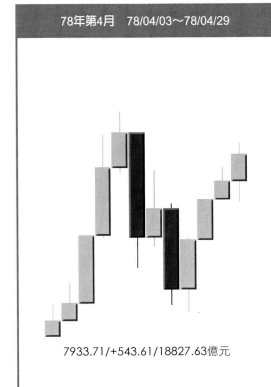

7933.71/+543.61/18827.63億元

紡錘線

1. 陰陽線的矩形部份，稱為實體，矩形上、下兩端分別代表開盤價與收盤價。
2. 矩形上端代表兩個價格的較高者，矩形下端則代表兩者的較低者。
3. 這兩條細線稱為影線，實體上方的影線，稱為上影線，下方的影線，則稱為下影線。
4. 紡錘線的特色在於實體部分很小，影線則可以很長或很短。當天的交易區間可能很小。
5. 紡錘線如果出現在橫向走勢或沒有明確趨勢的行情中，就沒有太大意義。
6. 如果出現在價格型態內，則意味著多空之間的拉鋸與勢力消長。
（陰陽線詳解）

檢討

1-4-5短紅下長上短
1. 表示最高價高於收盤價，最低價低於開盤價，當天買方的力道較強。
2. 紅色實體短，下影線相對的長，漲勢較弱。下跌遭遇抵抗，小漲然後拉回。
3. 下影線愈長，表示市場回落承接力量越強。

78年第7月　78/07/03～78/07/31	單K（月線）－上升趨勢

紙傘線

1. 「紙傘」具有強烈的反轉涵意。
2. 有兩種「紙傘」根據其處於市場趨勢之位置，而分別被稱為「鎚子」與「吊人」。
3. 鎚子是發生在延伸性價格跌勢之後的紙傘線形，頗有「鎚出底部」的意味。
4. 在持續性價格跌勢中，槌子線形出現當天，開盤之後的價格繼續下跌，但稍後開始回升，收盤價非常接近當天最高價；下影線的長度至少應該是實體長度的兩倍。
5. 三項必要條件：第一，實體必須位在交易區間的上端；第二，下影線有長，至少是實體長度的兩倍；第三，沒有上影線，即使有，上影線也應該很短。
（強力陰陽線）

9504.2/+299.14/17089.77億元

檢討

1-4-5短紅下長上短

1. 表示最高價高於收盤價，最低價低於開盤價，當天買方的力道較強。
2. 紅色實體短，下影線相對的長，漲勢較弱。下跌遭遇抵抗，小漲然後拉回。
3. 下影線愈長，表示市場回落承接力量越強。

78年第10月　78/10/02～78/10/30	單K（月線）－上升趨勢

紡鎚線

1. 這種實體很小的線形稱為「紡鎚」，代表盤勢缺乏上升與下降的力量，「市場正在喘息」。
2. 紡鎚是一種警訊，代表市場正在喪失動能。
3. 如果紡鎚發生在波段高點附近尤其是在急漲的走勢之後代表多頭已經後繼乏力，先前的漲勢可能因此停頓。
4. 實體很短代表多空之間的拉鋸戰。
5. 承接是發生在低價區，或變量放大而價格停滯代表空頭全有搶攻，停滯的價格顯示空頭無法壓低價格，空頭所投入的籌碼，都被多頭承接。
6. 出貨是發生在高價區，成交量放大，而價格停滯不動，由於賣方所供給的等碼足以應付買盤的而求，所以價格無法挺進。因此出貨應視為頭部的訊號。

（股票K線戰法）

10602.07/+421.23/27038.89億元

檢討

1-4-5短紅下長上短

1. 表示最高價高於收盤價，最低價低於開盤價，當天買方的力道較強。
2. 紅色實體短，下影線相對的長，漲勢較弱。下跌遭遇抵抗，小漲然後拉回。
3. 下影線愈長，表示市場回落承接力量越強。

78年第12月　78/12/01～78/12/28	單K（月線）－上升趨勢
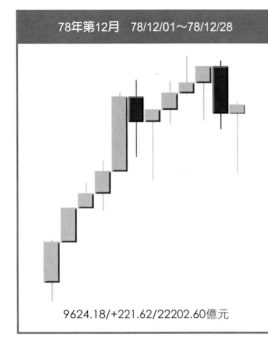　9624.18/+221.62/22202.60億元	**紙傘線** 1.紙傘線形，線形的實體部分位在最高價附近。 2.延伸性價格跌勢（漲勢）中，如果出現紙傘線形，通常代表多頭（空頭）意涵。 3.這類線形如果發生在橫向盤整或沒有明顯趨勢的行情中，就沒有太大意義。 （陰陽線詳解） **檢討** 1-4-5短紅下長上短 1.表示最高價高於收盤價，最低價低於開盤價，當天買方的力道較強。 2.紅色實體短，下影線相對的長，漲勢較弱。下跌遭遇抵抗，小漲然後拉回。 3.下影線愈長，表示市場回落承接力量越強。

79年第7月　79/07/02～79/07/31	單K（月線）－下降趨勢
5618.21/+568.63/14128.65億元	**紙傘線** 1.紙傘線形，線形的實體部分位在最高價附近。 2.延伸性價格跌勢（漲勢）中，如果出現紙傘線形，通常代表多頭（空頭）意涵。 3.這類線形如果發生在橫向盤整或沒有明顯趨勢的行情中，就沒有太大意義。 （陰陽線詳解） **檢討** 1-4-5短紅下長上短 1.表示最高價高於收盤價，最低價低於開盤價，當天買方的力道較強。 2.紅色實體短，下影線相對的長，漲勢較弱。下跌遭遇抵抗，小漲然後拉回。 3.下影線愈長，表示市場回落承接力量越強。

<table>
<tr><td>

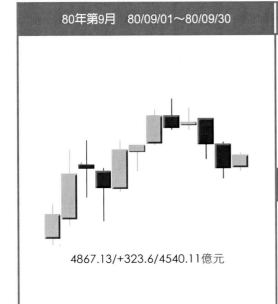

4867.13/+323.6/4540.11億元

</td><td>

單K（月線）－盤整 趨勢

短日
1.「短日」也可以利用與「長日」相同的方式來界定，並有類似的結果。
2.開盤價與收盤價差距小。
3.收盤價高於開盤價實體為紅色。收盤價低於開盤價實體為黑色。
（強力陰陽線）

檢討

1-4-5短紅下長上短
1.表示最高價高於收盤價，最低價低於開盤價，當天買方的力道較強。
2.紅色實體短，下影線相對的長，漲勢較弱。下跌遭遇抵抗，小漲然後拉回。
3.下影線愈長，表示市場回落承接力量越強。

</td></tr>
</table>

<table>
<tr><td>

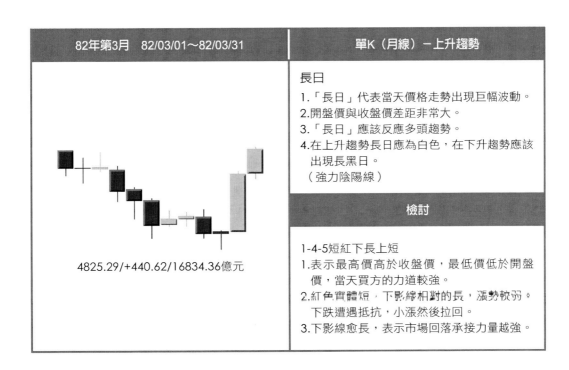

4825.29/+440.62/16834.36億元

</td><td>

單K（月線）－上升趨勢

長日
1.「長日」代表當天價格走勢出現巨幅波動。
2.開盤價與收盤價差距非常大。
3.「長日」應該反應多頭趨勢。
4.在上升趨勢長日應為白色，在下升趨勢應該出現長黑日。
（強力陰陽線）

檢討

1-4-5短紅下長上短
1.表示最高價高於收盤價，最低價低於開盤價，當天買方的力道較強。
2.紅色實體短，下影線相對的長，漲勢較弱。下跌遭遇抵抗，小漲然後拉回。
3.下影線愈長，表示市場回落承接力量越強。

</td></tr>
</table>

83年第8月　83/08/02～83/08/31	單K（月線）－上升趨勢

延伸性漲勢之後的紡錘線

1. 顯示實體部分仍然很小，但影線很長。這支線形可以稱為紡錘線，因為實體很小。
2. 紡錘線的特色是當天的交易區間可能很小。
3. 紡錘線如果出現在橫向走勢或沒有明確趨勢的行情中，就沒有太大意義，如果出現在價格型態內，則意味著多空之間的拉鋸與勢力消長。

（股票K線戰法）

檢討

1-4-5短紅下長上短

1. 表示最高價高於收盤價，最低價低於開盤價，當天買方的力道較強。
2. 紅色實體短，下影線相對的長，漲勢較弱。下跌遭遇抵抗，小漲然後拉回。
3. 下影線愈長，表示市場回落承接力量越強。

7008.11/+288.06/24390.69億元

85年第8月　85/08/01～85/08/31	單K（月線）－上升趨勢

紡錘線

1. 陰陽線的矩形部份，稱為實體，矩形上、下兩端分別代表開盤價與收盤價。
2. 矩形上端代表兩個價格的較高者，矩形下端則代表兩者的較低者。
3. 這兩條細線稱為影線，實體上方的影線，稱為上影線，下方的影線，則稱為下影線。
4. 紡錘線的特色在於實體部分很小，影線則可以很長或很短。當天的交易區間可能很小。
5. 紡錘線如果出現在橫向走勢或沒有明確趨勢的行情中，就沒有太大意義。
6. 如果出現在價格型態內，則意味著多空之間的拉鋸與勢力消長。

（陰陽線詳解）

檢討

1-4-5短紅下長上短

1. 表示最高價高於收盤價，最低價低於開盤價，當天買方的力道較強。
2. 紅色實體短，下影線相對的長，漲勢較弱。下跌遭遇抵抗，小漲然後拉回。
3. 下影線愈長，表示市場回落承接力量越強。

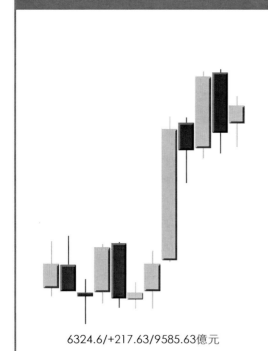

6324.6/+217.63/9585.63億元

85年第9月　85/09/02～85/09/30	單K（月線）－上升趨勢

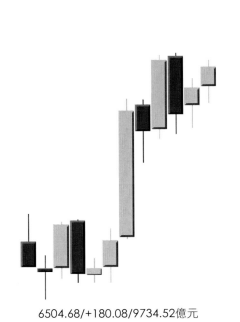

6504.68/+180.08/9734.52億元

紡錘線

1. 在陰陽線中，比較寬粗的部份稱為「實體」（real body），它的上、下兩端代表交易時段的開盤價與收盤價。
2. 實體若為白色，上端代表收盤價，下端代表開盤價；收盤價高於開盤價。
3. 實體上方與下方的細線稱為影線(shadows)。這些影線分別代表交易時段中的最高價與最低價。實體上方的影線稱為上影線（upper shadow），下方的影線稱為下影線（lower shadow）上影線的上端代表盤中最高價，下影線的下端代表盤中最低價。
4. 紡錘的實體部份很小，代表多、空交戰。
5. 它們稱為紡錘（spinning tops），顯是多、空拉鋸的中性狀態。（陰線陽線）

檢討

1-4-5短紅下長上短
1. 表示最高價高於收盤價，最低價低於開盤價，當天買方的力道較強。
2. 紅色實體短，下影線相對的長，漲勢較弱。下跌遭遇抵抗，小漲然後拉回。
3. 下影線愈長，表示市場回落承接力量越強。

87年第10月　87/10/01〜87/10/31	單K（月線）－下降趨勢

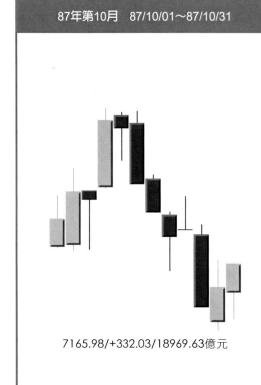

7165.98/+332.03/18969.63億元

紡錘線

1. 陰陽線的矩形部份，稱為實體，矩形上、下兩端分別代表開盤價與收盤價。
2. 矩形上端代表兩個價格的較高者，矩形下端則代表兩者的較低者。
3. 這兩條細線稱為影線，實體上方的影線，稱為上影線，下方的影線，則稱為下影線。
4. 紡錘線的特色在於實體部分很小，影線則可以很長或很短。當天的交易區間可能很小。
5. 紡錘線如果出現在橫向走勢或沒有明確趨勢的行情中，就沒有太大意義。
6. 如果出現在價格型態內，則意味著多空之間的拉鋸與勢力消長。

（陰陽線詳解）

檢討

1-4-5短紅下長上短

1. 表示最高價高於收盤價，最低價低於開盤價，當天買方的力道較強。
2. 紅色實體短，下影線相對的長，漲勢較弱。下跌遭遇抵抗，小漲然後拉回。
3. 下影線愈長，表示市場回落承接力量越強。

88年第2月　88/02/01〜88/02/26	單K（月線）－下降趨勢

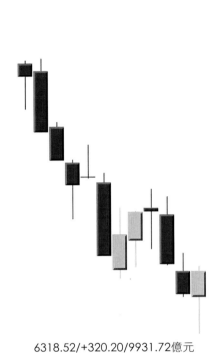

6318.52/+320.20/9931.72億元

具上、下影線的陽線

1. 陰陽線的矩形部份，稱為實體，矩形上、下兩端分別代表開盤價與收盤價。
2. 矩形上端代表兩個價格的較高者，矩形下端則代表兩者的較低者。
3. 如果實體為紅色，矩形下端為開盤價，上端為收盤價（價格開低收高，紅色代表多頭意涵）。
4. 如果實體為黑色，開盤價位在矩形上端，收盤價位在下端（價格開高收低，黑色代表空頭意涵）。
5. 這兩條細線稱為影線，實體上方的影線，稱為上影線，下方的影線，則稱為下影線。
6. 由陰陽線的角度觀察，實體部分代表決定性的價格走勢，影線則代表表面的價格波動。（陰陽線詳解）

檢討

1-4-5短紅下長上短

1. 表示最高價高於收盤價，最低價低於開盤價，當天買方的力道較強。
2. 紅色實體短，下影線相對的長，漲勢較弱。下跌遭遇抵抗，小漲然後拉回。
3. 下影線愈長，表示市場回落承接力量越強。

88年第10月　88/10/01～88/10/30	單K（月線）－整盤趨勢

7854.85/+256.06/20678.74億元

紡錘線

1.陰陽線的矩形部份，稱為實體，矩形上、下兩端分別代表開盤價與收盤價。
2.矩形上端代表兩個價格的較高者，矩形下端則代表兩者的較低者。
3.這兩條細線稱為影線，實體上方的影線，稱為上影線，下方的影線，則稱為下影線。
4.紡錘線的特色在於實體部分很小，影線則可以很長或很短。當天的交易區間可能很小。
5.紡錘線如果出現在橫向走勢或沒有明確趨勢的行情中，就沒有太大意義。
6.如果出現在價格型態內，則意味著多空之間的拉鋸與勢力消長。
（陰陽線詳解）

檢討

1-4-5短紅下長上短
1.表示最高價高於收盤價，最低價低於開盤價，當天買方的力道較強。
2.紅色實體短，下影線相對的長，漲勢較弱。下跌遭遇抵抗，小漲然後拉回。
3.下影線愈長，表示市場回落承接力量越強。

89年第3月　89/03/01～89/03/31	單K（月線）－上升趨勢

9854.95/+419.01/43011.20億元

延伸性漲勢之後的紡錘線

1.顯示實體部分仍然很小，但影線很長。這支線形可以稱為紡錘線，因為實體很小。
2.紡錘線的特色是當天的交易區間可能很小。
3.紡錘線如果出現在橫向走勢或沒有明確趨勢的行情中，就沒有太大意義，如果出現在價格型態內，則意味著多空之間的拉鋸與勢力消長。
（股票K線戰法）

檢討

1-4-5短紅下長上短
1.表示最高價高於收盤價，最低價低於開盤價，當天買方的力道較強。
2.紅色實體短，下影線相對的長，漲勢較弱。下跌遭遇抵抗，小漲然後拉回。
3.下影線愈長，表示市場回落承接力量越強。

89年第5月　89/05/02～89/05/31	單K（月線）－整盤趨勢

8939.52/+162.17/25612.44億元

紡錘線

1. 陰陽線的矩形部份，稱為實體，矩形上、下兩端分別代表開盤價與收盤價。
2. 矩形上端代表兩個價格的較高者，矩形下端則代表兩者的較低者。
3. 這兩條細線稱為影線，實體上方的影線，稱為上影線，下方的影線，則稱為下影線。
4. 紡錘線的特色在於實體部分很小，影線則可以很長或很短。當天的交易區間可能很小。
5. 紡錘線如果出現在橫向走勢或沒有明確趨勢的行情中，就沒有太大意義。
6. 如果出現在價格型態內，則意味著多空之間的拉鋸與勢力消長。

（陰陽線詳解）

檢討

1-4-5短紅下長上短

1. 表示最高價高於收盤價，最低價低於開盤價，當天買方的力道較強。
2. 紅色實體短，下影線相對的長，漲勢較弱。下跌遭遇抵抗，小漲然後拉回。
3. 下影線愈長，表示市場回落承接力量越強。

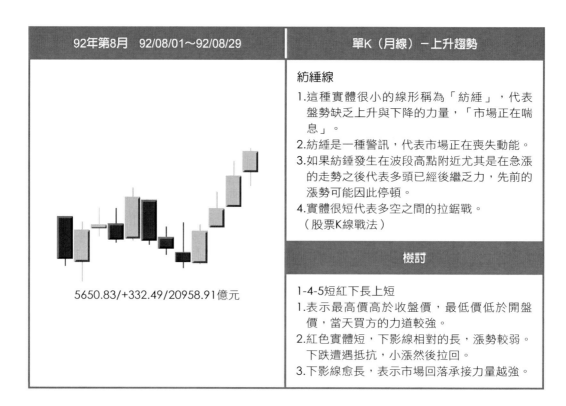

91年第10月　91/10/01～91/10/31	單K（月線）－下降趨勢

具上、下影線的陽線

1. 陰陽線中寬粗部分稱為實體其上、下兩端表示交易時段的開盤價與收盤價，實體上端表示開盤價，下端表示收盤價。
2. 實體上方表示上影線，下方表示下影線，分別表示最高價與最低價。
3. 由於日線圖的陰陽線形態只有短期意涵，比較適用於短線交易。
4. 紅色表示多頭意涵。
（陰線陽線）

檢討

1-4-5短紅下長上短
1. 表示最高價高於收盤價，最低價低於開盤價，當天買方的力道較強。
2. 紅色實體短，下影線相對的長，漲勢較弱。下跌遭遇抵抗，小漲然後拉回。
3. 下影線愈長，表示市場回落承接力量越強。

4579.14/+387.33/16767.27億元

92年第8月　92/08/01～92/08/29	單K（月線）－上升趨勢

紡綞線

1. 這種實體很小的線形稱為「紡綞」，代表盤勢缺乏上升與下降的力量，「市場正在喘息」。
2. 紡綞是一種警訊，代表市場正在喪失動能。
3. 如果紡錘發生在波段高點附近尤其是在急漲的走勢之後代表多頭已經後繼乏力，先前的漲勢可能因此停頓。
4. 實體很短代表多空之間的拉鋸戰。
（股票K線戰法）

檢討

1-4-5短紅下長上短
1. 表示最高價高於收盤價，最低價低於開盤價，當天買方的力道較強。
2. 紅色實體短，下影線相對的長，漲勢較弱。下跌遭遇抵抗，小漲然後拉回。
3. 下影線愈長，表示市場回落承接力量越強。

5650.83/+332.49/20958.91億元

94年第2月　94/02/01〜94/02/25	單K（月線）－盤整趨勢

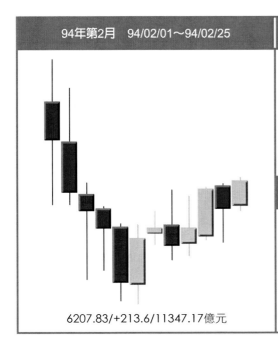

6207.83/+213.6/11347.17億元

短日

1.「短日」也可以利用與「長日」相同的方式來界定，並有類似的結果。
2.開盤價與收盤價差距小。
3.收盤價低於開盤價實體為黑色。
（強力陰陽線）

檢討

1-4-5短紅下長上短
1.表示最高價高於收盤價，最低價低於開盤價，當天買方的力道較強。
2.紅色實體短，下影線相對的長，漲勢較弱。下跌遭遇抵抗，小漲然後拉回。
3.下影線愈長，表示市場回落承接力量越強。

94年第5月　94/05/03〜94/05/31	單K（月線）－整盤趨勢

6011.56/+193.49/13224.55億元

具上、下影線的陽線

1.陰陽線中寬粗部分稱為實體其上、下兩端表示交易時段的開盤價與收盤價，實體為紅色上端表示開盤價，下端表示收盤價。
2.實體上方表示上影線，下方表示下影線，分別表示最高價與最低價。
3.由於日線圖的陰陽線形態只有短期意涵，比較適用於短線交易。
4.紅色表示多頭意涵。
（陰線陽線）

檢討

1-4-5短紅下長上短
1.表示最高價高於收盤價，最低價低於開盤價，當天買方的力道較強。
2.紅色實體短，下影線相對的長，漲勢較弱。下跌遭遇抵抗，小漲然後拉回。
3.下影線愈長，表示市場回落承接力量越強。

95/3/1～3/31　（月線）	單K（月線）－上升趨勢
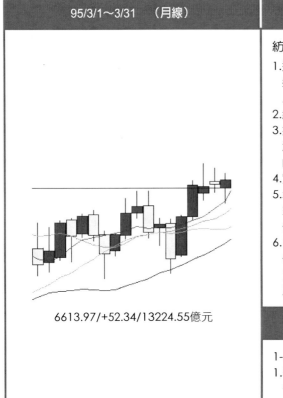 6613.97/+52.34/13224.55億元	**紡錘線** 1.這種實體很小的線形稱為「紡錘」，代表盤勢缺乏上升與下降的力量，「市場正在喘息」。 2.紡錘是一種警訊，代表市場正在喪失動能。 3.如果紡錘發生在波段高點附近，尤其是在急漲的走勢之後代表多頭已經後繼乏力，先前的漲勢可能因此停頓。 4.實體很短代表多空之間的拉鋸戰。 5.承接是發生在低價區，或變量放大而價格代表空頭全有搶攻，停滯的價格顯示空頭無法壓低價格，空頭所投入的籌碼，都被多頭承接。 6.出貨是發生在高價區，成交量放大，而價格停滯不動，由於賣方所供給的籌碼足以應付買盤的而求，所以價格無法挺進。因此出貨應視為頭部的訊號。
	檢討
	1-4-5短紅下長上短 1.表示最高價高於收盤價，最低價低於開盤價，當天買方的力道較強。 2.紅色實體短，下影線相對的長，漲勢較弱。下跌遭遇抵抗，小漲然後拉回。 3.下影線愈長，表示市場回落承接力量越強。

96/2/1～2/27　（月線）	單K（月線）－上升趨勢

7901.96/+202.32/11034.86億元

紡錘線

具上、下影線的陽線

1. 在陰陽線中，比較寬粗的部份稱為「實體」，它的上下兩端代表交易時段的開盤價與收盤價。
2. 實體若為白色，上端代表收盤價，下端代表開盤價；收盤價低於開盤價。
3. 實體上方與下方的細線稱為影線。實體上方的影線稱為上影線，下方的影線稱為下影線，上影線的上端代表盤中最高價，下影線的下端代表盤中最低價。

檢討

1-4-5短紅下長上短
1. 表示最高價高於收盤價，最低價低於開盤價，當天買方的力道較強。
2. 紅色實體短，下影線相對的長，漲勢較弱。下跌遭遇抵抗，小漲然後拉回。
3. 下影線愈長，表示市場回落承接力量越強。

96/3/1～3/30　（月線）	單K（月線）－上升趨勢

7884.41/-17.55/25425.56億元

紙傘

1. 如果實體為白色，收盤端在實體的上方，所以沒有上影線，有上影線，則影線很短。
2. 因楊線形沒有上影線，稱平頭。
3. 「紙傘」具有強烈的反轉涵義。
4. 有兩種「紙傘」根據其處於市場趨勢之位置，而分別被稱為「鎚子」與「吊人」。

檢討

1-4-5短紅下長上短
1. 表示最高價高於收盤價，最低價低於開盤價，當天買方的力道較強。
2. 紅色實體短，下影線相對的長，漲勢較弱。下跌遭遇抵抗，小漲然後拉回。
3. 下影線愈長，表示市場回落承接力量越強。

96/10/1～10/31 （月線）	單K（月線）－上升趨勢
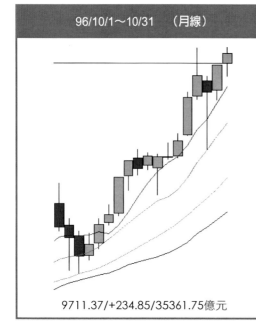 9711.37/+234.85/35361.75億元	**紡錘線** 1.紡錘線的特色在於實體部分很小，影線則可以很長或很短。當天的交易區間可能很小。 2.紡錘線如果出現在橫向走勢或沒有明確趨勢的行情中，就沒有太大意義。 3.如果出現價格型態內，則意味著多空之間的拉鋸與勢力消長。 **檢討** 1-4-5短紅下長上短 1.表示最高價高於收盤價，最低價低於開盤價，當天買方的力道較強。 2.紅色實體短，下影線相對的長，漲勢較弱。下跌遭遇抵抗，小漲然後拉回。 3.下影線愈長，表示市場回落承接力量越強。

97年第12月　97/12/01～97/12/31	單K（月線）－下降趨勢
4591.22/+130.73/14155.25億元	**紡錘** 1.這種實體很小的線形稱為「紡錘」，代表盤勢缺乏上升與下降的力量，日本人稱為「市場正在喘息」。 2.紡錘是一種警訊，代表市場正在喪失動能。 3.如果紡錘發生在波段高點附近尤其是在急漲的走勢之後代表多頭已經後繼乏力，先前的漲勢可能因此停頓。 4.實體很短代表多空之間的拉鋸戰。 5.承接是發生在低價區，或變量放大而價格停滯代表空頭全有搶攻，停滯的價格顯示空頭無法壓低價格，空頭所投入的籌碼，都被多頭承接。 （股票K線戰法） **檢討** 1-4-5短紅下長上短 1.表示最高價高於收盤價，最低價低於開盤價，當天買方的力道較強。 2.紅色實體短，下影線相對的長，漲勢較弱。下跌遭遇抵抗，小漲然後拉回。 3.下影線愈長，表示市場回落承接力量越強。

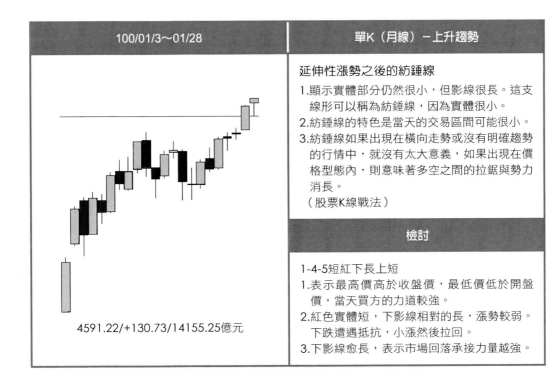

100/01/3～01/28	單K（月線）－上升趨勢

延伸性漲勢之後的紡錘線

1. 顯示實體部分仍然很小，但影線很長。這支線形可以稱為紡錘線，因為實體很小。
2. 紡錘線的特色是當天的交易區間可能很小。
3. 紡錘線如果出現在橫向走勢或沒有明確趨勢的行情中，就沒有太大意義，如果出現在價格型態內，則意味著多空之間的拉鋸與勢力消長。

（股票K線戰法）

檢討

1-4-5短紅下長上短

1. 表示最高價高於收盤價，最低價低於開盤價，當天買方的力道較強。
2. 紅色實體短，下影線相對的長，漲勢較弱。下跌遭遇抵抗，小漲然後拉回。
3. 下影線愈長，表示市場回落承接力量越強。

4591.22/+130.73/14155.25億元

表1-4-5　短紅下長上短　　　　　準確度　　準=100%　不準=0%

日期	趨勢	加權指數收盤價	漲跌 (+/-)	準確度	
				準	不準
56/03/01～56/03/31	上升趨勢	96.69	+1.49	V	
62/08/01～62/08/31	上升趨勢	394	+14	V	
63/09/02～63/09/27	下降趨勢	302.53	-0.75	V	
71/08/01～71/08/31	下降趨勢	447.46	+3.77	V	
76/05/01～76/05/31	上升趨勢	1878.61	+65.62	V	
76/11/01～76/11/30	下降趨勢	2952.51	+230.19	V	
78/04/03～78/04/29	上升趨勢	7933.71	+543.61	V	
78/07/03～78/07/31	上升趨勢	9504.2	+299.14	V	
78/10/02～78/10/30	上升趨勢	10602.07	+421.23	V	
78/12/01～78/12/28	上升趨勢	9624.18	+221.62	V	
79/07/02～79/07/31	下降趨勢	5618.21	+568.63	V	
80/09/01～80/09/30	盤整趨勢	4867.13	+323.6	V	
82/03/01～82/03/31	上升趨勢	4825.29	+440.62	V	
83/08/02～83/08/31	上升趨勢	7008.11	+288.06	V	
85/08/01～85/08/31	上升趨勢	6324.6	+217.63	V	

85/09/02～85/09/30	上升趨勢	6504.68	+180.08	V	
87/10/01～87/10/31	下降趨勢	7165.98	+332.03	V	
88/02/01～88/02/26	下降趨勢	6318.52	+320.2	V	
88/10/01～88/10/30	盤整趨勢	7854.85	+256.06	V	
89/03/01～89/03/31	上升趨勢	9854.95	+419.01	V	
89/05/02～89/05/31	盤整趨勢	8939.52	+162.17	V	
91/10/01～91/10/31	下降趨勢	4579.14	+387.33	V	
92/08/01～92/08/29	上升趨勢	5650.83	+332.49	V	
94/02/01～94/02/25	盤整趨勢	6207.83	+213.6	V	
94/05/03～94/05/31	盤整趨勢	6011.56	+193.49	V	
95/03/01～95/03/31	上升趨勢	6613.97	+52.34	V	
96/02/01～96/02/27	上升趨勢	7901.96	+202.32	V	
96/03/01～96/03/30	上升趨勢	7884.41	-17.55	V	
96/10/01～96/10/31	上升趨勢	9711.37	+234.85	V	
97/12/01～97/12/31	下降趨勢	4591.22	+130.73	V	
100/01/03～100/01/28	上升趨勢	9145.35	+ 172.85	V	

結論

　　不論處上升、下降或盤整趨勢的短紅下長上短，股價上升力強；下影線愈長，表示市場回落承接力量越強。自56年1月至100年12月有540個月，以本書月K線去檢討，短紅下長上短出現31次，正確次數為31次，不正確次數為零，正確度達100%；月K線「正確」與「不正確」仍然有誤差，投資人可以自行調整判別的尺度，修正「正確」與「不正確」的百分比，如此可以達到更高的操作價值。

1-4-6　長紅下長上短

1-4-6　長紅下長上短

魔法K線檢討：

（1）表示最高價高於收盤價，最低價低於開盤價，當天買方的力道較強。

（2）紅色實體長，影線相對的短，漲勢較強。

（3）下影線愈長表示市場低檔買氣愈濃厚。

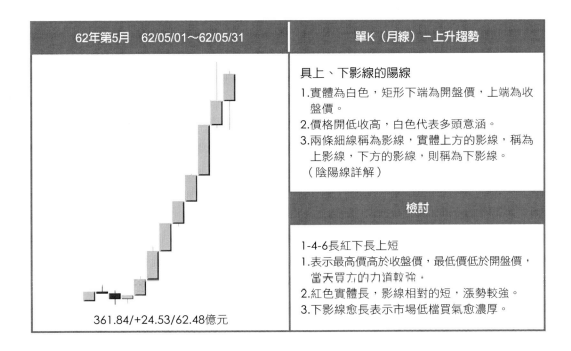

62年第5月　62/05/01～62/05/31	單K（月線）－上升趨勢
361.84/+24.53/62.48億元	**具上、下影線的陽線** 1.實體為白色，矩形下端為開盤價，上端為收盤價。 2.價格開低收高，白色代表多頭意涵。 3.兩條細線稱為影線，實體上方的影線，稱為上影線，下方的影線，則稱為下影線。 （陰陽線詳解） **檢討** 1-4-6長紅下長上短 1.表示最高價高於收盤價，最低價低於開盤價，當天買方的力道較強。 2.紅色實體長，影線相對的短，漲勢較強。 3.下影線愈長表示市場低檔買氣愈濃厚。

62年第10月　62/10/01～62/10/30	單K（月線）－上升趨勢

長紅線

1. 當天開盤價非常接近最高價，收盤價非常接近最高價，而且兩個價格拉得很開。
2. 長紅線具有多頭意涵。
3. 一根長白線由支撐區向上反彈，代表多頭轉守為攻。
4. 如果長白線反彈的位置是趨勢線、移動平均或折返水準等重要支撐，即可確認支撐的有效性。

（股票K線戰法）

檢討

1-4-6長紅下長上短
1. 表示最高價高於收盤價，最低價低於開盤價，當天買方的力道較強。
2. 紅色實體長，影線相對的短，漲勢較強。
3. 下影線愈長表示市場低檔買氣愈濃厚。

452.24/+31.20/87.41億元

63年第3月　63/03/01～63/03/30	單K（月線）－下降趨勢

具上、下影線的陽線

1. 在陰陽線中，比較寬粗的部份稱為「實體」（real body），它的上下兩端代表交易時段的開盤價與收盤價。
2. 實體若為黑色（換言之，實體填滿黑色），上端代表開盤價，下端代表收盤價；收盤價低於開盤價。
3. 實體若為白色，上端代表收盤價，下端代表開盤價；收盤價高於開盤價。實體上方與下方的細線稱為影線（shadows）。這些影線分別代表交易時段中的最高價與最低價。實體上方的影線稱為上影線（upper shadow），下方的影線稱為下影線（lower shadow）上影線的上端代表盤中最高價，下影線的下端代表盤中最低價。

（陰線陽線）

檢討

1-4-6長紅下長上短
1. 表示最高價高於收盤價，最低價低於開盤價，當天買方的力道較強。
2. 紅色實體長，影線相對的短，漲勢較強。
3. 下影線愈長表示市場低檔買氣愈濃厚。

440.10/+25.51/28.95億元

66年第6月　66/06/01～66/06/30	單K（月線）－盤整趨勢

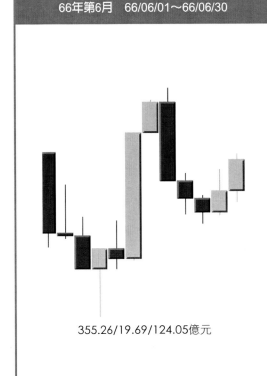

355.26/19.69/124.05億元

長白線

1. 單根陰陽線，可能是趨勢發生變動的早期徵兆。
2. 一根長白線出現在低價區，可能是底部即將形成的訊號。
3. 長白線代表該交易時段的價格上漲幾乎沒有受到空頭的打壓，收盤價愈接近高價，實體的長度愈長，線形所代表的意義愈重要。
4. 市場可透過一根強勁的長白線穿越壓力區。
5. 這根線形的開盤在最低價附近，實體的長度很長，可以確認突破的有效性。
6. 這根長白線之前所形成的缺口，成為後續走勢的重要支撐。
（股票K線戰法）

檢討

1-4-6長紅下長上短
1. 表示最高價高於收盤價，最低價低於開盤價，當天買方的力道較強。
2. 紅色實體長，影線相對的短，漲勢較強。
3. 下影線愈長表示市場低檔買氣愈濃厚。

67年第8月　67/08/01～67/08/31	單K（月線）－上升趨勢

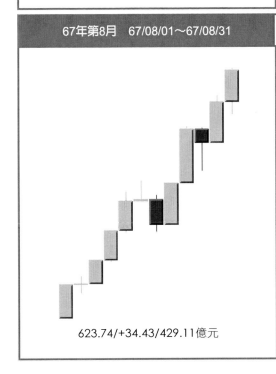

623.74/+34.43/429.11億元

長紅線

1. 當天開盤價非常接近最高價，收盤價非常接近最高價，而且兩個價格拉得很開。
2. 長紅線具有多頭意涵。
3. 一根長白線由支撐區向上反彈，代表多頭轉守為攻。
4. 如果長白線反彈的位置是趨勢線、移動平均或折返水準等重要支撐，即可確認支撐的有效性。
（股票K線戰法）

檢討

1-4-6長紅下長上短
1. 表示最高價高於收盤價，最低價低於開盤價，當天買方的力道較強。
2. 紅色實體長，影線相對的短，漲勢較強。
3. 下影線愈長表示市場低檔買氣愈濃厚。

68年第8月　68/08/01～68/08/31	單K（月線）－整盤趨勢
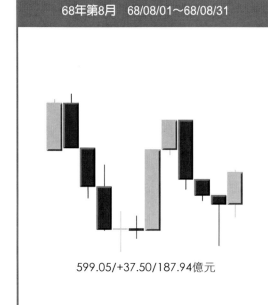 599.05/+37.50/187.94億元	**長紅線** 1.當天開盤價非常接近最高價，收盤價非常接近最高價，而且兩個價格拉得很開。 2.長紅線具有多頭意涵。 3.一根長白線由支撐區向上反彈，代表多頭轉守為攻。 4.如果長白線反彈的位置是趨勢線、移動平均或折返水準等重要支撐，即可確認支撐的有效性。 （股票K線戰法）
	檢討
	1-4-6長紅下長上短 1.表示最高價高於收盤價，最低價低於開盤價，當天買方的力道較強。 2.紅色實體長，影線相對的短，漲勢較強。 3.下影線愈長表示市場低檔買氣愈濃厚。

68年第12月　68/12/01～68/12/30	單K（月線）－下降趨勢
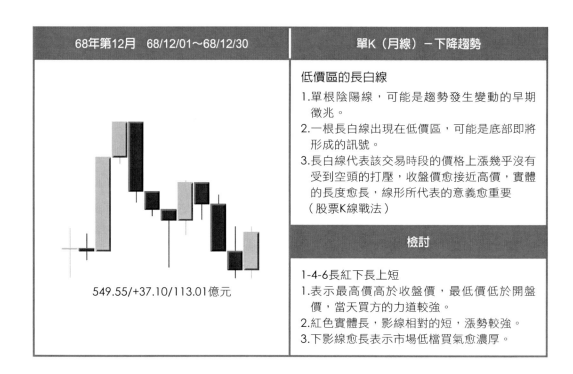 549.55/+37.10/113.01億元	**低價區的長白線** 1.單根陰陽線，可能是趨勢發生變動的早期徵兆。 2.一根長白線出現在低價區，可能是底部即將形成的訊號。 3.長白線代表該交易時段的價格上漲幾乎沒有受到空頭的打壓，收盤價愈接近高價，實體的長度愈長，線形所代表的意義愈重要 （股票K線戰法）
	檢討
	1-4-6長紅下長上短 1.表示最高價高於收盤價，最低價低於開盤價，當天買方的力道較強。 2.紅色實體長，影線相對的短，漲勢較強。 3.下影線愈長表示市場低檔買氣愈濃厚。

70年第11月　70/11/01〜70/11/30	單K（月線）－盤整趨勢
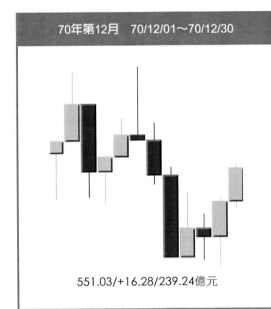

534.75/+17.19/140.66億元 | **以長白線確認下檔的支撐**
1.一根長白線由支撐區向上反彈，代表多頭轉守為攻。
2.如果長白線反彈的位置是趨勢線、移動平均或折返水準等重要支撐，即可確認支撐的有效性。
3.長白線代表該交易時段的價格上漲幾乎沒有受到空頭的打壓，收盤價愈接近高價，實體的長度愈長，線形所代表的意義愈重要。
（股票K線戰法）

檢討

1-4-6長紅下長上短
1.表示最高價高於收盤價，最低價低於開盤價，當天買方的力道較強。
2.紅色實體長，影線相對的短，漲勢較強。
3.下影線愈長表示市場低檔買氣愈濃厚。 |

70年第12月　70/12/01〜70/12/30	單K（月線）－盤整趨勢
551.03/+16.28/239.24億元	**具上、下影線的陽線**
1.實體為白色，矩形下端為開盤價，上端為收盤價。
2.價格開低收高，白色代表多頭意涵。
3.兩條細線稱為影線，實體上方的影線，稱為上影線，下方的影線，則稱為下影線。
（陰陽線詳解）

檢討

1-4-6長紅下長上短
1.表示最高價高於收盤價，最低價低於開盤價，當天買方的力道較強。
2.紅色實體長，影線相對的短，漲勢較強。
3.下影線愈長表示市場低檔買氣愈濃厚。 |

76年第7月　76/07/01～76/07/31	單K（月線）－上升趨勢

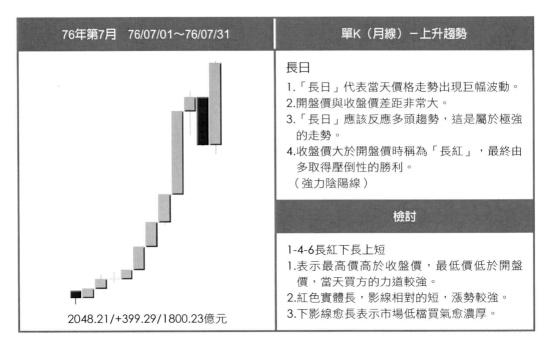

2048.21/+399.29/1800.23億元

長日

1.「長日」代表當天價格走勢出現巨幅波動。
2.開盤價與收盤價差距非常大。
3.「長日」應該反應多頭趨勢，這是屬於極強的走勢。
4.收盤價大於開盤價時稱為「長紅」，最終由多取得壓倒性的勝利。
（強力陰陽線）

檢討

1-4-6長紅下長上短
1.表示最高價高於收盤價，最低價低於開盤價，當天買方的力道較強。
2.紅色實體長，影線相對的短，漲勢較強。
3.下影線愈長表示市場低檔買氣愈濃厚。

77年第2月　77/02/01～77/02/29	單K（月線）－下降趨勢

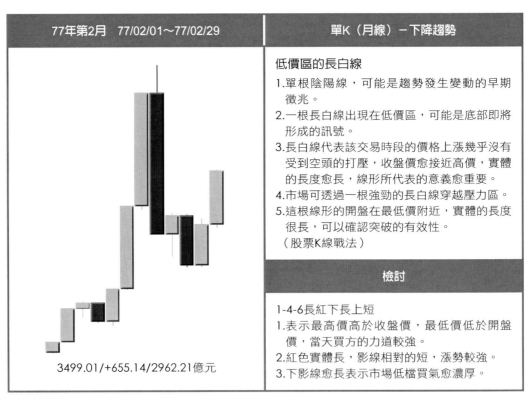

3499.01/+655.14/2962.21億元

低價區的長白線

1.單根陰陽線，可能是趨勢發生變動的早期徵兆。
2.一根長白線出現在低價區，可能是底部即將形成的訊號。
3.長白線代表該交易時段的價格上漲幾乎沒有受到空頭的打壓，收盤價愈接近高價，實體的長度愈長，線形所代表的意義愈重要。
4.市場可透過一根強勁的長白線穿越壓力區。
5.這根線形的開盤在最低價附近，實體的長度很長，可以確認突破的有效性。
（股票K線戰法）

檢討

1-4-6長紅下長上短
1.表示最高價高於收盤價，最低價低於開盤價，當天買方的力道較強。
2.紅色實體長，影線相對的短，漲勢較強。
3.下影線愈長表示市場低檔買氣愈濃厚。

單K（月線）－下降趨勢

以長白線確認下檔支撐

1. 在下跌趨勢中，在一根長白線之後，價格很容易出現拉回的走勢，因為市場可能處於短期超買的狀況，也就是說，價格在短期間內上漲過速，在這種情形下，價格可能需要稍微拉回整理，以紓解超買的狀況。
2. 在長白線之後，市場往往是處於超買狀況，所以很容易拉回。因此將長白線視為支撐，並在隨後拉回走勢中買進。
3. 一根長白線由支撐區向上反彈，代表多頭轉守為攻。
4. 如果長白線反彈的位置是趨勢線、移動平均或折返水準等重要支撐，即可確認支撐的有效性。

（股票K線戰法）

檢討

1-4-6長紅下長上短

1. 表示最高價高於收盤價，最低價低於開盤價，當天買方的力道較強。
2. 紅色實體長，影線相對的短，漲勢較強。
3. 下影線愈長表示市場低檔買氣愈濃厚。

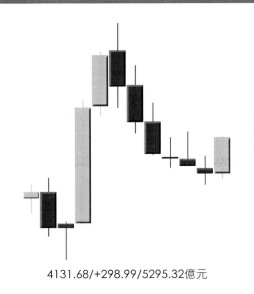

6157.12/+1038.01/6005.45億元

單K（月線）－下降趨勢

低價區的長白線

1. 單根陰陽線，可能是趨勢發生變動的早期徵兆。
2. 一根長白線出現在低價區，可能是底部即將形成的訊號。
3. 長白線代表該交易時段的價格上漲幾乎沒有受到空頭的打壓，收盤價愈接近高價，實體的長度愈長，線形所代表的意義愈重要。

（股票K線戰法）

檢討

1-4-6長紅下長上短

1. 表示最高價高於收盤價，最低價低於開盤價，當天買方的力道較強。
2. 紅色實體長，影線相對的短，漲勢較強。
3. 下影線愈長表示市場低檔買氣愈濃厚。

4131.68/+298.99/5295.32億元

84年第12月　84/12/01～84/12/30	單K（月線）－下降趨勢

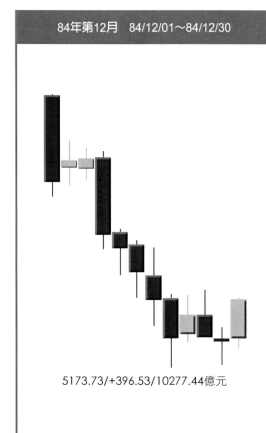

5173.73/+396.53/10277.44億元

長紅線向上突破

1.「如果紅線實體很長，代表多頭意圖很強」，或是「如果紅線實體短，意味著空頭意圖很強」。
2.趨勢線遭到長線形貫穿，則有效突破的可能性較高。
3.長紅線可以增添突破走勢的可靠性。
4.如果價格走勢透過長線形穿越支撐或壓力、完成某價格型態，或是穿越移動平均，訊號的可靠性都較高。
5.在延伸性下降趨勢中，突然出現一之長紅線，經常代表既有趨勢不久之後將反轉。可是，這類陰陽線型態的解釋，必須得到後續價格發展確認。
（陰陽線詳解）

檢討

1-4-6長紅下長上短

1.表示最高價高於收盤價，最低價低於開盤價，當天買方的力道較強。
2.紅色實體長，影線相對的短，漲勢較強。
3.下影線愈長表示市場低檔買氣愈濃厚。

85年第6月　85/06/03～85/06/29	單K（月線）－上升趨勢
6560.41/+593.59/13682.30億元	**以長白線確認下檔支撐** 1.在上升趨勢中，拉回走勢可以在先前長白線的實體或線形底部（即下影線的下端）獲得支撐。 2.在長白線之後，市場往往是處於超買狀況，所以很容易拉回。 3.將長白線視為支撐，並在隨後拉回走勢中買進。 4.一根長白線由支撐區向上反彈，代表多頭轉守為攻。 5.如果長白線反彈的位置是趨勢線、移動平均或折返水準等重要支撐，即可確認支撐的有效性。 （股票K線戰法）

檢討

1-4-6長紅下長上短
1.表示最高價高於收盤價，最低價低於開盤價，當天買方的力道較強。
2.紅色實體長，影線相對的短，漲勢較強。
3.下影線愈長表示市場低檔買氣愈濃厚。

86年第7月　86/07/01～86/07/31	單K（月線）－上升趨勢

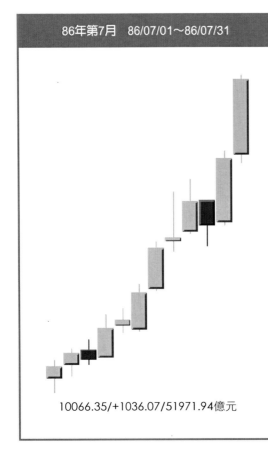

10066.35/+1036.07/51971.94億元

長紅線向上突破

1. 「如果紅線實體很長，代表多頭意圖很強」，或是「如果紅線實體短，意味著空頭意圖很強」。
2. 趨勢線遭到長線形貫穿，則有效突破的可能性較高。
3. 長紅線可以增添突破走勢的可靠性。
4. 如果價格走勢透過長線形穿越支撐或壓力、完成某價格型態，或是穿越移動平均，訊號的可靠性都較高。
5. 在延伸性上升趨勢中，突然出現一之長黑線，經常代表既有趨勢不久之後將反轉。可是，這類陰陽線型態的解釋，必須得到後續價格發展確認。
（陰陽線詳解）

檢討

1-4-6長紅下長上短
1. 表示最高價高於收盤價，最低價低於開盤價，當天買方的力道較強。
2. 紅色實體長，影線相對的短，漲勢較強。
3. 下影線愈長表示市場低檔買氣愈濃厚。

88年第8月　88/08/02～88/08/31	單K（月線）－上升趨勢

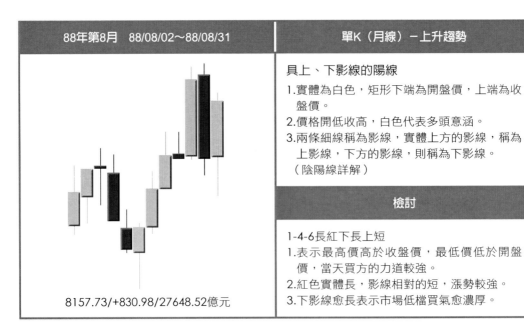

8157.73/+830.98/27648.52億元

具上、下影線的陽線

1. 實體為白色，矩形下端為開盤價，上端為收盤價。
2. 價格開低收高，白色代表多頭意涵。
3. 兩條細線稱為影線，實體上方的影線，稱為上影線，下方的影線，則稱為下影線。
（陰陽線詳解）

檢討

1-4-6長紅下長上短
1. 表示最高價高於收盤價，最低價低於開盤價，當天買方的力道較強。
2. 紅色實體長，影線相對的短，漲勢較強。
3. 下影線愈長表示市場低檔買氣愈濃厚。

93年第2月　93/02/02～93/02/27	單K（月線）－上升趨勢
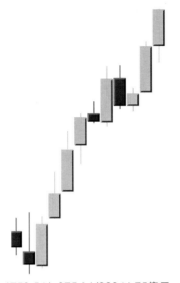 6750.54/+375.16/32046.75億元	**長紅線** 1.當天開盤價非常接近最高價，收盤價非常接近最高價，而且兩個價格拉得很開。 2.長紅線具有多頭意涵。 3.一根長白線由支撐區向上反彈，代表多頭轉守為攻。 4.如果長白線反彈的位置是趨勢線、移動平均或折返水準等重要支撐，即可確認支撐的有效性。 （股票K線戰法）
	檢討
	1-4-6長紅下長上短 1.表示最高價高於收盤價，最低價低於開盤價，當天買方的力道較強。 2.紅色實體長，影線相對的短，漲勢較強。 3.下影線愈長表示市場低檔買氣愈濃厚。

93年第8月　93/08/02～93/08/31	單K（月線）－下降趨勢
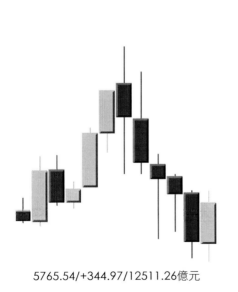 5765.54/+344.97/12511.26億元	**長白線** 1.單根陰陽線，可能是趨勢發生變動的早期徵兆。 2.一根長白線出現在低價區，可能是底部即將形成的訊號。 3.長白線代表該交易時段的價格上漲幾乎沒有受到空頭的打壓，收盤價愈接近高價，實體的長度愈長，線形所代表的意義愈重要。 4.市場可透過一根強勁的長白線穿越壓力區。 5.這根線形的開盤在最低價附近，實體的長度很長，可以確認突破的有效性。 6.這根長白線之前所形成的缺口，成為後續走勢的重要支撐。 （股票K線戰法）
	檢討
	1-4-6長紅下長上短 1.表示最高價高於收盤價，最低價低於開盤價，當天買方的力道較強。 2.紅色實體長，影線相對的短，漲勢較強。 3.下影線愈長表示市場低檔買氣愈濃厚。

96/2/1～2/27　（月線）	單K（月線）－上升趨勢
	具上、下影線的陽線 1.在陰陽線中，比較寬粗的部份稱為「實體」，它的上下兩端代表交易時段的開盤價與收盤價。 2.實體若為白色，上端代表收盤價，下端代表開盤價；收盤價低於開盤價。 3.實體上方與下方的細線稱為影線。實體上方的影線稱為上影線，下方的影線稱為下影線，上影線的上端代表盤中最高價，下影線的下端代表盤中最低價。
7901.96/202.32/11034.86億元	**檢討** 1-4-6長紅下長上短 1.表示最高價高於收盤價，最低價低於開盤價，當天買方的力道較強。 2.紅色實體長，影線相對的短，漲勢較強。 3.下影線愈長表示市場低檔買氣愈濃厚。

96/9/1～9/29　（月線）	單K（月線）－上升趨勢
	長白線 1.單根陰陽線，可能是趨勢發生變動的早期徵兆。 2.一根長白線出現在低價區，可能是底部即將形成的訊號 3.長白線代表該交易時段的價格上漲幾乎沒有受到空頭的打壓，收盤價愈接近高價，實體的長度愈長，線形所代表的意義愈重要。 4.市場可透過一根強勁的長白線穿越壓力區。 5.這根線形的開盤在最低價附近，實體的長度很長，可以確認突破的有效性。
9476.52/494.36/25022.79億元	**檢討** 1-4-6長紅下長上短 1.表示最高價高於收盤價，最低價低於開盤價，當天買方的力道較強。 2.紅色實體長，影線相對的短，漲勢較強。 3.下影線愈長表示市場低檔買氣愈濃厚。

100/10/03～10/31　　（月線）	單K（月線）－下降趨勢

具上、下影線的陽線

1. 實體為白色，矩形下端為開盤價，上端為收盤價。
2. 價格開低收高，白色代表多頭意涵。
3. 兩條細線稱為影線，實體上方的影線，稱為上影線，下方的影線，則稱為下影線。
（陰陽線詳解）

檢討

1-4-6長紅下長上短

1. 表示最高價高於收盤價，最低價低於開盤價，當天買方的力道較強。
2. 紅色實體長，影線相對的短，漲勢較強。
3. 下影線愈長表示市場低檔買氣愈濃厚。

7587.69/+362.31/18529.35億元

表1-4-6　長紅下長上短　　　　　　　　　　　　　　準確度　　準=100%　不準=0%

日期	趨勢	加權指數收盤價	漲跌 (+/-)	準確度	
				準	不準
62/05/01～62/05/31	上升趨勢	361.84	24.53	V	
62/10/01～62/10/30	上升趨勢	452.24	31.2	V	
63/03/01～63/03/30	下降趨勢	440.1	25.51	V	
66/06/01～66/06/30	盤整趨勢	355.26	19.69	V	
67/08/01～67/08/31	上升趨勢	623.74	34.43	V	
68/08/01～68/08/31	盤整趨勢	599.05	37.5	V	
68/12/01～68/12/30	下降趨勢	549.55	37.1	V	
70/11/01～70/11/30	盤整趨勢	534.75	17.19	V	
70/12/01～70/12/30	盤整趨勢	551.03	16.28	V	
76/07/01～76/07/31	上升趨勢	2048.21	399.29	V	
77/02/01～77/02/29	上升趨勢	3499.01	655.14	V	
78/01/02～78/01/31	下降趨勢	6157.12	1038.01	V	
82/10/01～82/10/30	下降趨勢	4131.68	298.99	V	
84/12/01～84/12/30	下降趨勢	5173.73	396.53	V	
85/06/03～85/06/29	上升趨勢	6560.41	593.59	V	
86/07/01～86/07/31	上升趨勢	10066.35	1036.07	V	
88/08/02～88/08/31	上升趨勢	8157.73	830.98	V	
93/02/02～93/02/27	上升趨勢	6750.54	375.16	V	
93/08/02～93/08/31	下降趨勢	5765.54	344.97	V	
96/02/01～96/02/27	上升趨勢	7901.96	+202.32	V	
96/09/01～96/09/29	上升趨勢	9476.52	494.36	V	
100/10/03～100/10/31	下降趨勢	7587.69	+362.31	V	

結論

　　不論處上升、下降或盤整趨勢的長紅下長上短，股價上升力道強；下影線愈長，表示市場回落承接力量越強。自56年1月至100年12月有540個月，以本書月K線去檢討，長紅下長上短出現22次，正確次數22次，不正確次數為零，正確度達100%；月K線「正確」與「不正確」仍然有誤差，投資人可以自行調整判別的尺度，修正「正確」與「不正確」的百分比，如此可以達到更高的操作價值。

黑線體

PART 2

2-1 黑體實體線

2-1-1 長黑實體線	2-1-2 短黑實體線
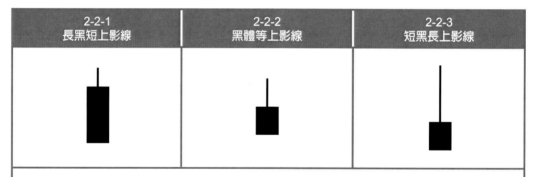	

1.陰線圖形，代表下跌。
2.陰線圖形可以分成黑體實體線、黑體上影線、黑體下影線、黑體上下影線。
3.黑體實體線，分成（1）長黑實體線（2）短黑實體線。
4.黑體實體線的這種基本型態是因為最高價與開盤價相同，而最低價與收盤價一樣。

2-2 黑體上影線

2-2-1 長黑短上影線	2-2-2 黑體等上影線	2-2-3 短黑長上影線

1.陰線圖形，代表下跌。
2.陰線圖形可以分成黑體實體線、黑體上影線、黑體下影線、黑體上下影線。
3.黑體上影線，分成（1）長黑短上影線（2）黑體等上影線（3）短黑長上影線。
4.黑體上影線（Black closing bozu）的最高價高於開盤價，最低價為收盤價。盤中買賣雙方都有表現；但是當天賣方力道強，股價下跌。股價先漲後跌，賣方力量使買方陷入套牢的境地。
5.線形顯示：市場賣壓極重，後市有下跌的趨勢。

2-3　黑體下影線

2-3-1 長黑短下影線	2-3-2 黑體等下影線	2-3-3 短黑長下影線

1.陰線圖形，代表下跌。
2.陰線圖形可以分成黑體實體線、黑體上影線、黑體下影線、黑體上下影線。
3.黑體下影線，分成（1）長黑短下影線（2）黑體等下影線（3）短黑長下影線。
4.黑體下影線的最高價等於開盤價，最低價小於收盤價。當天賣方的力道強，使得股價下挫，盤中買方曾入場，但力道不足已拉回。
5.黑體下影線是一種對下跌的抵抗。

2-4　黑體上下影線

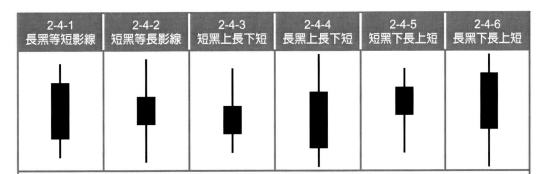

2-4-1 長黑等短影線	2-4-2 短黑等長影線	2-4-3 短黑上長下短	2-4-4 長黑上長下短	2-4-5 短黑下長上短	2-4-6 長黑下長上短

1.陰線圖形，代表下跌。
2.陰線圖形可以分成黑體實體線、黑體上影線、黑體下影線、黑體上下影線。
3.黑體上下影線，分成（1）長黑等短影線（2）短黑等長影線（3）短黑上長下短（4）長黑上長下短（5）短黑下長上短（6）長黑下長上短。
4.黑體上下影線最高價高於開盤價，最低價低於收盤價。賣方的力道強，終於使股價下挫。

2-1-1　長黑實體線

2-1-1　長黑實體線

魔法K線檢討：

（1）表示最高價等於開盤價，最低價為收盤價，俗稱光頭陰線。

（2）象徵多、空雙方已分出勝負，呈現一面倒的行情，行情看跌。

（3）黑色實體愈長，表示賣盤愈強，跌勢愈兇。

63年第5月　63/05/01～63/05/31	單K（月線）－下降趨勢
	黑色實線 1.黑色實線是一個長形的黑色實體，其兩端均無影線。 2.是極為弱的線形。 3.通常是空氣頭持續或多頭反轉陰陽線型態的第一個構成部份。 4.有時稱為「主陰線」或「陰實線」。 （強力陰陽線）
	檢討
323.44/-83.53/11.04億元	2-1-1長黑實體線（Black Marubozu） 1.表示最高價等於開盤價，最低價為收盤價，俗稱光頭陰線。 2.象徵多空雙方已分出勝負，呈現一面倒的行情，行情看跌。 3.黑色實體愈長，表示賣盤愈強，跌勢愈兇。

63年第8月　63/08/01～63/08/31	單K（月線）－下降趨勢

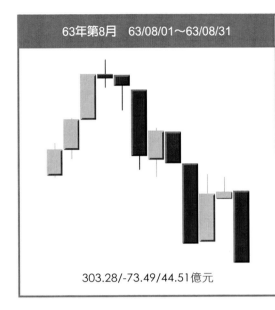

303.28/-73.49/44.51億元

長黑線
1. 代表空頭的交易時段，市場幾乎以最高價開盤並收盤在最低價附近。
2. 長黑線空頭意涵較濃。
（陰線陽線）

檢討

2-1-1長黑實體線（Black Marubozu）
1. 表示最高價等於開盤價，最低價為收盤價，俗稱光頭陰線。
2. 象徵多空雙方已分出勝負，呈現一面倒的行情，行情看跌。
3. 黑色實體愈長，表示賣盤愈強，跌勢愈兇。

69年第6月　69/06/01～69/06/30	單K（月線）－下降趨勢

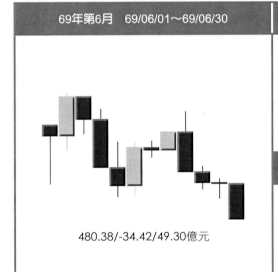

480.38/-34.42/49.30億元

長日
1.「長日」代表當天價格走勢出現巨幅波動。
2. 開盤價與收盤價的差距非常大。
3.「長日」應該反應趨勢。
4. 在下降趨勢，則應該出現長黑日。
（強力陰陽線）

檢討

2-1-1長黑實體線（Black Marubozu）
1. 表示最高價等於開盤價，最低價為收盤價，俗稱光頭陰線。
2. 象徵多空雙方已分出勝負，呈現一面倒的行情，行情看跌。
3. 黑色實體愈長，表示賣盤愈強，跌勢愈兇。

71年第7月　71/07/01～71/07/31	單K（月線）－下降趨勢

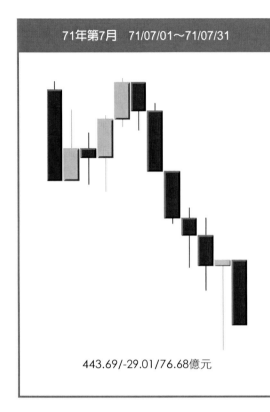

443.69/-29.01/76.68億元

長黑線

1. 陰陽線的矩形部份，稱為實體，矩形上、下兩端分別代表開盤價與收盤價。
2. 矩形上端代表兩個價格的較高者，矩形下端則代表兩者的較低者。
3. 如果實體為黑色，開盤價位在矩形上端，收盤價位在下端，黑色代表空頭意涵。
4. 開盤價與收盤價分別代表當天最高價與最低價，線形就沒有影線。
5. 長黑線具有空頭意涵。
（強力陰陽線）

檢討

2-1-1長黑實體線（Black Marubozu）
1. 表示最高價等於開盤價，最低價為收盤價，俗稱光頭陰線。
2. 象徵多空雙方已分出勝負，呈現一面倒的行情，行情看跌。
3. 黑色實體愈長，表示賣盤愈強，跌勢愈兇。

表2-1-1　長黑實體線　　　　　　　　　準確度　　準=75%　不準=25%

日期	趨勢	加權指數收盤價	漲跌 (+/-)	準確度	
				準	不準
63/05/01～63/05/31	下降趨勢	323.44	-83.53	V	
63/08/01～63/08/31	下降趨勢	303.28	-73.49	V	
69/06/01～69/06/30	下降趨勢	480.38	-34.42		V
71/07/01～71/07/31	下降趨勢	443.69	-29.01	V	

結論

　　在下降趨勢下的長黑實體線黑色實體愈長，表示賣盤愈強，跌勢愈兇。自56年1月至100年12月有540個月，以本書月K線去檢討，長黑實體線出現4次，正確次數為3次，不正確次數為1次，正確度達75%；月K線「正確」與「不正確」仍然有誤差，投資人可以自行調整判別的尺度，修正「正確」與「不正確」的百分比，如此可以達到更高的操作價值。

2-1-2 短黑實體線

2-1-2　短黑實體線

魔法K線檢討：

（1）表示最高價等於開盤價，最低價為收盤價，黑色實體較短，表示賣盤還不是特強，跌勢較緩。

（2）這是屬於狹幅整理的K線之一，價格在狹窄的區間內上下來回震盪整理，終場下跌坐收。

63年第4月　63/04/01～63/04/30	單K（月線）－下降趨勢
406.97/-33.13/1.70億元	**短日** 1.「短日」也可以利用與「長日」相同的方式來界定，並有類似的結果。 2.開盤價與收盤價差距小。 3.收盤價低於開盤價實體為黑色。 （強力陰陽線） **檢討** 2-1-2短黑實體線 1.表示最高價等於開盤價，最低價為收盤價。 2.黑色實體較短，表示賣盤還不是特強，跌勢較緩。 3.這是屬於狹幅整理的K線（Short K chart）之一，價格在狹窄的區間內上下來回震盪整理，終場下跌坐收。

表2-1-2　短黑實體線　　　　　　　　　　　準確度　　準=100%　不準=0%

日期	趨勢	加權指數收盤價	漲跌 (+/-)	準確度	
				準	不準
63/04/01～63/04/30	下降趨勢	406.97	-33.13	V	

結論

在下降趨勢下的短黑實體線黑色實體較短，表示賣盤還不是特強，跌勢較緩。

自56年1月至100年12月有540個月，以本書月K線去檢討，短黑實體線出現1次，正確次數為1次，不正確次數為零，正確度達100%；月K線「正確」與「不正確」仍然有誤差，投資人可以自行調整判別的尺度，修正「正確」與「不正確」的百分比，如此可以達到更高的操作價值。

2-2　黑體上影線

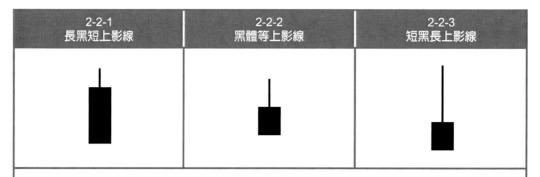

2-2-1 長黑短上影線	2-2-2 黑體等上影線	2-2-3 短黑長上影線

1.陰線圖形，代表下跌。
2.陰線圖形可以分成黑體實體線、黑體上影線、黑體下影線、黑體上下影線。
3.黑體上影線，分成（1）長黑短上影線（2）黑體等上影線（3）短黑長上影線。
4.黑體上影線（Black closing bozu）的最高價高於開盤價，最低價為收盤價。盤中買賣雙方都有表現；但是當天賣方力道強，股價下跌。股價先漲後跌，賣方力量使買方陷入套牢的境地。
5.線形顯示：市場賣壓極重，後市有下跌的趨勢。

2-2-1　長黑短上影線

2-2-1　長黑短上影線

魔法K線檢討：

（1）表示最高價高於開盤價，最低價為收盤價。盤中買賣雙方都有表現；但是當天賣方力道較強，股價下跌。

（2）黑色實體愈長，賣盤越強，跌勢愈兇。上影線短，上漲乏力，得而復失，上影線愈長，表示賣壓愈沉重。

（3）線形顯示：市場賣壓極重，後市有下跌趨勢。

60年第3月　60/03/01～60/03/31	單K（月線）－盤整趨勢
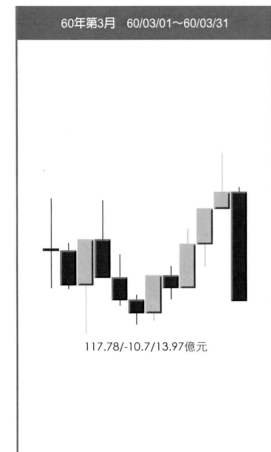 117.78/-10.7/13.97億元	**長黑線** 1.一根陰陽線是由一個矩形部分與其上、下兩側的細線所構成。 2.陰陽線的矩形部分稱為實體，實體的上、下兩端分別代表交易時段的開盤與收盤價。 3.當開盤價高於收盤價，實體為黑色（陰線）。 4.實體上、下兩側的細線，稱為影線，影線代表交易時段的極端價格。 4.實體上側的影線稱為「上影線」代表最高時段的最高價。 5.一根具有明顯意義的長黑線，其實體長度至少要是前一天實體長度的三倍。 6.長黑線具有空頭意涵。 （股票K線戰法）
	檢討
	2-2-1長黑短上影線 1.表示最高價高於開盤價，最低價為收盤價。盤中買賣雙方都有表現；但是當天賣方力道較強，股價下跌。 2.黑色實體愈長，賣盤越強，跌勢愈兇。 3.當月上影線短，上派乏力，得而復失，上影線愈長，表示賣壓愈沉重。 4.線形顯示：市場賣壓極重，後市有下跌趨勢。

66年第2月　66/02/01～66/02/27	單K（月線）－盤整趨勢

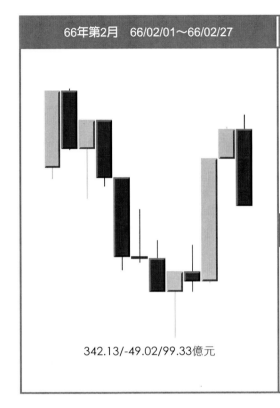

342.13/-49.02/99.33億元

長黑線
1. 開盤價與收盤價分別代表當天最高價與最低價，線形就沒有影線。
2. 長黑線具有空頭意涵。
3. 市場向下突破支撐的方式，可以反映該突破的嚴重性。
4. 市場是以長黑線向下突破支撐，所代表的意涵強過小黑線或白線的突破。
（股票K線戰法）

檢討

2-2-1長黑短上影線
1. 表示最高價高於開盤價，最低價為收盤價。盤中買賣雙方都有表現；但是當天賣方力道較強，股價下跌。
2. 黑色實體愈長，賣盤越強，跌勢愈兇。
3. 當月上影線短，上漲乏力，得而復失，上影線愈長，表示賣壓愈沉重。
4. 線形顯示：市場賣壓極重，後市有下跌趨勢。

67年第10月　67/10/01～67/10/30	單K（月線）－上升趨勢

626.92/-52.25/282.58億元

高價區的長黑線
1. 高價區的長黑線代表頭部的訊號。
2. 長黑線的實體長度必須明顯大於先前數根線形。
3. 長黑線代表空頭已經取得盤勢的控制權。
4. 先前的漲幅大，超買的情況愈嚴重，長黑線的意義愈重要。
（股票K線戰法）

檢討

2-2-1長黑短上影線
1. 表示最高價高於開盤價，最低價為收盤價。盤中買賣雙方都有表現；但是當天賣方力道較強，股價下跌。
2. 黑色實體愈長，賣盤越強，跌勢愈兇。
3. 當月上影線短，上漲乏力，得而復失，上影線愈長，表示賣壓愈沉重。
4. 線形顯示：市場賣壓極重，後市有下跌趨勢。

68年第10月　68/10/01～68/10/30	單K（月線）－盤整趨勢
	平底 1.陰陽線的矩形部份，稱為實體，矩形上、下兩端分別代表開盤價與收盤價。 2.矩形上端代表兩個價格的較高者，矩形下端則代表兩者的較低者。 3.如果實體為黑色，開盤價位在矩形上端，收盤價位在下端，價格開高收低，黑色代表空頭意涵。 5.沒有下影線，則稱為平底。 （陰陽線詳解）
	檢討
530.92/-46.54/106.05億元	2-2-1長黑短上影線 1.表示最高價高於開盤價，最低價為收盤價。盤中買賣雙方都有表現；但是當天賣方力道較強，股價下跌。 2.黑色實體愈長，賣盤越強，跌勢愈兇。 3.當月上影線短，上漲乏力，得而復失，上影線愈長，表示賣壓愈沉重。 4.線形顯示：市場賣壓極重，後市有下跌趨勢。

69年第3月　69/03/01～69/03/31	單K（月線）－下降趨勢
	**影線&平底** 1.陰陽線的矩形部份，稱為實體，矩形上、下兩端分別代表開盤價與收盤價。 2.矩形上端代表兩個價格的較高者，矩形下端則代表兩者的較低者。 3.如果實體為黑色，開盤價位在矩形上端，收盤價位在下端（價格開高收低，黑色代表空頭意涵）。 4.陰陽線形，沒有下影線，則稱為平底。 （陰陽線詳解）
	檢討
526.20/-38.20/163.17億元	2-2-1長黑短上影線 1.表示最高價高於開盤價，最低價為收盤價。盤中買賣雙方都有表現；但是當天賣方力道較強，股價下跌。 2.黑色實體愈長，賣盤越強，跌勢愈兇。 3.當月上影線短，上漲乏力，得而復失，上影線愈長，表示賣壓愈沉重。 4.線形顯示：市場賣壓極重，後市有下跌趨勢。

70年第8月　70/08/01～70/08/31	單K（月線）－盤整趨勢

收盤實線

1. 陰陽線的矩形部份，稱為實體，矩形上、下兩端分別代表開盤價與收盤價。
2. 矩形上端代表兩個價格的較高者，矩形下端則代表兩者的較低者。
3. 陰陽線形沒有下影線，則稱為平底。
4. 收盤實線在實體的收盤端未留有影線。
5. 如果實體為黑色，收盤端在實體的下方，所以沒有下影線。
6. 「黑色收盤實線」被視為弱線形。
（強力陰陽線）

檢討

2-2-1長黑短上影線
1. 表示最高價高於開盤價，最低價為收盤價。盤中買賣雙方都有表現；但是當天賣方力道較強，股價下跌。
2. 黑色實體愈長，賣盤越強，跌勢愈兇。
3. 當月上影線短，上漲乏力，得而復失，上影線愈長，表示賣壓愈沉重。
4. 線形顯示：市場賣壓極重，後市有下跌趨勢。

507.79/-40.01/136.45億元

71年第2月　71/02/01～71/02/27	單K（月線）－盤整趨勢

長黑線

1. 長黑線的實體長度必須明顯大於先前數根線形。
2. 長黑線代表空頭已經取得盤勢的控制權。
3. 市場向下突破支撐的方或，可以反映該突破的嚴重性。
4. 市場是以長黑線向下突破支撐，所代表的意涵強過，小黑線或白線的突破。
（股票K線戰法）

檢討

2-2-1長黑短上影線
1. 表示最高價高於開盤價，最低價為收盤價。盤中買賣雙方都有表現；但是當天賣方力道較強，股價下跌。
2. 黑色實體愈長，賣盤越強，跌勢愈兇。
3. 當月上影線短，上漲乏力，得而復失，上影線愈長，表示賣壓愈沉重。
4. 線形顯示：市場賣壓極重，後市有下跌趨勢。

511.71/-26.71/100.23億元

71年第11月　71/11/01～71/11/30	單K（月線）－盤整趨勢

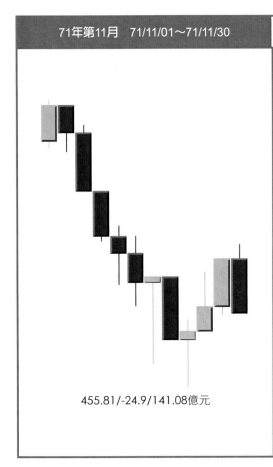

455.81/-24.9/141.08億元

長黑線

1. 陰陽線的矩形部份，稱為實體，矩形上下兩端分別代表開盤價與收盤價。
2. 矩形上端代表兩個價格的較高者，矩形下端則代表兩者的較低者。
3. 如果實體為紅色，矩形下端為開盤價，上端為收盤價（價格開低收高，紅色代表多頭意涵。
4. 如果實體為黑色，開盤價位在矩形上端，收盤價位在下端，黑色代表空頭意涵。
5. 開盤價與收盤價分別代表當天最高價與最低價，線形就沒有影線。
6. 長黑線具有空頭意涵。
（陰陽線詳解）

檢討

2-2-1長黑短上影線

1. 表示最高價高於開盤價，最低價為收盤價。盤中買賣雙方都有表現；但是當天賣方力道較強，股價下跌。
2. 黑色實體愈長，賣盤越強，跌勢愈兇。
3. 當月上影線短，上漲乏力，得而復失，上影線愈長，表示賣壓愈沉重。
4. 線形顯示：市場賣壓極重，後市有下跌趨勢。

76年第10月　76/10/01～76/10/30	單K（月線）－上升趨勢

高價區的長黑線

1. 高價區的長黑線代表頭部的訊號。
2. 長黑線的實體長度必須明顯大於先前數根線形。
3. 長黑線代表空頭已經取得盤勢的控制權。
4. 先前的漲幅大，超買的情況愈嚴重，長黑線的意義愈重要。
5. 這種線形代表多頭已經後繼乏力，或空頭已經轉守為攻。
6. 都代表潛在的空頭走勢。
（股票K線戰法）

檢討

2-2-1長黑短上影線

1. 表示最高價高於開盤價，最低價為收盤價。盤中買賣雙方都有表現；但是當天賣方力道較強，股價下跌。
2. 黑色實體愈長，賣盤越強，跌勢愈兇。
3. 當月上影線短，上漲乏力，得而復失，上影線愈長，表示賣壓愈沉重。
4. 線形顯示：市場賣壓極重，後市有下跌趨勢。

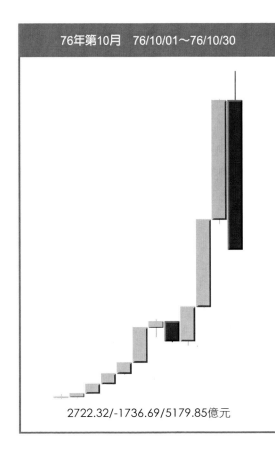

2722.32/-1736.69/5179.85億元

87年第4月　87/04/01～87/04/30	單K（月線）－上升趨勢

黑色收盤實線

1. 收盤實線在實體的收盤端，未留有影線。
2. 如果實體為黑色，收盤端在實體的下方，所以沒有下影線。
3. 「黑色收盤實線」被視為弱線形。

檢討

2-2-1長黑短上影線

1. 表示最高價高於開盤價，最低價為收盤價。盤中買賣雙方都有表現；但是當天賣方力道較強，股價下跌。
2. 黑色實體愈長，賣盤越強，跌勢愈兇。
3. 當月上影線短，上漲乏力，得而復失，上影線愈長，表示賣壓愈沉重。
4. 線形顯示：市場賣壓極重，後市有下跌趨勢。

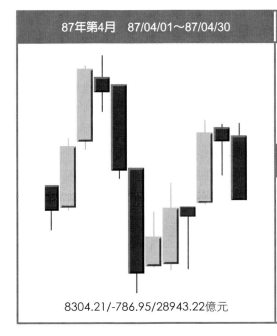

8304.21/-786.95/28943.22億元

87年第8月 87/08/03～87/08/31	單K（月線）－下降趨勢

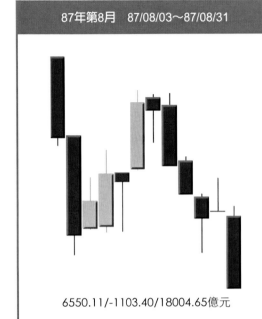

6550.11/-1103.40/18004.65億元

長日
1.「長日」代表當天價格走勢出現巨幅波動。
2.開盤價與收盤價的差距非常大。
3.「長日」應該反應趨勢。
4.在下降趨勢，則應該出現長黑日。
（強力陰陽線）

檢討

2-2-1長黑短上影線
1.表示最高價高於開盤價，最低價為收盤價。
　盤中買賣雙方都有表現；但是當天賣方力道
　較強，股價下跌。
2.黑色實體愈長，賣盤越強，跌勢愈兇。
3.當月上影線短，上漲乏力，得而復失，上影
　線愈長，表示賣壓愈沉重。
4.線形顯示：市場賣壓極重，後市有下跌趨勢。

表2-2-1　長黑短上影線　　　　　　　　　準確度　　準=91%　不準=9%

日期	趨勢	加權指數收盤價	漲跌 (+/-)	準確度 準	準確度 不準
60/03/01～60/03/31	盤整趨勢	117.78	-10.7	V	
66/02/01～66/02/27	盤整趨勢	342.13	-49.02	V	
67/10/01～67/10/30	上升趨勢	626.92	-52.25	V	
68/10/01～68/10/30	盤整趨勢	530.92	-46.54	V	
69/03/01～69/03/31	下降趨勢	526.2	-38.2	V	
70/08/01～70/08/31	盤整趨勢	507.79	-40.01		V
71/02/01～71/02/27	盤整趨勢	511.71	-26.71	V	
71/11/01～71/11/30	盤整趨勢	455.81	-24.9	V	
76/10/01～76/10/30	上升趨勢	2722.32	-1736.69	V	
87/04/01～87/04/30	上升趨勢	8304.21	-786.95	V	
07/08/03 - 87/08/31	下降趨勢	6550.11	-1103.4	V	

結論

　　在上升趨勢下的長黑短上影線，代表空頭已經取得盤勢的控制權，空頭已經轉守為攻。盤整趨勢或下降趨勢下的長黑短上影線，黑色實體愈長，賣盤越強，跌勢愈兇。上影線愈長，表示賣壓愈沉重。自56年1月至100年12月有540個月，以本書月K

線去檢討，長黑短上影線出現11次，正確次數為10次，不正確次數為1次，正確度達91%；月K線「正確」與「不正確」仍然有誤差，投資人可以自行調整判別的尺度，修正「正確」與「不正確」的百分比，如此可以達到更高的操作價值。

2-2-2 黑體等上影線

2-2-2 黑體等上影線

魔法K線檢討：

（1）表示最高價高於開盤價，最低價為收盤價，當天賣方力道較強。

（2）黑體等上影線代表賣方居於主導位置。

（3）線形顯示：賣方壓力極重，後市有下跌的趨勢。

58年第5月　58/05/01～58/05/31	單K（月線）－下降趨勢
94.40/-0.70/3.86億元	**影線&平底** 1.陰陽線的矩形部份，稱為實體，矩形上、下兩端分別代表開盤價與收盤價。 2.矩形上端代表兩個價格的較高者，矩形下端則代表兩者的較低者。 3.如果實體為黑色，開盤價位在矩形上端，收盤價位在下端（價格開高收低，黑色代表空頭意涵）。 4.陰陽線形，沒有下影線，則稱為平底。 （陰陽線詳解）
	檢討
	2-2-2黑體等上影線 1.表示最高價高於開盤價，最低價為收盤價，當天賣方力道較強。 2.黑體等上影線代表賣方居於主導位置。 3.線形顯示：賣方壓力極重，但買方也急速向上挺進。

59年第7月　59/07/03～59/07/31	單K（月線）－盤整趨勢

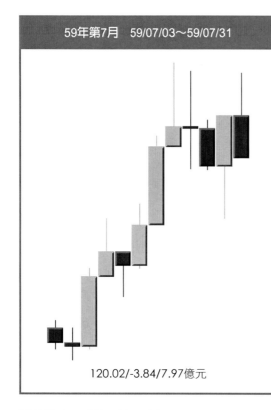

120.02/-3.84/7.97億元

收盤實線

1. 陰陽線的矩形部份，稱為實體，矩形上、下兩端分別代表開盤價與收盤價。
2. 矩形上端代表兩個價格的較高者，矩形下端則代表兩者的較低者。
3. 陰陽線形沒有下影線，則稱為平底。
4. 收盤實線在實體的收盤端未留有影線。
5. 如果實體為黑色，收盤端在實體的下方，所以沒有下影線。
6. 「黑色收盤實線」被視為弱線形。
（強力陰陽線）

檢討

2-2-2黑體等上影線
1. 表示最高價高於開盤價，最低價為收盤價，當天賣方力道較強。
2. 黑體等上影線代表賣方居於主導位置。
3. 線形顯示：賣方壓力極重，但買方也急速向上挺進。

60年第7月　60/07/02～60/07/31	單K（月線）－上升趨勢

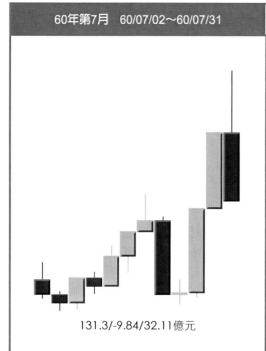

131.3/-9.84/32.11億元

平底

1. 陰陽線的矩形部份，稱為實體，矩形上、下兩端分別代表開盤價與收盤價。
2. 矩形上端代表兩個價格的較高者，矩形下端則代表兩者的較低者。
3. 如果實體為黑色，開盤價位在矩形上端，收盤價位在下端，價格開高收低，黑色代表空頭意涵。
5. 沒有下影線，則稱為平底。
（陰陽線詳解）

檢討

2-2-2黑體等上影線
1. 表示最高價高於開盤價，最低價為收盤價，當天賣方力道較強。
2. 黑體等上影線代表賣方居於主導位置。
3. 線形顯示：賣方壓力極重，但買方也急速向上挺進。

60年第10月　60/10/01～60/10/30	單K（月線）－盤整趨勢
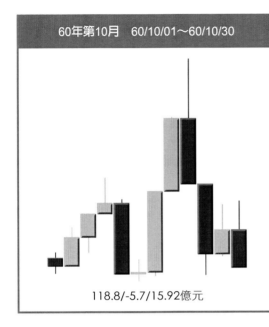 118.8/-5.7/15.92億元	**黑色開盤實線** 1.開盤實線在實體的開盤端，未留有影線。 2.「黑色開盤實線」無上影線，為弱勢的空頭線形。 3.「開盤實線」並不如「收盤實線」強勁。 （強力陰陽線） **檢討** 2-2-2黑體等上影線 1.表示最高價高於開盤價，最低價為收盤價，當天賣方力道較強。 2.黑體等上影線代表賣方居於主導位置。 3.線形顯示：賣方壓力極重，但買方也急速向上挺進。

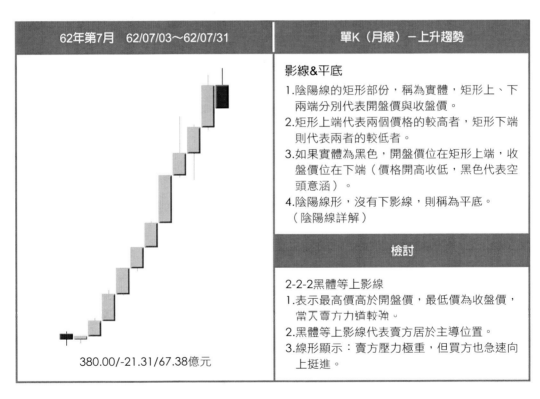

62年第7月　62/07/03～62/07/31	單K（月線）－上升趨勢
380.00/-21.31/67.38億元	**影線&平底** 1.陰陽線的矩形部份，稱為實體，矩形上、下兩端分別代表開盤價與收盤價。 2.矩形上端代表兩個價格的較高者，矩形下端則代表兩者的較低者。 3.如果實體為黑色，開盤價位在矩形上端，收盤價位在下端（價格開高收低，黑色代表空頭意涵）。 4.陰陽線形，沒有下影線，則稱為平底。 （陰陽線詳解） **檢討** 2-2-2黑體等上影線 1.表示最高價高於開盤價，最低價為收盤價，當天賣方力道較強。 2.黑體等上影線代表賣方居於主導位置。 3.線形顯示：賣方壓力極重，但買方也急速向上挺進。

64年第3月 64/03/01～64/03/31	單K（月線）－上升趨勢
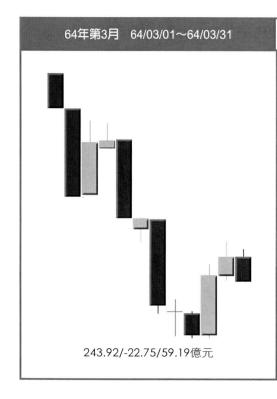243.92/-22.75/59.19億元	**平底** 1.陰陽線的矩形部份，稱為實體，矩形上、下兩端分別代表開盤價與收盤價。 2.矩形上端代表兩個價格的較高者，矩形下端則代表兩者的較低者。 3.如果實體為黑色，開盤價位在矩形上端，收盤價位在下端，價格開高收低，黑色代表空頭意涵。 4.沒有下影線，則稱為平底。 （陰陽線詳解） **檢討** 2-2-2黑體等上影線（變形） 1.表示最高價高於開盤價，最低價為收盤價，當天賣方力道較強。 2.黑體等上影線代表賣方居於主導位置。 3.線形顯示：賣方壓力極重，但買方也急速向上挺進。

65年第9月 65/09/01～65/09/30	單K（月線）－下降趨勢
287.17/-21.09/57.20億元	**黑色收盤實線** 1.陰陽線的矩形部份，稱為實體，矩形上、下兩端分別代表開盤價與收盤價。 2.矩形上端代表兩個價格的較高者，矩形下端則代表兩者的較低者。 3.收盤實線在實體的收盤端，未留有影線。 4.如果實體為黑色，收盤端在實體的下方，所以沒有下影線。 5.「黑色收盤實線」被視為弱線形。 （強力陰陽線） **檢討** 2-2-2黑體等上影線 1.表示最高價高於開盤價，最低價為收盤價，當天賣方力道較強。 2.黑體等上影線代表賣方居於主導位置。 3.線形顯示：賣方壓力極重，但買方也急速向上挺進。

74年第4月　74/04/01～74/04/30	單K（月線）－下降趨勢

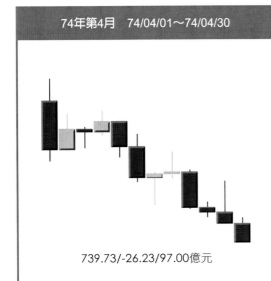

739.73/-26.23/97.00億元

短日

1. 「短日」也可以利用與「長日」相同的方式來界定，並有類似的結果。
2. 開盤價與收盤價差距小。
3. 收盤價低於開盤價實體為黑色。
（強力陰陽線）

2-2-2黑體等上影線（變形）
1. 表示最高價高於開盤價，最低價為收盤價，當天賣方力道較強。
2. 黑體等上影線代表賣方居於主導位置。
3. 線形顯示：賣方壓力極重，但買方也急速向上挺進。

82年第6月　82/06/01～82/06/30	單K（月線）－下降趨勢

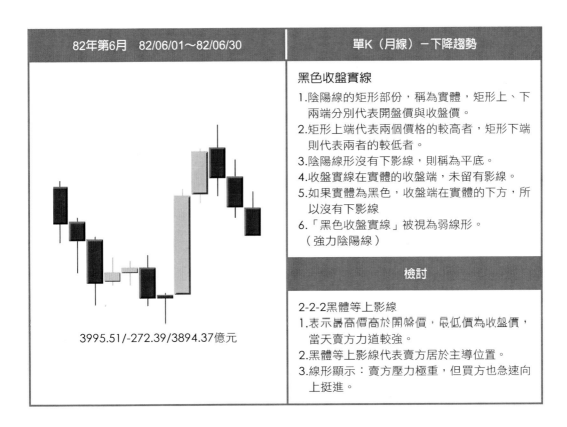

3995.51/-272.39/3894.37億元

黑色收盤實線

1. 陰陽線的矩形部份，稱為實體，矩形上、下兩端分別代表開盤價與收盤價。
2. 矩形上端代表兩個價格的較高者，矩形下端則代表兩者的較低者。
3. 陰陽線形沒有下影線，則稱為平底。
4. 收盤實線在實體的收盤端，未留有影線。
5. 如果實體為黑色，收盤端在實體的下方，所以沒有下影線
6. 「黑色收盤實線」被視為弱線形。
（強力陰陽線）

2-2-2黑體等上影線
1. 表示最高價高於開盤價，最低價為收盤價，當天賣方力道較強。
2. 黑體等上影線代表賣方居於主導位置。
3. 線形顯示：賣方壓力極重，但買方也急速向上挺進。

84年第10月　84/10/02～84/10/30	單K（月線）－下降趨勢

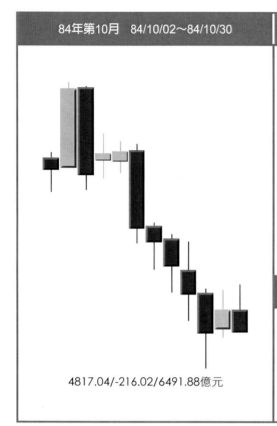

4817.04/-216.02/6491.88億元

影線&平底

1. 陰陽線的矩形部份，稱為實體，矩形上、下兩端分別代表開盤價與收盤價。
2. 矩形上端代表兩個價格的較高者，矩形下端則代表兩者的較低者。
3. 如果實體為紅色，矩形下端為開盤價，上端為收盤價（價格開低收高，白色代表多頭意涵）。
4. 如果實體為黑色，開盤價位在矩形上端，收盤價位在下端（價格開高收低，黑色代表空頭意涵）。
5. 陰陽線形，沒有下影線，則稱為平底。
（陰陽線詳解）

檢討

2-2-2黑體等上影線
1. 表示最高價高於開盤價，最低價為收盤價，當天賣方力道較強。
2. 黑體等上影線代表賣方居於主導位置。
3. 線形顯示：賣方壓力極重，但買方也急速向上挺進。

表2-2-2　黑體等上影線　　　　　準確度　　準=90%　不準=10%

日期	趨勢	加權指數收盤價	漲跌 (+/-)	準確度 準	不準
58/05/01～58/05/31	下降趨勢	94.4	-0.7	V	
59/07/03～59/07/31	盤整趨勢	120.02	-3.84	V	
60/07/02～60/07/31	上升趨勢	131.3	-9.84	V	
60/10/01～60/10/30	盤整趨勢	118.8	-5.7	V	
62/07/03～62/07/31	上升趨勢	380	-21.31	V	
64/03/01－64/03/31	上升趨勢	243.92	-22.75	V	
65/09/01～65/09/30	下降趨勢	287.17	-21.09	V	
74/04/01～74/04/30	下降趨勢	739.73	-26.23		V
82/06/01～82/06/30	下降趨勢	3995.51	-272.39	V	
84/10/02～84/10/30	下降趨勢	4817.04	-216.02	V	

結論

　　在上升趨勢、盤整及下降趨勢下的黑體等上影線，賣方壓力極重，但買方也急速向上挺進。自56年1月至100年12月有540個月，以本書月K線去檢討，黑體等上影線出現10次，正確次數為9次，不正確次數為1次，正確度達90%；月K線「正確」與「不正確」仍然有誤差，投資人可以自行調整判別的尺度，修正「正確」與「不正確」的百分比，如此可以達到更高的操作價值。

2-2-3　短黑長上影線

2-2-3　短黑長上影線

魔法K線檢討：
（1）表示最高價高於開盤價，最低價為收盤價，股價拉回開盤價之下不遠處，形成短黑長上影線。
（2）出現一根長的上影線，意謂著上頭有非常重的賣壓，接下來可能是往空頭的走勢發展。
（3）終場時K線形成上影線部份是實體的三倍以上：是強力震盪整理的線形，行情有向下修正的可能。

61年第7月　61/07/03～61/07/31	單K（月線）－上升趨勢

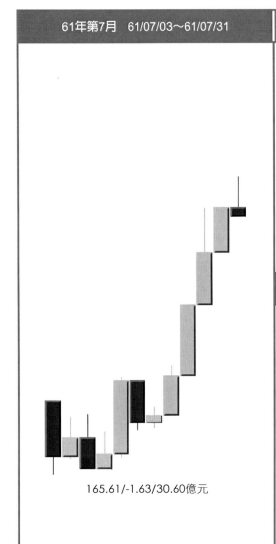

165.61/-1.63/30.60億元

流星

1. 開盤價與收盤價，都位在當天相對低檔。
2. 流星是發生在延伸性漲勢末端的短期頭部型態，由兩支線形構成，第二支線形的實體必須向上跳空，實體部分很小，上影線很長，下影線（幾乎）不存在。
3. 就星形部分（第二支線形）來說，形狀有點而類似顛倒狀的吊人線。
4. 星形本身的顏色不重要，但跳空缺口越明確越好。
5. 第二支線形的實體必須很小，上影線很長，顏色則不很重要。
（陰陽線詳解）

檢討

2-2-3短黑長上影線（Black Lower shadow）

1. 表示最高價高於開盤價，最低價為收盤價，股價已漲高一段時間，而且出現開高盤後股價下跌；但在收盤時，股價拉回開盤價之下不遠處，形成短黑長上影線。
2. 黑色實體短，則表示跌勢漸緩。
3. 當月上影線短，上漲乏力；上影線愈長，則表示賣壓愈沉重。
4. 短黑長上影線特別是處在高價位的股價水平，如果出現一根長的上影線，隱含著市場價格觸及了壓力區，或者是市場已經超買了；長的上影線意謂著上頭有非常重的賣壓，接下來可能是往空頭的走勢發展。
5. 如果短黑長上影線出現在高價區的跳空缺口附近，這種線形就稱為「島狀懸吊線」，在開盤之後，價格無法創新高價，終場時K線形成上影線部份是實體的三倍以上；這種線形是強力震盪整理的線形，行情有向下修正的可能。

74年第3月　74/03/01～74/03/31	單K（月線）－下降趨勢

平底

1. 陰陽線的矩形部份，稱為實體，矩形上、下兩端分別代表開盤價與收盤價。
2. 矩形上端代表兩個價格的較高者，矩形下端則代表兩者的較低者。
3. 如果實體為黑色，開盤價位在矩形上端，收盤價位在下端，價格開高收低，黑色代表空頭意涵。
4. 沒有下影線，則稱為平底。

（陰陽線詳解）

765.96/-15.41/96.51億元

檢討

2-2-3短黑長上影線（Black Lower shadow）

1. 表示最高價高於開盤價，最低價為收盤價，股價已漲高一段時間，而且出現開高盤後股價下跌；但在收盤時，股價拉回開盤價之下不遠處，形成短黑長上影線。
2. 黑色實體短，則表示跌勢漸緩。
3. 當月上影線短，上漲乏力；上影線愈長，則表示賣壓愈沉重。
4. 短黑長上影線特別是處在高價位的股價水平，如果出現一根長的上影線，隱含著市場價格觸及了壓力區，或者是市場已經超買了；長的上影線意謂著上頭有非常重的賣壓，接下來可能是往空頭的走勢發展。
5. 如果短黑長上影線出現在高價區的跳空缺口附近，這種線形就稱為「島狀懸吊線」，在開盤之後，價格無法創新高價，終場時K線形成上影線部份是實體的三倍以上；這種線形是強力震盪整理的線形，行情有向下修正的可能。

75年第3月　75/03/01～75/03/31	單K（月線）－上升趨勢

黑色收盤實線

1. 陰陽線的矩形部份，稱為實體，矩形上、下兩端分別代表開盤價與收盤價。
2. 矩形上端代表兩個價格的較高者，矩形下端則代表兩者的較低者。
3. 陰陽線形沒有下影線，則稱為平底。
4. 收盤實線在實體的收盤端，未留有影線。
5. 如果實體為黑色，收盤端在實體的下方，所以沒有下影線
6. 「黑色收盤實線」被視為弱線形。
（強力陰陽線）

<table><tr><td colspan="2" align="center">檢討</td></tr></table>

2-2-3短黑長上影線（Black Lower shadow）

1. 表示最高價高於開盤價，最低價為收盤價，股價已漲高一段時間，而且出現開高盤後股價下跌；但在收盤時，股價拉回開盤價之下不遠處，形成短黑長上影線。
2. 黑色實體短，則表示跌勢漸緩。
3. 當月上影線短，上漲乏力；上影線愈長，則表示賣壓愈沉重。
4. 短黑長上影線特別是處在高價位的股價水平，如果出現一根長的上影線，隱含著市場價格觸及了壓力區，或者是市場已經超買了；長的上影線意謂著上頭有非常重的賣壓，接下來可能是往空頭的走勢發展。
5. 如果短黑長上影線出現在高價區的跳空缺口附近，這種線形就稱為「島狀懸吊線」，在開盤之後，價格無法創新高價，終場時K線形成上影線部份是實體的三倍以上；這種線形是強力震盪整理的線形，行情有向下修正的可能。

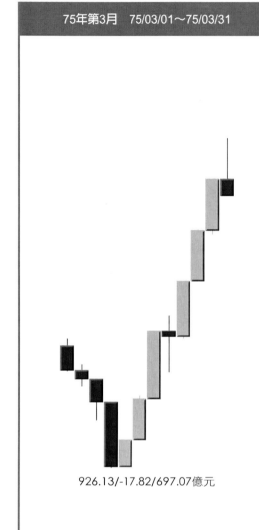

926.13/-17.82/697.07億元

75年第7月　75/07/01～75/07/31	單K（月線）－盤整趨勢

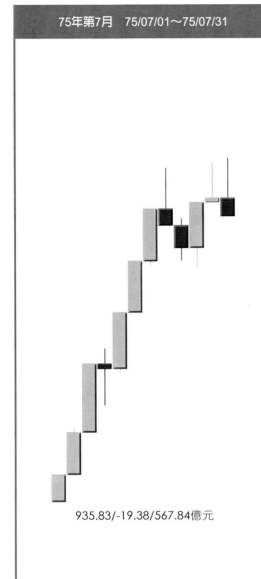

935.83/-19.38/567.84億元

短日

1. 在陰陽線中，比較寬粗的部份稱為「實體」（real body），它的上、下兩端代表交易時段的開盤價與收盤價。
2. 實體若為黑色，上端代表開盤價，下端代表開盤價；收盤價低於開盤價。
3. 實體上方與下方的細線稱為影線（shadows）。這些影線分別代表交易時段中的最高價與最低價。實體上方的影線稱為上影線（upper shadow），上影線的上端代表盤中最高價。
4. 具有很長的上影線，沒有下影線，上影線代表價格創新高。
5. 上影線越長，空頭的意味很越濃。（強力陰陽線）

檢討

2-2-3短黑長上影線（Black Lower shadow）

1. 表示最高價高於開盤價，最低價為收盤價，股價已漲高一段時間，而且出現開高盤後股價下跌；但在收盤時，股價拉回開盤價之下不遠處，形成短黑長上影線。
2. 黑色實體短，則表示跌勢漸緩。
3. 當月上影線短，上漲乏力；上影線愈長，則表示賣壓愈沉重。
4. 短黑長上影線特別是處在高價位的股價水平，如果出現一根長的上影線，隱含著市場價格觸及了壓力區，或者是市場已經超買了；長的上影線意謂著上頭有非常重的賣壓，接下來可能是往空頭的走勢發展。
5. 如果短黑長上影線出現在高價區的跳空缺口附近，這種線形就稱為「島狀懸吊線」，在開盤之後，價格無法創新高價，終場時K線形成上影線部份是實體的三倍以上；這種線形是強力震盪整理的線形，行情有向下修正的可能。

82年第8月　82/08/02～82/08/31	單K（月線）－下降趨勢

平底

1. 陰陽線的矩形部份，稱為實體，矩形上、下兩端分別代表開盤價與收盤價。
2. 矩形上端代表兩個價格的較高者，矩形下端則代表兩者的較低者。
3. 如果實體為黑色，開盤價位在矩形上端，收盤價位在下端，價格開高收低，黑色代表空頭意涵。
4. 沒有下影線，則稱為平底。
（陰陽線詳解）

檢討

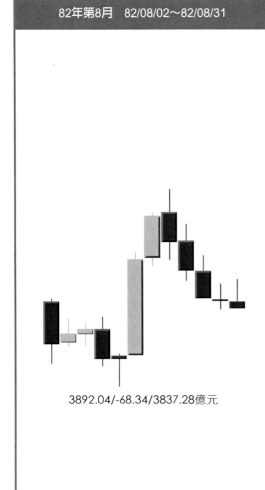

3892.04/-68.34/3837.28億元

2-2-3短黑長上影線（Black Lower shadow）

1. 表示最高價高於開盤價，最低價為收盤價，股價已漲高一段時間，而且出現開高盤後股價下跌；但在收盤時，股價拉回開盤價之下不遠處，形成短黑長上影線。
2. 黑色實體短，則表示跌勢漸緩。
3. 當月上影線短，上漲乏力；上影線愈長，則表示賣壓愈沉重。
4. 短黑長上影線特別是處在高價位的股價水平，如果出現一根長的上影線，隱含著市場價格觸及了壓力區，或者是市場已經超買了；長的上影線意謂著上頭有非常重的賣壓，接下來可能是往空頭的走勢發展。
5. 如果短黑長上影線出現在高價區的跳空缺口附近，這種線形就稱為「島狀懸吊線」，在開盤之後，價格無法創新高價，終場時K線形成上影線部份是實體的三倍以上；這種線形是強力震盪整理的線形，行情有向下修正的可能。

87年第5月　87/05/02～87/05/29	單K（月線）－下降趨勢

具上影線的陰線

1. 陰陽線中，比較寬粗的部份稱為「實體」（real body），它的上、下兩端代表交易時段的開盤價與收盤價。
2. 實體若為黑色，上端代表開盤價，下端代表收盤價；收盤價低於開盤價。
3. 實體上方與下方的細線稱為影線（shadows）。實體上方的影線稱為上影線（upper shadow），上影線的上端代表盤中最高價。
4. 陰陽線如果沒有，如果沒有下影線，稱為平底。空頭的交易時段，市場幾乎以最高價開盤，並收盤在最低價附近。

（陰線陽線）

檢討

2-2-3短黑長上影線（Black Lower shadow）

1. 表示最高價高於開盤價，最低價為收盤價，股價已漲高一段時間，而且出現開高盤後股價下跌；但在收盤時，股價拉回開盤價之下不遠處，形成短黑長上影線。
2. 黑色實體短，則表示跌勢漸緩。
3. 當月上影線短，上漲乏力；上影線愈長，則表示賣壓愈沉重。
4. 短黑長上影線特別是處在高價位的股價水平，如果出現一根長的上影線，隱含著市場價格觸及了壓力區，或者是市場已經超買了；長的上影線意謂著上頭有非常重的賣壓，接下來可能是往空頭的走勢發展。
5. 如果短黑長上影線出現在高價區的跳空缺口附近，這種線形就稱為「島狀懸吊線」，在開盤之後，價格無法創新高價，終場時K線形成上影線部份是實體的三倍以上；這種線形是強力震盪整理的線形，行情有向下修正的可能。

7903.34/-400.87/21839.49億元

7316.57/-54.60/26735.55億元

流星

1. 開盤價與收盤價，都位在當天相對低檔。
2. 流星是發生在延伸性漲勢末端的短期頭部型態，由兩支線形構成，第二支線形的實體必須向上跳空，實體部分很小，上影線很長，下影線（幾乎）不存在。
3. 就星形部分（第二支線形）來說，形狀有點而類似顛倒狀的吊人線。
4. 星形本身的顏色不重要，但跳空缺口越明確越好。
5. 第二支線形的實體必須很小，上影線很長，顏色則不很重要。
（陰陽線詳解）

檢討

2-2-3短黑長上影線（Black Lower shadow）
1. 表示最高價高於開盤價，最低價為收盤價，股價已漲高一段時間，而且出現開高盤後股價下跌；但在收盤時，股價拉回開盤價之下不遠處，形成短黑長上影線。
2. 黑色實體短，則表示跌勢漸緩。
3. 當月上影線短，上漲乏力；上影線愈長，則表示賣壓愈沉重。
4. 短黑長上影線特別是處在高價位的股價水平，如果出現一根長的上影線，隱含著市場價格觸及了壓力區，或者是市場已經超買了；長的上影線意謂著上頭有非常重的賣壓，接下來可能是往空頭的走勢發展。
5. 如果短黑長上影線出現在高價區的跳空缺口附近，這種線形就稱為「島狀懸吊線」，在開盤之後，價格無法創新高價，終場時K線形成上影線部份是實體的三倍以上；這種線形是強力震盪整理的線形，行情有向下修正的可能。

表2-2-3　短黑長上影線　　　　　　　　　　　準確度　　　準=86%　　不準=14%

日期	趨勢	加權指數收盤價	漲跌(+/-)	準確度	
				準	不準
61/07/03～61/07/31	上升趨勢	165.61	-1.63	V	
74/03/01～74/03/31	下降趨勢	765.96	-15.41	V	
75/03/01～75/03/31	上升趨勢	926.13	-17.82		V
75/07/01～75/07/31	盤整趨勢	935.83	-19.38	V	
82/08/02～82/08/31	下降趨勢	3892.04	-68.34	V	
87/05/02～87/05/29	下降趨勢	7903.34	-400.87	V	
88/05/03～88/05/31	上升趨勢	7316.57	-54.6	V	

結論

　　在上升趨勢下的短黑長上影線，是強力震盪整理的線形，行情有向下修正的可能。在盤整趨勢或下降趨勢下上漲乏力；上影線愈長，則表示賣壓愈沉重。自56年1月至100年12月有540個月，以本書月K線去檢討，短黑長上影線出現7次，正確次數為6次，不正確次數為1次，正確度達100%；月K線「正確」與「不正確」仍然有誤差，投資人可以自行調整判別的尺度，修正「正確」與「不正確」的百分比，如此可以達到更高的操作價值。

2-3　黑體下影線

2-3-1 長黑短下影線	2-3-2 黑體等下影線	2-3-3 短黑長下影線

1.陰線圖形，代表下跌。
2.陰線圖形可以分成黑體實體線、黑體上影線、黑體下影線、黑體上下影線。
3.黑體下影線，分成（1）長黑短下影線（2）黑體等下影線（3）短黑長下影線。
4.黑體下影線的最高價等於開盤價，最低價小於收盤價。當天賣方的力道強，使得股價下挫，盤中買方曾入場，但力道不足已拉回。
5.黑體下影線是一種對下跌的抵抗。

2-3-1　長黑短下影線

2-3-1　長黑短下影線

魔法K線檢討：

（1）表示最高價等於開盤價，最低價小於收盤價。盤中買方曾入場，但力道不足以拉回。

（2）黑色實體愈長，跌勢愈兇。

（3）影線愈長，顯示價格波動激烈。跌勢凶猛，最後只遭到輕微的抵抗。

57年第4月　57/04/01～57/04/30	單K（月線）－下降趨勢
	長黑線 1.開盤價與收盤價分別代表當天最高價與最低價，線形就沒有影線。 2.長黑線具有空頭意涵。 3.市場向下突破支撐的方或，可以反映該突破的嚴重性。 4.市場是以長黑線向下突破支撐，所代表的意涵強過，小黑線或白線的突破。 （股票K線戰法）
	檢討
103.38/-5.33/--億元	2-3-1長黑短下影線 1.表示最高價等於開盤價，最低價小於收盤價。當天賣方力道強，使得股價下挫；盤中買方曾入場，但力道不足，所以拉回。基本上，是一種對下跌的抵抗。 2.黑色實體愈長，跌勢愈兇。 3.影線愈長，顯示價格波動激烈。跌勢凶猛，最後只遭到輕微的抵抗。

60年第8月　60/08/02～60/08/31	單K（月線）－盤整趨勢

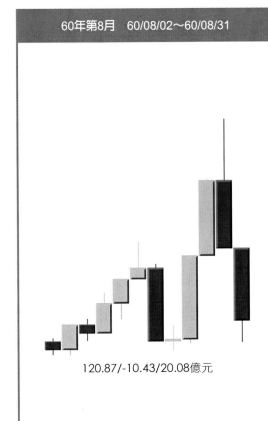

120.87/-10.43/20.08億元

平頭

1.陰陽線的矩形部份，稱為實體，矩形上、下兩端分別代表開盤價與收盤價。

2.矩形上端代表兩個價格的較高者，矩形下端則代表兩者的較低者。

3實體為黑色，矩形上端為開盤價，下端為收盤價，價格開高收低，黑色代表空頭意涵。

4.這條細線稱為影線，下方的影線，則稱為下影線。

5.由陰陽線的角度觀察，實體部分代表決定性的價格走勢，影線則代表表面的價格波動。

6.陰陽線沒有上影線，則稱為平頭。

（陰陽線詳解）

檢討

2-3-1長黑短下影線

1.表示最高價等於開盤價，最低價小於收盤價。當天賣方力道強，使得股價下挫；盤中買方曾入場，但力道不足，所以拉回。基本上，是一種對下跌的抵抗。

2.黑色實體愈長，跌勢愈兇。

3.影線愈長，顯示價格波動激烈。跌勢凶猛，最後只遭到輕微的抵抗。

61年第1月　61/01/05～61/01/31	單K（月線）－盤整趨勢

長黑線
1. 開盤價與收盤價分別代表當天最高價與最低價，線形就沒有影線。
2. 長黑線具有空頭意涵。
3. 市場向下突破支撐的方式，可以反映該突破的嚴重性。
4. 市場是以長黑線向下突破支撐，所代表的意涵強過，小黑線或白線的突破。
（股票K線戰法）

<table><tr><th>檢討</th></tr></table>

2-3-1長黑短下影線
1. 表示最高價等於開盤價，最低價小於收盤價。當天賣方力道強，使得股價下挫；盤中買方曾入場，但力道不足，所以拉回。基本上，是一種對下跌的抵抗。
2. 黑色實體愈長，跌勢愈兇。
3. 影線愈長，顯示價格波動激烈。跌勢凶猛，最後只遭到輕微的抵抗。

127.29/-7.84/20.50億元

63年第2月　63/02/01～63/02/28	單K（月線）－下降趨勢

高價區的長黑線
1. 高價區的長黑線代表頭部的訊號。
2. 長黑線的實體長度必須明顯大於先前數根線形。
3. 長黑線代表空頭已經取得盤勢的控制權。
4. 先前的漲幅大，超買的情況愈嚴重，長黑線的意義愈重要。
（股票K線戰法）

<table><tr><th>檢討</th></tr></table>

2-3-1長黑短下影線
1. 表示最高價等於開盤價，最低價小於收盤價。當天賣方力道強，使得股價下挫；盤中買方曾入場，但力道不足，所以拉回。基本上，是一種對下跌的抵抗。
2. 黑色實體愈長，跌勢愈兇。
3. 影線愈長，顯示價格波動激烈。跌勢凶猛，最後只遭到輕微的抵抗。

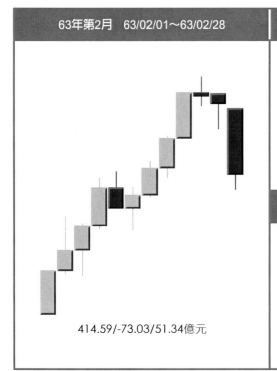

414.59/-73.03/51.34億元

63年第10月　63/10/01～63/10/31	單K（月線）－下降趨勢
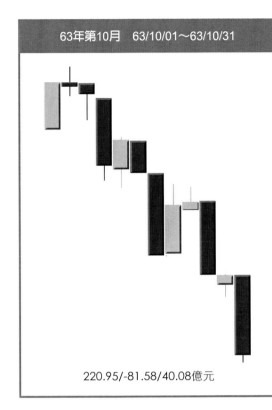220.95/-81.58/40.08億元	**長黑線** 1.開盤價與收盤價分別代表當天最高價與最低價，線形就沒有影線。 2.長黑線具有空頭意涵。 3.市場向下突破支撐的方式，可以反映該突破的嚴重性。 4.市場是以長黑線向下突破支撐，所代表的意涵強過，小黑線或白線的突破。 （股票K線戰法） **檢討** 2-3-1長黑短下影線 1.表示最高價等於開盤價，最低價小於收盤價。當天賣方力道強，使得股價下挫；盤中買方曾入場，但力道不足，所以拉回。基本上，是一種對下跌的抵抗。 2.黑色實體愈長，跌勢愈兇。 3.影線愈長，顯示價格波動激烈。跌勢凶猛，最後只遭到輕微的抵抗。

64年第9月　64/09/01～64/09/30	單K（月線）－盤整趨勢
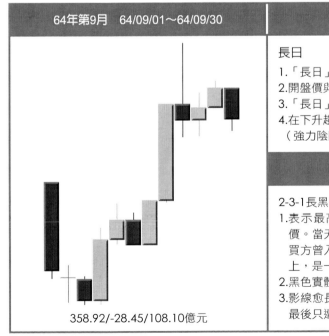358.92/-28.45/108.10億元	**長日** 1.「長日」代表當天價格走勢出現巨幅波動。 2.開盤價與收盤價差距非常大。 3.「長日」應該反應多頭趨勢。 4.在下升趨勢應該出現長黑日。 （強力陰陽線） **檢討** 2-3-1長黑短下影線 1.表示最高價等於開盤價，最低價小於收盤價。當天賣方力道強，使得股價下挫；盤中買方曾入場，但力道不足，所以拉回。基本上，是一種對下跌的抵抗。 2.黑色實體愈長，跌勢愈兇。 3.影線愈長，顯示價格波動激烈。跌勢凶猛，最後只遭到輕微的抵抗。

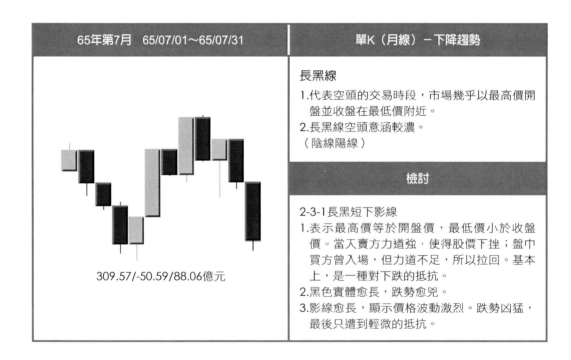

65年第6月　65/06/01～65/06/30	單K（月線）－上升趨勢

長黑線

1. 開盤價與收盤價分別代表當天最高價與最低價，線形就沒有影線。
2. 長黑線具有空頭意涵。
3. 市場向下突破支撐的方式，可以反映該突破的嚴重性。
4. 市場是以長黑線向下突破支撐，所代表的意涵強過，小黑線或白線的突破。
（股票K線戰法）

檢討

2-3-1長黑短下影線
1. 表示最高價等於開盤價，最低價小於收盤價。當天賣方力道強，使得股價下挫；盤中買方曾入場，但力道不足，所以拉回。基本上，是一種對下跌的抵抗。
2. 黑色實體愈長，跌勢愈兇。
3. 影線愈長，顯示價格波動激烈。跌勢凶猛，最後只遭到輕微的抵抗。

360.16/-36.65/120.13億元

65年第7月　65/07/01～65/07/31	單K（月線）－下降趨勢

長黑線

1. 代表空頭的交易時段，市場幾乎以最高價開盤並收盤在最低價附近。
2. 長黑線空頭意涵較濃。
（陰線陽線）

檢討

2-3-1長黑短下影線
1. 表示最高價等於開盤價，最低價小於收盤價。當天賣方力道強，使得股價下挫；盤中買方曾入場，但力道不足，所以拉回。基本上，是一種對下跌的抵抗。
2. 黑色實體愈長，跌勢愈兇。
3. 影線愈長，顯示價格波動激烈。跌勢凶猛，最後只遭到輕微的抵抗。

309.57/-50.59/88.06億元

66年第7月　66/07/01～66/07/31	單K（月線）－盤整趨勢

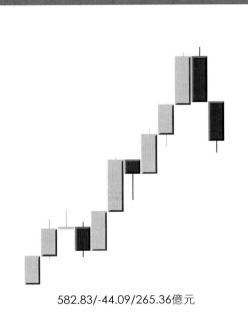

322.27/-32.99/84.48億元

長黑線

1. 陰陽線的矩形部份，稱為實體，矩形上、下兩端分別代表開盤價與收盤價。
2. 矩形上端代表兩個價格的較高者，矩形下端則代表兩者的較低者。
3. 如果實體為黑色，開盤價位在矩形上端，收盤價位在下端，黑色代表空頭意涵。
4. 開盤價與收盤價分別代表當天最高價與最低價，線形就沒有影線。
5. 長黑線具有空頭意涵。
（陰陽線詳解）

檢討

2-3-1長黑短下影線
1. 表示最高價等於開盤價，最低價小於收盤價。當天賣方力道強，使得股價下挫；盤中買方曾入場，但力道不足，所以拉回。基本上，是一種對下跌的抵抗。
2. 黑色實體愈長，跌勢愈兇。
3. 影線愈長，顯示價格波動激烈。跌勢凶猛，最後只遭到輕微的抵抗。

67年第11月　67/11/01～67/11/30	單K（月線）－下降趨勢

582.83/-44.09/265.36億元

具下影線的陰線

1. 陰陽線中寬粗部分稱為實體其上、下兩端表示交易時段的開盤價與收盤價 實體為黑色上端表示開盤價下端表示收盤價。
2. 實體下方表示下影線，表示最低價。
3. 由於日線圖的陰陽線形態只有短期意涵，比較適用於短線交易。
4. 黑色表示空頭意涵。
（陰線陽線）

檢討

2-3-1長黑短下影線
1. 表示最高價等於開盤價，最低價小於收盤價。當天賣方力道強，使得股價下挫；盤中買方曾入場，但力道不足，所以拉回。基本上，是一種對下跌的抵抗。
2. 黑色實體愈長，跌勢愈兇。
3. 影線愈長，顯示價格波動激烈。跌勢凶猛，最後只遭到輕微的抵抗。

68年第5月　68/05/01～68/05/31	單K（月線）－盤整趨勢

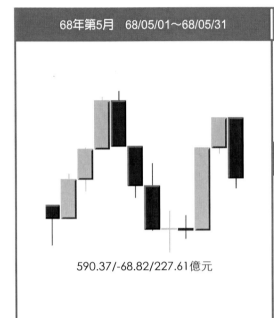

590.37/-68.82/227.61億元

長黑線

1. 代表空頭的交易時段，市場幾乎以最高價開盤並收盤在最低價附近。
2. 長黑線空頭意涵較濃。

（陰線陽線）

檢討

2-3-1長黑短下影線

1. 表示最高價等於開盤價，最低價小於收盤價。當天賣方力道強，使得股價下挫；盤中買方曾入場，但力道不足，所以拉回。基本上，是一種對下跌的抵抗。
2. 黑色實體愈長，跌勢愈兇。
3. 影線愈長，顯示價格波動激烈。跌勢凶猛，最後只遭到輕微的抵抗。

70年第3月　70/03/01～70/03/31	單K（月線）－盤整趨勢

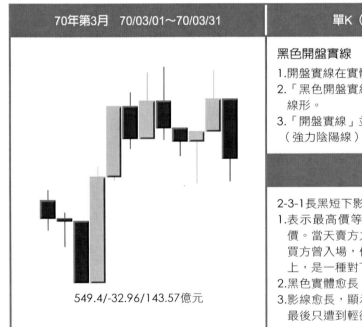

549.4/-32.96/143.57億元

黑色開盤實線

1. 開盤實線在實體的開盤端，未留有影線。
2. 「黑色開盤實線」無上影線，為弱勢的空頭線形。
3. 「開盤實線」並不如「收盤實線」強勁。

（強力陰陽線）

檢討

2-3-1長黑短下影線

1. 表示最高價等於開盤價，最低價小於收盤價。當天賣方力道強，使得股價下挫；盤中買方曾入場，但力道不足，所以拉回。基本上，是一種對下跌的抵抗。
2. 黑色實體愈長，跌勢愈兇。
3. 影線愈長，顯示價格波動激烈。跌勢凶猛，最後只遭到輕微的抵抗。

71年第3月　71/03/01～71/03/31	單K（月線）－下降趨勢
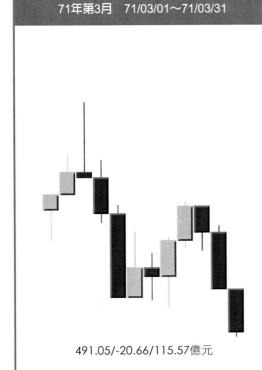 491.05/-20.66/115.57億元	**長黑線** 1.一根陰陽線是由一個矩形部分與其上、下兩側的細線所構成。 2.陰陽線的矩形部分稱為實體，實體的上、下兩端分別代表交易時段的開盤與收盤價。 3.當開盤價高於收盤價，實體為黑色（陰線）。 4.實體上、下兩側的細線，稱為影線，影線代表交易時段的極端價格。 5.實體上側的影線稱為「上影線」代表最高時段的最高價。　實體下側影線稱為「下影線」代表交易時段的最低價。 6.長黑線具有空頭意涵。 （股票K線戰法） **檢討** 2-3-1長黑短下影線 1.表示最高價等於開盤價，最低價小於收盤價。當天賣方力道強，使得股價下挫；盤中買方曾入場，但力道不足，所以拉回。基本上，是一種對下跌的抵抗。 2.黑色實體愈長，跌勢愈兇。 3.影線愈長，顯示價格波動激烈。跌勢凶猛，最後只遭到輕微的抵抗。

74年第7月　74/07/01～74/07/31	單K（月線）－下降趨勢
 673.14/-69.32/118.45億元	**長黑線** 1.代表空頭的交易時段，市場幾乎以最高價開盤並收盤在最低價附近。 2.長黑線空頭意涵較濃。 （陰線陽線） **檢討** 2-3-1長黑短下影線 1.表示最高價等於開盤價，最低價小於收盤價。當天賣方力道強，使得股價下挫；盤中買方曾入場，但力道不足，所以拉回。基本上，是一種對下跌的抵抗。 2.黑色實體愈長，跌勢愈兇。 3.影線愈長，顯示價格波動激烈。跌勢凶猛，最後只遭到輕微的抵抗。

76年第6月　76/06/01～76/06/30	單K（月線）－上升趨勢

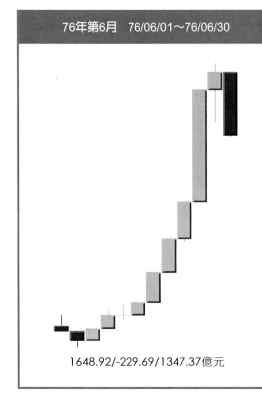

1648.92/-229.69/1347.37億元

長黑線

1. 長黑線的實體長度必須明顯大於先前數根線形。
2. 長黑線代表空頭已經取得盤勢的控制權。
3. 市場向下突破支撐的方或，可以反映該突破的嚴重性。
4. 市場是以長黑線向下突破支撐，所代表的意涵強過，小黑線或白線的突破。
（股票K線戰法）

檢討

2-3-1長黑短下影線

1. 表示最高價等於開盤價，最低價小於收盤價。當天賣方力道強，使得股價下挫；盤中買方曾入場，但力道不足，所以拉回。基本上，是一種對下跌的抵抗。
2. 黑色實體愈長，跌勢愈兇。
3. 影線愈長，顯示價格波動激烈。跌勢凶猛，最後只遭到輕微的抵抗。

77年第10月　77/10/03～77/10/29	單K（月線）－上升趨勢

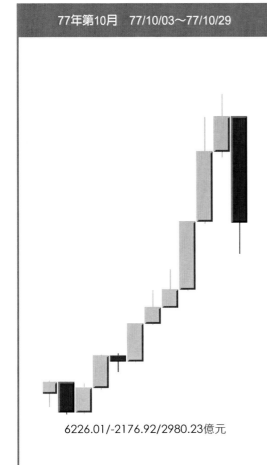

6226.01/-2176.92/2980.23億元

長黑線

1. 一根陰陽線是由一個矩行部分與其上、下兩側的細線所構成。
2. 陰陽線的矩形部分稱為實體，實體的上、下兩端分別代表交易時段的開盤與收盤價。
3. 當開盤價高於收盤價，實體為黑色（陰線）。
4. 實體上、下兩側的細線，稱為影線，影線代表交易時段的極端價格。
5. 實體上側的影線稱為「上影線」代表最高時段的最高價。實體下側影線稱為「下影線」代表交易時段的最低價。
6. 一根具有明顯意義的長黑線，其實體長度至少要是前一天實體長度的三倍。
7. 長黑線具有空頭意涵。
（股票K線戰法）

檢討

2-3-1長黑短下影線

1. 表示最高價等於開盤價，最低價小於收盤價。當天賣方力道強，使得股價下挫；盤中買方曾入場，但力道不足，所以拉回。基本上，是一種對下跌的抵抗。
2. 黑色實體愈長，跌勢愈兇。
3. 影線愈長，顯示價格波動激烈。跌勢凶猛，最後只遭到輕微的抵抗。

86年第9月　86/09/01～86/09/30	單K（月線）－下降趨勢

高價區的長黑線

1. 高價區的長黑線代表頭部的訊號。
2. 長黑線的實體長度必須明顯大於先前數根線形。
3. 長黑線代表空頭已經取得盤勢的控制權。
4. 先前的漲幅大，超買的情況愈嚴重，長黑線的意義愈重要。
5. 這種線形代表多頭已經後繼乏力，或空頭已經轉守為攻。
6. 都代表潛在的空頭走勢。
（股票K線戰法）

檢討

2-3-1長黑短下影線

1. 表示最高價等於開盤價，最低價小於收盤價。當天賣方力道強，使得股價下挫；盤中買方曾入場，但力道不足，所以拉回。基本上，是一種對下跌的抵抗。
2. 黑色實體愈長，跌勢愈兇。
3. 影線愈長，顯示價格波動激烈。跌勢凶猛，最後只遭到輕微的抵抗。

8708.83/-1047.64/25857.50億元

86年第10月　86/10/01～86/10/30	單K（月線）－下降趨勢

長黑線

1. 開盤價與收盤價分別代表當天最高價與最低價，線形就沒有影線。
2. 長黑線具有空頭意涵。
3. 市場向下突破支撐的方或，可以反映該突破的嚴重性。
4. 市場是以長黑線向下突破支撐，所代表的意涵強過，小黑線或白線的突破。
（股票K線戰法）

檢討

2-3-1長黑短下影線

1. 表示最高價等於開盤價，最低價小於收盤價。當天賣方力道強，使得股價下挫；盤中買方曾入場，但力道不足，所以拉回。基本上，是一種對下跌的抵抗。
2. 黑色實體愈長，跌勢愈兇。
3. 影線愈長，顯示價格波動激烈。跌勢凶猛，最後只遭到輕微的抵抗。

7313.40/-1395.43/24480.37億元

90年第9月　90/09/03～90/09/28	單K（月線）－下降趨勢

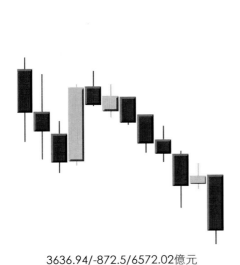

3636.94/-872.5/6572.02億元

長黑線

1. 開盤價與收盤價分別代表當天最高價與最低價，線形就沒有影線。
2. 長黑線具有空頭意涵。
3. 市場向下突破支撐的方或，可以反映該突破的嚴重性。
4. 市場是以長黑線向下突破支撐，所代表的意涵強過，小黑線或白線的突破。
（股票K線戰法）

檢討

2-3-1長黑短下影線

1. 表示最高價等於開盤價，最低價小於收盤價。當天賣方力道強，使得股價下挫；盤中買方曾入場，但力道不足，所以拉回。基本上，是一種對下跌的抵抗。
2. 黑色實體愈長，跌勢愈兇。
3. 影線愈長，顯示價格波動激烈。跌勢凶猛，最後只遭到輕微的抵抗。

91年第9月　91/09/02～91/09/30	單K（月線）－下降趨勢

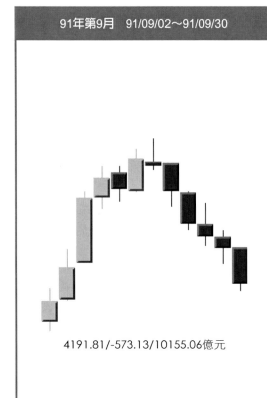

4191.81/-573.13/10155.06億元

平頭

1. 陰陽線的矩形部份，稱為實體，矩形上、下兩端分別代表開盤價與收盤價。
2. 矩形上端代表兩個價格的較高者，矩形下端則代表兩者的較低者。
3. 如果實體為黑色，矩形下端為開盤價，上端為收盤價，價格開高走低，黑色代表空頭意涵。
4. 這條細線稱為影線，下方的影線，則稱為下影線。
5. 由陰陽線的角度觀察，實體部分代表決定性的價格走勢，影線則代表表面的價格波動。
6. 陰陽線沒有上影線，則稱為平頭。

（陰陽線詳解）

檢討

2-3-1長黑短下影線

1. 表示最高價等於開盤價，最低價小於收盤價。當天賣方力道強，使得股價下挫；盤中買方曾入場，但力道不足，所以拉回。基本上，是一種對下跌的抵抗。
2. 黑色實體愈長，跌勢愈兇。
3. 影線愈長，顯示價格波動激烈。跌勢凶猛，最後只遭到輕微的抵抗。

92年第2月　92/02/06～92/02/27	單K（月線）－盤整趨勢
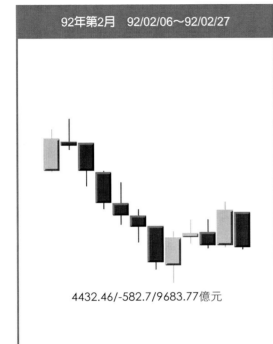	**長黑線**
	1.開盤價與收盤價分別代表當天最高價與最低價，線形就沒有影線。
	2.長黑線具有空頭意涵。
	3.市場向下突破支撐的方或，可以反映該突破的嚴重性。
	4.市場是以長黑線向下突破支撐，所代表的意涵強過，小黑線或白線的突破。
	（股票K線戰法）
4432.46/-582.7/9683.77億元	**檢討**
	2-3-1長黑短下影線
	1.表示最高價等於開盤價，最低價小於收盤價。當天賣方力道強，使得股價下挫；盤中買方曾入場，但力道不足，所以拉回。基本上，是一種對下跌的抵抗。
	2.黑色實體愈長，跌勢愈兇。
	3.影線愈長，顯示價格波動激烈。跌勢凶猛，最後只遭到輕微的抵抗。

97年第9月　97/09/01～97/09/30	單K（月線）－下降趨勢
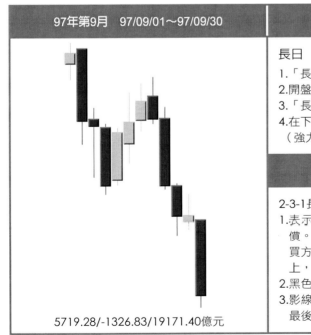	**長日**
	1.「長日」代表當天價格走勢出現巨幅波動。
	2.開盤價與收盤價的差距非常大。
	3.「長日」應該反應趨勢。
	4.在下降趨勢，則應該出現長黑日。
	（強力陰陽線）
5719.28/-1326.83/19171.40億元	**檢討**
	2-3-1長黑短下影線
	1.表示最高價等於開盤價，最低價小於收盤價。當天賣方力道強，使得股價下挫；盤中買方曾入場，但力道不足，所以拉回。基本上，是一種對下跌的抵抗。
	2.黑色實體愈長，跌勢愈兇。
	3.影線愈長，顯示價格波動激烈。跌勢凶猛，最後只遭到輕微的抵抗。

97年第10月　97/10/01～97/10/31	單K（月線）－下降趨勢

長黑線

1. 一根陰陽線是由一個矩形部分與其上、下兩側的細線所構成。
2. 陰陽線的矩形部分稱為實體（real body），實體的上、下兩端分別代表交易時段的開盤與收盤價。
3. 當收盤價低於開盤價時，實體繪為黑色（陰線）。
4. 實體上、下兩側的細線，稱為影線，影線代表交易時段的極端價格。
5. 實體上側的影線稱為「上影線」代表最高時段的最高價，實體下側影線稱為「下影線」代表交易時段的最低價。
6. 市場向下突破支撐的方式，可以反映該突破的嚴重性。
7. 市場是以長黑線向下突破支撐，所代表的意涵強過，小黑線或白線的突破。
（股票K線戰法）

4870.66/-848.62/12734.11億元

檢討

2-3-1長黑短下影線

1. 表示最高價等於開盤價，最低價小於收盤價。當天賣方力道強，使得股價下挫；盤中買方曾入場，但力道不足，所以拉回。基本上，是一種對下跌的抵抗。
2. 黑色實體愈長，跌勢愈兇。
3. 影線愈長，顯示價格波動激烈。跌勢凶猛，最後只遭到輕微的抵抗。

100/02/8～02/25　（月線）	單K（月線）－上升趨勢

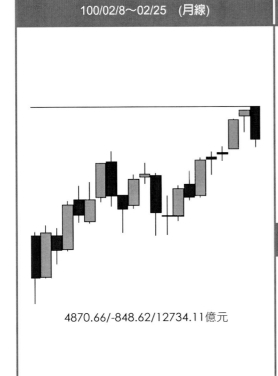

4870.66/-848.62/12734.11億元

高價區的長黑線

1.高價區的長黑線代表頭部的訊號。
2.長黑線的實體長度必須明顯大於先前數根線形。
3.長黑線代表空頭已經取得盤勢的控制權。
4.先前的漲幅大，超買的情況愈嚴重，長黑線的意義愈重要。
5.這種線形代表多頭已經後繼乏力，或空頭已經轉守為攻。
6.都代表潛在的空頭走勢。
（股票K線戰法）

檢討

2-3-1長黑短下影線

1.表示最高價等於開盤價，最低價小於收盤價。當天賣方力道強，使得股價下挫；盤中買方曾入場，但力道不足，所以拉回。基本上，是一種對下跌的抵抗。
2.黑色實體愈長，跌勢愈兇。
3.影線愈長，顯示價格波動激烈。跌勢凶猛，最後只遭到輕微的抵抗。

表2-3-1　長黑短下影線　　　　　　　　　　準確度　　準=91%　不準=9%

日期	趨勢	加權指數收盤價	漲跌 (+/-)	準確度	
				準	不準
57/04/01～57/04/30	下降趨勢	103.38	-5.33	V	
60/08/02～60/08/31	盤整趨勢	120.87	-10.43	V	
61/01/05～61/01/31	盤整趨勢	127.29	-7.84	V	
63/02/01～63/02/28	下降趨勢	414.59	-73.03	V	
63/10/01～63/10/31	下降趨勢	220.95	-81.58	V	
64/09/01～64/09/30	盤整趨勢	358.92	-28.45	V	
65/06/01～65/06/30	上升趨勢	360.16	-36.65	V	
65/07/01～65/07/31	下降趨勢	309.57	-50.59	V	
66/07/01～66/07/31	盤整趨勢	322.27	-32.99		V
67/11/01～67/11/30	下降趨勢	582.83	-44.09	V	
68/05/01～68/05/31	盤整趨勢	590.37	-68.82	V	
70/03/01～70/03/31	盤整趨勢	549.4	-32.96	V	
71/03/01～71/03/31	下降趨勢	491.05	-20.66	V	
74/07/01～74/07/31	下降趨勢	637.14	-69.32	V	
76/06/01～76/06/30	上升趨勢	1648.92	-229.69	V	
77/10/03～77/10/29	上升趨勢	6226.01	-2176.92	V	
86/09/01～86/09/30	下降趨勢	8708.83	-1047.64	V	
86/10/01～86/10/30	下降趨勢	7313.4	-1395.43		V
90/09/03～90/09/28	下降趨勢	3636.94	-872.5	V	
91/09/02～91/09/30	下降趨勢	4191.81	-573.13	V	
92/02/06～92/02/27	盤整趨勢	4432.46	-582.7	V	
97/09/01～97/09/30	下降趨勢	5719.28	-1326.83	V	
97/10/01～97/10/31	下降趨勢	4870.66	-848.62	V	
100/02/08～100/02/25	上升趨勢	8599.65	-545.7	V	

結論

　　在上升、盤整或下降趨勢下長黑短下影線的黑色實體愈長，跌勢愈兇。影線愈長，顯示價格波動激烈。自56年1月至100年12月有540個月，以本書月K線去檢討，長黑短下影線出現24次，正確次數為22次，不正確次數為2次，正確度達92%；月K線「正確」與「不正確」仍然有誤差，投資人可以自行調整判別的尺度，修正「正確」與「不正確」的百分比，如此可以達到更高的操作價值。

2-3-2　黑體等下影線

2-3-2　黑體等下影線

魔法K線檢討：

（1）表示最高價等於開盤價，最低價小於收盤價，盤中買方曾入場，但力道不足以拉回。

（2）跌勢中等，最後遭到抵抗拉回。

68年第6月　68/06/01～68/06/30	單K（月線）－盤整趨勢
572.27/-18.10/108.31億元	**黑色開盤實線** 1.開盤實線在實體的開盤端，未留有影線。 2.「黑色開盤實線」無上影線，為弱勢的空頭線形。 3.「開盤實線」並不如「收盤實線」強勁。 （強力陰陽線）
	檢討
	2-3-2黑體等下影線（變形） 1.表示最高價等於開盤價，最低價小於收盤價，盤中買方曾入場，但力道不足，所以拉回。 2.跌勢中等，最後遭到抵抗拉回。

68年第9月　68/09/01～68/09/30	單K（月線）－盤整趨勢
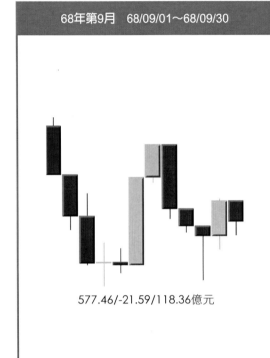 577.46/-21.59/118.36億元	**平頭** 1.陰陽線的矩形部份，稱為實體，矩形上、下兩端分別代表開盤價與收盤價。 2.矩形上端代表兩個價格的較高者，矩形下端則代表兩者的較低者。 3.如果實體為黑色，矩形上端為開盤價，下端為收盤價，價格開高走低，黑色代表空頭意涵。 4.這條細線稱為影線，下方的影線，則稱為下影線。 5.由陰陽線的角度觀察，實體部分代表決定性的價格走勢，影線則代表表面的價格波動。 6.陰陽線沒有上影線，則稱為平頭。 （陰陽線詳解）
	檢討
	2-3-2黑體等下影線 1.表示最高價等於開盤價，最低價小於收盤價，盤中買方曾入場，但力道不足，所以拉回。 2.跌勢中等，最後遭到抵抗拉回。

69年第12月　69/12/01～69/12/30	單K（月線）－盤整趨勢
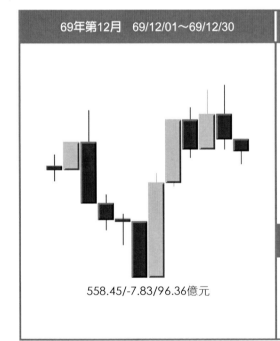 558.45/-7.83/96.36億元	**影線&平底** 1.陰陽線的矩形部份，稱為實體，矩形上、下兩端分別代表開盤價與收盤價。 2.矩形上端代表兩個價格的較高者，矩形下端則代表兩者的較低者。 3.如果實體為黑色，開盤價位在矩形上端，收盤價位在下端（價格開高收低，黑色代表空頭意涵）。 4.陰陽線形，沒有上影線，則稱為平頭。 （陰陽線詳解）
	檢討
	2-3-2黑體等下影線 1.表示最高價等於開盤價，最低價小於收盤價，盤中買方曾入場，但力道不足，所以拉回。 2.跌勢中等，最後遭到抵抗拉回。

71年第1月　71/01/01～71/01/25	單K（月線）－盤整趨勢
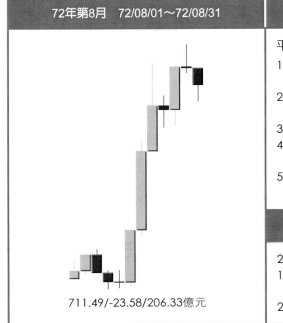 538.42/-12.61/91.21億元	平頭 1.陰陽線的矩形部份，稱為實體，矩形上、下兩端分別代表開盤價與收盤價。 2.矩形上端代表兩個價格的較高者，矩形下端則代表兩者的較低者。 3.這條細線稱為影線，下方的影線，則稱為下影線。 4.由陰陽線的角度觀察，實體部分代表決定性的價格走勢，影線則代表表面的價格波動。 5.陰陽線沒有上影線，則稱為平頭。 （陰陽線詳解）
	檢討
	2-3-2黑體等下影線 1.表示最高價等於開盤價，最低價小於收盤價，盤中買方曾入場，但力道不足，所以拉回。 2.跌勢中等，最後遭到抵抗拉回。

72年第8月　72/08/01～72/08/31	單K（月線）－上升趨勢
711.49/-23.58/206.33億元	平頭 1.陰陽線的矩形部份，稱為實體，矩形上、下兩端分別代表開盤價與收盤價。 2.矩形上端代表兩個價格的較高者，矩形下端則代表兩者的較低者。 3.細線稱為影線，下方的影線，則稱為下影線。 4.由陰陽線的角度觀察，實體部分代表決定性的價格走勢，影線則代表表面的價格波動。 5.陰陽線沒有上影線，則稱為平頭。 （陰陽線詳解）
	檢討
	2-3-2黑體等下影線 1.表示最高價等於開盤價，最低價小於收盤價，盤中買方曾入場，但力道不足，所以拉回。 2.跌勢中等，最後遭到抵抗拉回。

72年第10月　72/10/01～72/10/30	單K（月線）－盤整趨勢

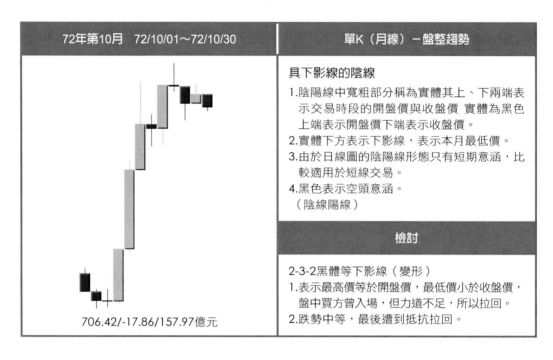

706.42/-17.86/157.97億元

具下影線的陰線

1. 陰陽線中寬粗部分稱為實體其上、下兩端表示交易時段的開盤價與收盤價 實體為黑色上端表示開盤價下端表示收盤價。
2. 實體下方表示下影線，表示本月最低價。
3. 由於日線圖的陰陽線形態只有短期意涵，比較適用於短線交易。
4. 黑色表示空頭意涵。
（陰線陽線）

檢討

2-3-2黑體等下影線（變形）
1. 表示最高價等於開盤價，最低價小於收盤價，盤中買方曾入場，但力道不足，所以拉回。
2. 跌勢中等，最後遭到抵抗拉回。

73年第9月　73/09/01～73/09/30	單K（月線）－盤整趨勢

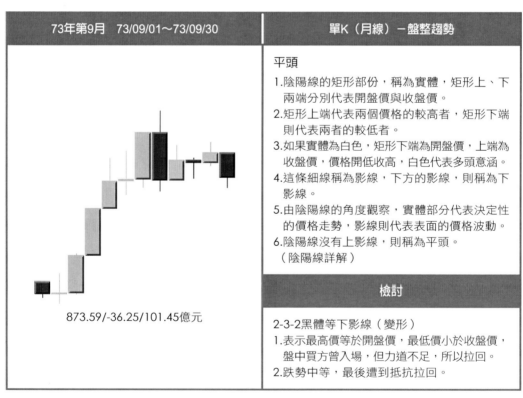

873.59/-36.25/101.45億元

平頭

1. 陰陽線的矩形部份，稱為實體，矩形上、下兩端分別代表開盤價與收盤價。
2. 矩形上端代表兩個價格的較高者，矩形下端則代表兩者的較低者。
3. 如果實體為白色，矩形下端為開盤價，上端為收盤價，價格開低收高，白色代表多頭意涵。
4. 這條細線稱為影線，下方的影線，則稱為下影線。
5. 由陰陽線的角度觀察，實體部分代表決定性的價格走勢，影線則代表表面的價格波動。
6. 陰陽線沒有上影線，則稱為平頭。
（陰陽線詳解）

檢討

2-3-2黑體等下影線（變形）
1. 表示最高價等於開盤價，最低價小於收盤價，盤中買方曾入場，但力道不足，所以拉回。
2. 跌勢中等，最後遭到抵抗拉回。

74年第6月　74/06/01～74/06/30	單K（月線）－下降趨勢
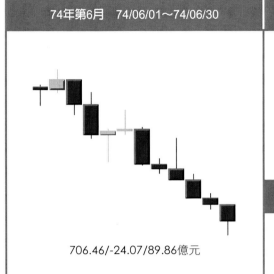 706.46/-24.07/89.86億元	**開盤實線** 1.開盤實線在實體的開盤端末端留有影線。 2.如果實體為黑色，則無上影線，稱為「黑色開盤實線」。 3.「黑色開盤實線」無上影線，為弱勢的空頭線形。 4.「開盤實線」並不如「收盤實線」強勁。（陰線陽線） **檢討** 2-3-2黑體等下影線（變形） 1.表示最高價等於開盤價，最低價小於收盤價，盤中買方曾入場，但力道不足，所以拉回。 2.跌勢中等，最後遭到抵抗拉回。

75年第8月　75/08/01～75/08/31	單K（月線）－盤整趨勢
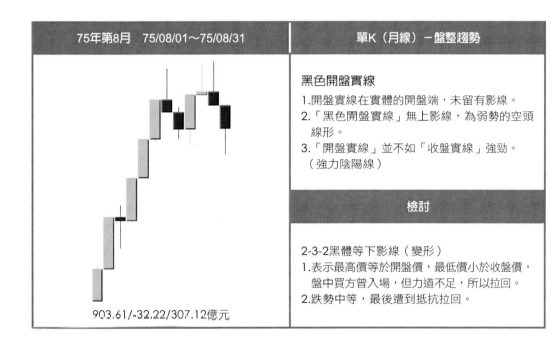 903.61/-32.22/307.12億元	**黑色開盤實線** 1.開盤實線在實體的開盤端，未留有影線。 2.「黑色開盤實線」無上影線，為弱勢的空頭線形。 3.「開盤實線」並不如「收盤實線」強勁。（強力陰陽線） **檢討** 2-3-2黑體等下影線（變形） 1.表示最高價等於開盤價，最低價小於收盤價，盤中買方曾入場，但力道不足，所以拉回。 2.跌勢中等，最後遭到抵抗拉回。

79年第5月　79/05/02～79/05/31	單K（月線）－下降趨勢

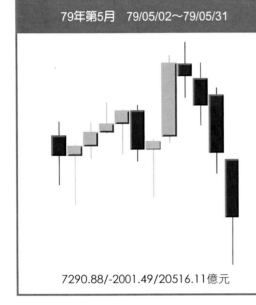

7290.88/-2001.49/20516.11億元

長日
1.「長日」代表當天價格走勢出現巨幅波動。
2.開盤價與收盤價差距非常大。
3.「長日」應該反應多頭趨勢。
4.在下升趨勢應該出現長黑日。
（強力陰陽線）

檢討

2-3-2黑體等下影線（變形）
1.表示最高價等於開盤價，最低價小於收盤價，
　盤中買方曾入場，但力道不足，所以拉回。
2.跌勢中等，最後遭到抵抗拉回。

80年第7月　80/07/01～80/07/31	單K（月線）－上升趨勢

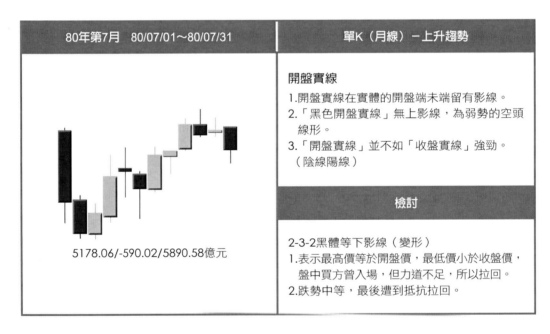

5178.06/-590.02/5890.58億元

開盤實線
1.開盤實線在實體的開盤端未端留有影線。
2.「黑色開盤實線」無上影線，為弱勢的空頭
　線形。
3.「開盤實線」並不如「收盤實線」強勁。
（陰線陽線）

檢討

2-3-2黑體等下影線（變形）
1.表示最高價等於開盤價，最低價小於收盤價，
　盤中買方曾入場，但力道不足，所以拉回。
2.跌勢中等，最後遭到抵抗拉回。

81年第3月　81/03/02〜81/03/31	單K（月線）－盤整趨勢
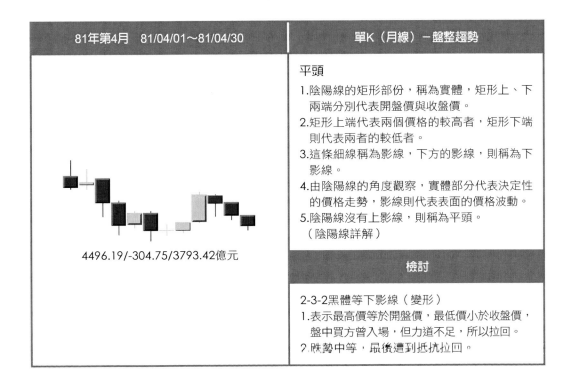 4800.94/-341.48/5803.04億元	**黑色開盤實線** 1.開盤實線在實體的開盤端，未留有影線。 2.「黑色開盤實線」無上影線，為弱勢的空頭線形。 3.「開盤實線」並不如「收盤實線」強勁。（強力陰陽線）
	檢討
	2-3-2黑體等下影線（變形） 1.表示最高價等於開盤價，最低價小於收盤價，盤中買方曾入場，但力道不足，所以拉回。 2.跌勢中等，最後遭到抵抗拉回。

81年第4月　81/04/01〜81/04/30	單K（月線）－盤整趨勢
4496.19/-304.75/3793.42億元	**平頭** 1.陰陽線的矩形部份，稱為實體，矩形上、下兩端分別代表開盤價與收盤價。 2.矩形上端代表兩個價格的較高者，矩形下端則代表兩者的較低者。 3.這條細線稱為影線，下方的影線，則稱為下影線。 4.由陰陽線的角度觀察，實體部分代表決定性的價格走勢，影線則代表表面的價格波動。 5.陰陽線沒有上影線，則稱為平頭。（陰陽線詳解）
	檢討
	2-3-2黑體等下影線（變形） 1.表示最高價等於開盤價，最低價小於收盤價，盤中買方曾入場，但力道不足，所以拉回。 2.跌勢中等，最後遭到抵抗拉回。

86年第5月　86/05/02～86/05/31	單K（月線）－上升趨勢

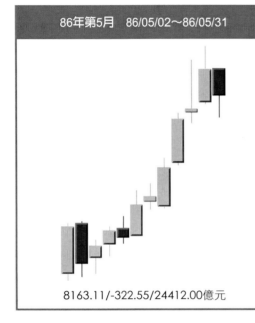

8163.11/-322.55/24412.00億元

黑色開盤實線

1.開盤實線在實體的開盤端，未留有影線。
2.「黑色開盤實線」無上影線，為弱勢的空頭
　線形。
3.「開盤實線」並不如「收盤實線」強勁。
　（強力陰陽線）

檢討

2-3-2黑體等下影線（變形）
1.表示最高價等於開盤價，最低價小於收盤價，
　盤中買方曾入場，但力道不足，所以拉回。
2.跌勢中等，最後遭到抵抗拉回。

91年第5月　91/05/02～91/05/31	單K（月線）－盤整趨勢

5675.65/-390.08/16752.26億元

黑色開盤實線

1.開盤實線在實體的開盤端，未留有影線。
2.「黑色開盤實線」無上影線，為弱勢的空頭
　線形。
3.「開盤實線」並不如「收盤實線」強勁。
　（強力陰陽線）

檢討

2-3-2黑體等下影線（變形）
1.表示最高價等於開盤價，最低價小於收盤價，
　盤中買方曾入場，但力道不足，所以拉回。
2.跌勢中等，最後遭到抵抗拉回。

表2-3-2　黑體等下影線　　　　　　　　　　　準確度　　準=100%　不準=0%

日期	趨勢	加權指數收盤價	漲跌 (+/-)	準確度	
				準	不準
68/06/01～68/06/30	盤整趨勢	572.27	-18.1	V	
68/09/01～68/09/30	盤整趨勢	577.46	-21.59	V	
69/12/01～69/12/30	盤整趨勢	558.45	-7.83	V	
71/01/01～71/01/25	盤整趨勢	538.42	-12.61	V	
72/08/01～72/08/31	上升趨勢	711.49	-23.58	V	
72/10/01～72/10/30	盤整趨勢	706.42	-17.86	V	
73/09/01～73/09/30	盤整趨勢	873.59	-36.25	V	
74/06/01～74/06/30	下降趨勢	706.46	-24.07	V	
75/08/01～75/08/31	盤整趨勢	903.61	-32.22	V	
79/05/02～79/05/31	下降趨勢	7290.88	-2001.49	V	
80/07/01～80/07/31	上升趨勢	5178.06	590.02	V	
81/03/02～81/03/31	盤整趨勢	4800.94	-341.48	V	
81/04/01～81/04/30	盤整趨勢	4496.19	-304.75	V	
86/05/02～86/05/31	上升趨勢	8163.11	-322.55	V	
91/05/02～91/05/31	盤整趨勢	5675.65	-390.08	V	

結論

　　自56年1月至100年12月有540個月，以本書月K線去檢討，黑體等下影線出現15次，正確次數為15次，不正確次數為零，正確度達100%；月K線「正確」與「不正確」仍然有誤差，投資人可以自行調整判別的尺度，修正「正確」與「不正確」的百分比，如此可以達到更高的操作價值。

2-3-3　短黑長下影線

2-3-3　短黑長下影線

魔法K線檢討：

（1）表示最高價等於開盤價，最低價小於收盤價；盤中買方曾入場，但力道不足以拉回；是對下跌的抵抗。

（2）通常在上升趨勢，它的下影線是實體的兩倍以上，這是一個反轉向多頭的信號！

（3）通常在下降趨勢，它的下影線是實體的兩倍以上，這顯示市場具有強烈的空頭意涵。

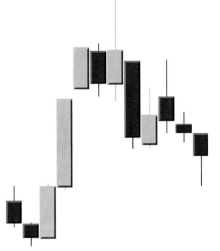

102.27/-1.40/5.66億元

紙傘

1.「紙傘」具有強烈的反轉涵意。

2.有兩種「紙傘」根據其處於市場趨勢之位置，而分別被稱為「鎚子」與「吊人」。

3.吊人線形是發生在延伸性價格漲勢之後的紙傘線形。

4.吊人線形的實體很小，有些像人頭，下影線很長，有些像吊人晃盪的腳。下影線的長度至少應該是實體長度的兩倍。

5.如果吊人線發生在延伸性價格漲勢之後，就必須特別尊重其反轉訊號。

6.吊人線完全位在前一天線形之上，兩支線形的交易區間毫無重疊。

7.三項必要條件：第一實體必須在交易區間的上端；第二下影線很長，至少是實體長度的兩倍；第三，沒有上影線，即使有，上影線也應該很短。

8.如果吊人線隔天的價格走高，那麼吊人型態的空頭意函就被驅散了一部份。

（強力陰陽線）

檢討

2-3-3短黑長下影線

1.表示最高價等於開盤價，最低價小於收盤價；盤中買方曾入場，但力道不足，所以拉回。基本上，是一種對下跌的抵抗。

2.如果是在價格明顯下跌持續一段時間之後，出現一根短黑長下影線，俗稱鎚子（hammer），通常它的下影線是實體的兩倍以上，這是一個反轉向多頭的信號；因為它顯示市場已打出地基，或者是底部堅硬不易突破！

3.不論實體的黑白，特別是處在低價區的股價水平，如果出現一根長的下影線，隱含著市場價格碰到了支撐區，或者是市場已經超賣了，接下來可能是仕多頭的走勢發展。

4.如果是在價格明顯上漲持續一段時間之後，出現一根短黑長下影線，俗稱為吊人。通常它的下影線是實體的兩倍以上，這是反轉向空頭的信號；因為它顯示市場具有強烈的空頭意涵。

58年第12月　58/12/01～58/12/31	單K（月線）－上升趨勢

紙傘

1. 「紙傘」具有強烈的反轉涵意。
2. 有兩種「紙傘」根據其處於市場趨勢之位置，而分別被稱為「鎚子」與「吊人」。
3. 吊人線形是發生在延伸性價格漲勢之後的紙傘線形。
4. 吊人線形的實體很小，有些像人頭，下影線很長，有些像吊人晃盪的腳。下影線的長度至少應該是實體長度的兩倍。
5. 如果吊人線發生在延伸性價格漲勢之後，就必須特別尊重其反轉訊號。
6. 吊人線完全位在前一天線形之上，兩支線形的交易區間毫無重疊。
7. 三項必要條件：第一實體必須在交易區間的上端；第二下影線很長，至少是實體長度的兩倍；第三，沒有上影線，即使有，上影線也應該很短。
8. 如果吊人線隔天的價格走高，那麼吊人型態的空頭意函就被驅散了一部份。
（強力陰陽線）

110.30/-1.26/4.01億元

檢討

2-3-3短黑長下影線

1. 表示最高價等於開盤價，最低價小於收盤價；盤中買方曾入場，但力道不足，所以拉回。基本上，是一種對下跌的抵抗。
2. 如果是在價格明顯下跌持續一段時間之後，出現一根短黑長下影線，俗稱鎚子（hammer），通常它的下影線是實體的兩倍以上，這是一個反轉向多頭的信號；因為它顯示市場已打出地基，或者是底部堅硬不易突破！
3. 不論實體的黑白，特別是處在低價區的股價水平，如果出現一根長的下影線，隱含著市場價格碰到了支撐區，或者是市場已經超賣了，接下來可能是往多頭的走勢發展。
4. 如果是在價格明顯上漲持續一段時間之後，出現一根短黑長下影線，俗稱為吊人。通常它的下影線是實體的兩倍以上，這是反轉向空頭的信號；因為它顯示市場具有強烈的空頭意涵。

63年第1月　63/01/04～63/01/31	單K（月線）－上升趨勢

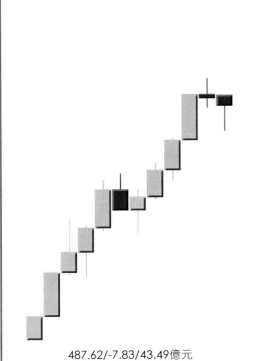

487.62/-7.83/43.49億元

紙傘線－吊人

1. 吊人，是發生在延伸性價格漲勢之後的紙傘線形。
2. 吊人線形的實體很小，有些像人頭，下影線很長，有些像吊人晃盪的腳。下影線的長度至少應該是實體長度的兩倍。
3. 如果吊人線發生在延伸性價格漲勢之後，就必須特別尊重其反轉訊號。
4. 吊人線完全位在前一天線形之上，兩支線形的交易區間毫無重疊。
5. 三項必要條件：第一實體必須在交易區間的上端；第二下影線很長，至少是實體長度的兩倍；第三，沒有上影線，即使有，上影線也應該很短。
6. 黑色吊人線具有較強烈的空頭意涵。
7. 如果吊人線隔天的價格走高，那麼吊人型態的空頭意函就被驅散了一部份。
（陰陽線詳解）

檢討

2-3-3短黑長下影線

1. 表示最高價等於開盤價，最低價小於收盤價；盤中買方曾入場，但力道不足，所以拉回。基本上，是一種對下跌的抵抗。
2. 如果是在價格明顯下跌持續一段時間之後，出現一根短黑長下影線，俗稱鎚子（hammer），通常它的下影線是實體的兩倍以上，這是一個反轉向多頭的信號；因為它顯示市場已打出地基，或者是底部堅硬不易突破！
3. 不論實體的黑白，特別是處在低價區的股價水平，如果出現一根長的下影線，隱含著市場價格碰到了支撐區，或者是市場已經超賣了，接下來可能是往多頭的走勢發展。
4. 如果是在價格明顯上漲持續一段時間之後，出現一根短黑長下影線，俗稱為吊人。通常它的下影線是實體的兩倍以上，這是反轉向空頭的信號；因為它顯示市場具有強烈的空頭意涵。

64年第10月　64/10/01～64/10/30	單K（月線）－盤整趨勢

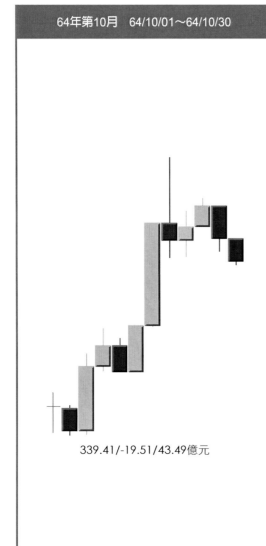

339.41/-19.51/43.49億元

短日
1.在陰陽線中，比較寬粗的部份稱為「實體」（real body），它的上、下兩端代表交易時段的開盤價與收盤價。
2.實體若為白色，上端代表收盤價，下端代表開盤價；收盤價高於開盤價。
3.實體上方與下方的細線稱為影線（shadows）。這些影線分別代表交易時段中的最高價與最低價。實體上方的影線稱為上影線（upper shadow），下方的影線稱為下影線（lower shadow）上影線的上端代表盤中最高價，下影線的下端代表盤中最低價。
4.「短日」也可以利用與「長日」相同的方式來界定，並有類似的結果。
（強力陰陽線）

檢討

2-3-3短黑長下影線（變形）
1.表示最高價等於開盤價，最低價小於收盤價；盤中買方曾入場，但力道不足，所以拉回。基本上，是一種對下跌的抵抗。
2.如果是在價格明顯下跌持續一段時間之後，出現一根短黑長下影線，俗稱鎚子。通常它的下影線是實體的兩倍以上，這是一個反轉向多頭的信號；因為它顯示市場已打出地基，或者是底部堅硬不易突破！
3.如果是在價格明顯上漲持續一段時間之後，出現一根短黑長下影線，俗稱為吊人。通常它的下影線是實體的兩倍以上，這是反轉向空頭的信號；因為它顯示市場具有強烈的空頭意涵。

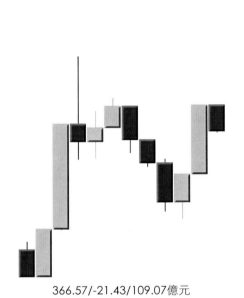

366.57/-21.43/109.07億元

短日

1. 在陰陽線中，比較寬粗的部份稱為「實體」（real body），它的上、下兩端代表交易時段的開盤價與收盤價。
2. 實體若為白色，上端代表收盤價，下端代表開盤價；收盤價高於開盤價。
3. 實體上方與下方的細線稱為影線（shadows）。這些影線分別代表交易時段中的最高價與最低價。實體上方的影線稱為上影線（upper shadow），下方的影線稱為下影線（lower shadow）上影線的上端代表盤中最高價，下影線的下端代表盤中最低價。
4. 「短日」也可以利用與「長日」相同的方式來界定，並有類似的結果。
（強力陰陽線）

檢討

2-3-3短黑長下影線（變形）
1. 表示最高價等於開盤價，最低價小於收盤價；盤中買方曾入場，但力道不足，所以拉回。基本上，是一種對下跌的抵抗。
2. 如果是在價格明顯下跌持續一段時間之後，出現一根短黑長下影線，俗稱鎚子。通常它的下影線是實體的兩倍以上，這是一個反轉向多頭的信號；因為它顯示市場已打出地基，或者是底部堅硬不易突破！
3. 如果是在價格明顯上漲持續一段時間之後，出現一根短黑長下影線，俗稱為吊人。通常它的下影線是實體的兩倍以上，這是反轉向空頭的信號；因為它顯示市場具有強烈的空頭意涵。

67年第6月　67/06/01〜67/06/30	單K（月線）－上升趨勢

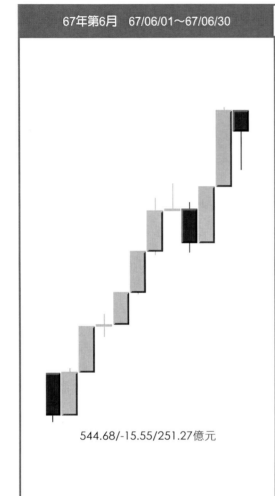

544.68/-15.55/251.27億元

黑色開盤實線

1.開盤實線在實體的開盤端，未留有影線。
2.「黑色開盤實線」無上影線，為弱勢的空頭線形。
3.「開盤實線」並不如「收盤實線」強勁。（強力陰陽線）

檢討

2-3-3短黑長下影線

1.表示最高價等於開盤價，最低價小於收盤價；盤中買方曾入場，但力道不足，所以拉回。基本上，是一種對下跌的抵抗。
2.如果是在價格明顯下跌持續一段時間之後出現一根短黑長下影線，俗稱鎚子（hammer），通常它的下影線是實體的兩倍以上，這是一個反轉向多頭的信號；因為它顯示市場已打出地基，或者是底部堅硬不易突破！
3.不論實體的黑白，特別是處在低價區的股價水平，如果出現一根長的下影線，隱含著市場價格碰到了支撐區，或者是市場已經超賣了，接下來可能是往多頭的走勢發展。
4.如果是在價格明顯上漲持續一段時間之後，出現一根短黑長下影線，俗稱為吊人。通常它的下影線是實體的兩倍以上，這是反轉向空頭的信號；因為它顯示市場具有強烈的空頭意涵。

68年第7月　68/07/01～68/07/31	單K（月線）－盤整趨勢

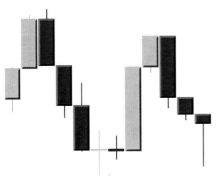

561.55/-10.72/124.96億元

紙傘線－鎚子

1. 鎚子屬於單日反轉型態。
2. 鎚子是發生在延伸性價格跌勢之後的紙傘線形，頗有「鎚出底部」的意味。
3. 在持續性價格跌勢中，槌子線形出現當天，開盤之後的價格繼續下跌，但稍後開始回升，收盤價非常接近當天最高價；下影線的長度至少應該是實體長度的兩倍。
4. 三項必要條件；第一，實體必須位在交易區間的上端；第二，下影線有長，至少是實體長度的兩倍；第三，沒有上影線，即使有，上影線也應該很短。
5. 白色（紅線）槌子的反轉徵兆通常勝過黑色，因為這代表開盤之後，賣壓仍然沉重，價格創低點，然後開始回升，向上穿越開盤價，最後收在最高價附近。
（陰陽線詳解）

檢討

2-3-3短黑長下影線

1. 表示最高價等於開盤價，最低價小於收盤價；盤中買方曾入場，但力道不足，所以拉回。基本上，是一種對下跌的抵抗。
2. 如果是在價格明顯下跌持續一段時間之後，出現一根短黑長下影線，俗稱鎚子（hammer），通常它的下影線是實體的兩倍以上，這是一個反轉向多頭的信號；因為它顯示市場已打出地基，或者是底部堅硬不易突破！
3. 不論實體的黑白，特別是處在低價區的股價水平，如果出現一根長的下影線，隱含著市場價格碰到了支撐區，或者是市場已經超賣了，接下來可能是往多頭的走勢發展。
4. 如果是在價格明顯上漲持續一段時間之後，出現一根短黑長下影線，俗稱為吊人。通常它的下影線是實體的兩倍以上，這是反轉向空頭的信號；因為它顯示市場具有強烈的空頭意涵。

87年第1月　87/01/03～87/01/22	單K（月線）－上升趨勢

8085.47/-101.8/14681.01億元

紙傘

1.「紙傘」具有強烈的反轉涵意。

2.有兩種「紙傘」根據其處於市場趨勢之位置，而分別被稱為「鎚子」與「吊人」。

2.鎚子是發生在延伸性價格跌勢之後的紙傘線形，頗有「鎚出底部」的意味。

3.在持續性價格跌勢中，鎚子線形出現當天，開盤之後的價格繼續下跌，但稍後開始回升，收盤價非常接近當天最高價；下影線的長度至少應該是實體長度的兩倍。

4.三項必要條件：第一，實體必須位在交易區間的上端；第二，下影線有長，至少是實體長度的兩倍；第三，沒有上影線，即使有，上影線也應該很短。

5.白色鎚子的反轉徵兆通常勝過黑色，因為這代表開盤之後，賣壓仍然沉重，價格創低點，然後開始回升，向上穿越開盤價，最後收在最高價附近。

（強力陰陽線）

檢討

2-3-3短黑長下影線

1.表示最高價等於開盤價，最低價小於收盤價；盤中買方曾入場，但力道不足，所以拉回。基本上，是一種對下跌的抵抗。

2.如果是在價格明顯下跌持續一段時間之後，出現一根短黑長下影線，俗稱鎚子（hammer），通常它的下影線是實體的兩倍以上，這是一個反轉向多頭的信號；因為它顯示市場已打出地基，或者是底部堅硬不易突破！

3.不論實體的黑白，特別是處在低價區的股價水平，如果出現一根長的下影線，隱含著市場價格碰到了支撐區，或者是市場已經超賣了，接下來可能是往多頭的走勢發展。

4.如果是在價格明顯上漲持續一段時間之後，出現一根短黑長下影線，俗稱為吊人。通常它的下影線是實體的兩倍以上，這是反轉向空頭的信號；因為它顯示市場具有強烈的空頭意涵。

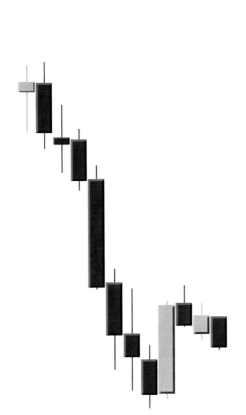

5381.67/-416.25/14316.86億元

平頭

1. 陰陽線的矩形部份，稱為實體，矩形上、下兩端分別代表開盤價與收盤價。
2. 矩形上端代表兩個價格的較高者，矩形下端則代表兩者的較低者。
3. 如果實體為黑色，開盤價位在矩形上端，收盤價位在下端（價格開高收低，黑色代表空頭意涵）。
4. 這兩條細線稱為影線，實體上方的影線，稱為上影線，下方的影線，則稱為下影線。
5. 由陰陽線的角度觀察，實體部分代表決定性的價格走勢，影線則代表表面的價格波動。
6. 沒有上影線，則稱為平頭。
（陰陽線詳解）

檢討

2-3-3短黑長下影線（變形）

1. 表示最高價等於開盤價，最低價小於收盤價；盤中買方曾入場，但力道不足，所以拉回。基本上，是一種對下跌的抵抗。
2. 如果是在價格明顯下跌持續一段時間之後，出現一根短黑長下影線，俗稱鎚子。通常它的下影線是實體的兩倍以上，這是一個反轉向多頭的信號；因為它顯示市場已打出地基，或者是底部堅硬不易突破！
3. 如果是在價格明顯上漲持續一段時間之後，出現一根短黑長下影線，俗稱為吊人。通常它的下影線是實體的兩倍以上，這是反轉向空頭的信號；因為它顯示市場具有強烈的空頭意涵。

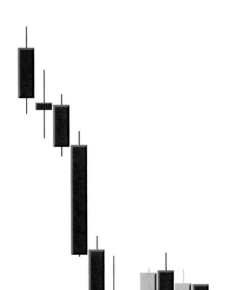

5048.86/-332.81/11252.98億元

紙傘線－鎚子

1. 鎚子屬於單日反轉型態。
2. 鎚子是發生在延伸性價格跌勢之後的紙傘線形，頗有「鎚出底部」的意味。
3. 在持續性價格跌勢中，槌子線形出現當天，開盤之後的價格繼續下跌，但稍後開始回升，收盤價非常接近當天最高價；下影線的長度至少應該是實體長度的兩倍。
4. 三項必要條件：第一，實體必須位在交易區間的上端；第二，下影線有長，至少是實體長度的兩倍；第三，沒有上影線，即使有，上影線也應該很短。

（陰陽線詳解）

檢討

2-3-3短黑長下影線（變形）

1. 表示最高價等於開盤價，最低價小於收盤價；盤中買方曾入場，但力道不足，所以拉回。基本上，是一種對下跌的抵抗。
2. 如果是在價格明顯下跌持續一段時間之後，出現一根短黑長下影線，俗稱鎚子。通常它的下影線是實體的兩倍以上，這是一個反轉向多頭的信號；因為它顯示市場已打出地基，或者是底部堅硬不易突破！
3. 如果是在價格明顯上漲持續一段時間之後，出現一根短黑長下影線，俗稱為吊人。通常它的下影線是實體的兩倍以上，這是反轉向空頭的信號；因為它顯示市場具有強烈的空頭意涵。

99/2/1～2/26 （月線）	單K（月線）－盤整趨勢

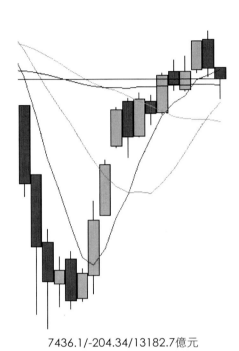

7436.1/-204.34/13182.7億元

紙傘線

1. 紙傘線形，線形的實體部分位在最高價附近。
2. 延伸性價格跌勢中，如果出現紙傘線形，通常代表多頭意涵。
3. 這類線形如果發生在橫向盤整或沒有明顯趨勢的行情中，就沒有太大意義。
4. 「紙傘」具有強烈的反轉涵意。
5. 有兩種「紙傘」根據其處於市場趨勢之位置，而分別被稱為「鎚子」與「吊人」。
（陰陽線詳解）

檢討

2-3-3短黑長下影線

1. 表示最高價等於開盤價，最低價小於收盤價；盤中買方曾入場，但力道不足，所以拉回，基本上，是一種對下跌的抵抗。
2. 如果是在價格明顯下跌持續一段時間之後，出現一根短黑長下影線，俗稱槌子。通常它的下影線是實體的兩倍以上，這是一個反轉向多頭的信號；因為它顯示市場已打出地基，或者是底部堅硬不突破！
3. 如果是在價格明顯上漲持續一段時間之後，出現一根短黑長下影線，俗稱為吊人。通常它的下影線是實體的兩倍以上這是反轉向空頭的信號；因為它顯示市場具有強烈的空頭意涵。

表2-3-3　短黑長下影線　　　　　　　　　　準確度　　準=82%　不準=18%

日期	趨勢	加權指數收盤價	漲跌 (+/-)	準確度	
				準	不準
57/08/01～57/08/31	下降趨勢	102.27	-1.4	V	
58/12/01～58/12/31	上升趨勢	110.3	-1.26		V
63/01/04～63/01/31	上升趨勢	487.62	-7.83	V	
64/10/01～64/10/30	盤整趨勢	339.41	-19.51	V	
65/02/01～65/02/27	盤整趨勢	366.57	-21.43	V	
67/06/01～67/06/30	上升趨勢	544.68	-15.55		V
68/07/01～68/07/31	盤整趨勢	561.55	-10.72	V	
87/01/03～87/01/22	上升趨勢	8085.47	-101.8	V	
90/04/02～90/04/30	下降趨勢	5381.67	-416.25	V	
90/05/02～90/05/31	下降趨勢	5048.86	-332.81	V	
99/02/01～99/02/26	盤整趨勢	7436.1	-204.34	V	

結論

　　自56年1月至100年12月有540個月，以本書月K線去檢討，短黑長下影線出現11次，正確次數為9次，不正確次數為2次，正確度達82%；月K線「正確」與「不正確」仍然有誤差，投資人可以自行調整判別的尺度，修正「正確」與「不正確」的百分比，如此可以達到更高的操作價值。

2-4　黑體上下影線

2-4-1 長黑等短影線	2-4-2 短黑等長影線	2-4-3 短黑上長下短	2-4-4 長黑上長下短	2-4-5 短黑下長上短	2-4-6 長黑下長上短

1.陰線圖形，代表下跌。
2.陰線圖形可以分成黑體實體線、黑體上影線、黑體下影線、黑體上下影線。
3.黑體上下影線，分成（1）長黑等短影線（2）短黑等長影線（3）短黑上長下短（4）長黑上長下短（5）短黑下長上短（6）長黑下長上短。
4.黑體上下影線最高價高於開盤價，最低價低於收盤價。賣方的力道強，終於使股價下挫。

2-4-1　長黑等短影線

2-4-1　長黑等短影線

魔法K線檢討：

（1）表示最高價高於開盤價，最低價低於收盤價。賣方力道強，終於使股價下挫。

（2）黑體越長，跌勢越凶猛。

（3）影線短，價格波動比較明確。

58年第3月　58/03/01～58/03/31	單K（月線）－下降趨勢

長黑線

1. 在陰陽線中，比較寬粗的部份稱為「實體」（real body），它的上、下兩端代表交易時段的開盤價與收盤價。

2. 實體若為黑色，上端代表開盤價，下端代表收盤價；收盤價低於開盤價。

3. 實體上方與下方的細線稱為影線（shadows）。這些影線分別代表交易時段中的最高價與最低價。實體上方的影線稱為上影線（upper shadow），下方的影線稱為下影線（lower shadow）。

4. 上影線的上端代表盤中最高價，下影線的下端代表盤中最低價。

5. 是一根長黑線，代表一個空頭的交易時段，市場幾乎以最高價開盤，並收盤在最低價附近。（陰線陽線）

99.18/-6.62/2.94億元

檢討

2-4-1長黑等短影線

1. 表示最高價高於開盤價，最低價低於收盤價。賣方力道強，終於使股價下挫。

2. 黑體越長，跌勢越凶猛。

3. 影線短，價格波動比較明確。

58年第4月　58/04/01～58/04/30	單K（月線）－下降趨勢

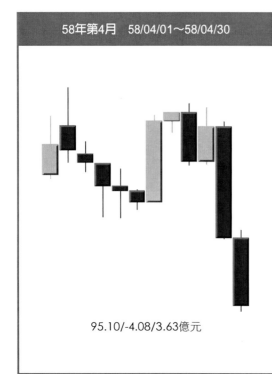

95.10/-4.08/3.63億元

長黑線
1. 陰陽線的矩形部份，稱為實體，矩形上、下兩端分別代表開盤價與收盤價。
2. 矩形上端代表兩個價格的較高者，矩形下端則代表兩者的較低者。
3. 如果實體為黑色，開盤價位在矩形上端，收盤價位在下端，黑色代表空頭意涵。
4. 開盤價與收盤價分別代表當天最高價與最低價，線形就沒有影線。
5. 長黑線具有空頭意涵。
（陰陽線詳解）

檢討

2-4-1長黑等短影線
1. 表示最高價高於開盤價，最低價低於收盤價。賣方力道強，終於使股價下挫。
2. 黑體越長，跌勢越凶猛。
3. 影線短，價格波動比較明確。

65年第4月　65/04/01～65/04/30	單K（月線）－上升趨勢

379.05/-36.59/137.94 億元

以長黑線確認上檔壓力
1. 如果價可以一根長黑線由上檔的壓的力區拉回，可以確認壓力的有效性。
2. 這種線形代表多頭已經後繼乏力，或空頭已經轉守為攻。
3. 都代表潛在的空頭走勢。
（股票K線戰法）

檢討

2-4-1長黑等短影線
1. 表示最高價高於開盤價，最低價低於收盤價。賣方力道強，終於使股價下挫。
2. 黑體越長，跌勢越凶猛。
3. 影線短，價格波動比較明確。

74年第1月　74/01/05～74/01/25	單K（月線）－下降趨勢

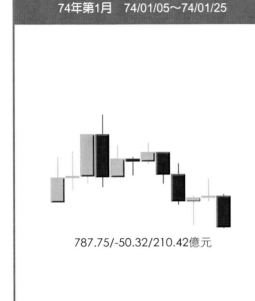

787.75/-50.32/210.42億元

具上、下影線的陰線

1. 陰陽線中寬粗部分稱為實體其上、下兩端表示交易時段的開盤價與收盤價 實體為黑色上端表示開盤價下端表示收盤價。
2. 實體上方表示上影線，下方表示下影線，分別表示最高價與最低價。
3. 由於日線圖的陰陽線形態只有短期意涵，比較適用於短線交易。
4. 黑色表示空頭意涵。
（陰線陽線）

檢討

2-4-1長黑等短影線
1. 表示最高價高於開盤價，最低價低於收盤價。賣方力道強，終於使股價下挫。
2. 黑體越長，跌勢越凶猛。
3. 影線短，價格波動比較明確。

79年第9月　79/09/03～79/09/27	單K（月線）－下降趨勢

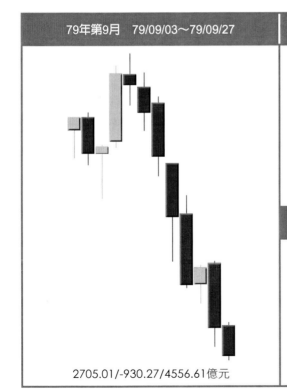

2705.01/-930.27/4556.61億元

以長黑線突破下檔支撐

1. 市場向下突破支撐的方式，可以反映該突破的嚴重性。
2. 市場是以長黑線向下突破支撐，所代表的意涵強過，小黑線或白線的突破。
（股票K線戰法）

檢討

2-4-1長黑等短影線
1. 表示最高價高於開盤價，最低價低於收盤價。賣方力道強，終於使股價下挫。
2. 黑體越長，跌勢越凶猛。
3. 影線短，價格波動比較明確。

89年第4月　89/04/03～89/04/29	單K（月線）－上升趨勢

高價區的長黑線

1.高價區的長黑線代表頭部的訊號。
2.長黑線的實體長度必須明顯大於先前數根線形。
3.長黑線代表空頭已經取得盤勢的控制權。
4.先前的漲幅大，超買的情況愈嚴重，長黑線的意義愈重要。
5.這種線形代表多頭已經後繼乏力，或空頭已經轉守為攻。
6.都代表潛在的空頭走勢。
（股票K線戰法）

檢討

2-4-1長黑等短影線
1.表示最高價高於開盤價，最低價低於收盤價。賣方力道強，終於使股價下挫。
2.黑體越長，跌勢越凶猛。
3.影線短，價格波動比較明確。

8777.35/-1077.60/40932.24億元

89年第6月　89/06/01～89/06/30	單K（月線）－下降趨勢

長黑線

1.一根陰陽線是由一個矩行部分與其上、下兩側的細線所構成。
2.陰陽線的矩形部分稱為實體，實體的上、下兩端分別代表交易時段的開盤與收盤價。
3.當開盤價高於收盤價，實體為黑色（陰線）。
4.實體上、下兩側的細線，稱為影線，影線代表交易時段的極端價格。
4.實體上側的影線稱為「上影線」代表最高時段的最高價。實體下側影線稱為「下影線」代表交易時段的最低價。
5.一根具有明顯意義的長黑線，其實體長度至少要是前一天實體長度的三倍。
6.長黑線具有空頭意涵。
（股票K線戰法）

檢討

2-4-1長黑等短影線
1.表示最高價高於開盤價，最低價低於收盤價。賣方力道強，終於使股價下挫。
2.黑體越長，跌勢越凶猛。
3.影線短，價格波動比較明確。

8265.09/-674.43/21462.03億元

89年第8月　89/08/01～89/08/31	單K（月線）－下降趨勢

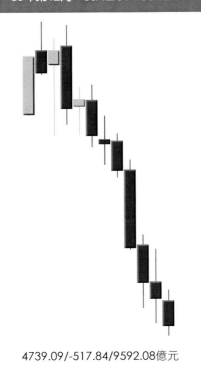

7616.98/-497.94/17705.65億元

具上、下影線的陰線

1. 陰陽線中，比較寬粗的部份稱為「實體」（real body），它的上、下兩端代表交易時段的開盤價與收盤價。
2. 實體若為黑色，上端代表開盤價，下端代表收盤價；收盤價低於開盤價。
3. 實體上方與下方的細線稱為影線（shadows）。這些影線分別代表交易時段中的最高價與最低價。實體上方的影線稱為上影線（upper shadow），下方的影線稱為下影線（lower shadow）上影線的上端代表盤中最高價，下影線的下端代表盤中最低價。（陰線陽線）

檢討

2-4-1長黑等短影線

1. 表示最高價高於開盤價，最低價低於收盤價。賣方力道強，終於使股價下挫。
2. 黑體越長，跌勢越凶猛。
3. 影線短，價格波動比較明確。

89年第12月　89/12/01～89/12/30	單K（月線）－下降趨勢

4739.09/-517.84/9592.08億元

具上、下影線的陰線

1. 陰陽線中，比較寬粗的部份稱為「實體」（real body），它的上、下兩端代表交易時段的開盤價與收盤價。
2. 實體若為黑色，上端代表開盤價，下端代表收盤價；收盤價低於開盤價。
3. 實體上方與下方的細線稱為影線（shadows）。這些影線分別代表交易時段中的最高價與最低價。實體上方的影線稱為上影線（upper shadow），下方的影線稱為下影線（lower shadow）上影線的上端代表盤中最高價，下影線的下端代表盤中最低價。（陰線陽線）

檢討

2-4-1長黑等短影線

1. 表示最高價高於開盤價，最低價低於收盤價。賣方力道強，終於使股價下挫。
2. 黑體越長，跌勢越凶猛。
3. 影線短，價格波動比較明確。

99/1/1～1/29　（月線）	單K（月線）－盤整趨勢

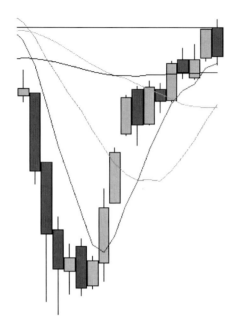

7640.44/-547.67/30226.04億元

具上、下影線的陰線

1. 陰陽線的矩形部分，稱為實體，矩形上、下兩端分別代表開盤價與收盤價。
2. 矩形上端代表兩個價格的較高者，矩形下端則代表兩者的較低者。
3. 如果實體為黑色，開盤價位在矩形上端，收盤價為在下端，價格開高收低，黑色代表空頭意涵。
4. 這兩條細線稱為影線，實體上方的影線，稱為上影線，下方的影線，則稱為下影線。
5. 由陰陽線的角度觀察，實體部分代表決定性的價格走勢，影線則代表表面的價格波動。
（陰陽線詳解）

檢討

2-4-1長黑等短影線
1. 表示最高價高於開盤價，最低價低於收盤價。賣方力道強，終於使股價下挫。
2. 黑體越長，跌勢越凶猛。
3. 影線短，價格波動比較明確。

100年第11月　100/11/01～100/12/30	單K（月線）－下降趨勢

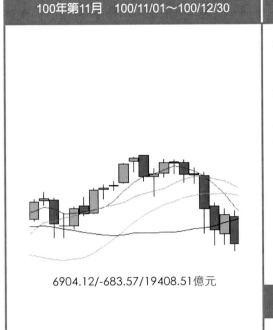

6904.12/-683.57/19408.51億元

長黑線
1. 一根陰陽線是由一個矩行部分與其上、下兩側的細線所構成。
2. 陰陽線的矩形部分稱為實體，實體的上、下兩端分別代表交易時段的開盤與收盤價。
3. 當開盤價高於收盤價，實體為黑色（陰線）。
4. 實體上、下兩側的細線，稱為影線，影線代表交易時段的極端價格。
5. 實體上側的影線稱為「上影線」代表最高時段的最高價。實體下側影線稱為「下影線」代表交易時段的最低價。
6. 一根具有明顯意義的長黑線，其實體長度至少要是前一天實體長度的三倍。
7. 長黑線具有空頭意涵。
（股票K線戰法）

檢討

2-4-1長黑等短影線
1. 表示最高價高於開盤價，最低價低於收盤價。賣方力道強，終於使股價下挫。
2. 黑體越長，跌勢越凶猛。
3. 影線短，價格波動比較明確。

表2-4-1　長黑等短影線　　　　　　　　　準確度　　準=90%　不準=10%

日期	趨勢	加權指數收盤價	漲跌 (+/-)	準確度	
				準	不準
58/03/01～58/03/31	下降趨勢	99.18	-6.62	V	
58/04/01～58/04/30	下降趨勢	95.1	-4.08	V	
65/04/01～65/04/30	上升趨勢	379.05	-36.59	V	
74/01/05～74/01/25	下降趨勢	787.75	-50.32	V	
79/09/03～79/09/27	下降趨勢	2705.01	-930.27		V
89/04/03～89/04/29	上升趨勢	8777.35	-1077.6	V	
89/06/01～89/06/30	下降趨勢	8265.09	-674.43	V	
89/08/01～89/08/31	下降趨勢	7616.98	-497.94	V	
89/12/01～89/12/30	下降趨勢	4739.09	-517.84	V	
99/01/01～99/01/29	盤整趨勢	7640.44	-547.67	V	
100/11/1～100/11/30	下降趨勢	6904.12	-683.57	V	

結論

　　自56年1月至100年12月有540個月，以本書月K線去檢討，長黑等短影線出現11次，正確次數為10次，不正確次數為1次，正確度達91%；月K線「正確」與「不正確」仍然有誤差，投資人可以自行調整判別的尺度，修正「正確」與「不正確」的百分比，如此可以達到更高的操作價值。

2-4-2　短黑等長影線

2-4-2　短黑等長影線

魔法K線檢討：
（1）表示最高價高於開盤價，最低價低於收盤價。賣方力道強，終於使股價下挫。
（2）表示內含多、空雙方的拉鋸戰，力量幾乎接近平衡的狀態，亦就是市場的動能不足。
（3）如果市場是正處在接近一個新的高點，那麼短黑等長影線，代表多頭上漲已經遇到了麻煩！

57年第7月　57/07/03～57/07/31	單K（月線）－盤整趨勢
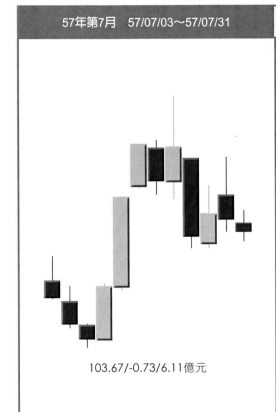 103.67/-0.73/6.11億元	**短日** 1.「短日」也可以利用與「長日」相同的方式來界定，並有類似的結果。 2.開盤價與收盤價差距小。 3.收盤價高於開盤價實體為紅色。收盤價低於開盤價實體為黑色。 （強力陰陽線） **檢討** 2-4-2短黑等長影線 1.表示最高價高於開盤價，最低價低於收盤價。賣方力道強，終於使股價下挫。 2.表示內含多空雙方的拉鋸戰，力量幾乎接近平衡的狀態，它告訴我們往上衝、或往下降的力量的欠缺，形成僵持的態勢。亦就是市場的動能不足。 3.短黑等長影線又稱為暈眩頭部（spinning tops），告訴我們往上衝、或往下降的力量的欠缺，形成僵持的態勢。暈眩頭部所衍生的涵意是市場的動能不足。 4.如果市場是正處在接近一個新的高點，那麼暈眩頭部產生，代表多頭上漲已經遇到了麻煩。

58年第8月　58/08/02～58/08/30	單K（月線）－盤整趨勢

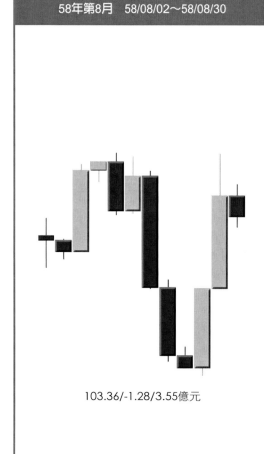

103.36/-1.28/3.55億元

紡錘線

1.陰陽線的矩形部份，稱為實體，矩形上、下兩端分別代表開盤價與收盤價。

2.矩形上端代表兩個價格的較高者，矩形下端則代表兩者的較低者。

3.這兩條細線稱為影線，實體上方的影線，稱為上影線，下方的影線，則稱為下影線。

4.紡錘線的特色在於實體部分很小，影線則可以很長或很短。當天的交易區間可能很小。

5.紡錘線如果出現在橫向走勢或沒有明確趨勢的行情中，就沒有太大意義。

6.如果出現在價格型態內，則意味著多空之間的拉鋸與勢力消長。

（陰陽線詳解）

檢討

2-4-2短黑等長影線

1.表示最高價高於開盤價，最低價低於收盤價。賣方力道強，終於使股價下挫。

2.表示內含多空雙方的拉鋸戰，力量幾乎接近平衡的狀態，它告訴我們往上衝、或往下降的力量的欠缺，形成僵持的態勢。亦就是市場的動能不足。

3.短黑等長影線又稱為暈眩頭部（spinning tops），告訴我們往上衝、或往下降的力量的欠缺，形成僵持的態勢。暈眩頭部所衍生的涵意是市場的動能不足。

4.如果市場是正處在接近一個新的高點，那麼暈眩頭部產生，代表多頭上漲已經遇到了麻煩。

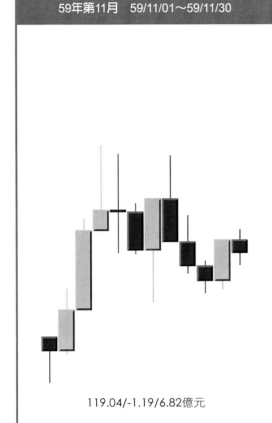

119.04/-1.19/6.82億元

紡錘線

1. 陰陽線的矩形部份，稱為實體，矩形上、下兩端分別代表開盤價與收盤價。
2. 矩形上端代表兩個價格的較高者，矩形下端則代表兩者的較低者。
3. 這兩條細線稱為影線，實體上方的影線，稱為上影線，下方的影線，則稱為下影線。
4. 紡錘線的特色在於實體部分很小，影線則可以很長或很短。當天的交易區間可能很小。
5. 紡錘線如果出現在橫向走勢或沒有明確趨勢的行情中，就沒有太大意義。
6. 如果出現在價格型態內，則意味著多空之間的拉鋸與勢力消長。
（陰陽線詳解）

檢討

2-4-2短黑等長影線

1. 表示最高價高於開盤價，最低價低於收盤價。賣方力道強，終於使股價下挫。
2. 表示內含多空雙方的拉鋸戰，力量幾乎接近平衡的狀態，它告訴我們往上衝、或往下降的力量的欠缺，形成僵持的態勢。亦就是市場的動能不足。
3. 短黑等長影線又稱為量眩頭部（spinning tops），告訴我們往上衝、或往下降的力量的欠缺，形成僵持的態勢。量眩頭部所衍生的涵意是市場的動能不足。
4. 如果市場是正處在接近一個新的高點，那麼量眩頭部產生，代表多頭上漲已經遇到了麻煩。

69年第4月　69/04/01～69/04/30	單K（月線）－下降趨勢

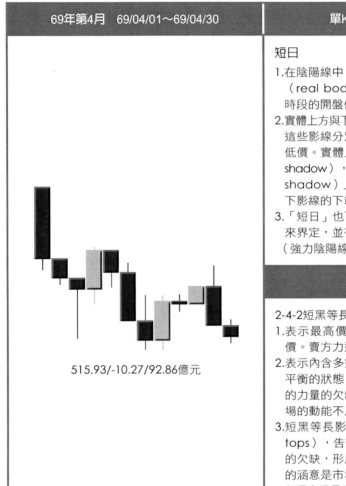

515.93/-10.27/92.86億元

短日

1. 在陰陽線中，比較寬粗的部份稱為「實體」（real body），它的上、下兩端代表交易時段的開盤價與收盤價。
2. 實體上方與下方的細線稱為影線（shadows）。這些影線分別代表交易時段中的最高價與最低價。實體上方的影線稱為上影線（upper shadow），下方的影線稱為下影線（lower shadow）上影線的上端代表盤中最高價，下影線的下端代表盤中最低價。
3. 「短日」也可以利用與「長日」相同的方式來界定，並有類似的結果。
（強力陰陽線）

檢討

2-4-2短黑等長影線
1. 表示最高價高於開盤價，最低價低於收盤價。賣方力道強，終於使股價下挫。
2. 表示內含多空雙方的拉鋸戰，力量幾乎接近平衡的狀態，它告訴我們往上衝、或往下降的力量的欠缺，形成僵持的態勢。亦就是市場的動能不足。
3. 短黑等長影線又稱為暈眩頭部（spinning tops），告訴我們往上衝、或往下降的力量的欠缺，形成僵持的態勢。暈眩頭部所衍生的涵意是市場的動能不足。
4. 如果市場是正處在接近一個新的高點，那麼暈眩頭部產生，代表多頭上漲已經遇到了麻煩。

11661.73/-392.62/35245.68億元

紡錘線

1. 在陰陽線中，比較寬粗的部份稱為「實體」（real body），它的上、下兩端代表交易時段的開盤價與收盤價。
2. 實體若為黑色（換言之，實體填滿黑色），上端代表開盤價，下端代表收盤價；收盤價低於開盤價。實體若為白色，上端代表收盤價，下端代表開盤價；收盤價高於開盤價。
3. 實體上方與下方的細線稱為影線（shadows）。這些影線分別代表交易時段中的最高價與最低價。實體上方的影線稱為上影線（upper shadow），下方的影線稱為下影線（lower shadow）上影線的上端代表盤中最高價，下影線的下端代表盤中最低價。
4. 紡錘的實體部份很小，代表多、空交戰。
5. 它們稱為紡錘（spinning tops），顯是多、空拉鋸的中性狀態。（陰線陽線）

檢討

2-4-2短黑等長影線

1. 表示最高價高於開盤價，最低價低於收盤價。賣方力道強，終於使股價下挫。
2. 表示內含多空雙方的拉鋸戰，力量幾乎接近平衡的狀態，它告訴我們往上衝、或往下降的力量的欠缺，形成僵持的態勢。亦就是市場的動能不足。
3. 短黑等長影線又稱為暈眩頭部（spinning tops），告訴我們往上衝、或往下降的力量的欠缺，形成僵持的態勢。暈眩頭部所衍生的涵意是市場的動能不足。
4. 如果市場是正處在接近一個新的高點，那麼暈眩頭部產生，代表多頭上漲已經遇到了麻煩。

82年第4月 82/04/01～82/04/30	單K（月線）－上升趨勢

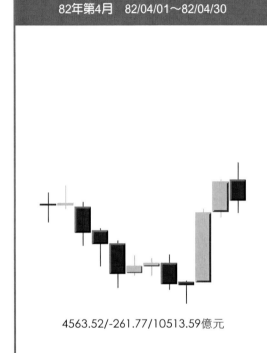

4563.52/-261.77/10513.59億元

具上、下影線的陰線

1. 陰陽線中寬粗部分稱為實體其上、下兩端表示交易時段的開盤價與收盤價 實體為黑色上端表示開盤價下端表示收盤價。
2. 實體上方表示上影線，下方表示下影線，分別表示最高價與最低價。
3. 由於日線圖的陰陽線形態只有短期意涵，比較適用於短線交易。
4. 黑色表示空頭意涵。
（陰線陽線）

檢討

2-4-2短黑等長影線

1. 表示最高價高於開盤價，最低價低於收盤價。賣方力道強，終於使股價下挫。
2. 表示內含多空雙方的拉鋸戰，力量幾乎接近平衡的狀態，它告訴我們往上衝、或往下降的力量的欠缺，形成僵持的態勢。亦就是市場的動能不足。
3. 短黑等長影線又稱為暈眩頭部（spinning tops），告訴我們往上衝、或往下降的力量的欠缺，形成僵持的態勢。暈眩頭部所衍生的涵意是市場的動能不足。
4. 如果市場是正處在接近一個新的高點，那麼暈眩頭部產生，代表多頭上漲已經遇到了麻煩。

84年第7月　84/07/03～84/07/31	單K（月線）－下降趨勢

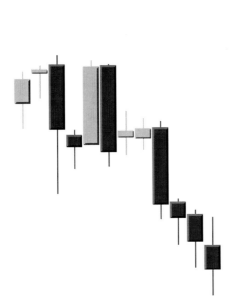

5180.42/-264.55/8694.56億元

具上、下影線的陰線

1. 陰陽線中寬粗部分稱為實體其上、下兩端表示交易時段的開盤價與收盤價 實體為黑色上端表示開盤價卜端表示收盤價。
2. 實體上方表示上影線，下方表示下影線，分別表示最高價與最低價。
3. 由於日線圖的陰陽線形態只有短期意涵，比較適用於短線交易。
4. 黑色表示空頭意涵。
（陰線陽線）

檢討

2-4-2短黑等長影線

1. 表示最高價高於開盤價，最低價低於收盤價。賣方力道強，終於使股價下挫。
2. 表示內含多空雙方的拉鋸戰，力量幾乎接近平衡的狀態，它告訴我們往上衝、或往下降的力量的欠缺，形成僵持的態勢。亦就是市場的動能不足。
3. 短黑等長影線又稱為量眩頭部（spinning tops），告訴我們往上衝、或往下降的力量的欠缺，形成僵持的態勢。量眩頭部所衍生的涵意是市場的動能不足。
4. 如果市場是正處在接近一個新的高點，那麼量眩頭部產生，代表多頭上漲已經遇到了麻煩。

86年第8月　86/08/01～86/08/30	單K（月線）－上升趨勢
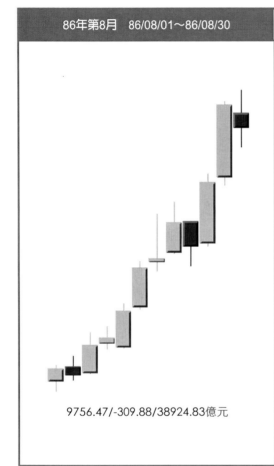9756.47/-309.88/38924.83億元	**延伸性漲勢之後的紡錘線** 1.顯示實體部分仍然很小，但影線很長。這支線形可以稱為紡錘線，因為實體很小。 2.紡錘線的特色是當天的交易區間可能很小。 3.紡錘線如果出現在橫向走勢或沒有明確趨勢的行情中，就沒有太大意義，如果出現在價格型態內，則意味著多空之間的拉鋸與勢力消長。 （股票K線戰法） **檢討** 2-4-2短黑等長影線 1.表示最高價高於開盤價，最低價低於收盤價。賣方力道強，終於使股價下挫。 2.表示內含多空雙方的拉鋸戰，力量幾乎接近平衡的狀態，它告訴我們往上衝、或往下降的力量的欠缺，形成僵持的態勢。亦就是市場的動能不足。 3.短黑等長影線又稱為暈眩頭部（spinning tops），告訴我們往上衝、或往下降的力量的欠缺，形成僵持的態勢。暈眩頭部所衍生的涵意是市場的動能不足。 4.如果市場是正處在接近一個新的高點，那麼暈眩頭部產生，代表多頭上漲已經遇到了麻煩。

98年第1月　98/01/05～98/01/21	單K（月線）－下降趨勢

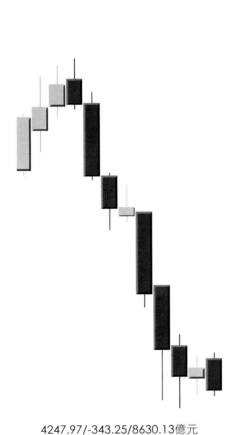

4247.97/-343.25/8630.13億元

長黑線

1. 一根陰陽線是由一個矩形部分與其上、下兩側的細線所構成。
2. 陰陽線的矩形部分稱為實體（real body），實體的上、下兩端分別代表交易時段的開盤與收盤價。
3. 當收盤價低於開盤價時，實體繪為黑色（陰線）。
4. 實體上、下兩側的細線，稱為影線，影線代表交易時段的極端價格。
5. 實體上側的影線稱為「上影線」代表最高時段的最高價，實體下側影線稱為「下影線」代表交易時段的最低價。
6. 市場向下突破支撐的方式，可以反映該突破的嚴重性。
7. 市場是以長黑線向下突破支撐，所代表的意涵強過，小黑線或白線的突破。

（股票K線戰法）

檢討

2-4-2短黑等長影線

1. 表示最高價高於開盤價，最低價低於收盤價。賣方力道強，終於使股價下挫。
2. 表示內含多空雙方的拉鋸戰，力量幾乎接近平衡的狀態，它告訴我們往上衝、或往下降的力量的欠缺，形成僵持的態勢。亦就是市場的動能不足。
3. 短黑等長影線又稱為暈眩頭部（spinning tops），告訴我們往上衝、或往下降的力量的欠缺，形成僵持的態勢。暈眩頭部所衍生的涵意是市場的動能不足。
4. 如果市場是正處在接近一個新的高點，那麼暈眩頭部產生，代表多頭上漲已經遇到了麻煩。

表2-4-2　短黑等長影線　　　　　　　　　準確度　　準=89%　不準=11%

日期	趨勢	加權指數收盤價	漲跌 (+/-)	準確度	
				準	不準
57/07/03～57/07/31	下降趨勢	103.67	-0.73	V	
58/08/02～58/08/30	盤整趨勢	103.36	-1.28	V	
59/11/01～59/11/30	盤整趨勢	119.04	-1.19	V	
69/04/01～69/04/30	下降趨勢	515.93	-10.27	V	
79/02/01～79/02/28	上升趨勢	11661.73	-392.62	V	
82/04/01～82/04/30	上升趨勢	4563.52	-261.77	V	
84/07/03～84/07/31	下降趨勢	5180.42	-264.55	V	
86/08/01～86/08/30	上升趨勢	9756.47	-309.88	V	
98/01/05～98/01/21	下降趨勢	4247.97	-343.25		V

結論

　　自56年1月至100年12月有540個月，以本書月K線去檢討，短黑等長影線出現9次，正確次數為8次，不正確次數為1次，正確度達89%；月K線「正確」與「不正確」仍然有誤差，投資人可以自行調整判別的尺度，修正「正確」與「不正確」的百分比，如此可以達到更高的操作價值。

2-4-3　短黑上長下短

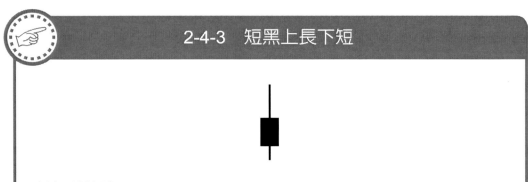

2-4-3　短黑上長下短

魔法K線檢討：
（1）表示最高價高於開盤價，最低價低於收盤價，賣方力道強。
（2）黑體短，跌勢較緩。
（3）上影線長，賣方力道較強，雖低檔有買氣承接，終場還是下跌。

56年第5月　56/05/01～56/05/31	單K（月線）－上升趨勢

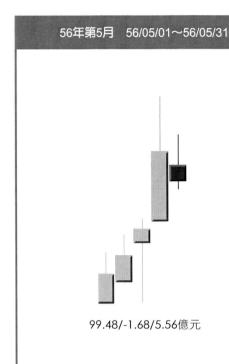

99.48/-1.68/5.56億元

延伸性漲勢之後的紡錘線

1. 顯示實體部分仍然很小，但影線很長。這支線形可以稱為紡錘線，因為實體很小。
2. 紡錘線的特色是當天的交易區間可能很小。
3. 紡錘線如果出現在橫向走勢或沒有明確趨勢的行情中，就沒有太大意義，如果出現在價格型態內，則意味著多空之間的拉鋸與勢力消長。

（股票K線戰法）

檢討

2-4-3短黑上長下短

1. 表示最高價高於開盤價，最低價低於收盤價，賣方力道強。
2. 黑體短，跌勢較緩。
3. 上影線長，盤中一度走高，價格波動較大。賣方力道較強，雖低檔有買氣承接，終場還是下跌。

56年第8月　56/08/01～56/08/31	單K（月線）－盤整趨勢

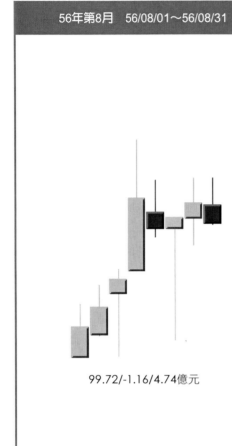

99.72/-1.16/4.74億元

紡錘線

1. 這種實體很小的線形稱為「紡錘」，代表盤勢缺乏上升與下降的力量，「市場正在喘息」。
2. 紡錘是一種警訊，代表市場正在喪失動能。
3. 如果紡錘發生在波段高點附近尤其是在急漲的走勢之後代表多頭已經後繼乏力，先前的漲勢可能因此停頓。
4. 實體很短代表多空之間的拉鋸戰。
5. 承接是發生在低價區，或變量放大而價格停滯代表空頭全有搶攻，停滯的價格顯示空頭無法壓低價格，空頭所投入的籌碼，都被多頭承接。
6. 出貨是發生在高價區，成交量放大，而價格停滯不動，由於賣方所供給的等碼足以應付買盤的而求，所以價格無法挺進。因此出貨應視為頭部的訊號。（股票K線戰法）

檢討

2-4-3短黑上長下短
1. 表示最高價高於開盤價，最低價低於收盤價，賣方力道強。
2. 黑體短，跌勢較緩。
3. 上影線長，盤中一度走高，價格波動較大。賣方力道較強，雖低檔有買氣承接，終場還是下跌。

56年第9月　56/09/01～56/09/30	單K（月線）－盤整趨勢
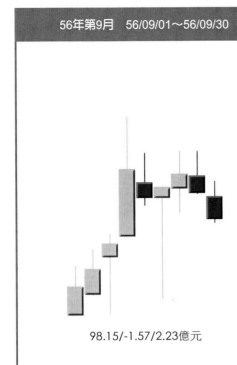 98.15/-1.57/2.23億元	**紡縋線** 1.這種實體很小的線形稱為「紡縋」，代表盤勢缺乏上升與下降的力量，「市場正在喘息」。 2.紡縋是一種警訊，代表市場正在喪失動能。 3.如果紡錘發生在波段高點附近尤其是在急漲的走勢之後代表多頭已經後繼乏力，先前的漲勢可能因此停頓。 4.實體很短代表多空之間的拉鋸戰。 5.出貨是發生在高價區，成交量放大，而價格停滯不動，由於賣方所供給的籌碼足以應付買盤的而求，所以價格無法挺進。因此出貨應視為頭部的訊號。（股票K線戰法）
	檢討
	2-4-3短黑上長下短 1.表示最高價高於開盤價，最低價低於收盤價，賣方力道強。 2.黑體短，跌勢較緩。 3.上影線長，盤中一度走高，價格波動較大。賣方力道較強，雖低檔有買氣承接，終場還是下跌。

57年第6月　57/06/01～57/06/29	單K（月線）－下降趨勢

紡錘線

1. 陰陽線的矩形部份，稱為實體，矩形上、下兩端分別代表開盤價與收盤價。
2. 矩形上端代表兩個價格的較高者，矩形下端則代表兩者的較低者。
3. 這兩條細線稱為影線，實體上方的影線，稱為上影線，下方的影線，則稱為下影線。
4. 紡錘線的特色在於實體部分很小，影線則可以很長或很短。當天的交易區間可能很小。
5. 紡錘線如果出現在橫向走勢或沒有明確趨勢的行情中，就沒有太大意義。
6. 如果出現在價格型態內，則意味著多空之間的拉鋸與勢力消長。
（陰陽線詳解）

104.40/-0.36/--億元

檢討

2-4-3短黑上長下短

1. 表示最高價高於開盤價，最低價低於收盤價，賣方力道強。
2. 黑體短，跌勢較緩。
3. 上影線長，盤中一度走高，價格波動較大。賣方力道較強，雖低檔有買氣承接，終場還是下跌。

59年第8月　59/08/01～59/08/31	單K（月線）－盤整趨勢

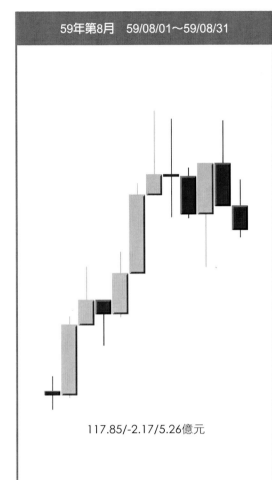

117.85/-2.17/5.26億元

具上、下影線的陰線

1. 陰陽線中，比較寬粗的部份稱為「實體」（real body），它的上、下兩端代表交易時段的開盤價與收盤價。
2. 實體若為黑色，上端代表開盤價，下端代表收盤價；收盤價低於開盤價。
3. 實體上方與下方的細線稱為影線（shadows）。這些影線分別代表交易時段中的最高價與最低價。實體上方的影線稱為上影線（upper shadow），下方的影線稱為下影線（lower shadow）上影線的上端代表盤中最高價，下影線的下端代表盤中最低價。
4. 陰陽線如果沒有上影線，稱為平頭（shaven head），如果沒有下影線，稱為（平底）空頭的交易時段，市場幾乎以最高價開盤，並收盤在最低價附近。
（陰線陽線）

檢討

2-4-3短黑上長下短
1. 表示最高價高於開盤價，最低價低於收盤價，賣方力道強。
2. 黑體短，跌勢較緩。
3. 上影線長，盤中一度走高，價格波動較大。賣方力道較強，雖低檔有買氣承接，終場還是下跌。

64年第6月　64/06/01～64/06/30	單K（月線）－上升趨勢

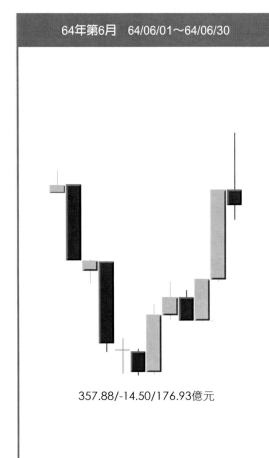

357.88/-14.50/176.93億元

紡錘線

1. 這種實體很小的線形稱為「紡錘」，代表盤勢缺乏上升與下降的力量，「市場正在喘息」。
2. 紡錘是一種警訊，代表市場正在喪失動能。
3. 如果紡錘發生在波段高點附近尤其是在急漲的走勢之後代表多頭已經後繼乏力，先前的漲勢可能因此停頓。
4. 實體很短代表多空之間的拉鋸戰。
5. 承接是發生在低價區，或變量放大而價格停滯代表空頭全有搶攻，停滯的價格顯示空頭無法壓低價格，空頭所投入的籌碼，都被多頭承接。
6. 出貨是發生在高價區，成交量放大，而價格停滯不動，由於賣方所供給的等碼足以應付買盤的而求，所以價格無法挺進。因此出貨應視為頭部的訊號。（股票K線戰法）

檢討

2-4-3短黑上長下短
1. 表示最高價高於開盤價，最低價低於收盤價，賣方力道強。
2. 黑體短，跌勢較緩。
3. 上影線長，盤中一度走高，價格波動較大。賣方力道較強，雖低檔有買氣承接，終場還是下跌。

68年第11月　68/11/01～68/11/30	單K（月線）－下降趨勢

具上、下影線的陰線

1. 陰陽線中，比較寬粗的部份稱為「實體」
   （real body），它的上、下兩端代表交易
   時段的開盤價與收盤價。
2. 實體若為黑色，上端代表開盤價，下端代表
   收盤價；收盤價低於開盤價。
3. 實體上方與下方的細線稱為影線（shadows）。
   這些影線分別代表交易時段中的最高價與最
   低價。實體上方的影線稱為上影線（upper
   shadow），下方的影線稱為下影線（lower
   shadow）上影線的上端代表盤中最高價，
   下影線的下端代表盤中最低價。
   （陰線陽線）

512.45/-18.47/86.33億元

檢討

2-4-3短黑上長下短

1. 表示最高價高於開盤價，最低價低於收盤價，
   賣方力道強。
2. 黑體短，跌勢較緩。
3. 上影線長，盤中一度走高，價格波動較大。
   賣方力道較強，雖低檔有買氣承接，終場還
   是下跌。

69年第9月　69/09/01～69/09/30	單K（月線）－盤整趨勢
 559.96/-18.17/175.47億元	**具上、下影線的陰線** 1.陰陽線中寬粗部分稱為實體其上、下兩端表示交易時段的開盤價與收盤價 實體為黑色上端表示開盤價下端表示收盤價。 2.實體上方表示上影線，下方表示下影線，分別表示最高價與最低價。 3.由於日線圖的陰陽線形態只有短期意涵，比較適用於短線交易。 4.黑色表示空頭意涵。 （陰線陽線）

	檢討
	2-4-3短黑上長下短 1.表示最高價高於開盤價，最低價低於收盤價，賣方力道強。 2.黑體短，跌勢較緩。 3.上影線長，盤中一度走高，價格波動較大。賣方力道較強，雖低檔有買氣承接，終場還是下跌。

69年第11月　69/11/01～69/11/30	單K（月線）－盤整趨勢

566.28/-15.04/143.58億元

具上、下影線的陰線

1. 陰陽線的矩形部份，稱為實體，矩形上、下兩端分別代表開盤價與收盤價。
2. 矩形上端代表兩個價格的較高者，矩形下端則代表兩者的較低者。
3. 如果實體為黑色，開盤價位在矩形上端，收盤價位在下端（價格開高收低，黑色代表空頭意涵）。
4. 這兩條細線稱為影線，實體上方的影線，稱為上影線，下方的影線，則稱為下影線。
5. 由陰陽線的角度觀察，實體部分代表決定性的價格走勢，影線則代表表面的價格波動。（陰陽線詳解）

檢討

2-4-3短黑上長下短

1. 表示最高價高於開盤價，最低價低於收盤價，賣方力道強。
2. 黑體短，跌勢較緩。
3. 上影線長，盤中一度走高，價格波動較大。賣方力道較強，雖低檔有買氣承接，終場還是下跌。

80年第5月　80/05/02～80/05/31	單K（月線）－上升趨勢

短日
1. 在陰陽線中，比較寬粗的部份稱為「實體」（real body），它的上、下兩端代表交易時段的開盤價與收盤價。
2. 實體若為白色，上端代表收盤價，下端代表開盤價；收盤價高於開盤價。
3. 實體上方與下方的細線稱為影線（shadows）。這些影線分別代表交易時段中的最高價與最低價。實體上方的影線稱為上影線（upper shadow），下方的影線稱為下影線（lower shadow）上影線的上端代表盤中最高價，下影線的下端代表盤中最低價。
4. 「短日」也可以利用與「長日」相同的方式來界定，並有類似的結果。
（強力陰陽線）

檢討

2-4-3短黑上長下短
1. 表示最高價高於開盤價，最低價低於收盤價，賣方力道強。
2. 黑體短，跌勢較緩。
3. 上影線長，盤中一度走高，價格波動較大。賣方力道較強，雖低檔有買氣承接，終場還是下跌。

5610.72/-310.57/16464.65億元

81年第12月　81/12/01～81/12/29	單K（月線）－下降趨勢

延伸性跌勢之後的紡錘線
1. 紡錘線發生在底部。
2. 紡錘線代表情況不確定，市場參與者對於價格究竟應該上漲或下跌，顯然不能取得共識。
3. 如果紡錘線發生在延伸性跌勢之後，通常代表價格繼續向下的動能已經喪失。
4. 紡錘線經常是趨勢即將反轉的第一個徵兆。
（股票K線戰法）

檢討

2-4-3短黑上長下短
1. 表示最高價高於開盤價，最低價低於收盤價，賣方力道強。
2. 黑體短，跌勢較緩。
3. 上影線長，盤中一度走高，價格波動較大。賣方力道較強，雖低檔有買氣承接，終場還是下跌。

3377.06/-297.95/2050.90億元

83年第3月　83/03/01～83/03/31	單K（月線）－上升趨勢

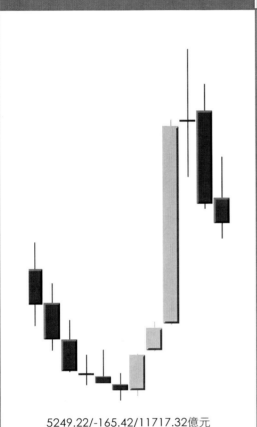

5249.22/-165.42/11717.32億元

具上、下影線的陰線

1. 陰陽線中，比較寬粗的部份稱為「實體」（real body），它的上、下兩端代表交易時段的開盤價與收盤價。
2. 實體若為黑色，上端代表開盤價，下端代表收盤價；收盤價低於開盤價。
3. 實體上方與下方的細線稱為影線（shadows）。這些影線分別代表交易時段中的最高價與最低價。實體上方的影線稱為上影線（upper shadow），下方的影線稱為下影線（lower shadow）上影線的上端代表盤中最高價，下影線的下端代表盤中最低價。
4. 陰陽線如果沒有上影線，稱為平頭（shaven head），如果沒有下影線，稱為（平底）空頭的交易時段，市場幾乎以最高價開盤，並收盤在最低價附近。
（陰線陽線）

檢討

2-4-3短黑上長下短

1. 表示最高價高於開盤價，最低價低於收盤價，賣方力道強。
2. 黑體短，跌勢較緩。
3. 上影線長，盤中一度走高，價格波動較大。賣方力道較強，雖低檔有買氣承接，終場還是下跌。

85年第10月　85/10/01～85/10/30	單K（月線）－上升趨勢

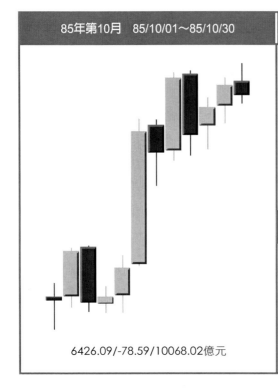

6426.09/-78.59/10068.02億元

延伸性漲勢之後的紡錘線

1. 顯示實體部分仍然很小，但影線很長。這支線形可以稱為紡錘線，因為實體很小。
2. 紡錘線的特色是當天的交易區間可能很小。
3. 紡錘線如果出現在橫向走勢或沒有明確趨勢的行情中，就沒有太大意義，如果出現在價格型態內，則意味著多空之間的拉鋸與勢力消長。
（股票K線戰法）

檢討

2-4-3短黑上長下短

1. 表示最高價高於開盤價，最低價低於收盤價，賣方力道強。
2. 黑體短，跌勢較緩。
3. 上影線長，盤中一度走高，價格波動較大。賣方力道較強，雖低檔有買氣承接，終場還是下跌。

88年第1月　88/01/05～88/01/30	單K（月線）－下降趨勢

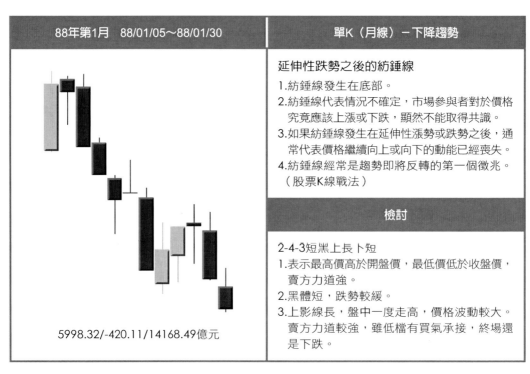

5998.32/-420.11/14168.49億元

延伸性跌勢之後的紡錘線

1. 紡錘線發生在底部。
2. 紡錘線代表情況不確定，市場參與者對於價格究竟應該上漲或下跌，顯然不能取得共識。
3. 如果紡錘線發生在延伸性漲勢或跌勢之後，通常代表價格繼續向上或向下的動能已經喪失。
4. 紡錘線經常是趨勢即將反轉的第一個徵兆。
（股票K線戰法）

檢討

2-4-3短黑上長下短

1. 表示最高價高於開盤價，最低價低於收盤價，賣方力道強。
2. 黑體短，跌勢較緩。
3. 上影線長，盤中一度走高，價格波動較大。賣方力道較強，雖低檔有買氣承接，終場還是下跌。

89年第2月　89/02/01～89/02/29	單K（月線）－上升趨勢

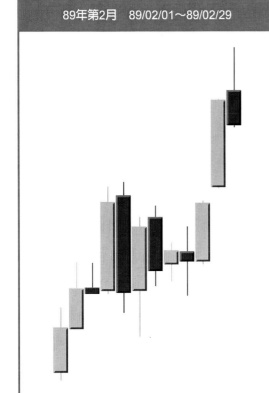

9435.94/-308.95/31970.67億元

具上、下影線的陰線

1. 陰陽線中，比較寬粗的部份稱為「實體」（real body），它的上、下兩端代表交易時段的開盤價與收盤價。
2. 實體若為黑色，上端代表開盤價，下端代表收盤價；收盤價低於開盤價。
3. 實體上方與下方的細線稱為影線（shadows）。這些影線分別代表交易時段中的最高價與最低價。實體上方的影線稱為上影線（upper shadow），下方的影線稱為下影線（lower shadow）上影線的上端代表盤中最高價，下影線的下端代表盤中最低價。
（陰線陽線）

檢討

2-4-3短黑上長下短

1. 表示最高價高於開盤價，最低價低於收盤價，賣方力道強。
2. 黑體短，跌勢較緩。
3. 上影線長，盤中一度走高，價格波動較大。賣方力道較強，雖低檔有買氣承接，終場還是下跌。

89年第11月　89/11/01～89/11/30	單K（月線）－下降趨勢

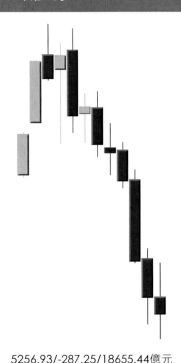

5256.93/-287.25/18655.44億元

延伸性跌勢之後的紡錘線

1. 紡錘線發生在底部。
2. 紡錘線代表情況不確定，市場參與者對於價格
   究竟應該上漲或下跌，顯然不能取得共識。
3. 如果紡錘線發生在延伸性漲勢或跌勢之後，通
   常代表價格繼續向上或向下的動能已經喪失。
4. 紡錘線經常是趨勢即將反轉的第一個徵兆。
   （股票K線戰法）

檢討

2-4-3短黑上長下短
1. 表示最高價高於開盤價，最低價低於收盤價，
   賣方力道強。
2. 黑體短，跌勢較緩。
3. 上影線長，盤中一度走高，價格波動較大。
   賣方力道較強，雖低檔有買氣承接，終場還
   是下跌。

90年第2月　90/02/01～90/02/27	單K（月線）－下降趨勢

5674.69/-261.51/22992.29億元

延伸性跌勢之後的紡錘線

1. 紡錘線發生在底部。
2. 紡錘線代表情況不確定，市場參與者對於價格
   究竟應該上漲或下跌，顯然不能取得共識。
3. 如果紡錘線發生在延伸性漲勢或跌勢之後，通
   常代表價格繼續向上或向下的動能已經喪失。
4. 紡錘線經常是趨勢即將反轉的第一個徵兆。
   （股票K線戰法）

檢討

2-4-3短黑上長下短
1. 表示最高價高於開盤價，最低價低於收盤價，
   賣方力道強。
2. 黑體短，跌勢較緩。
3. 上影線長，盤中一度走高，價格波動較大。
   賣方力道較強，雖低檔有買氣承接，終場還
   是下跌。

90年第6月　90/06/01～90/06/29	單K（月線）－下降趨勢

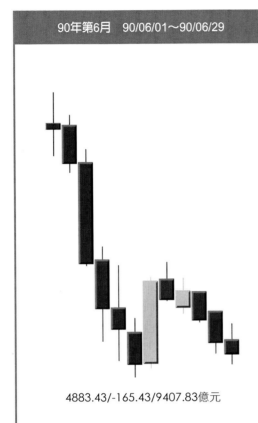

4883.43/-165.43/9407.83億元

紡錘線

1. 陰陽線的矩形部份，稱為實體，矩形上、下兩端分別代表開盤價與收盤價。
2. 矩形上端代表兩個價格的較高者，矩形下端則代表兩者的較低者。
3. 這兩條細線稱為影線，實體上方的影線，稱為上影線，下方的影線，則稱為下影線。
4. 紡錘線的特色在於實體部分很小，影線則可以很長或很短。當天的交易區間可能很小。
5. 紡錘線如果出現在橫向走勢或沒有明確趨勢的行情中，就沒有太大意義。
6. 如果出現在價格型態內，則意味著多空之間的拉鋸與勢力消長。

（陰陽線詳解）

檢討

2-4-3短黑上長下短

1. 表示最高價高於開盤價，最低價低於收盤價，賣方力道強。
2. 黑體短，跌勢較緩。
3. 上影線長，盤中一度走高，價格波動較大。賣方力道較強，雖低檔有買氣承接，終場還是下跌。

4940.38/-213.33/15870.36億元

紡錘線

1. 在陰陽線中，比較寬粗的部份稱為「實體」（real body），它的上、下兩端代表交易時段的開盤價與收盤價。
2. 實體若為黑色（換言之，實體填滿黑色），上端代表開盤價，下端代表收盤價；收盤價低於開盤價。3.實體上方與下方的細線稱為影線（shadows）。這些影線分別代表交易時段中的最高價與最低價。實體上方的影線稱為上影線（upper shadow），下方的影線稱為下影線（lower shadow）上影線的上端代表盤中最高價，下影線的下端代表盤中最低價。
3. 紡錘的實體部份很小，代表多、空交戰。
4. 它們稱為紡錘（spinning tops），顯是多、空拉鋸的中性狀態。（陰線陽線）

檢討

2-4-3短黑上長下短
1. 表示最高價高於開盤價，最低價低於收盤價，賣方力道強。
2. 黑體短，跌勢較緩。
3. 上影線長，盤中一度走高，價格波動較大。賣方力道較強，雖低檔有買氣承接，終場還是下跌。

91年第12月　91/12/02～91/12/31	單K（月線）－下降趨勢

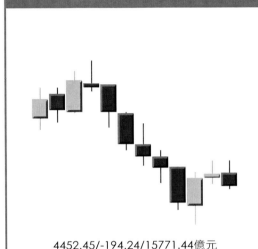

4452.45/-194.24/15771.44億元

短日

1.「短日」也可以利用與「長日」相同的方式來界定，並有類似的結果。
2.開盤價與收盤價差距小。
3.收盤價高於開盤價實體為紅色。收盤價低於開盤價實體為黑色。
（強力陰陽線）

檢討

2-4-3短黑上長下短
1.表示最高價高於開盤價，最低價低於收盤價，賣方力道強。
2.黑體短，跌勢較緩。
3.上影線長，盤中一度走高，價格波動較大。賣方力道較強，雖低檔有買氣承接，終場還是下跌。

92年第3月　92/03/03～92/03/31	單K（月線）－盤整趨勢

4321.22/-111.24/9586.55億元

延伸性跌勢之後的紡錘線

1.紡錘線發生在底部。
2.紡錘線代表情況不確定，市場參與者對於價格究竟應該上漲或下跌，顯然不能取得共識。
3.如果紡錘線發生在延伸性漲勢或跌勢之後，通常代表價格繼續向上或向下的動能已經喪失。
4.紡錘線經常是趨勢即將反轉的第一個徵兆。
（股票K線戰法）

檢討

2-4-3短黑上長下短
1.表示最高價高於開盤價，最低價低於收盤價，賣方力道強。
2.黑體短，跌勢較緩。
3.上影線長，盤中一度走高，價格波動較大。賣方力道較強，雖低檔有買氣承接，終場還是下跌。

92年第4月　92/04/01～92/04/30	單K（月線）－盤整趨勢

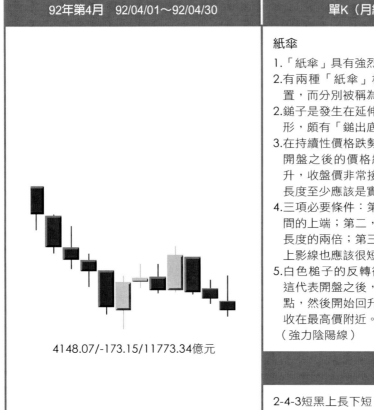

4148.07/-173.15/11773.34億元

紙傘

1. 「紙傘」具有強烈的反轉涵意。
2. 有兩種「紙傘」根據其處於市場趨勢之位置，而分別被稱為「鎚子」與「吊人」。
2. 鎚子是發生在延伸性價格跌勢之後的紙傘線形，頗有「鎚出底部」的意味。
3. 在持續性價格跌勢中，鎚子線形出現當天，開盤之後的價格繼續下跌，但稍後開始回升，收盤價非常接近當天最高價；下影線的長度至少應該是實體長度的兩倍。
4. 三項必要條件：第一，實體必須位在交易區間的上端；第二，下影線有長，至少是實體長度的兩倍；第三，沒有上影線，即使有，上影線也應該很短。
5. 白色鎚子的反轉徵兆通常勝過黑色，因為這代表開盤之後，賣壓仍然沉重，價格創低點，然後開始回升，向上穿越開盤價，最後收在最高價附近。
（強力陰陽線）

檢討

2-4-3短黑上長下短

1. 表示最高價高於開盤價，最低價低於收盤價，賣方力道強。
2. 黑體短，跌勢較緩。
3. 上影線長，盤中一度走高，價格波動較大。賣方力道較強，雖低檔有買氣承接，終場還是下跌。

92年第9月　92/09/01～92/09/30	單K（月線）－上升趨勢
 5611.41/-39.42/17480.61億元	**短日** 1.「短日」也可以利用與「長日」相同的方式來界定，並有類似的結果。 2.開盤價與收盤價差距小。 3.收盤價高於開盤價實體為紅色。收盤價低於開盤價實體為黑色。 （強力陰陽線） **檢討** 2-4-3短黑上長下短 1.表示最高價高於開盤價，最低價低於收盤價，賣方力道強。 2.黑體短，跌勢較緩。 3.上影線長，盤中一度走高，價格波動較大。賣方力道較強，雖低檔有買氣承接，終場還是下跌。

92年第11月　92/11/03～92/11/28	單K（月線）－上升趨勢
 5771.77/-273.35/16931.86億元	**延伸性漲勢之後的紡錘線** 1.顯示實體部分仍然很小，但影線很長。這支線形可以稱為紡錘線，因為實體很小。 2.紡錘線的特色是當天的交易區間可能很小。 3.紡錘線如果出現在橫向走勢或沒有明確趨勢的行情中，就沒有太大意義，如果出現在價格型態內，則意味著多空之間的拉鋸與勢力消長。 （股票K線戰法） **檢討** 2-4-3短黑上長下短 1 表示最高價高於開盤價，最低價低於收盤價，賣方力道強。 2.黑體短，跌勢較緩。 3.上影線長，盤中一度走高，價格波動較大。賣方力道較強，雖低檔有買氣承接，終場還是下跌。

93年第10月　93/10/01～93/10/29	單K（月線）－下降趨勢

紡錘線

1. 在陰陽線中，比較寬粗的部份稱為「實體」（real body），它的上、下兩端代表交易時段的開盤價與收盤價。
2. 實體若為黑色（換言之，實體填滿黑色），上端代表開盤價，下端代表收盤價；收盤價低於開盤價。
3. 實體上方與下方的細線稱為影線（shadows）。這些影線分別代表交易時段中的最高價與最低價。實體上方的影線稱為上影線（upper shadow），下方的影線稱為下影線（lower shadow）上影線的上端代表盤中最高價，下影線的下端代表盤中最低價。
4. 紡錘的實體部份很小，代表多、空交戰。
5. 它們稱為紡錘（spinning tops），顯是多、空拉鋸的中性狀態。
（陰線陽線）

檢討

5705.93/-139.76/16523.11億元

2-4-3短黑上長下短

1. 表示最高價高於開盤價，最低價低於收盤價，賣方力道強。
2. 黑體短，跌勢較緩。
3. 上影線長，盤中一度走高，價格波動較大。賣方力道較強，雖低檔有買氣承接，終場還是下跌。

95/02/01～02/27　（月線）	單K（月線）－上升趨勢
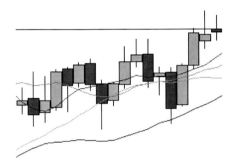　6561.63/29.45/21320.5億元	**紡錘線** 1.在陰陽影中，比較寬粗的部份稱為「實體」（realbody），它的上、下兩端代表交易時段的開盤價與收盤價。 2.實體若為黑色，上端代表開盤價，下端代表收盤價；收盤低於開盤價。 3.實體上方與下方的細線稱為影線（shadows）。這些影線分別代表交易時段中的最高價與最低價。實體上方的影線稱為上影線（upper shadow），下方的影線稱為下影線（lower shadow）上影線的上端代表盤中最高價，下影線的下端代表盤中最低價。 4.紡錘的實體部份很小，代表多、空交戰。 5.它們稱為紡錘（spinning tops），顯示多、空拉具的中性狀態。 （股票K線戰法）

	檢討

2-4-3短黑上長下短
1.表示最高價高於開盤價，最低價低於收盤價，賣方力道強。
2.黑體短，跌勢較緩。
3.上影線長，盤中一度走高，價格波動較大。賣方力道較強，雖低檔有買氣承接，終場還是下跌。

98/10/1～10/30　（月線）	單K（月線）－上升趨勢

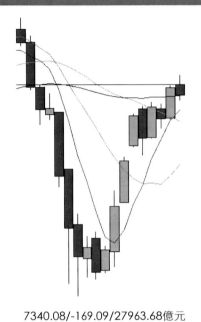

7340.08/-169.09/27963.68億元

具上、下影線的陰線

1.每種方法都運用特定時段內的相同四種價格
　資料：開盤價、最高價、最低價與收盤價。
2.主要是因為陰陽線表達價格資料的方法。
3.陰陽線基本上都採用「天」的時段。
4.由於日線圖的陰陽線形態只有短期意涵，比
　較適用於短線交易。
5.黑色表示空頭意涵。
（陰陽線詳解）

檢討

2-4-3短黑上長下短

1.表示最高價高於開盤價，最低價低於收盤價，
　賣方力道強。
2.黑體短，跌勢較緩。
3.上影線長，盤中一度走高，價格波動較大。
　賣方力道較強，雖低檔有買氣承接，終場還
　是下跌。

99/08/2～08/31 （月線）	單K（月線）－盤整趨勢

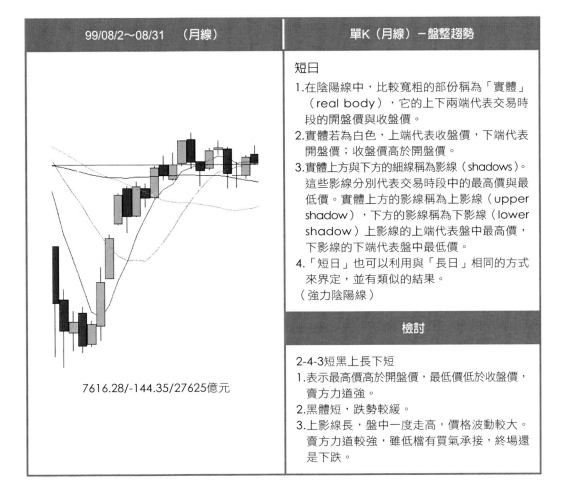

7616.28/-144.35/27625億元

短日

1. 在陰陽線中，比較寬粗的部份稱為「實體」（real body），它的上下兩端代表交易時段的開盤價與收盤價。
2. 實體若為白色，上端代表收盤價，下端代表開盤價；收盤價高於開盤價。
3. 實體上方與下方的細線稱為影線（shadows）。這些影線分別代表交易時段中的最高價與最低價。實體上方的影線稱為上影線（upper shadow），下方的影線稱為下影線（lower shadow）上影線的上端代表盤中最高價，下影線的下端代表盤中最低價。
4. 「短日」也可以利用與「長日」相同的方式來界定，並有類似的結果。

（強力陰陽線）

檢討

2-4-3短黑上長下短

1. 表示最高價高於開盤價，最低價低於收盤價，賣方力道強。
2. 黑體短，跌勢較緩。
3. 上影線長，盤中一度走高，價格波動較大。賣方力道較強，雖低檔有買氣承接，終場還是下跌。

表2-4-3　短黑上長下短　　　　　　　　　準確度　　準=100%　不準=0%

日期	趨勢	加權指數收盤價	漲跌 (+/-)	準確度 準	準確度 不準
56/05/01～56/05/31	上升趨勢	99.48	-1.68	V	
56/08/01～56/08/31	盤整趨勢	99.72	-1.16	V	
56/09/01～56/09/30	盤整趨勢	98.15	-1.57	V	
57/06/01～57/06/29	下降趨勢	104.4	-0.36	V	
59/08/01～59/08/31	盤整趨勢	117.85	-2.17	V	
64/06/01～64/06/30	上升趨勢	357.88	-14.5	V	
68/11/01～68/11/30	下降趨勢	512.45	-18.47	V	
69/09/01～69/09/30	盤整趨勢	559.96	-18.17	V	

69/11/01～69/11/30	盤整趨勢	566.28	-15.04	V	
80/05/02～80/05/31	上升趨勢	5610.72	-310.57	V	
81/12/01～81/12/29	下降趨勢	3377.06	-297.95	V	
83/03/01～83/03/31	上升趨勢	5249.22	-165.42	V	
85/10/01～85/10/30	上升趨勢	6426.09	-78.59	V	
88/01/05～88/01/30	下降趨勢	5998.32	-420.11	V	
89/02/01～89/02/29	上升趨勢	9435.94	-308.95	V	
89/11/01～89/11/30	下降趨勢	5256.93	-287.25	V	
90/02/01～90/02/27	下降趨勢	5674.69	-261.51	V	
90/06/01～90/06/29	下降趨勢	4883.43	-165.43	V	
91/07/01～91/07/31	下降趨勢	4940.38	-213.33	V	
91/12/02～91/12/31	下降趨勢	4452.45	-194.24	V	
92/03/03～92/03/31	盤整趨勢	4321.22	-111.24	V	
92/04/01～92/04/30	盤整趨勢	4148.07	-173.15	V	
92/09/01～92/09/30	上升趨勢	5611.41	-39.42	V	
92/11/03～92/11/28	上升趨勢	5771.77	-273.35	V	
93/10/01～93/10/29	下降趨勢	5705.93	-139.76	V	
95/02/01～95/02/27	上升趨勢	6561.63	29.45	V	
98/10/01～98/10/30	上升趨勢	7340.08	-169.09	V	
99/08/02～99/08/31	盤整趨勢	7616.28	-144.35	V	

結論

　　自56年1月至100年12月有540個月，以本書月K線去檢討，短黑上長下短出現28次，正確次數為28次，不正確次數為零，正確度達100%；月K線「正確」與「不正確」仍然有誤差，投資人可以自行調整判別的尺度，修正「正確」與「不正確」的百分比，如此可以達到更高的操作價值。

2-4-4　長黑上長下短

2-4-4　長黑上長下短

魔法K線檢討：

（1）表示最高價高於開盤價，最低價低於收盤價，上漲遭到賣壓，一路下挫，部份買盤接手反擊，賣方力道強。

（2）黑色實體愈強，跌勢愈兇。

58年第1月　58/01/04〜58/01/31	單K（月線）－盤整趨勢
103.75/-2.88/3.12億元	**長黑線** 1.代表空頭的交易時段，市場幾乎以最高價開盤並收盤在最低價附近。 2.長黑線空頭意涵較濃。 （陰線陽線） **檢討** 2-4-4長黑上長下短 1.表示最高價高於開盤價，最低價低於收盤價，上漲遭到賣壓，一路下挫，部份買盤接手反擊，賣方力道強。 2.黑色實體愈強，跌勢愈兇。

59年第5月　59/05/01～59/05/30	單K（月線）－上升趨勢
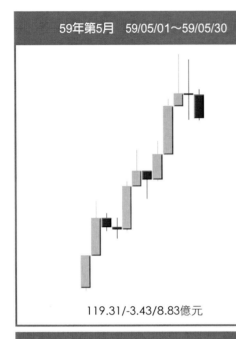 119.31/-3.43/8.83億元	**高價區的長黑線** 1.高價區的長黑線代表頭部的訊號。 2.長黑線的實體長度必須明顯大於先前數根線形。 3.長黑線代表空頭已經取得盤勢的控制權。 4.先前的漲幅大，超買的情況愈嚴重，長黑線的意義愈重要。 （股票K線戰法）
	檢討
	2-4-4長黑上長下短 1.表示最高價高於開盤價，最低價低於收盤價，上漲遭到賣壓，一路下挫，部份買盤接手反擊，賣方力道強。 2.黑色實體愈強，跌勢愈兇。

67年第12月　67/12/01～67/12/30	單K（月線）－下降趨勢
532.43/-50.40/201.40億元	**長黑線** 1.一根陰陽線是由一個矩行部分與其上、下兩側的細線所構成。 2.陰陽線的矩形部分稱為實體，實體的上、下兩端分別代表交易時段的開盤與收盤價。 3.當開盤價高於收盤價，實體為黑色（陰線）。 4.實體上、下兩側的細線，稱為影線，影線代表交易時段的極端價格。 5.實體上側的影線稱為「上影線」代表最高時段的最高價。實體下側影線稱為「下影線」代表交易時段的最低價。 6.一根具有明顯意義的長黑線，其實體長度至少要是前一天實體長度的三倍。 7.長黑線具有空頭意涵。 （股票K線戰法）
	檢討
	2-4-4長黑上長下短 1.表示最高價高於開盤價，最低價低於收盤價，上漲遭到賣壓，一路下挫，部份買盤接手反擊，賣方力道強。 2.黑色實體愈強，跌勢愈兇。

70年第7月　70/07/01～70/07/31	單K（月線）－盤整趨勢

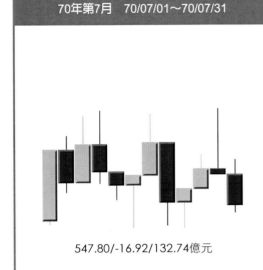

547.80/-16.92/132.74億元

具上、下影線的陰線

1. 陰陽線中寬粗部分稱為實體其上、下兩端表示交易時段的開盤價與收盤價 實體為黑色上端表示開盤價下端表示收盤價。
2. 實體上方表示上影線，下方表示下影線，分別表示最高價與最低價。
3. 由於日線圖的陰陽線形態只有短期意涵，比較適用於短線交易。
4. 黑色表示空頭意涵。
（陰線陽線）

檢討

2-4-4長黑上長下短
1. 表示最高價高於開盤價，最低價低於收盤價，上漲遭到賣壓，一路下挫，部份買盤接手反擊，賣方力道強。
2. 黑色實體愈強，跌勢愈兇。

73年第5月　73/05/01～73/05/31	單K（月線）－上升趨勢

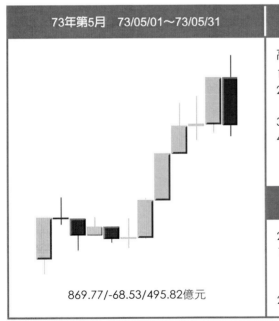

869.77/-68.53/495.82億元

高價區的長黑線

1. 高價區的長黑線代表頭部的訊號。
2. 長黑線的實體長度必須明顯大於先前數根線形。
3. 長黑線代表空頭已經取得盤勢的控制權。
4. 先前的漲幅大，超買的情況愈嚴重，長黑線的意義愈重要。
（股票K線戰法）

檢討

2-4-4長黑上長下短
1. 表示最高價高於開盤價，最低價低於收盤價，上漲遭到賣壓，一路下挫，部份買盤接手反擊，賣方力道強。
2. 黑色實體愈強，跌勢愈兇。

73年第10月　73/10/01～73/10/30	單K（月線）－下降趨勢
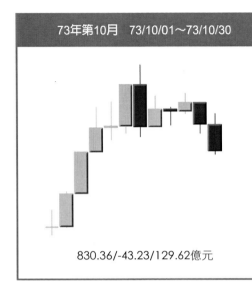 830.36/-43.23/129.62億元	**長黑線** 1.代表空頭的交易時段，市場幾乎以最高價開盤並收盤在最低價附近。 2.長黑線空頭意涵較濃。 （陰線陽線） **檢討** 2-4-4長黑上長下短 1.表示最高價高於開盤價，最低價低於收盤價，上漲遭到賣壓，一路下挫，部份買盤接手反擊，賣方力道強。 2.黑色實體愈強，跌勢愈兇。

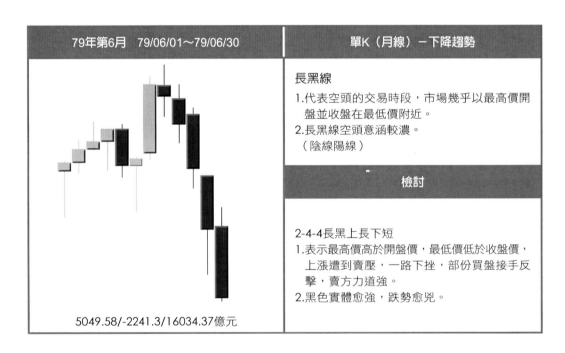

79年第6月　79/06/01～79/06/30	單K（月線）－下降趨勢
5049.58/-2241.3/16034.37億元	**長黑線** 1.代表空頭的交易時段，市場幾乎以最高價開盤並收盤在最低價附近。 2.長黑線空頭意涵較濃。 （陰線陽線） **檢討** 2-4-4長黑上長下短 1.表示最高價高於開盤價，最低價低於收盤價，上漲遭到賣壓，一路下挫，部份買盤接手反擊，賣方力道強。 2.黑色實體愈強，跌勢愈兇。

82年第5月　82/05/03～82/05/31	單K（月線）－上升趨勢
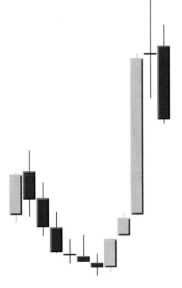 4267.9/-295.62/6838.78億元	具上、下影線的陰線 1.陰陽線中，比較寬粗的部份稱為「實體」（real body），它的上、下兩端代表交易時段的開盤價與收盤價。 2.實體若為黑色，上端代表開盤價，下端代表收盤價；收盤價低於開盤價。 3.實體上方與下方的細線稱為影線（shadows）。這些影線分別代表交易時段中的最高價與最低價。實體上方的影線稱為上影線（upper shadow），下方的影線稱為下影線（lower shadow）上影線的上端代表盤中最高價，下影線的下端代表盤中最低價。 （陰線陽線）
	檢討
	2-4-4長黑上長下短 1.表示最高價高於開盤價，最低價低於收盤價，上漲遭到賣壓，一路下挫，部份買盤接手反擊，賣方力道強。 2.黑色實體愈強，跌勢愈兇。

83年第2月　83/02/01～83/02/28	單K（月線）－上升趨勢
5414.64/-700.48/11295.24億元	高價區的長黑線 1.高價區的長黑線代表頭部的訊號。 2.長黑線的實體長度必須明顯大於先前數根線形。 3.長黑線代表空頭已經取得盤勢的控制權。 4.先前的漲幅大，超買的情況愈嚴重，長黑線的意義愈重要。 5.這種線形代表多頭已經後繼乏力，或空頭已經轉守為攻。 6.都代表潛在的空頭走勢。 （股票K線戰法）
	檢討
	2-4-4長黑上長下短 1.表示最高價高於開盤價，最低價低於收盤價，上漲遭到賣壓，一路下挫，部份買盤接手反擊，賣方力道強。 2.黑色實體愈強，跌勢愈兇。

87年第12月　87/12/01～87/12/31	單K（月線）－下降趨勢

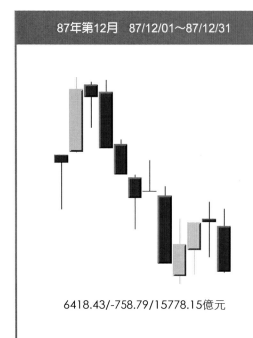

6418.43/-758.79/15778.15億元

長黑線
1. 開盤價與收盤價分別代表當天最高價與最低價，線形就沒有影線。
2. 長黑線具有空頭意涵。
3. 市場向下突破支撐的方或，可以反映該突破的嚴重性。
4. 市場是以長黑線向下突破支撐，所代表的意涵強過，小黑線或白線的突破。
（股票K線戰法）

檢討

2-4-4長黑上長下短
1. 表示最高價高於開盤價，最低價低於收盤價，上漲遭到賣壓，一路下挫，部份買盤接手反擊，賣方力道強。
2. 黑色實體愈強，跌勢愈兇。

89年第9月　89/09/01～89/09/30	單K（月線）－下降趨勢

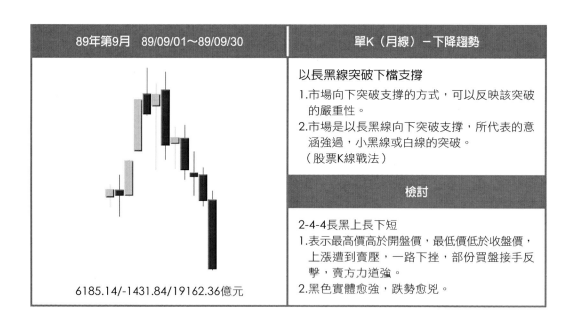

6185.14/-1431.84/19162.36億元

以長黑線突破下檔支撐
1. 市場向下突破支撐的方式，可以反映該突破的嚴重性。
2. 市場是以長黑線向下突破支撐，所代表的意涵強過，小黑線或白線的突破。
（股票K線戰法）

檢討

2-4-4長黑上長下短
1. 表示最高價高於開盤價，最低價低於收盤價，上漲遭到賣壓，一路下挫，部份買盤接手反擊，賣方力道強。
2. 黑色實體愈強，跌勢愈兇。

93年第4月　93/04/01～93/04/30	單K（月線）－上升趨勢

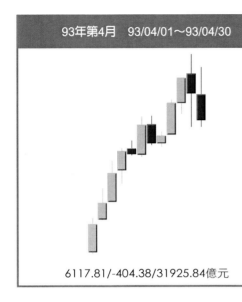

6117.81/-404.38/31925.84億元

長黑線
1. 代表空頭的交易時段，市場幾乎以最高價開盤並收盤在最低價附近。
2. 長黑線空頭意涵較濃。
（陰線陽線）

2-4-4長黑上長下短
1. 表示最高價高於開盤價，最低價低於收盤價，上漲遭到賣壓，一路下挫，部份買盤接手反擊，賣方力道強。
2. 黑色實體愈強，跌勢愈兇。

94年第8月　94/08/01～94/08/31	單K（月線）－盤整趨勢

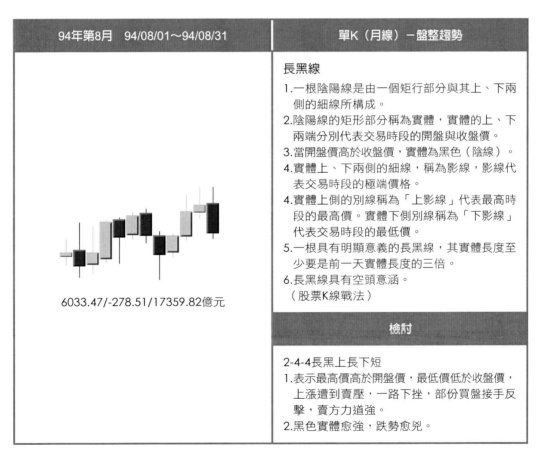

6033.47/-278.51/17359.82億元

長黑線
1. 一根陰陽線是由一個矩行部分與其上、下兩側的細線所構成。
2. 陰陽線的矩形部分稱為實體，實體的上、下兩端分別代表交易時段的開盤與收盤價。
3. 當開盤價高於收盤價，實體為黑色（陰線）。
4. 實體上、下兩側的細線，稱為影線，影線代表交易時段的極端價格。
4. 實體上側的別線稱為「上影線」代表最高時段的最高價。實體下側別線稱為「下影線」代表交易時段的最低價。
5. 一根具有明顯意義的長黑線，其實體長度至少要是前一天實體長度的三倍。
6. 長黑線具有空頭意涵。
（股票K線戰法）

檢討

2-4-4長黑上長下短
1. 表示最高價高於開盤價，最低價低於收盤價，上漲遭到賣壓，一路下挫，部份買盤接手反擊，賣方力道強。
2. 黑色實體愈強，跌勢愈兇。

95/5/1〜5/30　（月線）	單K（月線）－上升趨勢
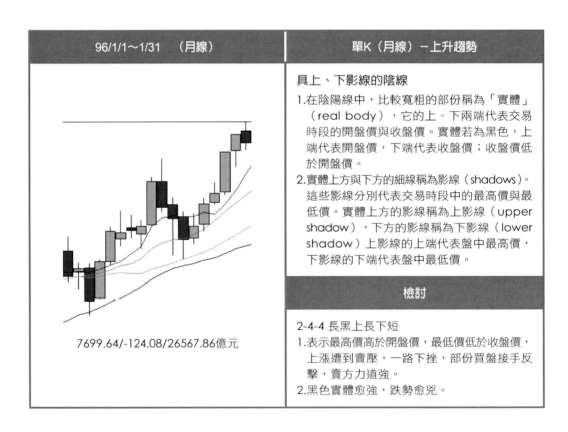　6846.95/-324.82/27890.31億元	**長黑線** 1.高價區的長黑線代表頭部的訊號。 2.長黑線的實體長度必須明顯大於先前數根線形。 3.長黑線代表空頭已經取得盤勢的控制權。 4.先前的漲幅大，超買的情況愈嚴重，長黑線的意義愈重要。
	檢討
	2-4-4 長黑上長下短 1.表示最高價高於開盤價，最低價低於收盤價，上漲遭到賣壓，一路下挫，部份買盤接手反擊，賣方力道強。 2.黑色實體愈強，跌勢愈兇。 3.線形顯示：市場賣壓極重，後市有下跌趨勢。

96/1/1〜1/31　（月線）	單K（月線）－上升趨勢
7699.64/-124.08/26567.86億元	**具上、下影線的陰線** 1.在陰陽線中，比較寬粗的部份稱為「實體」（real body），它的上、下兩端代表交易時段的開盤價與收盤價。實體若為黑色，上端代表開盤價，下端代表收盤價；收盤價低於開盤價。 2.實體上方與下方的細線稱為影線（shadows）。這些影線分別代表交易時段中的最高價與最低價。實體上方的影線稱為上影線（upper shadow），下方的影線稱為下影線（lower shadow）上影線的上端代表盤中最高價，下影線的下端代表盤中最低價。
	檢討
	2-4-4 長黑上長下短 1.表示最高價高於開盤價，最低價低於收盤價，上漲遭到賣壓，一路下挫，部份買盤接手反擊，賣方力道強。 2.黑色實體愈強，跌勢愈兇。

97年第5月　97/05/02～97/05/30	單K（月線）－盤整趨勢

8619.08/-300.84/30121.62億元

長黑線

1. 一根陰陽線是由一個矩形部分與其上、下兩側的細線所構成。
2. 陰陽線的矩形部分稱為實體（real body），實體的上、下兩端分別代表交易時段的開盤與收盤價。
3. 當收盤價低於開盤價時，實體繪為黑色（陰線）。
4. 實體上、下兩側的細線，稱為影線，影線代表交易時段的極端價格。
5. 實體上側的影線稱為「上影線」代表最高時段的最高價，實體下側影線稱為「下影線」代表交易時段的最低價。
6. 高價區的長黑線代表頭部的訊號。
7. 長黑線的實體長度必須明顯大於先前數根線形。
8. 先前的漲幅愈大，超買的情況愈嚴重，長黑線的意義愈重要。顯示空頭試圖奪取盤面控制權。

（股票K線戰法）

檢討

2-4-4 長黑上長下短

1. 表示最高價高於開盤價，最低價低於收盤價，上漲遭到賣壓，一路下挫，部份買盤接手反擊，賣方力道強。
2. 黑色實體愈強，跌勢愈兇。

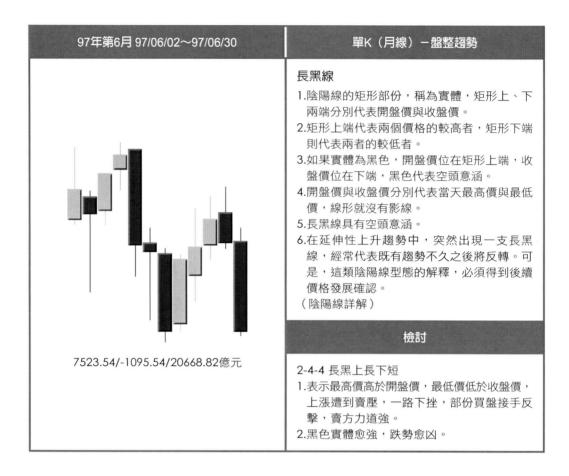

97年第6月 97/06/02～97/06/30	單K（月線）－盤整趨勢
7523.54/-1095.54/20668.82億元	長黑線 1.陰陽線的矩形部份，稱為實體，矩形上、下兩端分別代表開盤價與收盤價。 2.矩形上端代表兩個價格的較高者，矩形下端則代表兩者的較低者。 3.如果實體為黑色，開盤價位在矩形上端，收盤價位在下端，黑色代表空頭意涵。 4.開盤價與收盤價分別代表當天最高價與最低價，線形就沒有影線。 5.長黑線具有空頭意涵。 6.在延伸性上升趨勢中，突然出現一支長黑線，經常代表既有趨勢不久之後將反轉。可是，這類陰陽線型態的解釋，必須得到後續價格發展確認。 （陰陽線詳解）

檢討

2-4-4 長黑上長下短
1.表示最高價高於開盤價，最低價低於收盤價，上漲遭到賣壓，一路下挫，部份買盤接手反擊，賣方力道強。
2.黑色實體愈強，跌勢愈凶。

表2-4-4　長黑上長下短　　　　　　準確度　　準=94%　不準=6%

日期	趨勢	加權指數收盤價	漲跌 (+/-)	準確度	
				準	不準
58/01/04～58/01/31	盤整趨勢	103.75	-2.88	V	
59/05/01～59/05/30	上升趨勢	119.31	-3.43	V	
67/12/01～67/12/30	下降趨勢	532.43	-50.4	V	
70/07/01～70/07/31	盤整趨勢	547.8	-16.92	V	
73/05/01～73/05/31	上升趨勢	869.77	-68.53	V	
73/10/01～73/10/30	下降趨勢	830.36	-43.23	V	
79/06/01～79/06/30	下降趨勢	5049.58	-2241.3	V	
82/05/03～82/05/31	上升趨勢	4267.9	-295.62	V	
83/02/01～83/02/28	上升趨勢	5414.64	-700.48	V	
87/12/01～87/12/31	下降趨勢	6418.43	-758.79	V	

89/09/01～89/09/30	下降趨勢	6185.14	-1431.84	V	
93/04/01～93/04/30	上升趨勢	6117.81	-404.38	V	
94/08/01～94/08/31	盤整趨勢	6033.47	-278.51	V	
95/05/01～95/05/30	上升趨勢	6846.95	-324.82	V	
96/01/01～96/01/31	上升趨勢	7699.64	-124.08		V
97/05/02～97/05/30	盤整趨勢	8619.08	-300.84	V	
97/06/02～97/06/30	盤整趨勢	7523.54	-1095.54	V	

結論

自56年1月至100年12月有540個月，以本書月K線去檢討，長黑上長下短出現17次，正確次數為16次，不正確次數為1次，正確度達94%；月K線「正確」與「不正確」仍然有誤差，投資人可以自行調整判別的尺度，修正「正確」與「不正確」的百分比，如此可以達到更高的操作價值。

2-4-5　短黑下長上短

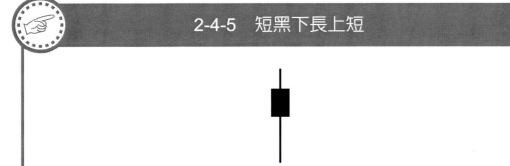

2-4-5　短黑下長上短

魔法K線檢討：

（1）表示最高價高於開盤價，最低價低於收盤價，上漲小試，買方接手；下跌測試，賣方力道強。

（2）黑色實體短，跌勢較緩。

（3）下影線越長，也表示市場低檔有買氣承接愈強。

56年第10月　56/10/02～56/10/31	單K（月線）－盤整趨勢
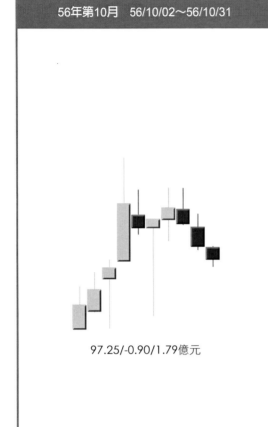　97.25/-0.90/1.79億元	**具上、下影線的陰線** 1.陰陽線中，比較寬粗的部份稱為「實體」（real body），它的上、下兩端代表交易時段的開盤價與收盤價。 2.實體若為黑色，上端代表開盤價，下端代表收盤價；收盤價低於開盤價。 3.實體上方與下方的細線稱為影線（shadows）。這些影線分別代表交易時段中的最高價與最低價。實體上方的影線稱為上影線（upper shadow），下方的影線稱為下影線（lower shadow）上影線的上端代表盤中最高價，下影線的下端代表盤中最低價。 4.陰陽線如果沒有上影線，稱為平頭（shaven head），如果沒有下影線，稱為（平底）空頭的交易時段，市場幾乎以最高價開盤，並收盤在最低價附近 （陰線陽線）
	檢討
	2-4-5短黑下長上短 1.表示最高價高於開盤價，最低價低於收盤價，上漲小試，遭到賣壓回檔；下跌測試，買方接手，遭到中度抵抗拉回，賣方力道強。 2.黑色實體短，跌勢較緩。 3.下影線越長，也表示市場低檔有買氣承接愈強。

57年第10月　57/10/01～57/10/31	單K（月線）－下降趨勢

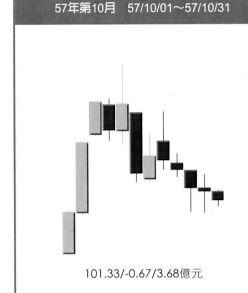

101.33/-0.67/3.68億元

短日

1.「短日」也可以利用與「長日」相同的方式來界定，並有類似的結果。
2.開盤價與收盤價差距小。
3.收盤價高於開盤價實體為紅色。收盤價低於開盤價實體為黑色。
（強力陰陽線）

檢討

2-4-5短黑下長上短

1.表示最高價高於開盤價，最低價低於收盤價，上漲小試，遭到賣壓回檔；下跌測試，買方接手，遭到中度抵抗拉回，賣方力道強。
2.黑色實體短，跌勢較緩。
3.下影線越長，也表示市場低檔有買氣承接愈強。

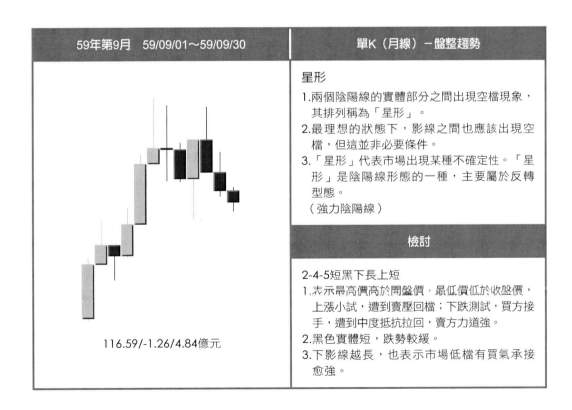

59年第9月　59/09/01～59/09/30	單K（月線）－盤整趨勢

116.59/-1.26/4.84億元

星形

1.兩個陰陽線的實體部分之間出現空檔現象，其排列稱為「星形」。
2.最理想的狀態下，影線之間也應該出現空檔，但這並非必要條件。
3.「星形」代表市場出現某種不確定性。「星形」是陰陽線形態的一種，主要屬於反轉型態。
（強力陰陽線）

檢討

2-4-5短黑下長上短

1.表示最高價高於開盤價，最低價低於收盤價，上漲小試，遭到賣壓回檔；下跌測試，買方接手，遭到中度抵抗拉回，賣方力道強。
2.黑色實體短，跌勢較緩。
3.下影線越長，也表示市場低檔有買氣承接愈強。

61年第8月　61/08/01～61/08/31	單K（月線）－上升趨勢

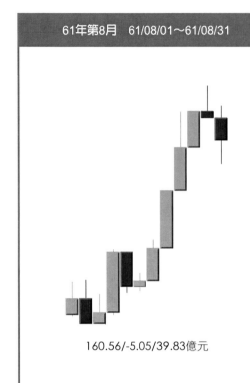

160.56/-5.05/39.83億元

具上、下影線的陰線

1. 陰陽線中寬粗部分稱為實體其上、下兩端表示交易時段的開盤價與收盤價 實體為黑色上端表示開盤價下端表示收盤價。
2. 實體上方表示上影線，下方表示下影線，分別表示最高價與最低價。
3. 由於日線圖的陰陽線形態只有短期意涵，比較適用於短線交易。
4. 黑色表示空頭意涵。
（陰線陽線）

檢討

2-4-5短黑下長上短

1. 表示最高價高於開盤價，最低價低於收盤價，上漲小試，遭到賣壓回檔；下跌測試，買方接手，遭到中度抵抗拉回，賣方力道強。
2. 黑色實體短，跌勢較緩。
3. 下影線越長，也表示市場低檔有買氣承接愈強。

63年第12月　63/12/02～63/12/30	單K（月線）－下降趨勢

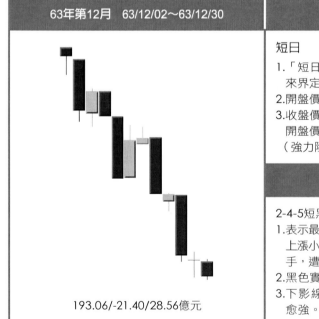

193.06/-21.40/28.56億元

短日

1. 「短日」也可以利用與「長日」相同的方式來界定，並有類似的結果。
2. 開盤價與收盤價差距小。
3. 收盤價高於開盤價實體為紅色。收盤價低於開盤價實體為黑色。
（強力陰陽線）

檢討

2-4-5短黑下長上短

1. 表示最高價高於開盤價，最低價低於收盤價，上漲小試，遭到賣壓回檔；下跌測試，買方接手，遭到中度抵抗拉回，賣方力道強。
2. 黑色實體短，跌勢較緩。
3. 下影線越長，也表示市場低檔有買氣承接愈強。

66年第3月　66/03/01〜66/03/31	單K（月線）－盤整趨勢

330.96/-11.17/119.92億元

短日

1. 「短日」也可以利用與「長日」相同的方式來界定，並有類似的結果。
2. 開盤價與收盤價差距小。
3. 收盤價低於開盤價實體為黑色。
（強力陰陽線）

檢討

2-4-5短黑下長上短
1. 表示最高價高於開盤價，最低價低於收盤價，上漲小試，遭到賣壓回檔；下跌測試，買方接手，遭到中度抵抗拉回，賣方力道強。
2. 黑色實體短，跌勢較緩。
3. 下影線越長，也表示市場低檔有買氣承接愈強。

66年第4月　66/04/01〜66/04/30	單K（月線）－盤整趨勢

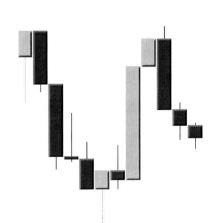

322.2/-8.76/9.36億元

紡錘線

1. 陰陽線的矩形部份，稱為實體，矩形上、下兩端分別代表開盤價與收盤價。
2. 矩形上端代表兩個價格的較高者，矩形下端則代表兩者的較低者。
3. 這兩條細線稱為影線，實體上方的影線，稱為上影線，下方的影線，則稱為下影線。
4. 紡錘線的特色在於實體部分很小，影線則可以很長或很短。當天的交易區間可能很小。
5. 紡錘線如果出現在橫向走勢或沒有明確趨勢的行情中，就沒有太大意義。
6. 如果出現在價格型態內，則意味著多空之間的拉鋸與勢力消長。
（陰陽線詳解）

檢討

2-4-5短黑下長上短
1. 表示最高價高於開盤價，最低價低於收盤價，上漲小試，遭到賣壓回檔；下跌測試，買方接手，遭到中度抵抗拉回，賣方力道強。
2. 黑色實體短，跌勢較緩。
3. 下影線越長，也表示市場低檔有買氣承接愈強。

70年第10月　70/10/01～70/10/30	單K（月線）－盤整趨勢

以十字線為壓力

1. 十字線的頂端（即上影線的頂端）經常代表壓力。
2. 十字線發生在上升趨勢的長白線之後，代表市場已相當「疲憊」。
3. 在下降趨勢中，如果十字線之後發生長白線，代表市場決定向上挺進。在下降趨勢中，若以十字線為買進訊號，停損應該設定在十字線的低價（包括影線在內）。（股票K線戰法）

檢討

2-4-5短黑下長上短

1. 表示最高價高於開盤價，最低價低於收盤價，上漲小試，遭到賣壓回檔；下跌測試，買方接手，遭到中度抵抗拉回，賣方力道強。
2. 黑色實體短，跌勢較緩。
3. 下影線越長，也表示市場低檔有買氣承接愈強。

517.56/-4.21/115.15億元

71年第4月　71/04/01～71/04/30	單K（月線）－下降趨勢

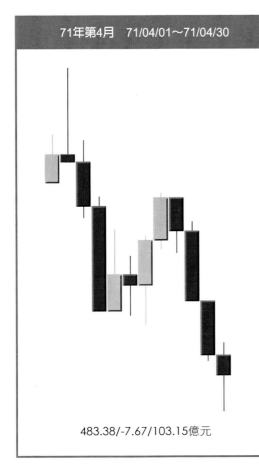

483.38/-7.67/103.15億元

紡錘線

1. 陰陽線的矩形部份，稱為實體，矩形上、下兩端分別代表開盤價與收盤價。
2. 矩形上端代表兩個價格的較高者，矩形下端則代表兩者的較低者。
3. 這兩條細線稱為影線，實體上方的影線，稱為上影線，下方的影線，則稱為下影線。
4. 紡錘線的特色在於實體部分很小，影線則可以很長或很短。當天的交易區間可能很小。
5. 紡錘線如果出現在橫向走勢或沒有明確趨勢的行情中，就沒有太大意義。
6. 如果出現在價格型態內，則意味著多空之間的拉鋸與勢力消長。

（陰陽線詳解）

檢討

2-4-5短黑下長上短

1. 表示最高價高於開盤價，最低價低於收盤價，上漲小試，遭到賣壓回檔；下跌測試，買方接手，遭到中度抵抗拉回，賣方力道強。
2. 黑色實體短，跌勢較緩。
3. 下影線越長，也表示市場低檔有買氣承接愈強。

72年第5月　72/05/01～72/05/31	單K（月線）－上升趨勢
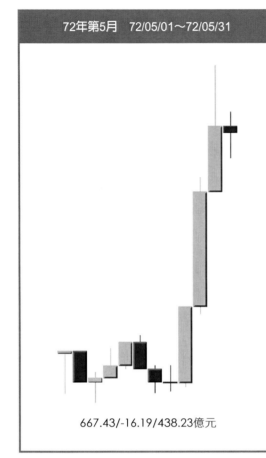 667.43/-16.19/438.23億元	**紡錘線** 1.陰陽線的矩形部份，稱為實體，矩形上、下兩端分別代表開盤價與收盤價。 2.矩形上端代表兩個價格的較高者，矩形下端則代表兩者的較低者。 3.這兩條細線稱為影線，實體上方的影線，稱為上影線，下方的影線，則稱為下影線。 4.紡錘線的特色在於實體部分很小，影線則可以很長或很短。當天的交易區間可能很小。 5.紡錘線如果出現在橫向走勢或沒有明確趨勢的行情中，就沒有太大意義。 6.如果出現在價格型態內，則意味著多空之間的拉鋸與勢力消長。 （陰陽線詳解） **檢討** 2-4-5短黑下長上短 1.表示最高價高於開盤價，最低價低於收盤價，上漲小試，遭到賣壓回檔；下跌測試，買方接手，遭到中度抵抗拉回，賣方力道強。 2.黑色實體短，跌勢較緩。 3.下影線越長，也表示市場低檔有買氣承接愈強。

77年第3月　77/03/01～77/03/31	單K（月線）－上升趨勢
         3373.86/-125.15/3714.30億元	短日 1.在陰陽線中，比較寬粗的部份稱為「實體」 　（real body），它的上下兩端代表交易時 　段的開盤價與收盤價。 2.實體若為白色，上端代表收盤價，下端代表 　開盤價；收盤價高於開盤價。 3.實體上方與下方的細線稱為影線（shadows）。 　這些影線分別代表交易時段中的最高價與最 　低價。實體上方的影線稱為上影線（upper 　shadow），下方的影線稱為下影線（lower 　shadow）上影線的上端代表盤中最高價， 　下影線的下端代表盤中最低價。 4.「短日」也可以利用與「長日」相同的方式 　來界定，並有類似的結果。 　（強力陰陽線）
	檢討
	2-4-5短黑下長上短 1.表示最高價高於開盤價，最低價低於收盤價， 　上漲小試，遭到賣壓回檔；下跌測試，買方接 　手，遭到中度抵抗拉回，賣方力道強。 2.黑色實體短，跌勢較緩。 3.下影線越長，也表示市場低檔有買氣承接 　愈強。

PART 2 黑線體《 341

78年第6月　78/06/01～78/06/30	單K（月線）－上升趨勢

具上、下影線的陰線

1. 陰陽線中寬粗部分稱為實體其上、下兩端表示交易時段的開盤價與收盤價 實體為黑色上端表示開盤價下端表示收盤價。
2. 實體上方表示上影線，下方表示下影線，分別表示最高價與最低價。
3. 由於日線圖的陰陽線形態只有短期意涵，比較適用於短線交易。
4. 黑色表示空頭意涵。
（陰線陽線）

檢討

2-4-5短黑下長上短

1. 表示最高價高於開盤價，最低價低於收盤價，上漲小試，遭到賣壓回檔；下跌測試，買方接手，遭到中度抵抗拉回，賣方力道強。
2. 黑色實體短，跌勢較緩。
3. 下影線越長，也表示市場低檔有買氣承接愈強。

9205.06/-627.31/21462.98億元

80年第1月　80/01/02～80/01/31	單K（月線）－上升趨勢

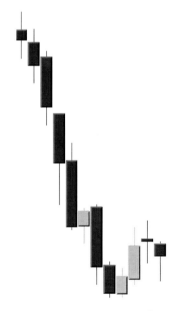

具上、下影線的陰線

1. 陰陽線中寬粗部分稱為實體其上、下兩端表示交易時段的開盤價與收盤價 實體為黑色上端表示開盤價下端表示收盤價。
2. 實體上方表示上影線，下方表示下影線，分別表示最高價與最低價。
3. 由於日線圖的陰陽線形態只有短期意涵，比較適用於短線交易。
4. 黑色表示空頭意涵。
（陰線陽線）

檢討

2-4-5短黑下長上短

1. 表示最高價高於開盤價，最低價低於收盤價，上漲小試，遭到賣壓回檔；下跌測試，買方接手，遭到中度抵抗拉回，賣方力道強。
2. 黑色實體短，跌勢較緩。
3. 下影線越長，也表示市場低檔有買氣承接愈強。

4023.72/-506.44/8839.57億元

80年第8月　80/08/02～80/08/31	單K（月線）－盤整趨勢

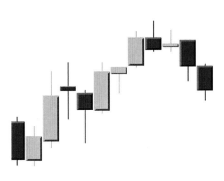

4543.53/-634.53/6411.70億元

具上、下影線的陰線

1. 陰陽線中，比較寬粗的部份稱為「實體」（real body），它的上、下兩端代表交易時段的開盤價與收盤價。

2. 實體若為黑色，上端代表開盤價，下端代表收盤價；收盤價低於開盤價。

3. 實體上方與下方的細線稱為影線（shadows）。這些影線分別代表交易時段中的最高價與最低價。實體上方的影線稱為上影線（upper shadow），下方的影線稱為下影線（lower shadow）上影線的上端代表盤中最高價，下影線的下端代表盤中最低價。

4. 陰陽線如果沒有上影線，稱為平頭（shaven head），如果沒有下影線，稱為（平底）空頭的交易時段，市場幾乎以最高價開盤，並收盤在最低價附近。
（陰線陽線）

檢討

2-4-5短黑下長上短

1. 表示最高價高於開盤價，最低價低於收盤價，上漲小試，遭到賣壓回檔；下跌測試，買方接手，遭到中度抵抗拉回，賣方力道強。

2. 黑色實體短，跌勢較緩。

3. 下影線越長，也表示市場低檔有買氣承接愈強。

80年第10月　80/10/01～80/10/30	單K（月線）－盤整趨勢

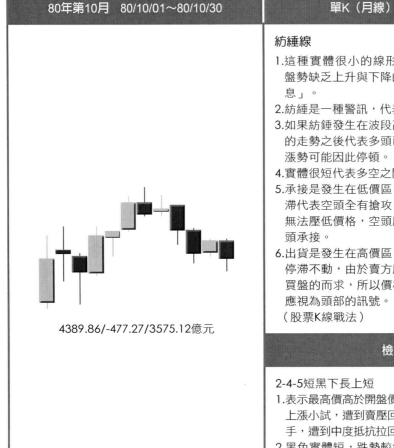

4389.86/-477.27/3575.12億元

紡錘線

1. 這種實體很小的線形稱為「紡錘」，代表盤勢缺乏上升與下降的力量，「市場正在喘息」。
2. 紡錘是一種警訊，代表市場正在喪失動能。
3. 如果紡錘發生在波段高點附近尤其是在急漲的走勢之後代表多頭已經後繼乏力，先前的漲勢可能因此停頓。
4. 實體很短代表多空之間的拉鋸戰。
5. 承接是發生在低價區，或變量放大而價格停滯代表空頭全有搶攻，停滯的價格顯示空頭無法壓低價格，空頭所投入的籌碼，都被多頭承接。
6. 出貨是發生在高價區，成交量放大，而價格停滯不動，由於賣方所供給的等碼足以應付買盤的而求，所以價格無法挺進。因此出貨應視為頭部的訊號。
（股票K線戰法）

檢討

2-4-5短黑下長上短
1. 表示最高價高於開盤價，最低價低於收盤價，上漲小試，遭到賣壓回檔；下跌測試，買方接手，遭到中度抵抗拉回，賣方力道強。
2. 黑色實體短，跌勢較緩。
3. 下影線越長，也表示市場低檔有買氣承接愈強。

81年第2月　81/02/03～81/02/29	單K（月線）－盤整趨勢
5142.42/-249.21/7353.05億元	**短日** 1.「短日」也可以利用與「長日」相同的方式來界定，並有類似的結果。 2.開盤價與收盤價差距小。 3.收盤價高於開盤價實體為紅色。收盤價低於開盤價實體為黑色。 （強力陰陽線）

檢討

2-4-5短黑下長上短
1. 表示最高價高於開盤價，最低價低於收盤價，上漲小試，遭到賣壓回檔；下跌測試，買方接手，遭到中度抵抗拉回，賣方力道強。
2. 黑色實體短，跌勢較緩。
3. 下影線越長，也表示市場低檔有買氣承接愈強。

81年第7月　81/07/01～81/07/31	單K（月線）－下降趨勢
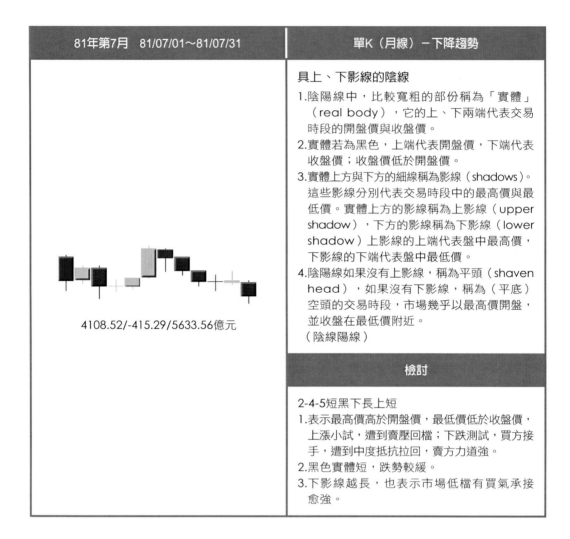4108.52/-415.29/5633.56億元	**具上、下影線的陰線** 1.陰陽線中，比較寬粗的部份稱為「實體」（real body），它的上、下兩端代表交易時段的開盤價與收盤價。 2.實體若為黑色，上端代表開盤價，下端代表收盤價；收盤價低於開盤價。 3.實體上方與下方的細線稱為影線（shadows）。這些影線分別代表交易時段中的最高價與最低價。實體上方的影線稱為上影線（upper shadow），下方的影線稱為下影線（lower shadow）上影線的上端代表盤中最高價，下影線的下端代表盤中最低價。 4.陰陽線如果沒有上影線，稱為平頭（shaven head），如果沒有下影線，稱為（平底）空頭的交易時段，市場幾乎以最高價開盤，並收盤在最低價附近。 （陰線陽線）
	檢討
	2-4-5短黑下長上短 1.表示最高價高於開盤價，最低價低於收盤價，上漲小試，遭到賣壓回檔；下跌測試，買方接手，遭到中度抵抗拉回，賣方力道強。 2.黑色實體短，跌勢較緩。 3.下影線越長，也表示市場低檔有買氣承接愈強。

81年第8月　81/08/03～81/08/31	單K（月線）－下降趨勢
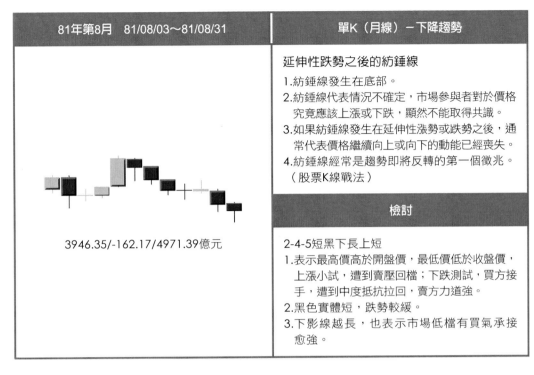　3946.35/-162.17/4971.39億元	**延伸性跌勢之後的紡錘線** 1.紡錘線發生在底部。 2.紡錘線代表情況不確定，市場參與者對於價格究竟應該上漲或下跌，顯然不能取得共識。 3.如果紡錘線發生在延伸性漲勢或跌勢之後，通常代表價格繼續向上或向下的動能已經喪失。 4.紡錘線經常是趨勢即將反轉的第一個徵兆。 （股票K線戰法） **檢討** 2-4-5短黑下長上短 1.表示最高價高於開盤價，最低價低於收盤價，上漲小試，遭到賣壓回檔；下跌測試，買方接手，遭到中度抵抗拉回，賣方力道強。 2.黑色實體短，跌勢較緩。 3.下影線越長，也表示市場低檔有買氣承接愈強。

81年第9月　81/09/01～81/09/30	單K（月線）－下降趨勢
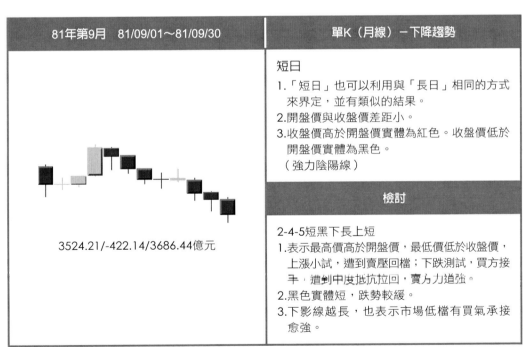　3524.21/-422.14/3686.44億元	**短日** 1.「短日」也可以利用與「長日」相同的方式來界定，並有類似的結果。 2.開盤價與收盤價差距小。 3.收盤價高於開盤價實體為紅色。收盤價低於開盤價實體為黑色。 （強力陰陽線） **檢討** 2-4-5短黑下長上短 1.表示最高價高於開盤價，最低價低於收盤價，上漲小試，遭到賣壓回檔；下跌測試，買方接手，遭到中度抵抗拉回，賣方力道強。 2.黑色實體短，跌勢較緩。 3.下影線越長，也表示市場低檔有買氣承接愈強。

83年第11月 83/11/01～83/11/30	單K（月線）－上升趨勢

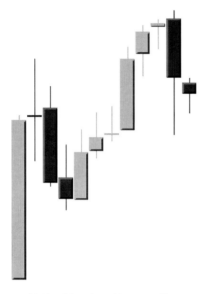

6363.72/-162.75/8674.81億元

星形

1.兩個陰陽線的實體部分之間出現空檔現象，其排列稱為「星形」。
2.最理想的狀態下，影線之間也應該出現空檔，但這並非必要條件。
3.「星形」代表市場出現某種不確定性。「星形」是陰陽線形態的一種，主要屬於反轉型態。
（強力陰陽線）

檢討

2-4-5短黑下長上短
1.表示最高價高於開盤價，最低價低於收盤價，上漲小試，遭到賣壓回檔；下跌測試，買方接手，遭到中度抵抗拉回，賣方力道強。
2.黑色實體短，跌勢較緩。
3.下影線越長，也表示市場低檔有買氣承接愈強。

84年第5月 84/05/02～84/05/31	單K（月線）－下降趨勢

5674.55/-129.23/8490.47億元

紡錘線

1.陰陽線的矩形部份，稱為實體，矩形上、下兩端分別代表開盤價與收盤價。
2.矩形上端代表兩個價格的較高者，矩形下端則代表兩者的較低者。
3.這兩條細線稱為影線，實體上方的影線，稱為上影線，下方的影線，則稱為下影線。
4.紡錘線的特色在於實體部分很小，影線則可以很長或很短。當天的交易區間可能很小。
5.紡錘線如果出現在橫向走勢或沒有明確趨勢的行情中，就沒有太大意義。
6.如果出現在價格型態內，則意味著多空之間的拉鋸與勢力消長。
（陰陽線詳解）

檢討

2-4-5短黑下長上短
1.表示最高價高於開盤價，最低價低於收盤價，上漲小試，遭到賣壓回檔；下跌測試，買方接手，遭到中度抵抗拉回，賣方力道強。
2.黑色實體短，跌勢較緩。
3.下影線越長，也表示市場低檔有買氣承接愈強。

84年第6月　84/06/01～84/06/30	單K（月線）－下降趨勢

5444.97/-229.58/7790.70億元

具上、下影線的陰線

1. 陰陽線中，比較寬粗的部份稱為「實體」（real body），它的上、下兩端代表交易時段的開盤價與收盤價。
2. 實體若為黑色，上端代表開盤價，下端代表收盤價；收盤價低於開盤價。
3. 實體上方與下方的細線稱為影線（shadows）。這些影線分別代表交易時段中的最高價與最低價。實體上方的影線稱為上影線（upper shadow），下方的影線稱為下影線（lower shadow）上影線的上端代表盤中最高價，下影線的下端代表盤中最低價。
（陰線陽線）

檢討

2-4-5短黑下長上短
1. 表示最高價高於開盤價，最低價低於收盤價，上漲小試，遭到賣壓回檔；下跌測試，買方接手，遭到中度抵抗拉回，賣方力道強。
2. 黑色實體短，跌勢較緩。
3. 下影線越長，也表示市場低檔有買氣承接愈強。

85年第5月　85/05/02～85/05/31	單K（月線）－上升趨勢

5966.82/-167.46/12762.96億元

紡錘線

1. 這種實體很小的線形稱為「紡錘」，代表盤勢缺乏上升與下降的力量，「市場正在喘息」。
2. 紡錘是一種警訊，代表市場正在喪失動能。
3. 如果紡錘發生在波段高點附近尤其是在急漲的走勢之後代表多頭已經後繼乏力，先前的漲勢可能因此停頓。
4. 實體很短代表多空之間的拉鋸戰。
（股票K線戰法）

檢討

2-4-5短黑下長上短
1. 表示最高價高於開盤價，最低價低於收盤價，上漲小試，遭到賣壓回檔；下跌測試，買方接手，遭到中度抵抗拉回，賣方力道強。
2. 黑色實體短，跌勢較緩。
3. 下影線越長，也表示市場低檔有買氣承接愈強。

87年第3月　87/03/02～87/03/31	單K（月線）－上升趨勢

紡錘線

1. 陰陽線的矩形部份，稱為實體，矩形上下兩端分別代表開盤價與收盤價。
2. 矩形上端代表兩個價格的較高者，矩形下端則代表兩者的較低者。
3. 這兩條細線稱為影線，實體上方的影線，稱為上影線，下方的影線，則稱為下影線。
4. 紡錘線的特色在於實體部分很小，影線則可以很長或很短。當天的交易區間可能很小。
5. 紡錘線如果出現在橫向走勢或沒有明確趨勢的行情中，就沒有太大意義。
6. 如果出現在價格型態內，則意味著多空之間的拉鋸與勢力消長。

（陰陽線詳解）

9091.16/-111.4/36694.47億元

檢討

2-4-5短黑下長上短

1. 表示最高價高於開盤價，最低價低於收盤價，上漲小試，遭到賣壓回檔；下跌測試，買方接手，遭到中度抵抗拉回，賣方力道強。
2. 黑色實體短，跌勢較緩。
3. 下影線越長，也表示市場低檔有買氣承接愈強。

87年第6月　87/06/01～87/06/30	單K（月線）－下降趨勢

7548.81/-354.53/26496.20億元

紙傘

1.「紙傘」具有強烈的反轉涵意。

2.有兩種「紙傘」根據其處於市場趨勢之位置，而分別被稱為「鎚子」與「吊人」。

3.吊人線形是發生在延伸性價格漲勢之後的紙傘線形。

4.吊人線形的實體很小，有些像人頭，下影線很長，有些像吊人晃盪的腳。下影線的長度至少應該是實體長度的兩倍。

5.如果吊人線發生在延伸性價格漲勢之後，就必須特別尊重其反轉訊號。

6.吊人線完全位在前一天線形之上，兩支線形的交易區間毫無重疊。

7.三項必要條件：第一實體必須在交易區間的上端；第二下影線很長，至少是實體長度的兩倍；第三，沒有上影線，即使有，上影線也應該很短。

8.如果吊人線隔天的價格走高，那麼吊人型態的空頭意函就被驅散了一部份。

（強力陰陽線）

檢討

2-4-5短黑下長上短

1.表示最高價高於開盤價，最低價低於收盤價，上漲小試，遭到賣壓回檔；下跌測試，買方接手，遭到中度抵抗拉回，賣方力道強。

2.黑色實體短，跌勢較緩。

3.下影線越長，也表示市場低檔有買氣承接愈強。

88年第11月　88/11/01～88/11/30	單K（月線）－盤整趨勢

短日

1. 在陰陽線中，比較寬粗的部份稱為「實體」（real body），它的上、下兩端代表交易時段的開盤價與收盤價。
2. 實體若為白色，上端代表收盤價，下端代表開盤價；收盤價高於開盤價。
3. 實體上方與下方的細線稱為影線（shadows）。這些影線分別代表交易時段中的最高價與最低價。實體上方的影線稱為上影線（upper shadow），下方的影線稱為下影線（lower shadow）上影線的上端代表盤中最高價，下影線的下端代表盤中最低價。
4. 「短日」也可以利用與「長日」相同的方式來界定，並有類似的結果。
（強力陰陽線）

檢討

2-4-5短黑下長上短
1. 表示最高價高於開盤價，最低價低於收盤價，上漲小試，遭到賣壓回檔；下跌測試，買方接手，遭到中度抵抗拉回，賣方力道強。
2. 黑色實體短，跌勢較緩。
3. 下影線越長，也表示市場低檔有買氣承接愈強。

7720.87/-133.98/24370.32億元

90年第7月　90/07/02～90/07/31	單K（月線）－下降趨勢
　4352.98/-530.45/8892.07億元	**具上、下影線的陰線** 1.陰陽線中寬粗部分稱為實體其上、下兩端表示交易時段的開盤價與收盤價 實體為黑色上端表示開盤價下端表示收盤價。 2.實體上方表示上影線，下方表示下影線，分別表示最高價與最低價。 3.由於日線圖的陰陽線形態只有短期意涵，比較適用於短線交易。 4.黑色表示空頭意涵。 （陰線陽線） **檢討** 2-4-5短黑下長上短 1.表示最高價高於開盤價，最低價低於收盤價，上漲小試，遭到賣壓回檔；下跌測試，買方接手，遭到中度抵抗拉回，賣方力道強。 2.黑色實體短，跌勢較緩。 3.下影線越長，也表示市場低檔有買氣承接愈強。

91年第2月　91/02/01～91/02/27	單K（月線）－盤整趨勢
5696.11/-176.03/12291.27億元	**紡錘線** 1.這種實體很小的線形稱為「紡錘」，代表盤勢缺乏上升與下降的力量，「市場正在喘息」。 2.紡錘是一種警訊，代表市場正在喪失動能。 3.如果紡錘發生在波段高點附近尤其是在急漲的走勢之後代表多頭已經後繼乏力，先前的漲勢可能因此停頓。 4.實體很短代表多空之間的拉鋸戰。 （股票K線戰法） **檢討** 2-4-5短黑下長上短 1.表示最高價高於開盤價，最低價低於收盤價，上漲小試，遭到賣壓回檔；下跌測試，買方接手，遭到中度抵抗拉回，賣方力道強。 2.黑色實體短，跌勢較緩。 3.下影線越長，也表示市場低檔有買氣承接愈強。

91年第8月　91/08/01～91/08/30	單K（月線）－下降趨勢

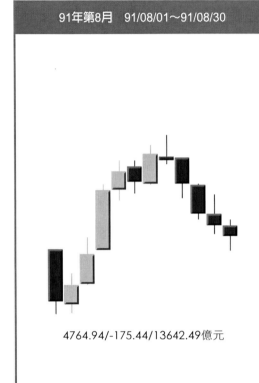

4764.94/-175.44/13642.49億元

紡錘線

1. 陰陽線的矩形部份，稱為實體，矩形上、下兩端分別代表開盤價與收盤價。
2. 矩形上端代表兩個價格的較高者，矩形下端則代表兩者的較低者。
3. 這兩條細線稱為影線，實體上方的影線，稱為上影線，下方的影線，則稱為下影線。
4. 紡錘線的特色在於實體部分很小，影線則可以很長或很短。當天的交易區間可能很小。
5. 紡錘線如果出現在橫向走勢或沒有明確趨勢的行情中，就沒有太大意義。
6. 如果出現在價格型態內，則意味著多空之間的拉鋸與勢力消長。
（陰陽線詳解）

檢討

2-4-5短黑下長上短

1. 表示最高價高於開盤價，最低價低於收盤價，上漲小試，遭到賣壓回檔；下跌測試，買方接手，遭到中度抵抗拉回，賣方力道強。
2. 黑色實體短，跌勢較緩。
3. 下影線越長，也表示市場低檔有買氣承接愈強。

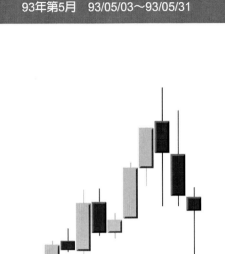

5977.84/-139.97/18749.66億元

紙傘線

1.「紙傘」具有強烈的反轉涵意。
2.有兩種「紙傘」根據其處於市場趨勢之位置，而分別被稱為「鎚子」與「吊人」。
3.鎚子是發生在延伸性價格跌勢之後的紙傘線形，頗有「鎚出底部」的意味。
4.在持續性價格跌勢中，槌子線形出現當天，開盤之後的價格繼續下跌，但稍後開始回升，收盤價非常接近當天最高價；下影線的長度至少應該是實體長度的兩倍。
5.三項必要條件：第一，實體必須位在交易區間的上端；第二，下影線有長，至少是實體長度的兩倍；第三，沒有上影線，即使有，上影線也應該很短。
（強力陰陽線）

檢討

2-4-5短黑下長上短
1.表示最高價高於開盤價，最低價低於收盤價，上漲小試，遭到賣壓回檔；下跌測試，買方接手，遭到中度抵抗拉回，賣方力道強。
2.黑色實體短，跌勢較緩。
3.下影線越長，也表示市場低檔有買氣承接愈強。

93年第6月　93/06/01～93/06/30	單K（月線）－下降趨勢

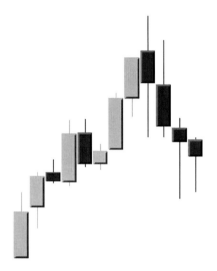

5839.44/-138.40/14754.83億元

延伸性跌勢之後的紡錘線

1. 紡錘線發生在底部。
2. 紡錘線代表情況不確定，市場參與者對於價格究竟應該上漲或下跌，顯然不能取得共識。
3. 如果紡錘線發生在延伸性漲勢或跌勢之後，通常代表價格繼續向上或向下的動能已經喪失。
4. 紡錘線經常是趨勢即將反轉的第一個徵兆。
（股票K線戰法）

檢討

2-4-5短黑下長上短

1. 表示最高價高於開盤價，最低價低於收盤價，上漲小試，遭到賣壓回檔；下跌測試，買方接手，遭到中度抵抗拉回，賣方力道強。
2. 黑色實體短，跌勢較緩。
3. 下影線越長，也表示市場低檔有買氣承接愈強。

94年第1月　94/01/03～94/01/31	單K（月線）－盤整趨勢

5994.23/-145.46/11714.34億元

紙傘線

1. 「紙傘」具有強烈的反轉涵意。
2. 有兩種「紙傘」根據其處於市場趨勢之位置，而分別被稱為「鎚子」與「吊人」。
3. 鎚子是發生在延伸性價格跌勢之後的紙傘線形，頗有「鎚出底部」的意味。
4. 在持續性價格跌勢中，槌子線形出現當天，開盤之後的價格繼續下跌，但稍後開始回升，收盤價非常接近當天最高價；下影線的長度至少應該是實體長度的兩倍。
5. 三項必要條件：第一，實體必須位在交易區間的上端；第二，下影線有長，至少是實體長度的兩倍；第三，沒有上影線，即使有，上影線也應該很短。
（強力陰陽線）

檢討

2-4-5短黑下長上短

1. 表示最高價高於開盤價，最低價低於收盤價，上漲小試，遭到賣壓回檔；下跌測試，買方接手，遭到中度抵抗拉回，賣方力道強。
2. 黑色實體短，跌勢較緩。
3. 下影線越長，也表示市場低檔有買氣承接愈強。

94年第3月　94/03/01～94/03/31	單K（月線）－盤整趨勢

具上、下影線的陰線

1. 陰陽線中寬粗部分稱為實體其上、下兩端表示交易時段的開盤價與收盤價 實體為黑色上端表示開盤價下端表示收盤價。
2. 實體上方表示上影線，下方表示下影線，分別表示最高價與最低價。
3. 由於日線圖的陰陽線形態只有短期意涵，比較適用於短線交易。
4. 黑色表示空頭意涵。
（陰線陽線）

檢討

2-4-5短黑下長上短

1. 表示最高價高於開盤價，最低價低於收盤價，上漲小試，遭到賣壓回檔；下跌測試，買方接手，遭到中度抵抗拉回，賣方力道強。
2. 黑色實體短，跌勢較緩。
3. 下影線越長，也表示市場低檔有買氣承接愈強。

6005.88/-201.95/16971.04億元

94年第4月　94/04/01～94/04/29	單K（月線）－盤整趨勢

具上、下影線的陰線

1. 陰陽線中寬粗部分稱為實體其上、下兩端表示交易時段的開盤價與收盤價 實體為黑色上端表示開盤價下端表示收盤價。
2. 實體上方表示上影線，下方表示下影線，分別表示最高價與最低價。
3. 由於日線圖的陰陽線形態只有短期意涵，比較適用於短線交易。
4. 黑色表示空頭意涵。
（陰線陽線）

檢討

2-4-5短黑下長上短

1. 表示最高價高於開盤價，最低價低於收盤價，上漲小試，遭到賣壓回檔；下跌測試，買方接手，遭到中度抵抗拉回，賣方力道強。
2. 黑色實體短，跌勢較緩。
3. 下影線越長，也表示市場低檔有買氣承接愈強。

5818.07/-187.81/12051.43億元

95/6/1～6/30　（月線）	單K（月線）－上升趨勢

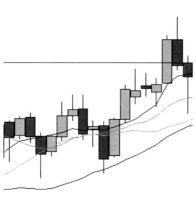

6704.41/-142.54/20055.54億元

具上、下影線的陰線

1. 在陰陽線中，比較寬粗的部分稱為「實體」（real body），它的上、下兩端代表交易時段的開盤價與收盤價。
2. 實體若為黑色（換言之，實體填滿黑色），上端代表開盤價，下端代表收盤價；收盤價低於開盤價。
3. 實體上方與下方的細線稱為影線（shadows）。這些影線分別代表交易時段中的最高價與最低價。實體上方的影線稱為上影線（upper shadow），下方的影線稱為下影線（lower shadow）上影線的上端代表盤中最高價，下影線的下端代表盤中最低價。

檢討

2-4-5短黑下長上短

1. 表示最高價高於開盤價，最低價低於收盤價，上漲小試，遭到賣壓回檔；下跌測試，買方接手，遭到中度抵抗拉回，賣方力道強。
2. 黑色實體短，跌勢較緩。
3. 下影線越長，也表示市場低檔有買氣承接愈強。

96/8/1～8/31　（月線）	單K（月線）－上升趨勢
	紙傘線 1.紙傘線形，線形的實體部分位在最高價附近。 2.延伸性價格跌勢（漲勢）中，如果出現紙傘線形，通常代表多頭（空頭）意涵。 3.這類線形如果發生在橫向盤整或沒有明顯趨勢的行情中，就沒有太大意義。 4.「紙傘」具有強烈的反轉涵意。 5.有兩種「紙傘」根據其處於市場趨勢之位置，而分別被稱為「鎚子」與「吊人」。
	檢討
8982.16/-305.09/35891.55億元	2-4-5短黑下長上短 1.表示最高價高於開盤價，最低價低於收盤價，上漲小試，遭到賣壓回檔；下跌測試，買方接手，遭到中度抵抗拉回，賣方力道強。 2.黑色實體短，跌勢較緩。 3.下影線越長，也表示市場低檔有買氣承接愈強。

96/12/1～12/31　（月線）	單K（月線）－下降趨勢
	紙傘線 1.紙傘線形，線形的實體部分位在最高價附近。 2.延伸性價格跌勢（漲勢）中，如果出現紙傘線形，通常代表多頭（空頭）意涵。 3.這類線形如果發生在橫向盤整或沒有明顯趨勢的行情中，就沒有太大意義。 4.「紙傘」具有強烈的反轉涵意。 5.有兩種「紙傘」根據其處於市場趨勢之位置，而分別被稱為「鎚子」與「吊人」。
	檢討
8506.28/-80.12/22142.93億元	2-4-5短黑下長上短 1.表示最高價高於開盤價，最低價低於收盤價，上漲小試，遭到賣壓回檔；下跌測試，買方接手，遭到中度抵抗拉回，賣方力道強。 2.黑色實體短，跌勢較緩。 3.下影線越長，也表示市場低檔有買氣承接愈強。

97年第11月　97/11/03～97/11/28	單K（月線）－下降趨勢

具上、下影線的陰線

1. 每種方法都運用特定時段內的相同四種價格資料：開盤價、最高價、最低價與收盤價。
2. 主要是因為陰陽線表達價格資料的方式。
3. 陰陽線基本上都採用「天」的時段。
4. 由於日線圖的陰陽線型態只有短期意涵，比較適用於短線交易。
5. 陰陽線的矩形部份，稱為實體，矩形上、下兩端分別代表開盤價與收盤價。
6. 矩形上端代表兩個價格的較高者，矩形下端則代表兩者的較低者。
7. 如果實體為黑色，開盤價位在矩形上端，收盤價位在下端，價格開高收低，黑色代表空頭意涵。
8. 這兩條細線稱為影線，實體上方的影線，稱為上影線，下方的影線，則稱為下影線。
9. 由陰陽線的角度觀察，實體部分代表決定性的價格走勢，影線則代表表面的價格波動。
（陰陽線詳解）

檢討

2-4-5短黑下長上短

1. 表示最高價高於開盤價，最低價低於收盤價，上漲小試，遭到賣壓回檔；下跌測試，買方接手，遭到中度抵抗拉回，賣方力道強。
2. 黑色實體短，跌勢較緩。
3. 下影線越長，也表示市場低檔有買氣承接愈強。

4460.49/-410.17/11394.67億元

98/8/1～8/31　（月線）	單K（月線）－上升趨勢
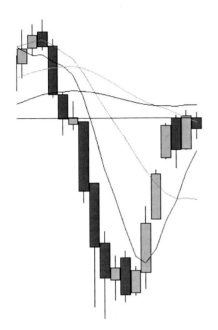　　6825.95/-251.76/21143.39億元	**具上、下影線的陰線** 1.陰陽線中，比較寬粗的部分稱為「實體」（real body），它的上、下兩端代表交易時段的開盤價與收盤價。 2.實體若為黑色，下端代表收盤價，上端代表開盤價價；收盤價低於開盤價。實體上方與下方的細線稱為影線（shadows）。這些影線分別代表交易時段中的最高價與最低價。 3.實體上方的影線稱為上影線（upper shadow），下方的影線稱為下影線（lower shadow）上影線的上端代表盤中最高價，下影線的下端代表盤中最低價。

<table>
<tr><td></td><td style="text-align:center">檢討</td></tr>
</table>

2-4-5短黑下長上短

1.表示最高價高於開盤價，最低價低於收盤價，上漲小試，遭到賣壓回檔；下跌測試，買方接手，遭到中度抵抗拉回，賣方力道強。

2.黑色實體短，跌勢較緩。

3.下影線越長，也表示市場低檔有買氣承接愈強。

100/06/1~06/30 （月線）	單K（月線）－盤整趨勢
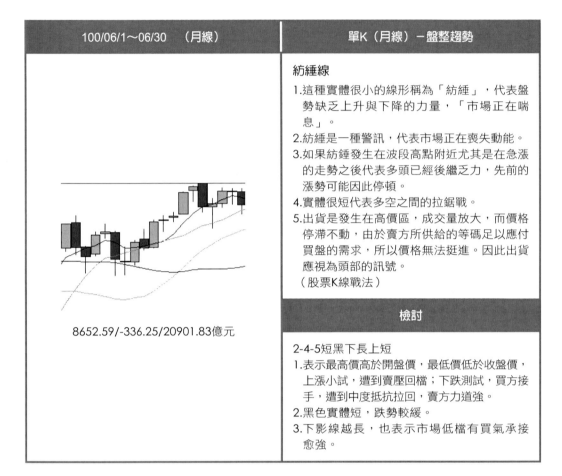 8652.59/-336.25/20901.83億元	**紡錘線** 1.這種實體很小的線形稱為「紡錘」，代表盤勢缺乏上升與下降的力量，「市場正在喘息」。 2.紡錘是一種警訊，代表市場正在喪失動能。 3.如果紡錘發生在波段高點附近尤其是在急漲的走勢之後代表多頭已經後繼乏力，先前的漲勢可能因此停頓。 4.實體很短代表多空之間的拉鋸戰。 5.出貨是發生在高價區，成交量放大，而價格停滯不動，由於賣方所供給的等碼足以應付買盤的需求，所以價格無法挺進。因此出貨應視為頭部的訊號。 （股票K線戰法）

檢討

2-4-5短黑下長上短
1.表示最高價高於開盤價，最低價低於收盤價，上漲小試，遭到賣壓回檔；下跌測試，買方接手，遭到中度抵抗拉回，賣方力道強。
2.黑色實體短，跌勢較緩。
3.下影線越長，也表示市場低檔有買氣承接愈強。

表2-4-5　短黑下長上短　　　　　準確度　　準=100%　不準=0%

日期	趨勢	加權指數收盤價	漲跌 (+/-)	準確度	
				準	不準
56/10/02~56/10/31	盤整趨勢	97.25	-0.9	V	
57/10/01~57/10/31	下降趨勢	101.33	-0.67	V	
59/09/01~59/09/30	盤整趨勢	116.59	-1.26	V	
61/08/01~61/08/31	上升趨勢	160.56	-5.05	V	
63/12/02~63/12/30	下降趨勢	193.06	-21.4	V	
66/03/01~66/03/31	盤整趨勢	330.96	-11.17	V	
66/04/01~66/04/30	盤整趨勢	322.2	-8.76	V	
70/10/01~70/10/30	盤整趨勢	517.56	-4.21	V	
71/04/01~71/04/30	下降趨勢	483.38	-7.67	V	
72/05/01~72/05/31	上升趨勢	667.43	-16.19	V	
77/03/01~77/03/31	上升趨勢	3373.86	-125.15	V	

78/06/01～78/06/30	上升趨勢	9205.06	-627.31	V	
80/01/02～80/01/31	上升趨勢	4023.72	-506.44	V	
80/08/02～80/08/31	盤整趨勢	4543.53	-634.53	V	
80/10/01～80/10/30	盤整趨勢	4389.86	-477.27	V	
81/02/03～81/02/29	盤整趨勢	5142.42	-249.21	V	
81/07/01～81/07/31	下降趨勢	4108.52	-415.29	V	
81/08/03～81/08/31	下降趨勢	3946.35	-162.17	V	
81/09/01～81/09/30	下降趨勢	3524.21	-422.14	V	
83/11/01～83/11/30	上升趨勢	6363.72	-162.75	V	
84/05/02～84/05/31	下降趨勢	5674.55	-129.23	V	
84/06/01～84/06/30	下降趨勢	5444.97	-229.58	V	
85/05/02～85/05/31	上升趨勢	5966.82	-167.46	V	
87/03/02～87/03/31	上升趨勢	9091.16	-111.4	V	
87/06/01～87/06/30	下降趨勢	7548.81	-354.53	V	
88/11/01～88/11/30	盤整趨勢	7720.87	-133.98	V	
90/07/02～90/07/31	下降趨勢	4352.98	-530.45	V	
91/02/01～91/02/27	盤整趨勢	5696.11	-176.03	V	
91/08/01～91/08/30	下降趨勢	4764.94	-175.44	V	
93/05/03～93/05/31	下降趨勢	5977.84	-139.97	V	
93/06/01～93/06/30	下降趨勢	5839.44	-138.4	V	
94/01/03～94/01/31	盤整趨勢	5994.23	-145.46	V	
94/03/01～94/03/31	盤整趨勢	6005.88	-201.95	V	
94/04/01～94/04/29	盤整趨勢	5818.07	-187.81	V	
95/06/01～95/06/30	上升趨勢	6704.41	-142.54	V	
96/08/01～96/08/31	上升趨勢	8982.16	-305.09	V	
96/12/01～96/12/31	下降趨勢	8506.28	-80.12	V	
97/11/01～97/11/28	下降趨勢	4460.49	-410.17	V	
98/08/01～98/08/31	上升趨勢	6825.95	-251.76	V	
100/06/01～100/06/30	盤整趨勢	8652.59	-336.25	V	

結論

自56年1月至100年12月合540個月，以本書月K線去檢討，短黑下長上短出現40次，正確次數為40次，不正確次數為零，正確度達100%；月K線「正確」與「不正確」仍然有誤差，投資人可以自行調整判別的尺度，修正「正確」與「不正確」的百分比，如此可以達到更高的操作價值。

2-4-6　長黑下長上短

2-4-6　長黑下長上短

魔法K線檢討：

（1）表示最高價高於開盤價，最低價低於收盤價，上漲小試，遭到賣壓回檔，下跌測試，遭到賣方力道強。

（2）黑色實體愈長，跌勢愈兇。

（3）線形顯示：市場賣壓極重，後市有下跌的趨勢。

106.68/-2.19/--億元

具上、下影線的陰線

1. 陰陽線中，比較寬粗的部份稱為「實體」（real body），它的上下兩端代表交易時段的開盤價與收盤價。
2. 實體若為黑色，上端代表開盤價，下端代表收盤價；收盤價低於開盤價。
3. 實體上方與下方的細線稱為影線（shadows）。這些影線分別代表交易時段中的最高價與最低價。實體上方的影線稱為上影線（upper shadow），下方的影線稱為下影線（lower shadow）上影線的上端代表盤中最高價，下影線的下端代表盤中最低價。
4. 陰陽線如果沒有上影線，稱為平頭（shaven head），如果沒有下影線，稱為（平底）空頭的交易時段，市場幾乎以最高價開盤，並收盤在最低價附近
（陰線陽線）

檢討

2-4-6長黑下長上短

1. 表示最高價高於開盤價，最低價低於收盤價，上漲小試，遭到賣壓回檔，下跌測試，買方接手，遭到中度抵抗拉回，賣方力道強。
2. 黑色實體愈長，跌勢愈兇。
3. 線形顯示：市場賣壓極重，後市有下跌的趨勢。

64年第11月　64/11/01～64/11/29	單K（月線）－盤整趨勢

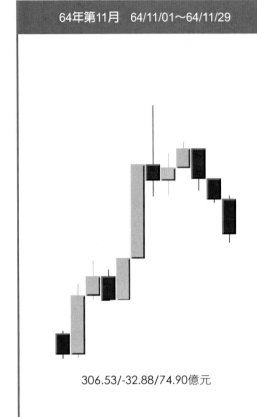

306.53/-32.88/74.90億元

長黑線

1. 一根陰陽線是由一個矩行部分與其上、下兩側的細線所構成。
2. 陰陽線的矩形部分稱為實體，實體的上、下兩端分別代表交易時段的開盤與收盤價。
3. 當開盤價高於收盤價，實體為黑色（陰線）。
4. 實體上、下兩側的細線，稱為影線，影線代表交易時段的極端價格。
5. 實體上側的影線稱為「上影線」代表最高時段的最高價。實體下側影線稱為「下影線」代表交易時段的最低價。
6. 一根具有明顯意義的長黑線，其實體長度至少要是前一天實體長度的三倍。
7. 長黑線具有空頭意涵。
（股票K線戰法）

檢討

2-4-6長黑下長上短

1. 表示最高價高於開盤價，最低價低於收盤價，上漲小試，遭到賣壓回檔，下跌測試，買方接手，遭到中度抵抗拉回，賣方力道強。
2. 黑色實體愈長，跌勢愈兇。
3. 線形顯示：市場賣壓極重，後市有下跌的趨勢。

67年第3月　67/03/01～67/03/31	單K（月線）－上升趨勢

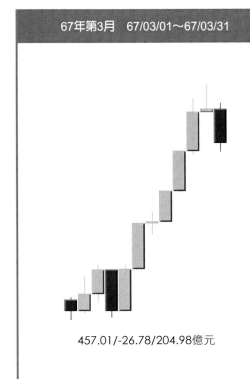

457.01/-26.78/204.98億元

高價區的長黑線
1. 高價區的長黑線代表頭部的訊號。
2. 長黑線的實體長度必須明顯大於先前數根線形。
3. 長黑線代表空頭已經取得盤勢的控制權。
4. 先前的漲幅大，超買的情況愈嚴重，長黑線的意義愈重要。
5. 這種線形代表多頭已經後繼乏力，或空頭已經轉守為攻。
6. 都代表潛在的空頭走勢。

檢討

2-4-6長黑下長上短
1. 表示最高價高於開盤價，最低價低於收盤價，上漲小試，遭到賣壓回檔，下跌測試，買方接手，遭到中度抵抗拉回，賣方力道強。
2. 黑色實體愈長，跌勢愈兇。
3. 線形顯示：市場賣壓極重，後市有下跌的趨勢。

71年第5月　71/05/01～71/05/31	單K（月線）－下降趨勢

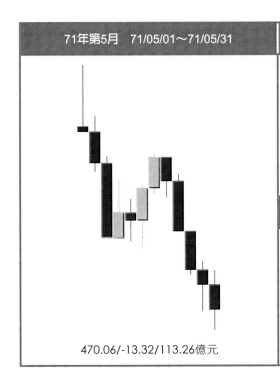

470.06/-13.32/113.26億元

長日
1. 「長日」代表當天價格走勢出現巨幅波動。
2. 開盤價與收盤價的差距非常大。
3. 「長日」應該反應趨勢。
4. 在上升趨勢，「長日」應該為白色；在下降趨勢，則應該出現長黑日。
（強力陰陽線）

檢討

2-4-6長黑下長上短
1. 表示最高價高於開盤價，最低價低於收盤價，上漲小試，遭到賣壓回檔，下跌測試，買方接手，遭到中度抵抗拉回，賣方力道強。
2. 黑色實體愈長，跌勢愈兇。
3. 線形顯示：市場賣壓極重，後市有下跌的趨勢。

71年第12月　71/12/01～71/12/30	單K（月線）－盤整趨勢
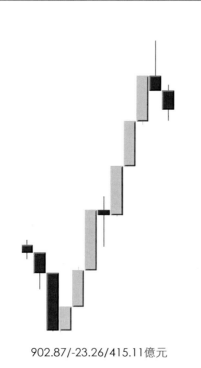　443.57/-12.24/106.34億元	**長日** 1.「長日」代表當天價格走勢出現巨幅波動。 2.開盤價與收盤價差距非常大。 3.「長日」應該反應多頭趨勢。 4.在下升趨勢應該出現長黑日。 （強力陰陽線） **檢討** 2-4-6長黑下長上短 1.表示最高價高於開盤價，最低價低於收盤價，上漲小試，遭到賣壓回檔，下跌測試，買方接手，遭到中度抵抗拉回，賣方力道強。 2.黑色實體愈長，跌勢愈兇。 3.線形顯示：市場賣壓極重，後市有下跌的趨勢。

75年第4月　75/04/01～75/04/30	單K（月線）－上升趨勢
902.87/-23.26/415.11億元	**具上、下影線的陰線** 1.陰陽線中，比較寬粗的部份稱為「實體」（real body），它的上、下兩端代表交易時段的開盤價與收盤價。 2.實體若為黑色，上端代表開盤價，下端代表收盤價；收盤價低於開盤價。 3.實體上方與下方的細線稱為影線（shadows）。這些影線分別代表交易時段中的最高價與最低價。實體上方的影線稱為上影線（upper shadow），下方的影線稱為下影線（lower shadow）上影線的上端代表盤中最高價，下影線的下端代表盤中最低價。 （陰線陽線） **檢討** 2-4-6長黑下長上短 1.表示最高價高於開盤價，最低價低於收盤價，上漲小試，遭到賣壓回檔，下跌測試，買方接手，遭到中度抵抗拉回，賣方力道強。 2.黑色實體愈長，跌勢愈兇。 3.線形顯示：市場賣壓極重，後市有下跌的趨勢。

76年第12月　76/12/01～76/12/30	單K（月線）－下降趨勢

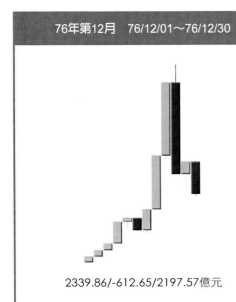

2339.86/-612.65/2197.57億元

長黑線

1.代表空頭的交易時段，市場幾乎以最高價開盤並收盤在最低價附近。
2.長黑線空頭意涵較濃。
（陰線陽線）

檢討

2-4-6長黑下長上短
1.表示最高價高於開盤價，最低價低於收盤價，上漲小試，遭到賣壓回檔，下跌測試，買方接手，遭到中度抵抗拉回，賣方力道強。
2.黑色實體愈長，跌勢愈兇。
3.線形顯示：市場賣壓極重，後市有下跌的趨勢。

77年第12月　77/12/01～77/12/29	單K（月線）－下降趨勢

5119.11/-1695.00/7645.80億元

長黑線

1.陰陽線的矩形部份，稱為實體，矩形上、下兩端分別代表開盤價與收盤價。
2.矩形上端代表兩個價格的較高者，矩形下端則代表兩者的較低者。
3.如果實體為紅色，矩形下端為開盤價，上端為收盤價（價格開低收高，紅色代表多頭意涵。
4.如果實體為黑色，開盤價位在矩形上端，收盤價位在下端，黑色代表空頭意涵。
5.開盤價與收盤價分別代表當天最高價與最低價，線形就沒有影線。
6.長黑線具有空頭意涵。
（陰陽線詳解）

檢討

2-4-6長黑下長上短
1.表示最高價高於開盤價，最低價低於收盤價，上漲小試，遭到賣壓回檔，下跌測試，買方接手，遭到中度抵抗拉回，賣方力道強。
2.黑色實體愈長，跌勢愈兇。
3.線形顯示：市場賣壓極重，後市有下跌的趨勢。

78年第11月　78/11/01～78/11/30	單K（月線）－上升趨勢
9402.56/-1199.51/30769.17億元	**高價區的長黑線** 1.高價區的長黑線代表頭部的訊號。 2.長黑線的實體長度必須明顯大於先前數根線形。 3.長黑線代表空頭已經取得盤勢的控制權。 4.先前的漲幅大，超買的情況愈嚴重，長黑線的意義愈重要。 （股票K線戰法） **檢討** 2-4-6長黑下長上短 1.表示最高價高於開盤價，最低價低於收盤價，上漲小試，遭到賣壓回檔，下跌測試，買方接手，遭到中度抵抗拉回，賣方力道強。 2.黑色實體愈長，跌勢愈兇。 3.線形顯示：市場賣壓極重，後市有下跌的趨勢。

79年第3月　79/03/01～79/03/31	單K（月線）－上升趨勢

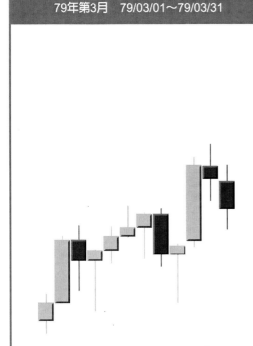

10755.87/-905.86/32461.80億元

具上、下影線的陰線
1. 陰陽線中，比較寬粗的部份稱為「實體」
   （real body），它的上、下兩端代表交易
   時段的開盤價與收盤價。
2. 實體若為黑色，上端代表開盤價，下端代表
   收盤價；收盤價低於開盤價。
3. 實體上方與下方的細線稱為影線（shadows）。
   這些影線分別代表交易時段中的最高價與最
   低價。實體上方的影線稱為上影線（upper
   shadow），下方的影線稱為下影線（lower
   shadow）上影線的上端代表盤中最高價，
   下影線的下端代表盤中最低價。
4. 陰陽線如果沒有上影線，稱為平頭（shaven
   head），如果沒有下影線，稱為（平底）
   空頭的交易時段，市場幾乎以最高價開盤，
   並收盤在最低價附近
   （陰線陽線）

檢討

2-4-6長黑下長上短
1. 表示最高價高於開盤價，最低價低於收盤價，
   上漲小試，遭到賣壓回檔，下跌測試，買方接
   手，遭到中度抵抗拉回，賣方力道強。
2. 黑色實體愈長，跌勢愈兇。
3. 線形顯示：市場賣壓極重，後市有下跌的
   趨勢。

79年第4月　79/04/02～79/04/30	單K（月線）－下降趨勢

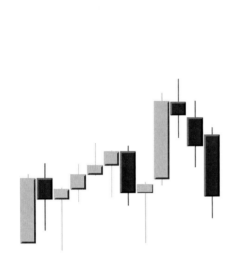

9292.37/-1463.50/25265.62億元

長黑線

1. 一根陰陽線是由一個矩行部分與其上、下兩側的細線所構成。
2. 陰陽線的矩形部分稱為實體，實體的上、下兩端分別代表交易時段的開盤與收盤價。
3. 當開盤價高於收盤價，實體為黑色（陰線）。
4. 實體上、下兩側的細線，稱為影線，影線代表交易時段的極端價格。
5. 實體上側的別線稱為「上影線」代表最高時段的最高價。實體下側別線稱為「下影線」代表交易時段的最低價。
6. 一根具有明顯意義的長黑線，其實體長度至少要是前一天實體長度的三倍。
7. 長黑線具有空頭意涵。
（股票K線戰法）

檢討

2-4-6長黑下長上短

1. 表示最高價高於開盤價，最低價低於收盤價，上漲小試，遭到賣壓回檔，下跌測試，買方接手，遭到中度抵抗拉回，賣方力道強。
2. 黑色實體愈長，跌勢愈兇。
3. 線形顯示：市場賣壓極重，後市有下跌的趨勢。

79年第8月　79/08/01～79/08/31	單K（月線）－下降趨勢

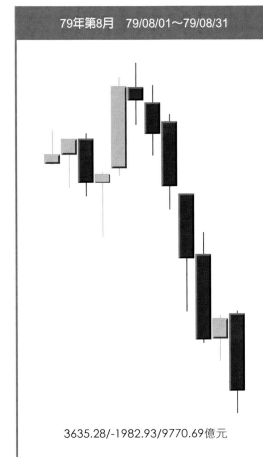

3635.28/-1982.93/9770.69億元

長黑線

1. 一根陰陽線是由一個矩行部分與其上、下兩側的細線所構成。
2. 陰陽線的矩形部分稱為實體，實體的上、下兩端分別代表交易時段的開盤與收盤價。
3. 當開盤價高於收盤價，實體為黑色（陰線）。
4. 實體上、下兩側的細線，稱為影線，影線代表交易時段的極端價格。
5. 實體上側的別線稱為「上影線」代表最高時段的最高價。實體下側別線稱為「下影線」代表交易時段的最低價。
6. 一根具有明顯意義的長黑線，其實體長度至少要是前一天實體長度的三倍。
7. 長黑線具有空頭意涵。
（股票K線戰法）

檢討

2-4-6長黑下長上短

1. 表示最高價高於開盤價，最低價低於收盤價，上漲小試，遭到賣壓回檔，下跌測試，買方接手，遭到中度抵抗拉回，賣方力道強。
2. 黑色實體愈長，跌勢愈兇。
3. 線形顯示：市場賣壓極重，後市有下跌的趨勢。

83年第10月　83/10/03～83/10/29	單K（月線）－上升趨勢

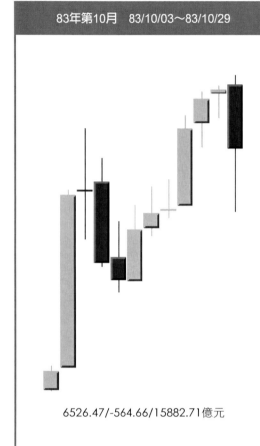

6526.47/-564.66/15882.71億元

長白線之後的十字線

1.十字線的實體部皆是呈現水平狀的直線，這是因為交易時段的開盤價與收盤價相等（或幾乎相等）。

2.如果當時的行情處於橫向走勢，十字線沒有什麼特殊的意義。反映的正是整體橫向走勢的舉棋不定。

3.十字線如果發生在上升或下降趨勢的成熟階段，即代表變盤的徵兆。

4.「十字線」反映市場是處於過渡階段。

5.在明確的上升趨勢中，如果十字線發生在一根長白線之後，而要特別警告這代表市場的力量已經趨於不一致，當十字線出現，多頭已經不再能夠向上驅動行情。

（股票K線戰法）

檢討

2-4-6長黑下長上短

1.表示最高價高於開盤價，最低價低於收盤價，上漲小試，遭到賣壓回檔，下跌測試，買方接手，遭到中度抵抗拉回，賣方力道強。

2.黑色實體愈長，跌勢愈兇。

3.線形顯示：市場賣壓極重，後市有下跌的趨勢。

84年第1月 84/01/05～84/01/26	單K（月線）－盤整趨勢
6307.85/-816.81/10328.39億元	長黑線 1.開盤價與收盤價分別代表當天最高價與最低價，線形就沒有影線。 2.長黑線具有空頭意涵。 3.市場向下突破支撐的方或，可以反映該突破的嚴重性。 4.市場是以長黑線向下突破支撐，所代表的意涵強過，小黑線或白線的突破。 （股票K線戰法）
	檢討
	2-4-6長黑下長上短 1.表示最高價高於開盤價，最低價低於收盤價，上漲小試，遭到賣壓回檔，下跌測試，買方接手，遭到中度抵抗拉回，賣方力道強。 2.黑色實體愈長，跌勢愈兇。 3.線形顯示：市場賣壓極重，後市有下跌的趨勢。

84年第4月 84/04/03～84/04/29	單K（月線）－下降趨勢
5803.78/-720.22/8722.31億元	長黑線 1.開盤價與收盤價分別代表當天最高價與最低價，線形就沒有影線。 2.長黑線具有空頭意涵。 3.市場向下突破支撐的方或，可以反映該突破的嚴重性。 4.市場是以長黑線向下突破支撐，所代表的意涵強過，小黑線或白線的突破。 （股票K線戰法）
	檢討
	2-4-6長黑下長上短 1.表示最高價高於開盤價，最低價低於收盤價，上漲小試，遭到賣壓回檔，下跌測試，買方接手，遭到中度抵抗拉回，賣方力道強。 2.黑色實體愈長，跌勢愈兇。 3.線形顯示：市場賣壓極重，後市有下跌的趨勢。

84年第8月　84/08/01～84/08/31	單K（月線）－下降趨勢
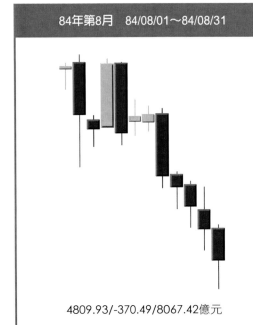 4809.93/-370.49/8067.42億元	**長日** 1.「長日」代表當天價格走勢出現巨幅波動。 2.開盤價與收盤價差距非常大。 3.「長日」應該反應多頭趨勢。 4.在上升趨勢長日應為白色，在下升趨勢應該出現長黑日。 （強力陰陽線） **檢討** 2-4-6長黑下長上短 1.表示最高價高於開盤價，最低價低於收盤價，上漲小試，遭到賣壓回檔，下跌測試，買方接手，遭到中度抵抗拉回，賣方力道強。 2.黑色實體愈長，跌勢愈兇。 3.線形顯示：市場賣壓極重，後市有下跌的趨勢。

85年第1月　85/01/04～85/01/31	單K（月線）－盤整趨勢
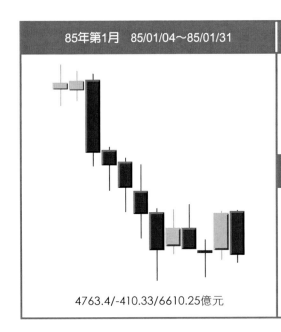 4763.4/-410.33/6610.25億元	**長黑線** 1.代表空頭的交易時段，市場幾乎以最高價開盤並收盤在最低價附近。 2.長黑線空頭意涵較濃。 （陰線陽線） **檢討** 2-4-6長黑下長上短 1.表示最高價高於開盤價，最低價低於收盤價，上漲小試，遭到賣壓回檔，下跌測試，買方接手，遭到中度抵抗拉回，賣方力道強。 2.黑色實體愈長，跌勢愈兇。 3.線形顯示·市場賣壓極重，後市有下跌的趨勢。

85年第7月　85/07/01～85/07/30	單K（月線）－上升趨勢

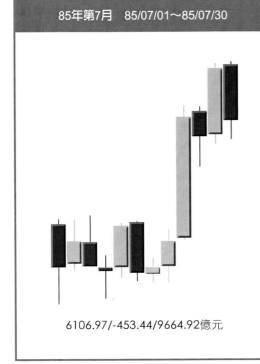

6106.97/-453.44/9664.92億元

長黑線

1. 開盤價與收盤價分別代表當天最高價與最低價，線形就沒有影線。
2. 長黑線具有空頭意涵。
3. 市場向下突破支撐的方或，可以反映該突破的嚴重性。
4. 市場是以長黑線向下突破支撐，所代表的意涵強過，小黑線或白線的突破。
（股票K線戰法）

檢討

2-4-6長黑下長上短
1. 表示最高價高於開盤價，最低價低於收盤價，上漲小試，遭到賣壓回檔，下跌測試，買方接手，遭到中度抵抗拉回，賣方力道強。
2. 黑色實體愈長，跌勢愈兇。
3. 線形顯示：市場賣壓極重，後市有下跌的趨勢。

88年第7月　88/07/01～88/07/31	單K（月線）－上升趨勢

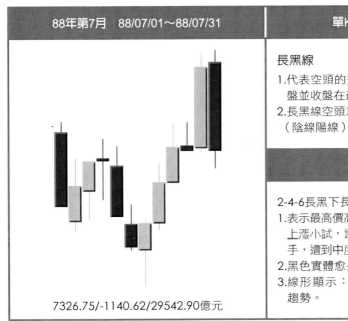

7326.75/-1140.62/29542.90億元

長黑線

1. 代表空頭的交易時段，市場幾乎以最高價開盤並收盤在最低價附近。
2. 長黑線空頭意涵較濃。
（陰線陽線）

檢討

2-4-6長黑下長上短
1. 表示最高價高於開盤價，最低價低於收盤價，上漲小試，遭到賣壓回檔，下跌測試，買方接手，遭到中度抵抗拉回，賣方力道強。
2. 黑色實體愈長，跌勢愈兇。
3. 線形顯示：市場賣壓極重，後市有下跌的趨勢。

88年第9月　88/09/01～88/09/30	單K（月線）－盤整趨勢

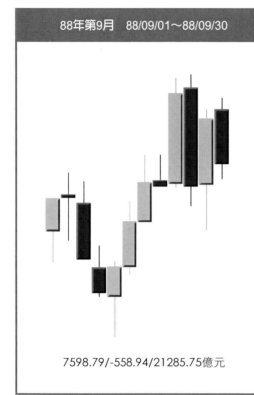

7598.79/-558.94/21285.75億元

具上、下影線的陰線

1. 陰陽線中寬粗部分稱為實體其上、下兩端表示交易時段的開盤價與收盤價 實體為黑色上端表示開盤價下端表示收盤價。
2. 實體上方表示上影線，下方表示下影線，分別表示最高價與最低價。
3. 由於日線圖的陰陽線形態只有短期意涵，比較適用於短線交易。
4. 黑色表示空頭意涵。
（陰線陽線）

檢討

2-4-6長黑下長上短

1. 表示最高價高於開盤價，最低價低於收盤價，上漲小試，遭到賣壓回檔，下跌測試，買方接手，遭到中度抵抗拉回，賣方力道強。
2. 黑色實體愈長，跌勢愈兇。
3. 線形顯示：市場賣壓極重，後市有下跌的趨勢。

89年第10月　89/10/02～89/10/31	單K（月線）－下降趨勢

長黑線

1. 在陰陽線中，比較寬粗的部份稱為「實體」（real body），它的上、下兩端代表交易時段的開盤價與收盤價。
2. 實體若為黑色，上端代表開盤價，下端代表收盤價；收盤價低於開盤價。
3. 實體上方與下方的細線稱為影線（shadows）。這些影線分別代表交易時段中的最高價與最低價。實體上方的影線稱為上影線（upper shadow），下方的影線稱為下影線（lower shadow）。
4. 上影線的上端代表盤中最高價，下影線的下端代表盤中最低價。
5. 是一根長黑線，代表一個空頭的交易時段，市場幾乎以最高價開盤，並收盤在最低價附近。（陰線陽線）

檢討

2-4-6長黑下長上短

1. 表示最高價高於開盤價，最低價低於收盤價，上漲小試，遭到賣壓回檔，下跌測試，買方接手，遭到中度抵抗拉回，賣方力道強。
2. 黑色實體愈長，跌勢愈兇。
3. 線形顯示：市場賣壓極重，後市有下跌的趨勢。

5544.18/-640.96/16405.94億元

91年第6月　91/06/03～91/06/28	單K（月線）－下降趨勢

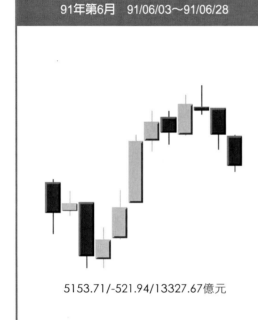

5153.71/-521.94/13327.67億元

長黑線
1. 開盤價與收盤價分別代表當天最高價與最低價，線形就沒有影線。
2. 長黑線具有空頭意涵。
3. 市場向下突破支撐的方或，可以反映該突破的嚴重性。
4. 市場是以長黑線向下突破支撐，所代表的意涵強過，小黑線或白線的突破。
（股票K線戰法）

檢討

2-4-6長黑下長上短
1. 表示最高價高於開盤價，最低價低於收盤價，上漲小試，遭到賣壓回檔，下跌測試，買方接手，遭到中度抵抗拉回，賣方力道強。
2. 黑色實體愈長，跌勢愈兇。
3. 線形顯示：市場賣壓極重，後市有下跌的趨勢。

93年第3月　93/03/01～93/03/31	單K（月線）－上升趨勢

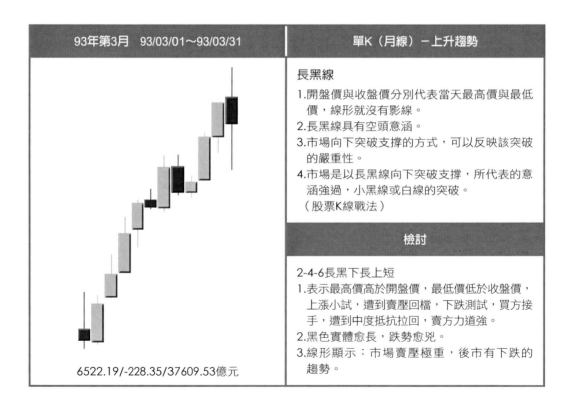

6522.19/-228.35/37609.53億元

長黑線
1. 開盤價與收盤價分別代表當天最高價與最低價，線形就沒有影線。
2. 長黑線具有空頭意涵。
3. 市場向下突破支撐的方式，可以反映該突破的嚴重性。
4. 市場是以長黑線向下突破支撐，所代表的意涵強過，小黑線或白線的突破。
（股票K線戰法）

檢討

2-4-6長黑下長上短
1. 表示最高價高於開盤價，最低價低於收盤價，上漲小試，遭到賣壓回檔，下跌測試，買方接手，遭到中度抵抗拉回，賣方力道強。
2. 黑色實體愈長，跌勢愈兇。
3. 線形顯示：市場賣壓極重，後市有下跌的趨勢。

93年第7月　93/07/01～93/07/30	單K（月線）－下降趨勢
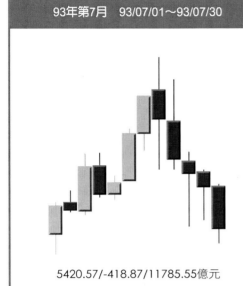 5420.57/-418.87/11785.55億元	**長日** 1.「長日」代表當天價格走勢出現巨幅波動。 2.開盤價與收盤價的差距非常大。 3.「長日」應該反應趨勢。 4.在下降趨勢，則應該出現長黑日。 （強力陰陽線）
	檢討
	2-4-6長黑下長上短 1.表示最高價高於開盤價，最低價低於收盤價，上漲小試，遭到賣壓回檔，下跌測試，買方接手，遭到中度抵抗拉回，賣方力道強。 2.黑色實體愈長，跌勢愈兇。 3.線形顯示：市場賣壓極重，後市有下跌的趨勢。

94年第10月　94/10/03～94/10/31	單K（月線）－盤整趨勢
 5764.3/-354.31/14352.60億元	**長黑線** 1.一根陰陽線是由一個矩行部分與其上、下兩側的細線所構成。 2.陰陽線的矩形部分稱為實體，實體的上、下兩端分別代表交易時段的開盤與收盤價。 3.當開盤價高於收盤價，實體為黑色（陰線）。 4.實體上、下兩側的細線，稱為影線，影線代表交易時段的極端價格。 5.實體上側的影線稱為「上影線」代表最高時段的最高價。實體下影線稱為「下影線」代表交易時段的最低價。 6.一根具有明顯意義的長黑線，其實體長度至少要是前一天實體長度的三倍。 7.長黑線具有空頭意涵。 （股票K線戰法）
	檢討
	2-4-6長黑下長上短 1.表示最高價高於開盤價，最低價低於收盤價，上漲小試，遭到賣壓回檔，下跌測試，買方接手，遭到中度抵抗拉回，賣方力道強。 2.黑色實體愈長，跌勢愈兇。 3.線形顯示：市場賣壓極重，後市有下跌的趨勢。

95/7/1～7/31 （月線）	單K（月線）－上升趨勢
	長黑線
	1.是一根長黑線，代表一個空頭的交易時段，市場幾乎以最高價開盤，並收盤在最低價附近。
	2.黑色表示有強烈的空頭意涵。
	檢討
6454.58/-249.83/14941.51億元	2-4-6長黑下長上短
	1.表示最高價高於開盤價，最低價低於收盤價，上漲小試，遭到賣壓回檔，下跌測試，買方接手，遭到中度抵抗拉回，賣方力道強。
	2.黑色實體愈長，跌勢愈兇。
	3.線形顯示：市場賣壓極重，後市有下跌的趨勢。

96/11/1～11/30 （月線）	單K（月線）－上升趨勢
	長黑線
	1.長黑線的實體長度必須明顯大於先前數根線形。
	2.長黑線代表空頭已經取得盤勢的控制權。
	3.市場向下突破支撐的方或，可以反映該突破的嚴重性。
	4.市場是以長黑線向下突破支撐，所代表的意涵強過，小黑線或白線的突破。
	檢討
8586.4/-1124.97/29418.66億元	2-4-6長黑下長上短
	1.表示最高價高於開盤價，最低價低於收盤價，上漲小試，遭到賣壓回檔，下跌測試，買方接手，遭到中度抵抗拉回，賣方力道強。
	2.黑色實體愈長，跌勢愈兇。
	3.線形顯示：市場賣壓極重，後市有下跌的趨勢。

97年第1月　97/01/02～97/01/31	單K（月線）－盤整趨勢
 7521.13/-985.15/31044.32億元	**長日** 1.「長日」代表當天價格走勢出現巨幅波動。 2.開盤價與收盤價的差距非常大。 3.「長日」應該反應趨勢。 4.在下降趨勢，則應該出現長黑日。 （強力陰陽線） **檢討** 2-4-6長黑下長上短 1.表示最高價高於開盤價，最低價低於收盤價，上漲小試，遭到賣壓回檔，下跌測試，買方接手，遭到中度抵抗拉回，賣方力道強。 2.黑色實體愈長，跌勢愈兇。 3.線形顯示：市場賣壓極重，後市有下跌的趨勢。

97年第7月　97/07/01～97/07/31	單K（月線）－下降趨勢
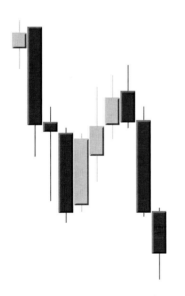 7024.06/-499.48/22514.65億元	**長黑線** 1.在陰陽線中，比較寬粗的部份稱為「實體」（real body），它的上、下兩端代表交易時段的開盤價與收盤價。 2.實體若為黑色（換言之，實體填滿黑色），上端代表開盤價，下端代表收盤價；收盤價低於開盤價。 3.實體上方與下方的細線稱為影線（shadows）。這些影線分別代表交易時段中的最高價與最低價。實體上方的影線稱為上影線（upper shadow），下方的影線稱為下影線（lower shadow）上影線的上端代表盤中最高價，下影線的下端代表盤中最低價。 4.是一根長黑線，代表一個空頭的交易時段，市場幾乎以最高價開盤，並收盤在最低價附近。（陰線陽線） **檢討** 2-4-6長黑下長上短 1.表示最高價高於開盤價，最低價低於收盤價，上漲小試，遭到賣壓回檔，下跌測試，買方接手，遭到中度抵抗拉回，賣方力道強。 2.黑色實體愈長，跌勢愈兇。 3.線形顯示：市場賣壓極重，後市有下跌的趨勢。

98/6/1～6/30　（月線）	單K（月線）－上升趨勢
6432.16/-458.28/28628.59億元	**長日** 1.「長日」代表當天價格走勢出現巨幅波動。 2.開盤價與收盤價的差距非常大。 3.「長日」應該反應多頭趨勢。 4.在上升趨勢長日應該為白色；在下降趨勢應該出現長黑日。
	檢討
	2-4-6長黑下長上短 1.表示最高價高於開盤價，最低價低於收盤價，上漲小試，遭到賣壓回檔，下跌測試，買方接手，遭到中度抵抗拉回，賣方力道強。 2.黑色實體愈長，跌勢愈兇。 3.線形顯示：市場賣壓極重，後市有下跌的趨勢。

99/5/1～5/31　（月線）	單K（月線）－盤整趨勢
7373.98/-630.27/20151.417億元	**長黑線** 1.長黑線的實體長度必須明顯大於先前數根線形。 2.長黑線代表空頭已經取得盤勢的控制權。 3.市場向下突破支撐的方或，可以反映該突破的嚴重性。 4.市場是以長黑線向下突破支撐，所代表的意涵強過，小黑線或白線的突破。
	檢討
	2-4-6長黑下長上短 1.表示最高價高於開盤價，最低價低於收盤價，上漲小試，遭到賣壓回檔，下跌測試，買方接手，遭到中度抵抗拉回，賣方力道強。 2.黑色實體愈長，跌勢愈兇。 3.線形顯示：市場賣壓極重，後市有下跌的趨勢。

100年第8月　100/08/01～100/08/31	單K（月線）－盤整趨勢

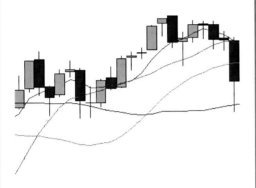

7741.36/-902.82/29943.53億元

長黑線

1. 在陰陽線中，比較寬粗的部份稱為「實體」（real body），它的上下兩端代表交易時段的開盤價與收盤價。
2. 實體若為黑色（換言之，實體填滿黑色），上端代表開盤價，下端代表收盤價；收盤價低於開盤價。
3. 實體上方與下方的細線稱為影線（shadows）。這些影線分別代表交易時段中的最高價與最低價。實體上方的影線稱為上影線（upper shadow），下方的影線稱為下影線（lower shadow）上影線的上端代表盤中最高價，下影線的下端代表盤中最低價。
4. 是一根長黑線，代表一個空頭的交易時段，市場幾乎以最高價開盤，並收盤在最低價附近。（陰線陽線）

檢討

2-4-6長黑下長上短

1. 表示最高價高於開盤價，最低價低於收盤價，上漲小試，遭到賣壓回檔，下跌測試，買方接手，遭到中度抵抗拉回，賣方力道強。
2. 黑色實體愈長，跌勢愈兇。
3. 線形顯示：市場賣壓極重，後市有下跌的趨勢。

100年第9月 100/09/01～100/09/30	單K（月線）－盤整趨勢

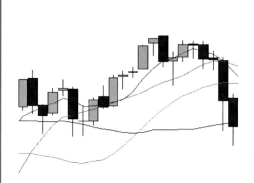

7741.36/-902.82/29943.53億元

長黑線

1. 陰陽線的矩形部份，稱為實體，矩形上、下兩端分別代表開盤價與收盤價。
2. 矩形上端代表兩個價格的較高者，矩形下端則代表兩者的較低者。
3. 如果實體為黑色，開盤價位在矩形上端，收盤價位在下端，黑色代表空頭意涵。
4. 長黑線具有空頭意涵。
（陰陽線詳解）

檢討

2-4-6長黑下長上短

1. 表示最高價高於開盤價，最低價低於收盤價，上漲小試，遭到賣壓回檔，下跌測試，買方接手，遭到中度抵抗拉回，賣方力道強。
2. 黑色實體愈長，跌勢愈兇。
3. 線形顯示：市場賣壓極重，後市有下跌的趨勢。

表2-4-6　長黑下長上短　　　　　　　　　　　準確度　　準=58%　不準=42%

日期	趨勢	加權指數收盤價	漲跌 (+/-)	準確度	
				準	不準
57/02/03～57/02/27	上升趨勢	106.68	-2.19	V	
64/11/01～64/11/29	盤整趨勢	306.53	-32.88		V
67/03/01～67/03/31	上升趨勢	457.01	-26.78		V
71/05/01～71/05/31	下降趨勢	470.06	-13.32	V	
71/12/01～71/12/30	盤整趨勢	443.57	-12.24	V	
75/04/01～75/04/30	上升趨勢	902.87	-23.26	V	
76/12/01～76/12/30	下降趨勢	2339.86	-612.65		V
77/12/01～77/12/29	下降趨勢	5119.11	-1695		V
78/11/01～78/11/30	上升趨勢	9402.56	-1199.51		V
79/03/01～79/03/31	上升趨勢	10755.87	-905.86	V	
79/04/02～79/04/30	下降趨勢	9292.37	-1463.5	V	
79/08/01～79/08/31	下降趨勢	3635.28	-1982.93	V	
83/10/03～83/10/29	上升趨勢	6526.47	-564.66	V	
84/01/05～84/01/26	盤整趨勢	6307.85	-816.81	V	
84/04/03～84/04/29	下降趨勢	5803.78	-720.22	V	
84/08/01～84/08/31	下降趨勢	4809.93	-370.49		V
85/01/04～85/01/31	盤整趨勢	4763.4	-410.33	V	
85/07/01～85/07/30	上升趨勢	6106.97	-453.44		V
88/07/01～88/07/31	上升趨勢	7326.75	-1140.62		V
88/09/01～88/09/30	盤整趨勢	7598.79	-558.94		V
89/10/02～89/10/31	下降趨勢	5544.18	-640.96	V	
91/06/03～91/06/28	下降趨勢	5153.71	-521.94	V	
93/03/01～93/03/31	上升趨勢	6522.19	-228.35	V	
93/07/01～93/07/30	下降趨勢	5420.57	418.87		V
94/10/03～94/10/31	盤整趨勢	5764.3	-354.31		V
95/07/01～95/07/31	上升趨勢	6454.58	-249.83		V
96/11/01～96/11/30	上升趨勢	8586.4	-1124.97	V	
97/01/02～97/01/31	下降趨勢	7521.13	-985.15		V
97/07/01～97/07/31	下降趨勢	7024.06	-499.48	V	
98/06/01～98/06/30	上升趨勢	6432.16	-458.28		V
99/05/31～99/05/31	盤整趨勢	7373.98	-630.27	V	
100/08/01～100/08/31	下降趨勢	7741.36	-902.82	V	
100/09/01～100/09/30	下降趨勢	7225.38	-515.98	V	

結論

　　自56年1月至100年12月有540個月，以本書月K線去檢討，長黑下長上短出現33次，正確次數為19次，不正確次數為14次，正確度達58%；月K線「正確」與「不正確」仍然有誤差，投資人可以自行調整判別的尺度，修正「正確」與「不正確」的百分比，如此可以達到更高的操作價值。

平盤線

PART3

3-1　開收盤是在同一價位的「地平線」，也稱為「開收同價線」

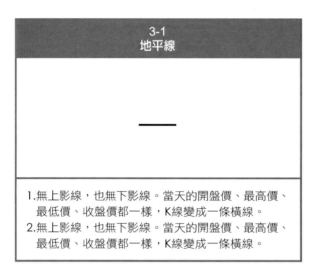

3-1 地平線

1.無上影線，也無下影線。當天的開盤價、最高價、最低價、收盤價都一樣，K線變成一條橫線。
2.無上影線，也無下影線。當天的開盤價、最高價、最低價、收盤價都一樣，K線變成一條橫線。

3-2　平盤上影線的上丁線

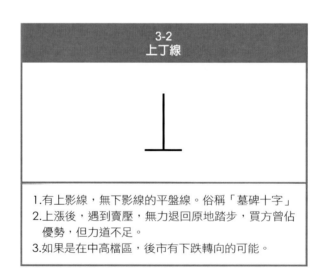

3-2 上丁線

1.有上影線，無下影線的平盤線。俗稱「墓碑十字」
2.上漲後，遇到賣壓，無力退回原地踏步，買方曾佔優勢，但力道不足。
3.如果是在中高檔區，後市有下跌轉向的可能。

3-3　平盤下影線的下丁線

3-3 下丁線
1.有下影線，無上影線的平盤線。 2.下跌後，有買盤接手，遇到抵抗，拉回原地。賣方曾佔優勢，但被拉回。 3.如果留下的下影線極長，俗稱「飛龍在天」，表示價格震盪激烈，代表市場即將轉向。

3-4　十字線

3-4-1 短十字線	3-4-2 長十字線	3-4-3 上長下短十字線	3-4-4 下長上短十字線
+	┼	┼	┼

1. 表示有上影線、有下影線標準的十字平盤線。它的開盤價與收盤價一樣，多空激烈交戰，勢均力敵。
2. 上下影線非常的長，多空看法分歧，價格震盪激烈；買盤與賣盤力道相當，有轉盤變天的可能。
3. 多空的看法分歧，但是價格比較平穩。
4. 十字K線（Doji），又稱為平盤線。
5. 十字K線，分成（1）短十字線（2）長十字線（3）上長下短十字線（4）下長上短十字線（5）地平線（6）上丁線（7）下丁線。
6. 紅十字線代表今日的平盤價高於昨日收盤價，黑十字線代表今日的平盤低於昨日收盤價。

3-1　地平線

3-1　地平線

魔法K線檢討：
（1）無上影線，也無下影線。開盤價、最高價、最低價、收盤價都一樣，K線變成一條橫線。
（2）四值同時線，代表市場疲軟，投資人觀望。
（3）這種狀況常常出現在新股上市的漲停蜜月期，或者是出現在無量跌停期間。

3-2　上丁線

3-2　上丁線

魔法K線檢討：
（1）有上影線，無下影線的平盤線。俗稱「墓碑十字」
（2）上漲後，遇到賣壓，無力退回原地踏步，買方曾佔優勢，但力道不足。
（3）如果是在中高檔區，後市有下跌轉向的可能。

63年第7月　63/07/03～63/07/31	單K（月線）－下降趨勢

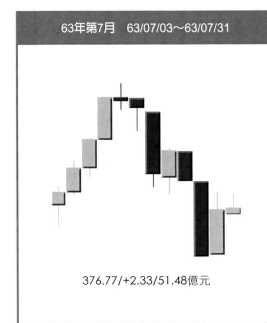

376.77/+2.33/51.48億元

墓碑十字線

1.具有很長的上影線，沒有下影線，上影線代表價格創新高。
2.上影線越長空頭的意味很越濃。
3.收盤價等於開盤價，所有交易價格都高於這個價位，顯示上漲的動能已經耗盡。
（陰陽線詳解）

檢討

3-2上丁線
1.有上影線，無下影線的平盤線。俗稱「墓碑十字」。
2.上漲後，遇到賣壓，無力退回原地踏步，買方曾佔優勢，但力道不足。
3.如果是在中高檔區，後市有下跌轉向的可能。

67年第2月　67/02/01～67/02/27	單K（月線）－上升趨勢

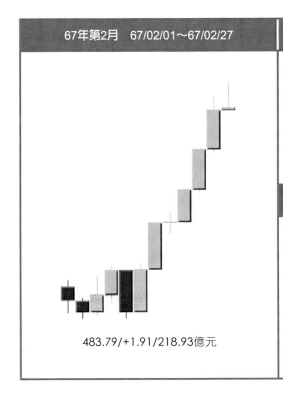

483.79/+1.91/218.93億元

墓碑十字線

1.具有很長的上影線，沒有下影線，上影線代表價格創新高。
2.上影線越長空頭的意味很越濃。
3.收盤價等於開盤價，所有交易價格都高於這個價位，顯示上漲的動能已經耗盡。
（陰陽線詳解）

檢討

3-2上丁線
1.有上影線，無下影線的平盤線。俗稱「墓碑十字」。
2.上漲後，遇到賣壓，無力退回原地踏步，買方曾佔優勢，但力道不足。
3.如果留下的上影線極長，俗稱「墓碑」一座，代表上漲後的賣壓很重，市場價格震盪激烈。
4.上丁線如果是在中高檔區，後市有下跌轉向的可能。

70年第6月　70/06/01～70/06/30	單K（月線）－盤整趨勢

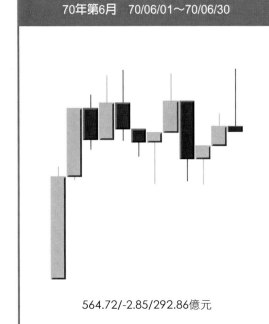

564.72/-2.85/292.86億元

墓碑十字線
1. 具有很長的上影線，沒有下影線，上影線代表價格創新高。
2. 上影線越長空頭的意味很越濃。
3. 收盤價等於開盤價，所有交易價格都高於這個價位，顯示上漲的動能已經耗盡。
（陰陽線詳解）

檢討

3-2上丁線
1. 有上影線，無下影線的平盤線。俗稱「墓碑十字」。
2. 上漲後，遇到賣壓，無力退回原地踏步，買方曾佔優勢，但力道不足。
3. 如果留下的上影線極長，俗稱「墓碑」一座，代表上漲後的賣壓很重，市場價格震盪激烈。
4. 上丁線如果是在中高檔區，後市有下跌轉向的可能。

87年第7月　87/07/01～87/07/31	單K（月線）－下降趨勢

7653.51/+104.7/26055.77億元

墓碑十字線
1. 具有很長的上影線，沒有下影線，上影線代表價格創新高。
2. 上影線越長空頭的意味很越濃。
3. 收盤價等於開盤價，所有交易價格都高於這個價位，顯示上漲的動能已經耗盡。
（陰陽線詳解）

檢討

3-2上丁線
1. 有上影線，無下影線的平盤線。俗稱「墓碑十字」。
2. 上漲後，遇到賣壓，無力退回原地踏步，買方曾佔優勢，但力道不足。
3. 如果留下的上影線極長，俗稱「墓碑」一座，代表上漲後的賣壓很重，市場價格震盪激烈。
4. 上丁線如果是在中高檔區，後市有下跌轉向的可能。

表3-2　上丁線　　　　　　　　　　準確度　　準=100%　不準=0%

日期	趨勢	加權指數收盤價	漲跌 (+/-)	準確度	
				準	不準
63/07/03～63/07/31	下降趨勢	376.77	+2.33	V	
67/02/01～67/02/27	上升趨勢	483.79	+1.91	V	
70/06/01～70/06/30	盤整趨勢	564.72	-2.85	V	
75/06/01～75/06/30	上升趨勢	955.21	+4.41	V	
87/07/01～87/07/31	下降趨勢	7653.51	+104.7	V	

結論

　　自56年1月至100年12月有540個月，以本書月K線去檢討，上丁線出現5次，正確次數為5次，不正確次數為零，正確度達100%；月K線「正確」與「不正確」仍然有誤差，投資人可以自行調整判別的尺度，修正「正確」與「不正確」的百分比，如此可以達到更高的操作價值。

3-3　下丁線

3-3　下丁線

魔法K線檢討：
（1）有下影線，無上影線的平盤線。
（2）下跌後，有買盤接手，遇到抵扎，拉回原地。賣方曾佔優勢，但被拉回。
（3）如果留下的下影線極長，俗稱「飛龍在天」，表示價格震盪激烈，代表市場即將轉向。

71年第6月　71/06/01～71/06/30	單K（月線）－下降趨勢
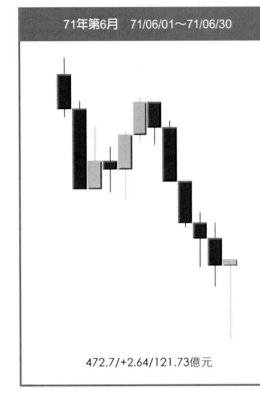　472.7/+2.64/121.73億元	**十字線** 1.十字線的實體部皆是呈現水平狀的直線，這是因為交易時段的開盤價與收盤價相等（或幾乎相等）。 2.如果當時的行情處於橫向走勢，十字線沒有什麼特殊的意義。反映的正是整體橫向走勢的舉棋不定。 3.十字線如果發生在上升或下降趨勢的成熟階段，即代表變盤的徵兆。 4.「十字線」反映市場是處於過渡階段。 （股票K線戰法） **檢討** 3-3下丁線 1.有下影線，無上影線的平盤線。 2.下跌後，有買盤接手，遇到抵抗，拉回原地。賣方曾佔優勢，但被拉回。 3.如果留下的下影線極長，俗稱「飛龍在天」，表示價格震盪激烈，代表市場即將轉向。

82年第1月　82/01/04～82/01/30	單K（月線）－下降趨勢
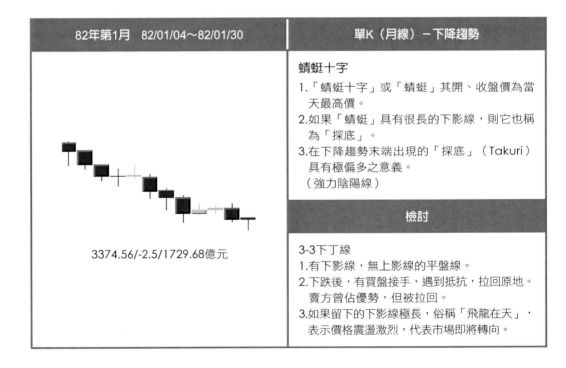　3374.56/-2.5/1729.68億元	**蜻蜓十字** 1.「蜻蜓十字」或「蜻蜓」其開、收盤價為當天最高價。 2.如果「蜻蜓」具有很長的下影線，則它也稱為「探底」。 3.在下降趨勢末端出現的「探底」（Takuri）具有極偏多之意義。 （強力陰陽線） **檢討** 3-3下丁線 1.有下影線，無上影線的平盤線。 2.下跌後，有買盤接手，遇到抵抗，拉回原地。賣方曾佔優勢，但被拉回。 3.如果留下的下影線極長，俗稱「飛龍在天」，表示價格震盪激烈，代表市場即將轉向。

表3-3 下丁線 準確度 準=100% 不準=0%

日期	趨勢	加權指數收盤價	漲跌 (+/-)	準確度	
				準	不準
71/06/01～71/06/30	下降趨勢	472.7	+2.64	V	
82/01/04～82/01/30	下降趨勢	3374.56	-2.5	V	

結論

　　自56年1月至100年12月有540個月，以本書月K線去檢討，下丁線出現2次，正確次數為2次，不正確次數為零，正確度達100%；月K線「正確」與「不正確」仍然有誤差，投資人可以自行調整判別的尺度，修正「正確」與「不正確」的百分比，如此可以達到更高的操作價值。

3-4 十字線

3-4-1 短十字線	3-4-2 長十字線	3-4-3 上長下短十字線	3-4-4 下長上短十字線
+	(長十字線圖)	(上長下短十字線圖)	(下長上短十字線圖)

1. 表示有上影線、有下影線標準的十字平盤線。它的開盤價與收盤價一樣，多空激烈交戰，勢均力敵。
2. 上下影線非常的長，多空看法分歧，價格震盪激烈；買盤與賣盤力道相當，有轉盤變天的可能。
3. 多空的看法分歧，但是價格比較平穩。
4. 十字K線（Doji），又稱為平盤線。
5. 十字K線，分成（1）短十字線（2）長十字線（3）上長下短十字線（4）下長上短十字線（5）地平線（6）上丁線（7）下丁線。
6. 紅十字線代表今日的平盤價高於昨日收盤價，黑十字線代表今日的平盤低於昨日收盤價。

3-4-1　短十字線

3-4-1　短十字線

魔法K線檢討：
（1）表示有上影線、有下影線標準的十字平盤線。它的開盤價與收盤價一樣，有轉盤變天的暗示。
（2）多、空看法分歧，表示狹幅盤旋。
（3）紅十字線代表今日的平盤價高於昨日收盤價，黑十字線代表今日的平盤低於昨日收盤價。

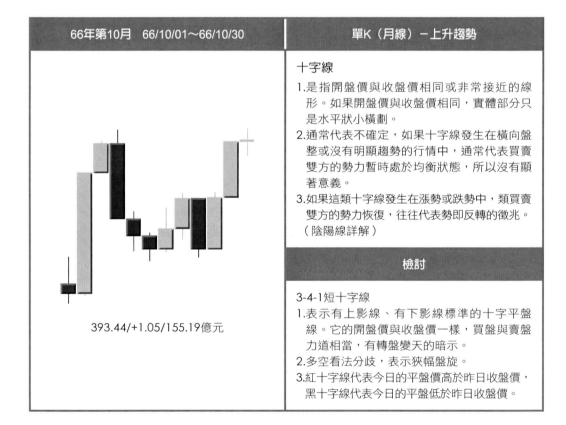

66年第10月　66/10/01～66/10/30	單K（月線）－上升趨勢
393.44/+1.05/155.19億元	**十字線** 1.是指開盤價與收盤價相同或非常接近的線形。如果開盤價與收盤價相同，實體部分只是水平狀小橫劃。 2.通常代表不確定，如果十字線發生在橫向盤整或沒有明顯趨勢的行情中，通常代表買賣雙方的勢力暫時處於均衡狀態，所以沒有顯著意義。 3.如果這類十字線發生在漲勢或跌勢中，類買賣雙方的勢力恢復，往往代表勢即反轉的徵兆。（陰陽線詳解）
	檢討
	3-4-1短十字線 1.表示有上影線、有下影線標準的十字平盤線。它的開盤價與收盤價一樣，買盤與賣盤力道相當，有轉盤變天的暗示。 2.多空看法分歧，表示狹幅盤旋。 3.紅十字線代表今日的平盤價高於昨日收盤價，黑十字線代表今日的平盤低於昨日收盤價。

69年第1月　69/01/01～69/01/25	單K（月線）－下降趨勢

547.02/-2.53/130.76億元

十字線

1. 是指開盤價與收盤價相同或非常接近的線形。如果開盤價與收盤價相同，實體部分只是水平狀小橫劃。
2. 通常代表不確定，如果十字線發生在橫向盤整或沒有明顯趨勢的行情中，通常代表買賣雙方的勢力暫時處於均衡狀態，所以沒有顯著意義。
3. 如果這類十字線發生在漲勢或跌勢中，買賣雙方的勢力恢復，往往代表勢即反轉的徵兆。（陰陽線詳解）

檢討

3-4-1短十字線

1. 表示有上影線、有下影線標準的十字平盤線。它的開盤價與收盤價一樣，買盤與賣盤力道相當，有轉盤變天的暗示。
2. 多空看法分歧，表示狹幅盤旋。
3. 紅十字線代表今日的平盤價高於昨日收盤價，黑十字線代表今日的平盤低於昨日收盤價。

74年第2月　74/02/01～74/02/27	單K（月線）－下降趨勢

781.37/-6.38/110.08億元

十字線

1. 是指開盤價與收盤價相同或非常接近的線形。如果開盤價與收盤價相同，實體部分只是水平狀小橫劃。
2. 通常代表不確定，如果十字線發生在橫向盤整或沒有明顯趨勢的行情中，通常代表買賣雙方的勢力暫時處於均衡狀態，所以沒有顯著意義。
3. 如果這類十字線發生在漲勢或跌勢中，買賣雙方的勢力恢復，往往代表勢即反轉的徵兆。（陰陽線詳解）

檢討

3-4-1短十字線

1. 表示有上影線、有下影線標準的十字平盤線。它的開盤價與收盤價一樣，買盤與賣盤力道相當，有轉盤變天的暗示。
2. 多空看法分歧，表示狹幅盤旋。
3. 黑十字線代表今日的平盤低於昨日收盤價。

74年第5月　74/05/01～74/05/31	單K（月線）－下降趨勢
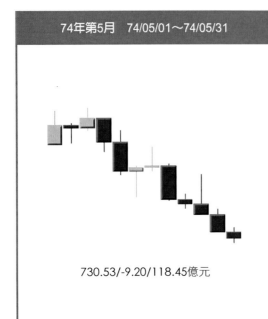 730.53/-9.20/118.45億元	**十字線** 1.十字線是變盤訊號 2.是否代表反轉訊號，往往需根據後續的排列來判斷。 3.在上升趨勢中的十字線；代表猶豫不決，有空頭的意味。 4.十字線代表買、賣力量處於均衡狀態。 （陰線陽線）
	檢討
	3-4-1短十字線 1.表示有上影線、有下影線標準的十字平盤線。它的開盤價與收盤價一樣，買盤與賣盤力道相當，有轉盤變天的暗示。 2.多空看法分歧，表示狹幅盤旋。 3.黑十字線代表今日的平盤低於昨日收盤價。

80年第11月　80/11/01～80/11/30	單K（月線）－盤整趨勢
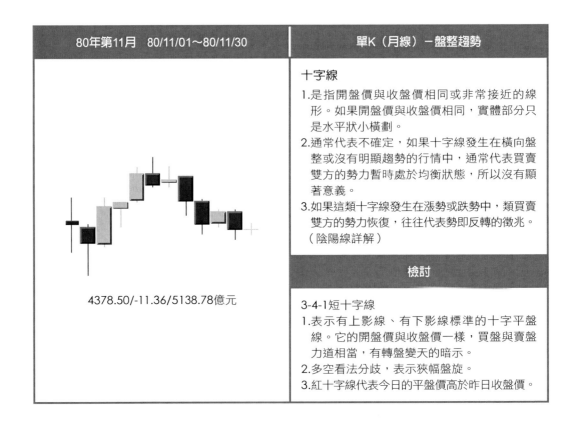 4378.50/-11.36/5138.78億元	**十字線** 1.是指開盤價與收盤價相同或非常接近的線形。如果開盤價與收盤價相同，實體部分只是水平狀小橫劃。 2.通常代表不確定，如果十字線發生在橫向盤整或沒有明顯趨勢的行情中，通常代表買賣雙方的勢力暫時處於均衡狀態，所以沒有顯著意義。 3.如果這類十字線發生在漲勢或跌勢中，類買賣雙方的勢力恢復，往往代表勢即反轉的徵兆。（陰陽線詳解）
	檢討
	3-4-1短十字線 1.表示有上影線、有下影線標準的十字平盤線。它的開盤價與收盤價一樣，買盤與賣盤力道相當，有轉盤變天的暗示。 2.多空看法分歧，表示狹幅盤旋。 3.紅十字線代表今日的平盤價高於昨日收盤價。

81年第5月 81/05/04～81/05/30	單K（月線）－盤整趨勢

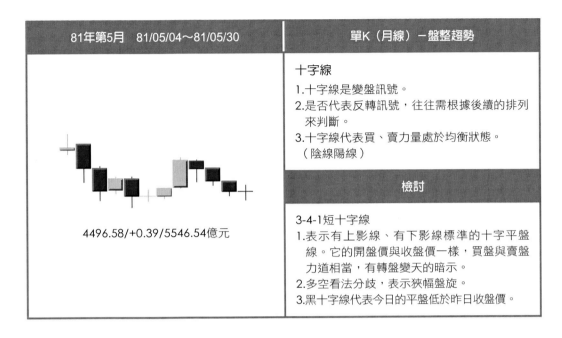

4496.58/+0.39/5546.54億元

十字線

1.十字線是變盤訊號。

2.是否代表反轉訊號，往往需根據後續的排列來判斷。

3.十字線代表買、賣力量處於均衡狀態。（陰線陽線）

檢討

3-4-1短十字線

1.表示有上影線、有下影線標準的十字平盤線。它的開盤價與收盤價一樣，買盤與賣盤力道相當，有轉盤變天的暗示。

2.多空看法分歧，表示狹幅盤旋。

3.黑十字線代表今日的平盤低於昨日收盤價。

81年第11月 81/11/02～81/11/30	單K（月線）－下降趨勢

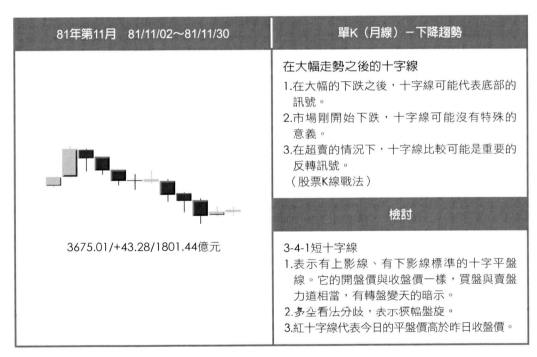

3675.01/+43.28/1801.44億元

在大幅走勢之後的十字線

1.在大幅的下跌之後，十字線可能代表底部的訊號。

2.市場剛開始下跌，十字線可能沒有特殊的意義。

3.在超賣的情況下，十字線比較可能是重要的反轉訊號。（股票K線戰法）

檢討

3-4-1短十字線

1.表示有上影線、有下影線標準的十字平盤線。它的開盤價與收盤價一樣，買盤與賣盤力道相當，有轉盤變天的暗示。

2.多空看法分歧，表示狹幅盤旋。

3.紅十字線代表今日的平盤價高於昨日收盤價。

82年第9月　82/09/01～82/09/29	單K（月線）－下降趨勢

3832.69/-59.35/3223.53億元

十字線

1. 是指開盤價與收盤價相同或非常接近的線形。如果開盤價與收盤價相同，實體部分只是水平狀小橫劃。
2. 通常代表不確定，如果十字線發生在橫向盤整或沒有明顯趨勢的行情中，通常代表買賣雙方的勢力暫時處於均衡狀態，所以沒有顯著意義。
3. 如果這類十字線發生在漲勢或跌勢中，類買賣雙方的勢力恢復，往往代表勢即反轉的徵兆。（陰陽線詳解）

檢討

3-4-1短十字線
1. 表示有上影線、有下影線標準的十字平盤線。它的開盤價與收盤價一樣，買盤與賣盤力道相當，有轉盤變天的暗示。
2. 多空看法分歧，表示狹幅盤旋。
3. 黑十字線代表今日的平盤低於昨日收盤價。

85年第2月　85/02/01～85/02/29	單K（月線）－盤整趨勢

4797.67/+34.27/3021.78億元

十字線

1. 十字線是變盤訊號
2. 是否代表反轉訊號，往往需根據後續的排列來判斷。
3. 在上升趨勢中的十字線；代表猶豫不決，有空頭的意味尤其是發生在上升趨勢的長紅線之後，十字線的價值，一部份在預示市場的頭部。
4. 十字線代表買、賣力量處於均衡狀態。（陰線陽線）

檢討

3-4-1短十字線
1. 表示有上影線、有下影線標準的十字平盤線。它的開盤價與收盤價一樣，買盤與賣盤力道相當，有轉盤變天的暗示。
2. 多空看法分歧，表示狹幅盤旋。
3. 紅十字線代表今日的平盤價高於昨日收盤價。

99/06/1～06/30　　（月線）	單K（月線）－盤整趨勢
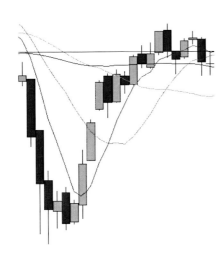 7329.37/-44.61/16922.29億元	在大幅走勢之後的十字線 1.十字線發生在大幅的漲勢之後或超買狀態中，可能代表頭部。 2.十字線如果是發生在行情的起漲階渡，形成頭部的機會不大。 3.在大幅的下跌之後，十字線可能代表底部的訊號。 4.市場剛開始下跌，十字線可能沒有特殊的意義。 5.在超買或超賣的情況下，十字線比較可能是重要的反轉訊號。 （股票K線戰法）
	檢討
	3-4-1短十字線 1.表示有上影線、有下影線標準的十字平盤線。它的開盤價與收盤價一樣，買盤與賣盤力道相當，有轉盤變天的暗示。 2.多空看法分歧，表示狹幅盤旋。 3.紅十字線代表今日的平盤價高於昨日收盤價，黑十字線代表今日的平盤低於昨日收盤價。

99/11/1～11/30　（月線）	單K（月線）－盤整趨勢
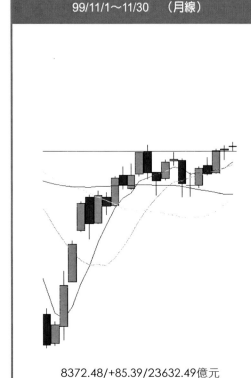 8372.48/+85.39/23632.49億元	**以十字線為壓力** 1.十字線的頂端（即上影線的頂端）經常代表壓力。 2.十字線發生在上升趨勢的長白線之後，代表市場已相當「疲憊」。 3.十字線發生在上升趨勢中價格稍後如果穿越十字線的高價，上升走勢應該可以繼續發展。亦就是價格隨後繼續挺進，應該現為多頭的訊號，因為市場稍做猶豫之後（由十字線所示）決定持續上升。 4.所以在漲勢之後的十字線雖然代表趨勢可能反轉（因為多空力量趨於一致），但應等待空頭的確認。故以十字線為賣出訊號，應該視為壓力。 5.如果隨後的收盤價穿越十字線的高價，則市場已經「重整旗鼓」。所以，如果以十字線為賣出訊號，應該在其高價設定停損。 （股票K線戰法）

檢討

3-4-1短十字線
1.表示有上影線、有下影線標準的十字平盤線。它的開盤價與收盤價一樣，買盤與賣盤力道相當，有轉盤變天的暗示。
2.多空看法分歧，表示狹幅盤旋。
3.紅十字線代表今日的平盤價高於昨日收盤價，黑十字線代表今日的平盤低於昨日收盤價。

100/07/1～07/29　　（月線）	單K（月線）－盤整趨勢
 8644.18/-8.41/24702.1億元	十字線 1.十字線是變盤訊號。 2.是否代表反轉訊號，往往需根據後續的排列來判斷。 3.在上升趨勢中的十字線；代表猶豫不決，有空頭的意味尤其是發生在上升趨勢的長紅線之後，十字線的價值，一部份在預示市場的頭部。 4.十字線代表買、賣力量處於均衡狀態。 （陰線陽線）

	檢討
	3-4-1短十字線 1.表示有上影線、有下影線標準的十字平盤線。它的開盤價與收盤價一樣，買盤與賣盤力道相當，有轉盤變天的暗示。 2.多空看法分歧，表示狹幅盤旋。 3.黑十字線代表今日的平盤低於昨日收盤價。

表3-4-1　短十字線　　　　　　　　準確度　　準=100%　不準=0%

日期	趨勢	加權指數收盤價	漲跌 （+/-）	準確度	
				準	不準
66/10/01～66/10/30	上升趨勢	393.44	+1.05	V	
69/01/01～69/01/25	下降趨勢	547.02	-2.53	V	
74/02/01～74/02/27	下降趨勢	781.37	-6.38	V	
74/05/01～74/05/31	下降趨勢	730.53	-9.2	V	
80/11/01～80/11/30	盤整趨勢	4378.5	-11.36	V	
81/05/04～81/05/30	盤整趨勢	4496.58	+0.39	V	
81/11/02～81/11/30	下降趨勢	3675.01	+43.28	V	
82/09/01～82/09/29	下降趨勢	3832.69	-59.35	V	
85/02/01～85/02/29	盤整趨勢	4797.67	+34.27	V	
99/06/01～99/ 6/30	盤整趨勢	7329.37	-44.61	V	
99/11/01～99/11/30	盤整趨勢	8372.48	+85.39	V	
100/07/01～100/07/29	盤整趨勢	8644.18	-8.41	V	

結論

　　自56年1月至100年12月有540個月，以本書月K線去檢討，短十字線出現12次，正確次數為12次，不正確次數為零，正確度達100%；月K線「正確」與「不正確」仍然有誤差，投資人可以自行調整判別的尺度，修正「正確」與「不正確」的百分比，如此可以達到更高的操作價值。

3-4-2　長十字線

3-4-2　長十字線

魔法K線檢討：
（1）表示有上影線、有下影線標準的十字平盤線。買賣雙方多、空激烈交戰，勢均力敵。
（2）上下影線非常的長，多空看法分歧，買盤與賣盤力道相當，有轉盤變天的可能。
（3）紅十字線代表今日的平盤價高於昨日收盤價，黑十字線代表今日的平盤低於昨日收盤價。

58年第9月　58/09/01～58/09/30	單K（月線）－盤整趨勢

具上、下影線的陰線

1.陰陽線中，比較寬粗的部份稱為「實體」（real body），它的上、下兩端代表交易時段的開盤價與收盤價。

2.實體若為黑色，上端代表開盤價，下端代表收盤價；收盤價低於開盤價。

3.實體上方與下方的細線稱為影線（shadows）。這些影線分別代表交易時段中的最高價與最低價。實體上方的影線稱為上影線（upper shadow），下方的影線稱為下影線（lower shadow）上影線的上端代表盤中最高價，下影線的下端代表盤中最低價。

4.陰陽線如果沒有上影線，稱為平頭（shaven head），如果沒有下影線，稱為（平底）空頭的交易時段，市場幾乎以最高價開盤，並收盤在最低價附近。

（陰線陽線）

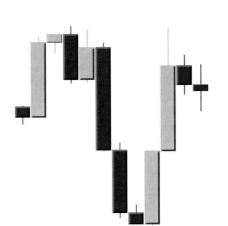

103.02/-0.34/2.87億元

檢討

3-4-2長十字線

1.表示有上影線、有下影線標準的十字平盤線。它的開盤價與收盤價一樣，多空激烈交戰，勢均力敵。

2.上下影線非常的長，多空看法分歧，價格震盪激烈；買盤與賣盤力道相當，有轉盤變天的可能。

3.黑十字線代表今日的平盤低於昨日收盤價。

59年第4月　59/04/01～59/04/30	單K（月線）－上升趨勢
	高浪線
	1.上影線與下影線都很長稱為「高浪線」，代表多空膠著的狀態。
	2.在趨勢明顯 走勢之後，如果出現「高浪線」，顯示市場喪失方向感，先前的趨勢。可能發生變化。
	3.如果十字線有很長的上影線與下影線，稱為「高浪十字」或「長腳十字」。（陰線陽線）
	檢討
122.74/-0.15/19.45億元	3-4-2長十字線 1.表示有上影線、有下影線標準的十字平盤線。它的開盤價與收盤價一樣，多空激烈交戰，勢均力敵。 2.上下影線非常的長，多空看法分歧，價格震盪激烈；買盤與賣盤力道相當，有轉盤變天的可能。 3.黑十字線代表今日的平盤低於昨日收盤價。

68年第1月　68/01/01～68/01/25	單K（月線）－下降趨勢
	高浪線
	1.上影線與下影線都很長稱為「高浪線」，代表多空膠著的狀態。
	2.在趨勢明顯 走勢之後，如果出現「高浪線」，顯示市場喪失方向感，先前的趨勢。可能發生變化。
	3.如果十字線有很長的上影線與下影線，稱為「高浪十字」或「長腳十字」。（陰線陽線）
	檢討
533.74/+1.31/112.64億元	3-4-2長十字線 1.表示有上影線、有下影線標準的十字平盤線。它的開盤價與收盤價一樣，多空激烈交戰，勢均力敵。 2.上下影線非常的長，多空看法分歧，價格震盪激烈；買盤與賣盤力道相當，有轉盤變天的可能。 3.紅十字線代表今日的平盤價高於昨日收盤價，黑十字線代表今日的平盤低於昨日收盤價。

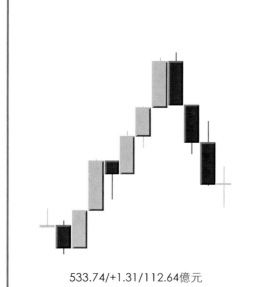

79年第12月 79/12/03〜79/12/27	單K（月線）－上升趨勢

高浪線

1. 上影線與下影線都很長稱為「高浪線」，代表多空膠著的狀態。
2. 在趨勢明顯 走勢之後，如果出現「高浪線」，顯示市場喪失方向感，先前的趨勢。可能發生變化。
3. 如果十字線有很長的上影線與下影線，稱為「高浪十字」或「長腳十字」。
（陰線陽線）

檢討

3-4-2長十字線

1. 表示有上影線、有下影線標準的十字平盤線。它的開盤價與收盤價一樣，多空激烈交戰，勢均力敵。
2. 上下影線非常的長，多空看法分歧，價格震盪激烈；買盤與賣盤力道相當，有轉盤變天的可能。
3. 黑十字線代表今日的平盤低於昨日收盤價。

4530.16/+152.89/11845.04億元

83年第1月　83/01/03～83/01/31	單K（月線）－上升趨勢

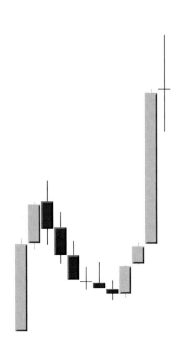

6115.12/+44.56/21512.06億元

長白線之後的十字線

1. 十字線的實體部皆是呈現水平狀的直線，這是因為交易時段的開盤價與收盤價相等（或幾乎相等）。
2. 如果當時的行情處於橫向走勢，十字線沒有什麼特殊的意義。反映的正是整體橫向走勢的舉棋不定。
3. 十字線如果發生在上升或下降趨勢的成熟階段，即代表變盤的徵兆。
4.「十字線」反映市場是處於過渡階段。
5. 在明確的上升趨勢中，如果十字線發生在一根長白線之後，而要特別警告這代表市場的力量已經趨於不一致，當十字線出現，多頭已經不再能夠向上驅動行情。

（股票K線戰法）

檢討

3-4-2長十字線

1. 表示有上影線、有下影線標準的十字平盤線。它的開盤價與收盤價一樣，多空激烈交戰，勢均力敵。
2. 上下影線非常的長，多空看法分歧，價格震盪激烈；買盤與賣盤力道相當，有轉盤變天的可能。
3. 黑十字線代表今日的平盤低於昨日收盤價。

84年第2月　84/02/01～84/02/28	單K（月線）－盤整趨勢

6509.33/+201.48/10550.53億元

十字線

1. 十字線是變盤訊號。
2. 是否代表反轉訊號，往往需根據後續的排列來判斷。
3. 在上升趨勢中的十字線；代表猶豫不決，有空頭的意味尤其是發生在上升趨勢的長紅線之後，十字線的價值，一部份在預示市場的頭部。
4. 十字線代表買、賣力量處於均衡狀態。
（陰線陽線）

檢討

3-4-2長十字線

1. 表示有上影線、有下影線標準的十字平盤線。它的開盤價與收盤價一樣，多空激烈交戰，勢均力敵。
2. 上下影線非常的長，多空看法分歧，價格震盪激烈；買盤與賣盤力道相當，有轉盤變天的可能。
3. 紅十字線代表今日的平盤價高於昨日收盤價。

89年第7月　89/07/03～89/07/31	單K（月線）－下降趨勢

8114.92/-150.17/17821.57億元

高浪線

1. 上影線與下影線都很長稱為「高浪線」，代表多空膠著的狀態。
2. 在趨勢明顯走勢之後，如果出現「高浪線」，顯示市場喪失方向感，先前的趨勢。可能發生變化。
3. 如果十字線有很長的上影線與下影線，稱為「高浪十字」或「長腳十字」。
（陰線陽線）

檢討

3-4-2長十字線

1. 表示有上影線、有下影線標準的十字平盤線。它的開盤價與收盤價一樣，多空激烈交戰，勢均力敵。
2. 上下影線非常的長，多空看法分歧，價格震盪激烈；買盤與賣盤力道相當，有轉盤變天的可能。
3. 黑十字線代表今日的平盤低於昨日收盤價。

表3-4-2　長十字線　　　　　　　　　　　　準確度　　準=100%　不準=0%

日期	趨勢	加權指數收盤價	漲跌 (+/-)	準確度	
				準	不準
58/09/01～58/09/30	盤整趨勢	103.02	-0.34	V	
59/04/01～59/04/30	上升趨勢	122.74	-0.15	V	
68/01/01～68/01/25	下降趨勢	533.74	1.31	V	
79/12/03～79/12/27	上升趨勢	4530.16	152.89	V	
83/01/03～83/01/31	上升趨勢	6115.12	44.56	V	
84/02/01～84/02/28	盤整趨勢	6509.33	201.48	V	
89/07/03～89/07/31	下降趨勢	8114.92	-150.17	V	

結論

　　自56年1月至100年12月有540個月，以本書月K線去檢討，長十字線出現7次，正確次數為7次，不正確次數為零，正確度達100%；月K線「正確」與「不正確」仍然有誤差，投資人可以自行調整判別的尺度，修正「正確」與「不正確」的百分比，如此可以達到更高的操作價值。

3-4-3　上長下短十字線

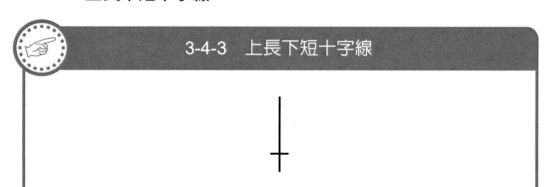

3-4-3　上長下短十字線

魔法K線檢討：
（1）表示上影線長於下影線的十字線。盤中價格一度走高，後來又跌到最低價，尾盤再度拉回。表示空頭較盛。
（2）紅十字K線代表今日的平盤價格高於昨日收盤價；黑十字K線代表今日的平盤價格低於昨日收盤價。

60年第4月　60/04/01～60/04/30	單K（月線）－盤整趨勢

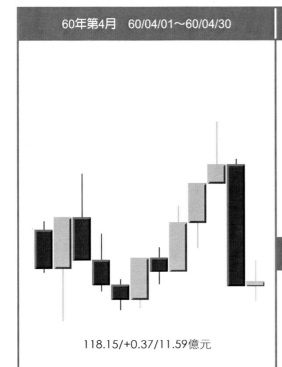

118.15/+0.37/11.59億元

十字線

1. 是指開盤價與收盤價相同或非常接近的線形。如果開盤價與收盤價相同，實體部分只是水平狀小橫劃。
2. 通常代表不確定，如果十字線發生在橫向盤整或沒有明顯趨勢的行情中，通常代表買賣雙方的勢力暫時處於均衡狀態，所以沒有顯著意義。
3. 如果這類十字線發生在漲勢或跌勢中，類買賣雙方的勢力恢復，往往代表勢即反轉的徵兆。（陰陽線詳解）

檢討

3-4-3上長下短十字線

1. 表示上影線長於下影線的十字線。
2. 盤中價格一度走高，後來又跌到最低價，尾盤再度拉回。
3. 影線短，價格波動比較明確。
4. 影線長度愈長，價格震盪愈激烈。
5. 紅十字K線代表今日的平盤價格高於昨日收盤價；黑十字K線代表今日的平盤價格低於昨日收盤價。

62年第12月　62/12/01～62/12/28	單K（月線）－上升趨勢

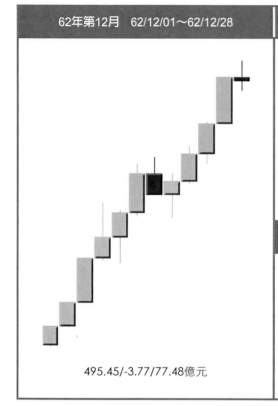

495.45/-3.77/77.48億元

十字線

1.十字線是變盤訊號。
2.是否代表反轉訊號，往往需根據後續的排列來判斷。
3.在上升趨勢中的十字線；代表猶豫不決，有空頭的意味尤其是發生在上升趨勢的長紅線之後，十字線的價值，一部份在預示市場的頭部。
4.十字線代表買、賣力量處於均衡狀態。
（陰線陽線）

檢討

3-4-3上長下短十字線
1.表示上影線長於下影線的十字線。
2.盤中價格一度走高，後來又跌到最低價，尾盤再度拉回。
3.影線短，價格波動比較明確。
4.影線長度愈長，價格震盪愈激烈。
5.黑十字K線代表今日的平盤價格低於昨日收盤價。

65年第8月　65/08/01～65/08/31	單K（月線）－下降趨勢

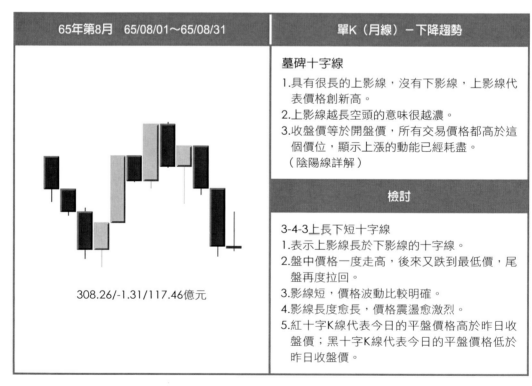

308.26/-1.31/117.46億元

墓碑十字線

1.具有很長的上影線，沒有下影線，上影線代表價格創新高。
2.上影線越長空頭的意味很越濃。
3.收盤價等於開盤價，所有交易價格都高於這個價位，顯示上漲的動能已經耗盡。
（陰陽線詳解）

檢討

3-4-3上長下短十字線
1.表示上影線長於下影線的十字線。
2.盤中價格一度走高，後來又跌到最低價，尾盤再度拉回。
3.影線短，價格波動比較明確。
4.影線長度愈長，價格震盪愈激烈。
5.紅十字K線代表今日的平盤價格高於昨日收盤價；黑十字K線代表今日的平盤價格低於昨日收盤價。

65年第11月　65/11/01～65/11/30	單K（月線）－盤整趨勢

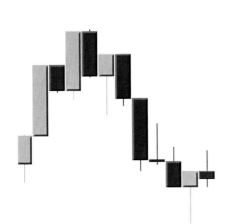

293.76/-6.09/107.84億元

十字線

1. 十字線是變盤訊號。
2. 是否代表反轉訊號，往往需根據後續的排列來判斷。
3. 仕上升趨勢中的十字線；代表猶豫不決，有空頭的意味尤其是發生在上升趨勢的長紅線之後，十字線的價值，一部份在預示市場的頭部。
4. 十字線代表買、賣力量處於均衡狀態。（陰線陽線）

檢討

3-4-3上長下短十字線
1. 表示上影線長於下影線的十字線。盤中價格一度走高，後來又跌到最低價，尾盤再度拉回。表示空頭較盛。
2. 紅十字K線代表今日的平盤價格高於昨日收盤價；黑十字K線代表今日的平盤價格低於昨日收盤價。

68年第2月　68/02/01～68/02/27	單K（月線）－下降趨勢

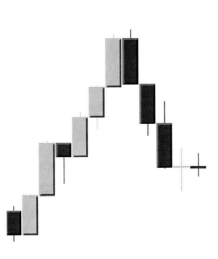

531.31/-2.43/166.96億元

十字線

1. 是指開盤價與收盤價相同或非常接近的線形。如果開盤價與收盤價相同，實體部分只是水平狀小橫劃。
2. 通常代表不確定，如果十字線發生在橫向盤整或沒有明顯趨勢的行情中，通常代表買賣雙方的勢力暫時處於均衡狀態，所以沒有顯著意義。
3. 如果這類十字線發生在漲勢或跌勢中，類買賣雙方的勢力恢復，往往代表勢即反轉的徵兆。（陰陽線詳解）

檢討

3-4-3上長下短十字線
1. 表示上影線長於下影線的十字線。
2. 盤中價格一度走高，後來又跌到最低價，尾盤再度拉回。
3. 影線短，價格波動比較明確。
4. 影線長度愈長，價格震盪愈激烈。
5. 紅十字K線代表今日的平盤價格高於昨日收盤價；黑十字K線代表今日的平盤價格低於昨日收盤價。

72年第1月　72/01/01～72/01/25	單K（月線）－盤整趨勢

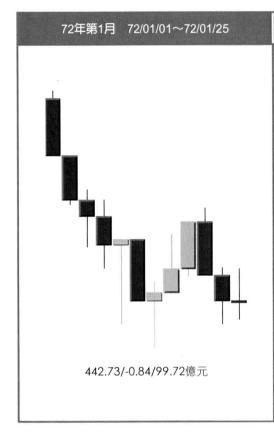

442.73/-0.84/99.72億元

十字線

1.十字線是變盤訊號。

2.是否代表反轉訊號，往往需根據後續的排列來判斷。

3.在上升趨勢中的十字線；代表猶豫不決，有空頭的意味尤其是發生在上升趨勢的長紅線之後，十字線的價值，一部份在預示市場的頭部。

4.十字線代表買、賣力量處於均衡狀態。（陰線陽線）

檢討

3-4-3上長下短十字線

1.表示上影線長於下影線的十字線。

2.盤中價格一度走高，後來又跌到最低價，尾盤再度拉回。

3.影線短，價格波動比較明確。

4.影線長度愈長，價格震盪愈激烈。

5.紅十字K線代表今日的平盤價格高於昨日收盤價；黑十字K線代表今日的平盤價格低於昨日收盤價。

72年第7月　72/07/02～72/07/31	單K（月線）－上升趨勢

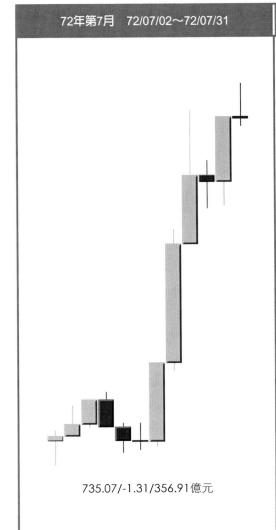

735.07/-1.31/356.91億元

以十字線為壓力

1.十字線的頂端（即上影線的頂端）經常代表壓力。

2.十字線發生在上升趨勢的長白線之後，代表市場已相當「疲憊」。

3.十字線發生在上升趨勢中價格稍後如果穿越十字線的高價，上升走勢應該可以繼續發展。亦就是價格隨後繼續挺進，應該現為多頭的訊號，因為市場稍做猶豫之後（由十字線所示）決定持續上升。

4.所以在漲勢之後的十字線雖然代表趨勢可能反轉（因為多空力量趨於一致），但應等待空頭的確認。故以十字線為賣出訊號，應該視為壓力。

5.如果隨後的收盤價穿越十字線的高價，則市場已經「重整旗鼓」。所以，如果以十字線為賣出訊號，應該在其高價設定停損。

（股票K線戰法）

檢討

3-4-3上長下短十字線

1.表示上影線長於下影線的十字線。

2.盤中價格一度走高，後來又跌到最低價，尾盤再度拉回。

3.影線短，價格波動比較明確。

4.影線長度愈長，價格震盪愈激烈。

5.紅十字K線代表今日的平盤價格高於昨日收盤價；黑十字K線代表今日的平盤價格低於昨日收盤價。

72年第11月　72/11/01～72/11/30	單K（月線）－盤整趨勢
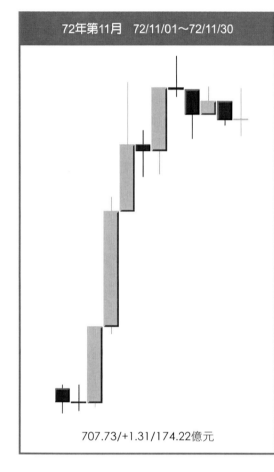 707.73/+1.31/174.22億元	**在大幅走勢之後的十字線** 1.十字線發生在大幅的漲勢之後或超買狀態中，可能代表頭部。 2.十字線如果是發生在行情的起漲階渡，形成頭部的機會不大。 3.在大幅的下跌之後，十字線可能代表底部的訊號。 4.市場剛開始下跌，十字線可能沒有特殊的意義。 5.在超買或超賣的情況下，十字線比較可能是重要的反轉訊號。 （股票K線戰法）

檢討

3-4-3上長下短十字線
1.表示上影線長於下影線的十字線。
2.盤中價格一度走高，後來又跌到最低價，尾盤再度拉回。
3.影線短，價格波動比較明確。
4.影線長度愈長，價格震盪愈激烈。
5.紅十字K線代表今日的平盤價格高於昨日收盤價；黑十字K線代表今日的平盤價格低於昨日收盤價。

73年第3月　73/03/01～73/03/31	單K（月線）－上升趨勢
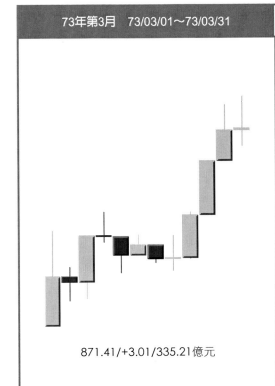 871.41/+3.01/335.21億元	**十字線** 1.十字線是變盤訊號。 2.是否代表反轉訊號，往往需根據後續的排列來判斷。 3.在上升趨勢中的十字線；代表猶豫不決，有空頭的意味尤其是發生在上升趨勢的長紅線之後，十字線的價值，一部份在預示市場的頭部。 4.十字線代表買、賣力量處於均衡狀態。 （陰線陽線） **檢討** 3-4-3上長下短十字線 1.表示上影線長於下影線的十字線。 2.盤中價格一度走高，後來又跌到最低價，尾盤再度拉回。 3.影線短，價格波動比較明確。 4.影線長度愈長，價格震盪愈激烈。 5.紅十字K線代表今日的平盤價格高於昨日收盤價；黑十字K線代表今日的平盤價格低於昨日收盤價。

73年第12月　73/12/01～73/12/30	單K（月線）－下降趨勢

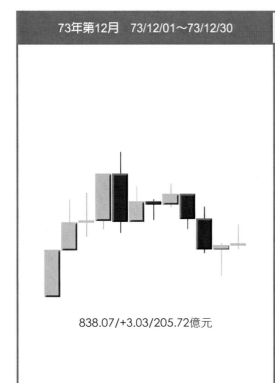

838.07/+3.03/205.72億元

十字線

1. 是指開盤價與收盤價相同或非常接近的線形。如果開盤價與收盤價相同，實體部分只是水平狀小橫劃。
2. 通常代表不確定，如果十字線發生在橫向盤整或沒有明顯趨勢的行情中，通常代表買賣雙方的勢力暫時處於均衡狀態，所以沒有顯著意義。
3. 如果這類十字線發生在漲勢或跌勢中，買賣雙方的勢力恢復，往往代表勢即反轉的徵兆。（陰陽線詳解）

檢討

3-4-3上長下短十字線

1. 表示上影線長於下影線的十字線。
2. 盤中價格一度走高，後來又跌到最低價，尾盤再度拉回。
3. 影線短，價格波動比較明確。
4. 影線長度愈長，價格震盪愈激烈。
5. 紅十字K線代表今日的平盤價格高於昨日收盤價；黑十字K線代表今日的平盤價格低於昨日收盤價。

74年第11月　74/11/01～74/11/30	單K（月線）－上升趨勢

長白線之後的十字線

1. 十字線的實體部皆是呈現水平狀的直線，這是因為交易時段的開盤價與收盤價相等（或幾乎相等）。
2. 如果當時的行情處於橫向走勢，十字線沒有什麼特殊的意義。反映的正是整體橫向走勢的舉棋不定。
3. 十字線如果發生在上升或下降趨勢的成熟階段，即代表變盤的徵兆。
4. 「十字線」反映市場是處於過渡階段。
5. 在明確的上升趨勢中，如果十字線發生在一根長白線之後，而要特別警告這代表市場的力量已經趨於不一致，當十字線出現，多頭已經不再能夠向上驅動行情。

（股票K線戰法）

776.28/-5.38/277.24億元

檢討

3-4-3上長下短十字線

1. 表示上影線長於下影線的十字線。
2. 盤中價格一度走高，後來又跌到最低價，尾盤再度拉回。
3. 影線短，價格波動比較明確。
4. 影線長度愈長，價格震盪愈激烈。
5. 紅十字K線代表今日的平盤價格高於昨日收盤價；黑十字K線代表今日的平盤價格低於昨日收盤價。

75年第11月　75/11/01～75/11/30	單K（月線）－上升趨勢

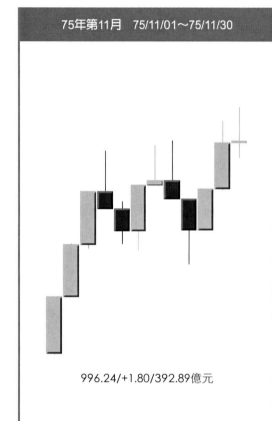

996.24/+1.80/392.89億元

在大幅走勢之後的十字線

1. 十字線發生在大幅的漲勢之後或超買狀態中，可能代表頭部。
2. 十字線如果是發生在行情的起漲階渡，形成頭部的機會不大。
3. 在大幅的下跌之後，十字線可能代表底部的訊號。
4. 市場剛開始下跌，十字線可能沒有特殊的意義。
5. 在超買或超賣的情況下，十字線比較可能是重要的反轉訊號。

（股票K線戰法）

檢討

3-4-3上長下短十字線

1. 表示上影線長於下影線的十字線。
2. 盤中價格一度走高，後來又跌到最低價，尾盤再度拉回。
3. 影線短，價格波動比較明確。
4. 影線長度愈長，價格震盪愈激烈。
5. 紅十字K線代表今日的平盤價格高於昨日收盤價；黑十字K線代表今日的平盤價格低於昨日收盤價。

80年第6月　80/06/03～80/06/29	單K（月線）－上升趨勢

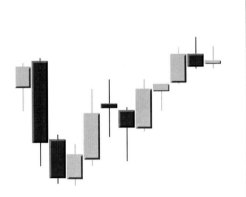

5768.08/+157.36/8670.49億元

十字線

1.是指開盤價與收盤價相同或非常接近的線形。如果開盤價與收盤價相同，實體部分只是水平狀小橫劃。

2.通常代表不確定，如果十字線發生在橫向盤整或沒有明顯趨勢的行情中，通常代表買賣雙方的勢力暫時處於均衡狀態，所以沒有顯著意義。

3.如果這類十字線發生在漲勢或跌勢中，類買賣雙方的勢力恢復，往往代表勢即反轉的徵兆。（陰陽線詳解）

檢討

3-4-3上長下短十字線

1.表示上影線長於下影線的十字線。

2.盤中價格一度走高，後來又跌到最低價，尾盤再度拉回。

3.影線短，價格波動比較明確。

4.影線長度愈長，價格震盪愈激烈。

5.紅十字K線代表今日的平盤價格高於昨日收盤價。

81年第6月　81/06/01～81/06/30	單K（月線）－盤整趨勢
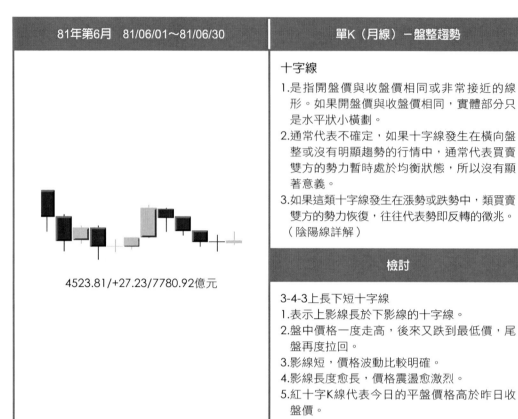 4523.81/+27.23/7780.92億元	十字線 1.是指開盤價與收盤價相同或非常接近的線形。如果開盤價與收盤價相同，實體部分只是水平狀小橫劃。 2.通常代表不確定，如果十字線發生在橫向盤整或沒有明顯趨勢的行情中，通常代表買賣雙方的勢力暫時處於均衡狀態，所以沒有顯著意義。 3.如果這類十字線發生在漲勢或跌勢中，類買賣雙方的勢力恢復，往往代表勢即反轉的徵兆。 （陰陽線詳解）

	檢討
	3-4-3上長下短十字線 1.表示上影線長於下影線的十字線。 2.盤中價格一度走高，後來又跌到最低價，尾盤再度拉回。 3.影線短，價格波動比較明確。 4.影線長度愈長，價格震盪愈激烈。 5.紅十字K線代表今日的平盤價格高於昨日收盤價。

81年第10月　81/10/01～81/10/30	單K（月線）－下降趨勢
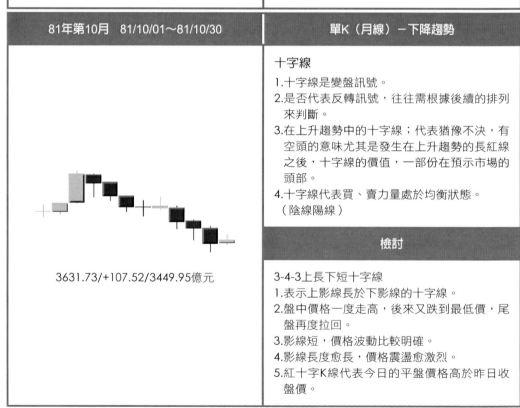 3631.73/+107.52/3449.95億元	十字線 1.十字線是變盤訊號。 2.是否代表反轉訊號，往往需根據後續的排列來判斷。 3.在上升趨勢中的十字線；代表猶豫不決，有空頭的意味尤其是發生在上升趨勢的長紅線之後，十字線的價值，一部份在預示市場的頭部。 4.十字線代表買、賣力量處於均衡狀態。 （陰線陽線）

	檢討
	3-4-3上長下短十字線 1.表示上影線長於下影線的十字線。 2.盤中價格一度走高，後來又跌到最低價，尾盤再度拉回。 3.影線短，價格波動比較明確。 4.影線長度愈長，價格震盪愈激烈。 5.紅十字K線代表今日的平盤價格高於昨日收盤價。

82年第7月　82/07/01～82/07/31	單K（月線）－下降趨勢

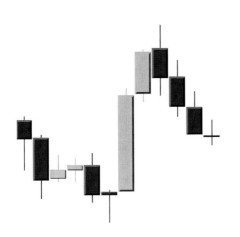

3960.38/-35.13/3889.27億元

十字線

1. 十字線是變盤訊號。
2. 是否代表反轉訊號，往往需根據後續的排列來判斷。
3. 在上升趨勢中的十字線；代表猶豫不決，有空頭的意味尤其是發生在上升趨勢的長紅線之後，十字線的價值，一部份在預示市場的頭部。
4. 十字線代表買、賣力量處於均衡狀態。（陰線陽線）

檢討

3-4-3上長下短十字線

1. 表示上影線長於下影線的十字線。
2. 盤中價格一度走高，後來又跌到最低價，尾盤再度拉回。
3. 影線短，價格波動比較明確。
4. 影線長度愈長，價格震盪愈激烈。
5. 黑十字K線代表今日的平盤價格低於昨日收盤價。

83年第6月　83/06/01～83/06/30	單K（月線）－上升趨勢

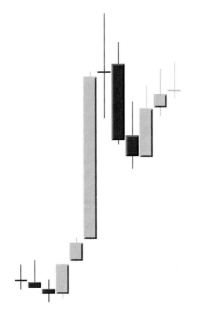

5932.6/+41.04/14097.05億元

十字線

1. 是指開盤價與收盤價相同或非常接近的線形。如果開盤價與收盤價相同，實體部分只是水平狀小橫劃。
2. 通常代表不確定，如果十字線發生在橫向盤整或沒有明顯趨勢的行情中，通常代表買賣雙方的勢力暫時處於均衡狀態，所以沒有顯著意義。
3. 如果這類十字線發生在漲勢或跌勢中，類買賣雙方的勢力恢復，往往代表勢即反轉的徵兆。（陰陽線詳解）

檢討

3-4-3上長下短十字線

1. 表示上影線長於下影線的十字線。
2. 盤中價格一度走高，後來又跌到最低價，尾盤再度拉回。
3. 影線短，價格波動比較明確。
4. 影線長度愈長，價格震盪愈激烈。
5. 紅十字K線代表今日的平盤價格高於昨日收盤價。

86年第3月　86/03/03～86/03/31	單K（月線）－上升趨勢

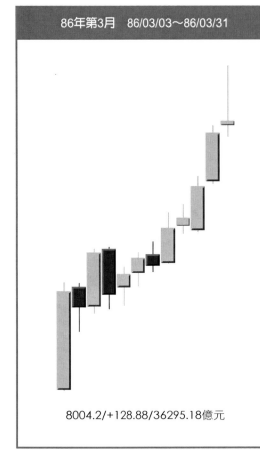

8004.2/+128.88/36295.18億元

流星

1. 開盤價與收盤價，都位在當天相對低檔。
2. 流星是發生在延伸性漲勢末端的短期頭部型態，由兩支線形構成，第二支線形的實體必須向上跳空，實體部分很小，上影線很長，下影線（幾乎）不存在。
3. 就星形部分（第二支線形）來說，形狀有點而類似顛倒狀的吊人線。
4. 星形本身的顏色不重要，但跳空缺口越明確越好。
5. 第二支線形的實體必須很小，上影線很長，顏色則不很重要。
（陰陽線詳解）

檢討

3-4-3上長下短十字線
1. 表示上影線長於下影線的十字線。
2. 盤中價格一度走高，後來又跌到最低價，尾盤再度拉回。
3. 影線短，價格波動比較明確。
4. 影線長度愈長，價格震盪愈激烈。
5. 紅十字K線代表今日的平盤價格高於昨日收盤價。

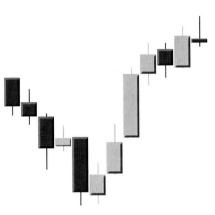

6065.73/-101.74/24758.11億元

流星

1. 十字線發生在大幅的漲勢之後或超買狀態中，可能代表頭部。
2. 十字線如果是發生在行情的起漲階渡，形成頭部的機會不大。
3. 在大幅的下跌之後，十字線可能代表底部的訊號。
4. 市場剛開始下跌，十字線可能沒有特殊的意義。
5. 在超買或超賣的情況下，十字線比較可能是重要的反轉訊號。
（股票K線戰法）

檢討

3-4-3上長下短十字線

1. 表示上影線長於下影線的十字線。
2. 盤中價格一度走高，後來又跌到最低價，尾盤再度拉回。
3. 影線短，價格波動比較明確。
4. 影線長度愈長，價格震盪愈激烈。
5. 黑十字K線代表今日的平盤價格低於昨日收盤價。

91年第11月　91/11/01～91/11/29	單K（月線）－下降趨勢
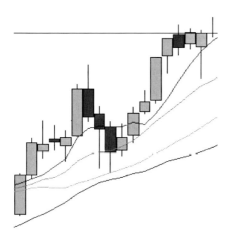 4646.69/+67.55/18603.12億元	**十字線** 1.十字線是變盤訊號。 2.是否代表反轉訊號，往往需根據後續的排列來判斷。 3.在上升趨勢中的十字線；代表猶豫不決，有空頭的意味尤其是發生在上升趨勢的長紅線之後，十字線的價值，一部份在預示市場的頭部。 4.十字線代表買、賣力量處於均衡狀態。 （陰線陽線） **檢討** 3-4-3上長下短十字線 1.表示上影線長於下影線的十字線。 2.盤中價格一度走高，後來又跌到最低價，尾盤再度拉回。 3.影線短，價格波動比較明確。 4.影線長度愈長，價格震盪愈激烈。 5.紅十字K線代表今日的平盤價格高於昨日收盤價；黑十字K線代表今日的平盤價格低於昨日收盤價。
96/4/1～4/30　（月線）	單K（月線）－上升趨勢
  7875.42/-8.99/21320.5億元	**十字線** 1.十字線是變盤訊號。 2.是否代表反轉訊號，往往需根據後續的排列來判斷。 3.在上升趨勢中的十字線；代表猶豫不決，有空頭的意味，尤其，是發生在上升趨勢的長白線之後，十字線的價值，一部份在預示市場的頭部。 4.十字線代表買，賣力量處於均衡狀態。 **檢討** 3-4-3上長下短十字線 1.表示最高價高於收盤價，最低價又低於開盤價，盤中買賣雙方都有表現；當天買方的力道較強。 2.紅色實體長，上漲遭遇抵抗，下跌小試拉回，影線相對的短，漲勢較強。

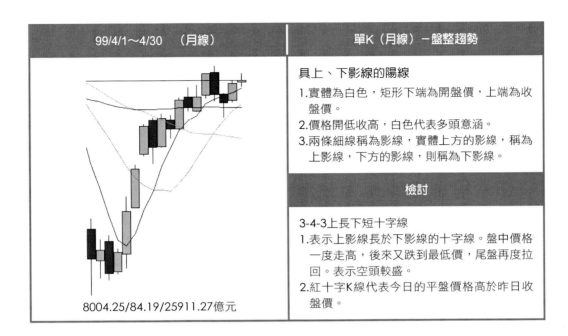

99/4/1~4/30　　（月線）	單K（月線）－盤整趨勢
	具上、下影線的陽線 1.實體為白色，矩形下端為開盤價，上端為收盤價。 2.價格開低收高，白色代表多頭意涵。 3.兩條細線稱為影線，實體上方的影線，稱為上影線，下方的影線，則稱為下影線。
	檢討
8004.25/84.19/25911.27億元	3-4-3上長下短十字線 1.表示上影線長於下影線的十字線。盤中價格一度走高，後來又跌到最低價，尾盤再度拉回。表示空頭較盛。 2.紅十字K線代表今日的平盤價格高於昨日收盤價。

表3-4-3　上長下短十字線　　　　　準確度　　　準=100%　　不準=0%

日期	趨勢	加權指數收盤價	漲跌 (+/-)	準確度	
				準	不準
60/04/01~60/04/30	盤整趨勢	118.15	0.37	V	
62/12/01~62/12/28	上升趨勢	495.45	-3.77	V	
65/08/01~65/08/31	下降趨勢	308.26	-1.31	V	
65/11/01~65/11/30	盤整趨勢	293.76	-6.09	V	
68/02/01~68/02/27	下降趨勢	531.31	-2.43	V	
72/01/01~72/01/25	盤整趨勢	442.73	-0.84	V	
72/07/02~72/07/31	上升趨勢	735.07	-1.31	V	
72/11/01~72/11/30	盤整趨勢	707.73	1.31	V	
73/03/01~73/03/31	上升趨勢	871.41	3.01	V	
73/12/01~73/12/30	下降趨勢	838.07	3.03	V	
74/11/01~74/11/30	上升趨勢	776.28	-5.38	V	
75/11/01~75/11/30	上升趨勢	996.24	1.8	V	
80/06/03~80/06/29	上升趨勢	5768.08	157.36	V	
81/06/01~81/06/30	盤整趨勢	4523.81	27.23	V	
81/10/01~81/10/30	下降趨勢	3631.73	107.52	V	
82/07/01~82/07/31	下降趨勢	3960.38	-35.13	V	

83/06/01～83/06/30	上升趨勢	5932.6	41.04	V	
86/03/03～86/03/31	上升趨勢	8004.2	128.88	V	
91/04/01～91/04/30	盤整趨勢	6065.73	-101.74	V	
91/11/01～91/11/29	下降趨勢	4646.69	67.55	V	
96/04/01～96/04/30	上升趨勢	7875.42	-8.99	V	
99/04/01～99/04/30	盤整趨勢	8004.25	84.19	V	

結論

　　自56年1月至100年12月有540個月，以本書月K線去檢討，上長下短十字線出現22次，正確次數為22次，不正確次數為零，正確度達100%；月K線「正確」與「不正確」仍然有誤差，投資人可以自行調整判別的尺度，修正「正確」與「不正確」的百分比，如此可以達到更高的操作價值。

3-4-4　下長上短十字線

3-4-4　下長上短十字線

魔法K線檢討：
（1）表示下影線長於上影線的十字線。盤中價格一度走高，後來又跌到最低價，尾盤再度拉回，表示多頭較盛。
（2）紅十字線代表今日的平盤價高於昨日收盤價，黑十字線代表今日的平盤低於昨日收盤價。

57年第9月　57/09/01～57/09/30	單K（月線）－下降趨勢

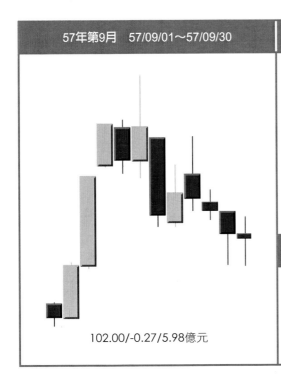

102.00/-0.27/5.98億元

十字線

1. 十字線是變盤訊號。
2. 是否代表反轉訊號，往往需根據後續的排列來判斷。
3. 在上升趨勢中的十字線；代表猶豫不決，有空頭的意味尤其是發生在上升趨勢的長紅線之後，十字線的價值，一部份在預示市場的頭部。
4. 十字線代表買、賣力量處於均衡狀態。（陰線陽線）

檢討

3-4-4下長上短十字線

1. 表示下影線長於上影線的十字線。盤中價格一度走高，後來又跌到最低價，尾盤再度拉回，表示多頭較盛。
2. 黑十字線代表今日的平盤低於昨日收盤價。

63年第11月　63/11/01～63/11/30	單K（月線）－下降趨勢

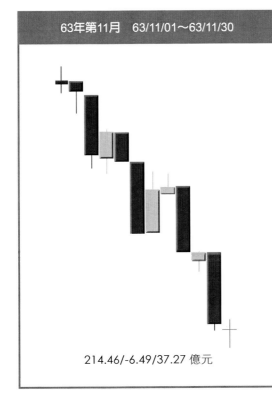

214.46/-6.49/37.27 億元

十字線

1. 十字線是變盤訊號。
2. 是否代表反轉訊號，往往需根據後續的排列來判斷。
3. 在上升趨勢中的十字線；代表猶豫不決，有空頭的意味尤其是發生在上升趨勢的長紅線之後，十字線的價值，一部份在預示市場的頭部。
4. 十字線代表買、賣力量處於均衡狀態。（陰線陽線）

檢討

3-4-4下長上短十字線

1. 表示下影線長於上影線的十字線。
2. 盤中價格一度走高，後來又跌到最低價，尾盤再度拉回。
3. 影線長度愈長，價格震盪愈激烈。
4. 紅十字線代表今日的平盤價高於昨日收盤價，黑十字線代表今日的平盤低於昨日收盤價。

69年第5月　69/05/01～69/05/31	單K（月線）－下降趨勢

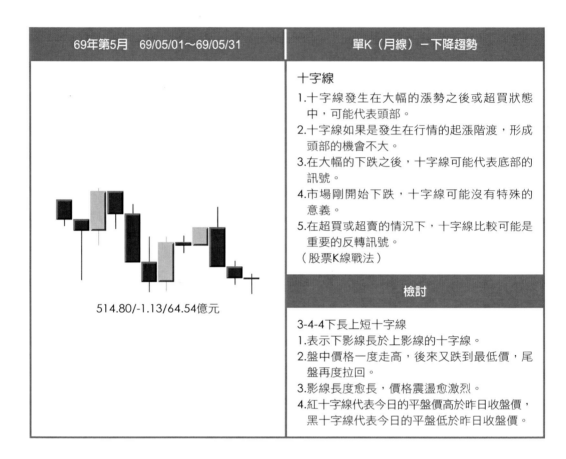

514.80/-1.13/64.54億元

十字線

1. 十字線發生在大幅的漲勢之後或超買狀態中，可能代表頭部。
2. 十字線如果是發生在行情的起漲階渡，形成頭部的機會不大。
3. 在大幅的下跌之後，十字線可能代表底部的訊號。
4. 市場剛開始下跌，十字線可能沒有特殊的意義。
5. 在超買或超賣的情況下，十字線比較可能是重要的反轉訊號。

（股票K線戰法）

檢討

3-4-4下長上短十字線

1. 表示下影線長於上影線的十字線。
2. 盤中價格一度走高，後來又跌到最低價，尾盤再度拉回。
3. 影線長度愈長，價格震盪愈激烈。
4. 紅十字線代表今日的平盤價高於昨日收盤價，黑十字線代表今日的平盤低於昨日收盤價。

73年第7月　73/07/01～73/07/31	單K（月線）－盤整趨勢

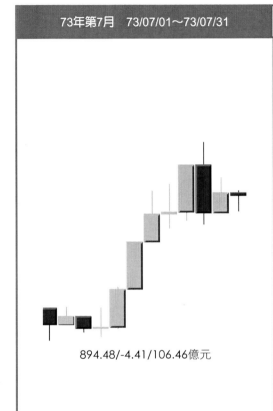

894.48/-4.41/106.46億元

長白線之後的十字線

1.十字線的實體部皆是呈現水平狀的直線，這是因為交易時段的開盤價與收盤價相等（或幾乎相等）。

2.如果當時的行情處於橫向走勢，十字線沒有什麼特殊的意義。反映的正是整體橫向走勢的舉棋不定。

3.十字線如果發生在上升或下降趨勢的成熟階段，即代表變盤的徵兆。

4.「十字線」反映市場是處於過渡階段。

5.在明確的上升趨勢中，如果十字線發生在一根長白線之後，而要特別警告這代表市場的力量已經趨於不一致，當十字線出現，多頭已經不再能夠向上驅動行情。

（股票K線戰法）

檢討

3-4-4下長上短十字線

1.表示下影線長於上影線的十字線。

2.盤中價格一度走高，後來又跌到最低價，尾盤再度拉回。

3.影線長度愈長，價格震盪愈激烈。

4.紅十字線代表今日的平盤價高於昨日收盤價，黑十字線代表今日的平盤低於昨日收盤價。

73年第11月　73/11/01～73/11/30	單K（月線）－下降趨勢
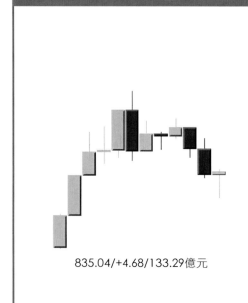 835.04/+4.68/133.29億元	十字線 1.十字線是變盤訊號。 2.是否代表反轉訊號，往往需根據後續的排列來判斷。 3.在上升趨勢中的十字線；代表猶豫不決，有空頭的意味尤其是發生在上升趨勢的長紅線之後，十字線的價值，一部份在預示市場的頭部。 4.十字線代表買、賣力量處於均衡狀態。 （陰線陽線）
	檢討
	3-4-4下長上短十字線 1.表示下影線長於上影線的十字線。 2.盤中價格一度走高，後來又跌到最低價，尾盤再度拉回。 3.影線長度愈長，價格震盪愈激烈。 4.紅十字線代表今日的平盤價高於昨日收盤價，黑十字線代表今日的平盤低於昨日收盤價。

83年第9月　83/09/01～83/09/30	單K（月線）－上升趨勢
7091.13/+83.02/15115.41億元	十字線 1.是指開盤價與收盤價相同或非常接近的線形。如果開盤價與收盤價相同，實體部分只是水平狀小橫劃。 2.通常代表不確定，如果十字線發生在橫向盤整或沒有明顯趨勢的行情中，通常代表買賣雙方的勢力暫時處於均衡狀態，所以沒有顯著意義。 3.如果這類十字線發生在漲勢或跌勢中，類買賣雙方的勢力恢復，往往代表勢即反轉的徵兆。 （陰陽線詳解）
	檢討
	3-4-4下長上短十字線 1.表示下影線長於上影線的十字線。 2.盤中價格一度走高，後來又跌到最低價，尾盤再度拉回。 3.影線長度愈長，價格震盪愈激烈。 4.紅十字線代表今日的平盤價高於昨日收盤價。

84年第11月 84/11/01～84/11/30	單K（月線）－下降趨勢

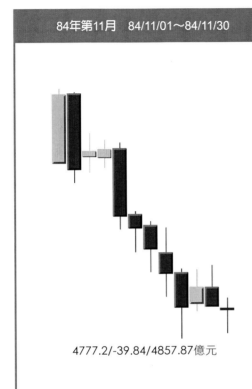

4777.2/-39.84/4857.87億元

在大幅走勢之後的十字線
1. 十字線發生在大幅的漲勢之後或超買狀態中，可能代表頭部。
2. 十字線如果是發生在行情的起漲階段，形成頭部的機會不大。
3. 在大幅的下跌之後，十字線可能代表底部的訊號。
4. 市場剛開始下跌，十字線可能沒有特殊的意義。
5. 在超買或超賣的情況下，十字線比較可能是重要的反轉訊號。
（股票K線戰法）

檢討

3-4-4下長上短十字線
1. 表示下影線長於上影線的十字線。
2. 盤中價格一度走高，後來又跌到最低價，尾盤再度拉回。
3. 影線長度愈長，價格震盪愈激烈。
4. 黑十字線代表今日的平盤低於昨日收盤價。

87年第11月 87/11/02～87/11/30	單K（月線）－下降趨勢

7177.22/+11.24/24253.85億元

十字線
1. 十字線是變盤訊號。
2. 是否代表反轉訊號，往往需根據後續的排列來判斷。
3. 在上升趨勢中的十字線；代表猶豫不決，有空頭的意味尤其是發生在上升趨勢的長紅線之後，十字線的價值，一部份在預示市場的頭部。
4. 十字線代表買、賣力量處於均衡狀態。
（陰線陽線）

檢討

3-4-4下長上短十字線
1. 表示下影線長於上影線的十字線。
2. 盤中價格一度走高，後來又跌到最低價，尾盤再度拉回。
3. 影線長度愈長，價格震盪愈激烈。
4. 黑十字線代表今日的平盤低於昨日收盤價。

94年第9月　94/09/02～94/09/30	單K（月線）－整盤趨勢

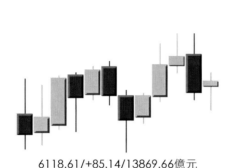

6118.61/+85.14/13869.66億元

十字線

1. 十字線是變盤訊號。
2. 是否代表反轉訊號，往往需根據後續的排列來判斷。
3. 在上升趨勢中的十字線；代表猶豫不決，有空頭的意味尤其是發生在上升趨勢的長紅線之後，十字線的價值，一部份在預示市場的頭部。
4. 十字線代表買、賣力量處於均衡狀態。（陰線陽線）

檢討

3-4-4下長上短十字線

1. 表示下影線長於上影線的十字線。
2. 盤中價格一度走高，後來又跌到最低價，尾盤再度拉回。
3. 影線長度愈長，價格震盪愈激烈。
4. 紅十字線代表今日的平盤價高於昨日收盤價。

99/10/1～10/29　（月線）	單K（月線）－盤整趨勢

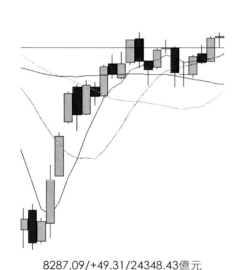

8287.09/+49.31/24348.43億元

長白線之後的十字線

1. 十字線的實體部皆是呈現水平狀的直線，這是因為交易時段的開盤價與收盤價相等（或幾乎相等）。
2. 如果當時的行情處於橫向走勢，十字線沒有什麼特殊的意義。反映的正是整體橫向走勢的舉棋不定。
3. 十字線如果發生在上升或下降趨勢的成熟階段，即代表變盤的徵兆。
4. 「十字線」反映市場是處於過渡階段。
5. 在明確的上升趨勢中，如果十字線發生在一根長白線之後，而要特別警告這代表市場的力量已經趨於不一致，當十字線出現，多頭已經不再能夠向上驅動行情。（股票K線戰法）

檢討

3-4-4下長上短十字線

1. 表示下影線長於上影線的十字線。盤中價格一度走高，後來又跌到最低價，尾盤再度拉回，表示多頭較盛。
2. 紅十字線代表今日的平盤價高於昨日收盤價。

100/03/1～03/31　　（月線）	單K（月線）－上升趨勢
8683.3/+83.65/26879.59億元	以十字線為壓力 1.十字線的頂端（即上影線的頂端）經常代表壓力。 2.十字線發生在上升趨勢的長白線之後，代表市場已相當「疲憊」。 3.十字線發生在上升趨勢中價格稍後如果穿越十字線的高價，上升走勢應該可以繼續發展。亦就是價格隨後繼續挺進，應該現為多頭的訊號，因為市場稍做猶豫之後（由十字線所示）決定持續上升。 4.所以在漲勢之後的十字線雖然代表趨勢可能反轉（因為多空力量趨於一致），但應等待空頭的確認。故以十字線為賣出訊號，應該視為壓力。 5.如果隨後的收盤價穿越十字線的高價，則市場已經「重整旗鼓」。所以，如果以十字線為賣出訊號，應該在其高價設定停損。 （股票K線戰法）
	檢討
	3-4-4下長上短十字線 1.表示下影線長於上影線的十字線。盤中價格一度走高，後來又跌到最低價，尾盤再度拉回，表示多頭較盛。 2.紅十字線代表今日的平盤價高於昨日收盤價。

100/05/3～05/31　（月線）	單K（月線）－上升趨勢
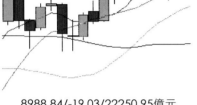 8988.84/-19.03/22250.95億元	以十字線為壓力 1.十字線的頂端（即上影線的頂端）經常代表壓力。 2.十字線發生在上升趨勢的長白線之後，代表市場已相當「疲憊」。 3.十字線發生在上升趨勢中價格稍後如果穿越十字線的高價，上升走勢應該可以繼續發展。亦就是價格隨後繼續挺進，應該現為多頭的訊號，因為市場稍做猶豫之後（由十字線所示）決定持續上升。 4.所以在漲勢之後的十字線雖然代表趨勢可能反轉（因為多空力量趨於一致），但應等待空頭的確認。故以十字線為賣出訊號，應該視為壓力。 5.如果隨後的收盤價穿越十字線的高價，則市場已經「重整旗鼓」。所以，如果以十字線為賣出訊號，應該在其高價設定停損。 6.在下降趨勢中，如果十字線之後發生長白線，代表市場決定向上挺進。在下降趨勢中，若以十字線為買進訊號，停損應該設定在十字線的低價（包括影線在內）。（股票K線戰法）
	檢討
	3-4-4下長上短十字線 1.表示下影線長於上影線的十字線。盤中價格一度走高，後來又跌到最低價，尾盤再度拉回，表示多頭較盛。 2.黑十字線代表今日的平盤低於昨日收盤價。

100年第12月　100/12/01～100/12/30	單K（月線）－下降趨勢

7072.08/+167.96/14809.58億元

在大幅走勢之後的十字線

1. 十字線發生在大幅的漲勢之後或超買狀態中，可能代表頭部。
2. 十字線如果是發生在行情的起漲階渡，形成頭部的機會不大。
3. 在大幅的下跌之後，十字線可能代表底部的訊號。
4. 市場剛開始下跌，十字線可能沒有特殊的意義。
5. 在超買或超賣的情況下，十字線比較可能是重要的反轉訊號。

（股票K線戰法）

檢討

3-4-4下長上短十字線
1. 表示下影線長於上影線的十字線。
2. 盤中價格一度走高，後來又跌到最低價，尾盤再度拉回。
3. 影線長度愈長，價格震盪愈激烈。
4. 黑十字線代表今日的平盤低於昨日收盤價。

表3-4-4　下長上短十字線　　　　準確度　　準=100%　不準=0%

日期	趨勢	加權指數收盤價	漲跌(+/-)	準確度	
				準	不準
57/09/01～57/09/30	下降趨勢	102	-0.27	V	
63/11/01～63/11/30	下降趨勢	214.46	-6.49	V	
69/05/01～69/05/31	下降趨勢	514.8	-1.13	V	
73/07/01～73/07/31	盤整趨勢	894.48	-4.41	V	
73/11/01～73/11/30	下降趨勢	835.04	+4.68	V	
83/09/01～83/09/30	上升趨勢	7091.13	+83.02	V	
84/11/01～84/11/30	下降趨勢	4777.2	-39.84	V	
87/11/02～87/11/30	下降趨勢	7177.22	+11.24	V	
94/09/02～94/09/30	盤整趨勢	6118.61	+85.14	V	
99/10/01～99/10/29	盤整趨勢	8287.09	+49.31	V	
100/03/01～100/03/31	上升趨勢	8683.3	83.65	V	
100/05/03～100/05/31	上升趨勢	8988.84	-19.03	V	
100/12/01～100/12/30	下降趨勢	7072.08	+167.96	V	

結論

　　自56年1月至100年12月有540個月，以本書月K線去檢討，下長上短十字線出現13次，正確次數為13次，不正確次數為零，正確度達100%；月K線「正確」與「不正確」仍然有誤差，投資人可以自行調整判別的尺度，修正「正確」與「不正確」的百分比，如此可以達到更高的操作價值。

結論

PART4

月K線圖經過統計與分析、整理後，發現其中蘊含著能夠參考的規律性，即某種圖形代表著某種市場的行為或稱為市場的情緒。由於，每位投資者的紀律控管程度有所差異，所以在此更深切的提醒讀者一定做好高標準的紀律控管，用100％的紀律控管，才能使本書所探討的K棒戰法能夠發揮100％的績效。如果紀律控管＝0％，閣下也進場買入多或空，都會是失效失敗的開始，即使運氣很好猜對數十次，必然無法逃避最終做出錯誤的決定。前面猜對的獲利經不起一兩次豪賭的激情，很快的要面對的斷頭或鉅額的虧損或漫長套牢的苦痛，都是筆者不願看見的窘境。讀者深入了解，所需要的技巧，仍然是紀律、紀律、紀律。必須具備紀律的控管嚴格，才能夠發揮100％的績效。相信讀者的細心體會，不難有此認同，也才能在股海中，堆疊出豐碩的戰果，回憶每一次守紀律之下的勝利，填滿人生的軌跡，總是甜美。

BOSS館03　PI0023

K線王者
——縱橫台股45年月K線側錄

作　　者 / 吳汝貞
責任編輯 / 林泰宏
圖文排版 / 邱瀞誼
封面設計 / 王嵩賀

發 行 人 / 宋政坤
法律顧問 / 毛國樑　律師
印製出版 / 秀威資訊科技股份有限公司
　　　　　114台北市內湖區瑞光路76巷65號1樓
　　　　　電話：+886-2-2796-3638　傳真：+886-2-2796-1377
　　　　　http://www.showwe.com.tw
劃撥帳號 / 19563868　戶名：秀威資訊科技股份有限公司
　　　　　讀者服務信箱：service@showwe.com.tw
展售門市 / 國家書店（松江門市）
　　　　　104台北市中山區松江路209號1樓
　　　　　電話：+886-2-2518-0207　傳真：+886-2-2518-0778
網路訂購 / 秀威網路書店：http://www.bodbooks.com.tw
　　　　　國家網路書店：http://www.govbooks.com.tw
圖書經銷 / 紅螞蟻圖書有限公司
　　　　　114台北市內湖區舊宗路二段121巷28、32號4樓
　　　　　電話：+886-2-2795-3656　傳真：+886-2-2795-4100

2012年7月BOD一版
定價：650元
版權所有　翻印必究
本書如有缺頁、破損或裝訂錯誤，請寄回更換

國家圖書館出版品預行編目

K線王者：縱橫台股45年月K線側錄 / 吳汝貞著. -- 一版.
  -- 臺北市：秀威資訊科技, 2012. 07
    面； 公分. -- (BOSS館03 ; PI0023)
  BOD版
  ISBN 978-986-221-964-5(平裝)

 1. 股票投資 2. 投資技術 3. 投資分析

563.53   101008652

讀 者 回 函 卡

感謝您購買本書，為提升服務品質，請填妥以下資料，將讀者回函卡直接寄回或傳真本公司，收到您的寶貴意見後，我們會收藏記錄及檢討，謝謝！
如您需要了解本公司最新出版書目、購書優惠或企劃活動，歡迎您上網查詢或下載相關資料：http:// www.showwe.com.tw

您購買的書名：_____

出生日期：_____年_____月_____日

學歷：□高中 (含) 以下　　□大專　　□研究所 (含) 以上

職業：□製造業　□金融業　□資訊業　□軍警　□傳播業　□自由業
　　　□服務業　□公務員　□教職　　□學生　□家管　　□其它_____

購書地點：□網路書店　□實體書店　□書展　□郵購　□贈閱　□其他

您從何得知本書的消息？

　　□網路書店　□實體書店　□網路搜尋　□電子報　□書訊　□雜誌
　　□傳播媒體　□親友推薦　□網站推薦　□部落格　□其他_____

您對本書的評價：（請填代號　1.非常滿意　2.滿意　3.尚可　4.再改進）

　　封面設計____　版面編排____　內容____　文／譯筆____　價格____

讀完書後您覺得：

　　□很有收穫　□有收穫　□收穫不多　□沒收穫

對我們的建議：_____

_____

_____

_____

11466
台北市內湖區瑞光路 76 巷 65 號 1 樓
秀威資訊科技股份有限公司　　　收
BOD 數位出版事業部

....

（請沿線對折寄回，謝謝！）

姓　　名：＿＿＿＿＿＿＿＿　年齡：＿＿＿＿　性別：□女　□男

郵遞區號：□□□□□

地　　址：＿＿＿＿＿＿＿＿＿＿＿＿＿＿＿＿＿＿＿

聯絡電話：(日)＿＿＿＿＿＿＿＿＿(夜)＿＿＿＿＿＿＿＿＿

E-mail：＿＿＿＿＿＿＿＿＿＿＿＿＿＿＿＿＿